UTB 3291

Eine Arbeitsgemeinschaft der Verlage

Böhlau Verlag · Köln · Weimar · Wien
Verlag Barbara Budrich · Opladen · Farmington Hills
facultas.wuv · Wien
Wilhelm Fink · München
A. Francke Verlag · Tübingen und Basel
Haupt Verlag · Bern · Stuttgart · Wien
Julius Klinkhardt Verlagsbuchhandlung · Bad Heilbrunn
Lucius & Lucius Verlagsgesellschaft · Stuttgart
Mohr Siebeck · Tübingen
Orell Füssli Verlag · Zürich
Ernst Reinhardt Verlag · München · Basel
Ferdinand Schöningh · Paderborn · München · Wien · Zürich
Eugen Ulmer Verlag · Stuttgart
UVK Verlagsgesellschaft · Konstanz
Vandenhoeck & Ruprecht · Göttingen
vdf Hochschulverlag AG an der ETH Zürich

Rebekka A. Klein, Christian Polke, Martin Wendte

Hauptwerke der Systematischen Theologie

Ein Studienbuch

Mohr Siebeck

Rebekka A. Klein ist Wiss. Mitarbeiterin am Lehrstuhl für Systematische Theologie und Ethik an der Universität Heidelberg.

Christian Polke ist Wiss. Mitarbeiter am Institut für Systematische Theologie an der Universität Hamburg.

Martin Wendte ist Akademischer Rat a.Z. am Institut für Hermeneutik und Dialog der Kulturen an der Ev.-theol. Fakultät der Universität Tübingen.

ISBN 978-3-8252-3291-7 (UTB)
ISBN 978-3-16-149993-7 (Mohr Siebeck)

Die Deutsche Bibliothek verzeichnet diese Publikation in der Deutschen Nationalbibliothek; detaillierte bibliographische Daten sind im Internet unter *http://dnb.d-nb.de* abrufbar.

© 2009 Mohr Siebeck Tübingen.

Das Werk einschließlich aller seiner Teile ist urheberrechtlich geschützt. Jede Verwertung außerhalb der engen Grenzen des Urheberrechtsgesetzes ist ohne Zustimmung des Verlages unzulässig und strafbar. Das gilt insbesondere für Vervielfältigungen, Übersetzungen, Mikroverfilmungen und die Einspeicherung und Verarbeitung in elektronischen Systemen.

Das Buch wurde von Computersatz Staiger in Rottenburg/N. gesetzt, von Hubert & Co. in Göttingen auf alterungsbeständiges Werkdruckpapier gedruckt und gebunden.

Vorwort

Die Idee zu diesem Projekt entstand im Frühjahr 2007 aus der Beobachtung, dass es für Studierende im Bereich der Systematischen Theologie im deutschsprachigen Raum keine konzise Einführung in zentrale Werke der Theologiegeschichte gab. Die eigenständige Beschäftigung mit theologischen Werken ist aber für das Studium der Systematischen Theologie unabdingbar. Das Anliegen dieses Studienbuches ist es, dazu anzuregen.

Aus dieser Zielsetzung sowie aus der eigenen Erfahrung im akademischen Lehrbetrieb erklären sich die Auswahl der Werke und der Umfang ihrer Darstellung. Dabei stellen die einzelnen Beiträge dieses Buches weder komprimierte Lexikonartikel noch detaillierte Beschreibungen des Inhalts der Werke dar. Sie wollen vielmehr eine kundige Auseinandersetzung mit den Denkstilen und Sachanliegen dieser Werke in Gang setzen. Wir glauben, mit der vorliegenden Auswahl einen repräsentativen Überblick gegeben zu haben, der auch für den universitären Lehrbetrieb geeignet ist. Auslassungen, vor allem im Bereich der mittelalterlichen Theologie sowie in Bezug auf nicht-deutschsprachige Autoren, ließen sich dabei nicht vermeiden.

Herzlich bedanken wollen wir uns bei den Autorinnen und Autoren des Bandes für das Verfassen ihrer Beiträge. Sie haben sich zudem bereitwillig auf einen intensiven Prozess redaktioneller Bearbeitung eingelassen. Dank gebührt sodann Dr. Henning Ziebritzki vom Verlag Mohr Siebeck, der sich für unser Vorhaben von Anfang an offen gezeigt und schließlich die Aufnahme in die UTB-Reihe ermöglicht hat. Prof. Dr. Dr. h.c. Ingolf U. Dalferth (Zürich/Claremont) half, dieses Projekt auf den Weg zu bringen. Mathias Radtke, Daniel Kiwitt, Elisa v. Blum, Alexander Kupsch, Jeremias Gollnau, Svenja Glaser und Friederike Rass haben uns beim Drucksatz sowie der Erstellung der Register des Bandes tatkräftig unterstützt.

Es ist unser Wunsch, dass der Band möglichst vielen Studierenden den Einstieg in die Systematische Theologie erleichtert.

Heidelberg/Hamburg/Tübingen, Ostern 2009

Rebekka A. Klein
Christian Polke
Martin Wendte

Inhalt

Vorwort V

Einleitung: Wozu Werkgeschichte?
(Rebekka A. Klein, Christian Polke, Martin Wendte) 1

1. Heilsgeschichtliche Theologie zwischen
   Spekulation und Schriftauslegung 11
   Origenes: De principiis (Charlotte Köckert) 13
   Augustinus: De trinitate (Eva Harasta) 31

2. Zur Architektonik von Glauben und Denken
   in der Scholastik 49
   Anselm von Canterbury: Monologion und Proslogion
   (Siegfried Karl) 51
   Thomas von Aquin: Summa theologiae (Miriam Rose) . 70

3. Katechetische Theologie:
   Schriftgebrauch im Leben 89
   Martin Luther: Großer Katechismus (Martin Wendte) .. 91
   Johannes Calvin: Institutio Christianae Religionis
   (Matthias A. Deuschle) 109

4. Rhetorik und Topik: Die Loci-Methode 127
   Philipp Melanchthon: Loci communes (Andreas Oelze) . 129
   Johann Gerhard: Loci theologici (Lukas Lorbeer) 147

5. ›Religion‹ und ›Christentum‹ als Organisationszentren der Theologie 167

Friedrich Schleiermacher: Der christliche Glaube
(Christof Ellsiepen) 169

Ernst Troeltsch: Die Absolutheit des Christentums
(Kerstin Greifenstein) 188

6. Die Eigenständigkeit der Theologie: Reich-Gottes-Gedanke und Christologie 207

Albrecht Ritschl: Unterricht in der christlichen Religion
(Matthias Neugebauer) 209

Karl Barth: Die Kirchliche Dogmatik
(Matthias D. Wüthrich) 227

7. Theologische Apologetik: Wahrheit und Geschichte im System 245

Paul Tillich: Systematische Theologie I–III (Petr Gallus) 247

Wolfhart Pannenberg: Systematische Theologie I–III
(Rebekka A. Klein) 265

8. Hermeneutik als konsequente Exegese 283

Rudolf Bultmann: Glauben und Verstehen I–IV
(Christian Polke) 285

Eberhard Jüngel: Gott als Geheimnis der Welt
(Malte D. Krüger) 303

9. Kontextuelle Theologie und Weltverantwortung der Christen 321

Dietrich Bonhoeffer: Ethik (Friederike Barth) 323

Jürgen Moltmann: Theologie der Hoffnung
(Jonas E. Bauer) 342

Darstellungen der Theologiegeschichte –
Hinweise zum Selbststudium 361

Autorenverzeichnis 367

Personenregister 371

Sachregister 377

Rebekka A. Klein, Christian Polke, Martin Wendte

Einleitung: Wozu Werkgeschichte?

1. Aufbau und Anliegen des Bandes

Der Band stellt eine Auswahl theologischer Werke dar, die für das Studium der Theologie zentral sind. Damit wird dem Leser ein Einblick in diese Werke gegeben, der ihn zur eigenständigen Interpretation anregen soll. Bei der Konzeption standen zwei Anliegen im Vordergrund. *Erstens* sollte die Geschichte des theologischen Denkens anhand der Darstellung zentraler Werke der Theologie zugänglich gemacht werden. Nach Ansicht der Herausgeber stellen die besprochenen Werke Meilensteine des theologischen Denkens dar, die auch für die heutige Theologie von zentraler Bedeutung sind. Wer sie nicht kennt, kann sich nicht in gegenwärtigen theologischen Diskursen orientieren. *Zweitens* ging es dabei um eine Einführung in verschiedene Typen des theologischen Denkens. Theologie wird dabei als eine Denkpraxis verstanden, die sich unterschiedlicher Methoden und Argumentationsstrategien bedient. So tritt sie z.B. als apologetische oder als kontextuelle Theologie auf. Wer mit diesen verschiedenen Formen des theologischen Denkens vertraut ist, versteht die Tradition besser und ist zugleich in der Lage, einen eigenen theologischen Standpunkt in der Auseinandersetzung mit ihnen zu entwickeln. Beide hier eingeführten Anliegen – Werkgeschichte und Denkformen der Theologie – sollen im Folgenden ebenso weiter bedacht werden wie die Fragen: Warum gerade diese Werke? Warum dieser Aufbau des Buches?

Jede Werkgeschichte muss eine Auswahl aus der Fülle möglicher Autoren und möglicher Texte treffen. Als Kriterien für die Zusammenstellung in diesem Band dienten folgende Gesichtspunkte:

- *Erstens*: Welche Bücher sind in Lehre und Forschung der deutschsprachigen protestantischen Theologie derzeit im Gebrauch?
- *Zweitens*: Welche Texte geben einen exemplarischen Eindruck von der Vielfalt theologischen Denkens in seiner Geschichte?
- *Drittens*: Welche Argumente sind Gegenstand anhaltender Debatten geworden und haben eine Wirkung entfaltet, die sie auch heute noch für das Studium der Theologie unentbehrlich macht?

Daraus wird deutlich, dass die Auswahl dieses Studienbandes keinen umfassenden, enzyklopädischen Wissenskanon präsentieren will. Neben einem repräsentativen Überblick über die Theologiegeschichte geht es ihr vor allem darum, pragmatisch und leseorientiert die Sensibilität für die Eigenart des Verstehens theologischer Texte zu schärfen. Indem diejenigen Werke zur Sprache kommen, die auch für die Gegenwart relevant sind, orientiert sich diese Auswahl zugleich an den Interessen der Studierenden.

Der Band ist in neun Kapitel gegliedert, in denen jeweils zwei Werke präsentiert werden. Die Anordnung erfolgt im Wesentlichen chronologisch. So stellt das erste Kapitel altkirchliche Werke vor und die letzten Kapitel Werke aus dem 20. Jh. Die Kapitelüberschriften zeigen an, nach welchem Ordnungsprinzip die beiden Werke des Kapitels zusammengestellt wurden: Sie markieren diejenigen charakteristischen Fragestellungen ihrer Zeit, auf die die Autoren in ihren Werken eine theologische Antwort zu geben versuchten.

Alle Werkdarstellungen sind in drei Abschnitte gegliedert:

- Der erste Abschnitt führt in gebotener Kürze in das *Leben des Autors* und in den *zeitgeschichtlichen Kontext* des theologischen Werkes ein.

- Der zweite Abschnitt rekonstruiert das Werk selbst. Dabei werden *Aufbau, Ziel* und *Methode* einerseits sowie der *Inhalt* andererseits in ihren wichtigsten Aspekten dargestellt. Im Zentrum der Ausführungen steht jeweils ein Leitzitat aus dem Werk, in welchem der Autor in seinem eigenen theologischen Denkstil zu Wort kommt. Damit wird zugleich der Fokus der Interpretation durch die jeweiligen Verfasser angezeigt. Insgesamt wollen die Darstellungen der Werke die Verschränkung von inhaltlicher Aussage und Art und Weise ihrer Behandlung verdeutlichen.
- Abschließend widmet sich ein dritter Schritt den wichtigsten Stationen der *Wirkungsgeschichte*.

Am Ende jeder Darstellung leiten zwei Hinweise zur eigenen Beschäftigung mit dem besprochenen Werk an. Zum einen wird auf einen Textabschnitt aus dem Werk selbst verwiesen, der sich als Einstiegspassage anbietet und so die Lektüre erleichtert. Zum anderen wird durch eine knappe Auswahl geeigneter Sekundärliteratur der Zugang zum Werk vertieft. Das Buch schließt mit einer kommentierten Auswahl an Darstellungen zur Theologiegeschichte.

2. Theologie als Werk des Menschen

»Ich glaube, dass ich nicht aus eigener Vernunft noch Kraft an Jesus Christus, meinen Herrn, glauben oder zu ihm kommen kann« (BSLK, 511f) – so erläutert Martin Luther in seiner Auslegung des dritten Glaubensartikels im Kleinen Katechismus die Grundeinsicht der Reformation. Trotz aller Anstrengungen und Bemühungen kann der Mensch den Glauben, das Vertrauen und die Einsicht in die absichtsvolle Güte Gottes, seines Schöpfers, nicht selbst schaffen. Denn der Glaube ist ein Geschenk Gottes. Das Nachdenken über den Glauben und seinen Gegenstand hingegen ist die Grundaufgabe der Theologie. Sie reflektiert über das, was man selbst oder andere erfahren, bekannt und artikuliert haben. Dieses Nachdenken ist eine menschliche Tätigkeit, die eine Vielzahl von Methoden und Argumentationsstrategien in Anspruch nimmt. Als solches ist sie lehr- und lernbar. Dennoch bleibt Theologie krisenanfällig. Das gilt nicht nur wegen ihres angeblich allzu hohen Maßes an Spekulation. Vielmehr entzieht sich ihr Gegenstand – anders als bei anderen Wissenschaften – einer eindeutigen Identifizierbarkeit. Karl Barth, ein bedeutender Theologe des 20. Jh.s, formulierte dies einmal so: »*Wir sollen als Theologen von Gott reden. Wir sind aber Menschen und können als solche nicht von Gott reden. Wir sollen Beides*, unser Sollen und unser Nicht-Können, *wissen und eben damit Gott die Ehre geben.*« (Barth 1962, 199 [Herv. i. O.]). Zwischen den beiden von Barth beschriebenen Extremen spannt sich die Arbeit der Theologie auf. Sie redet wie der Glaube von Gott, weiß aber, dass sie ihm durch ihr Reden nie ganz gerecht werden kann. Als kritische Tätigkeit prüft sie den Glauben auf seinen Gegenstand, das in ihm enthaltene Verständnis von Gott. Alle theologischen Aussagen über Gott sind deshalb von Gott selbst noch einmal zu unterscheiden. Zugleich unterscheidet die Theologie sich aber auch von der je persönlichen Glaubenseinsicht. Während diese sich dessen gewiss sein darf, was sie glaubt, muss die Theologie den Glauben darüber hinaus vor anderen rational rechtfertigen und vertreten können. Sie ist sich bewusst, dass sie dabei selbst keine Glaubensurteile fällen darf.

Es zeichnet die klassischen Werke der Theologie aus, dass alle drei Dimensionen der Theologie – ihre *Nachdenken über den Glauben*, ihr *Herausgefordertsein durch seinen Gegenstand* und ihre *kritische Distanz zum Gottesverständnis des Glaubens* – in ihnen zum Ausdruck kommen. Was aber heißt es, ein theologisches Werk zu interpretieren?

3. Theologie als offener Interpretationsprozess

Ein nahe liegender Einwand, der oft gegen einen Darstellungskanon theologischer Werke vorgebracht wird, ist, dass er den Leser auf eine bestimmte Interpretationsperspektive theologischer Texte festlegt und damit gerade seine eigenständige Beschäftigung mit diesen Texten verhindert. Dieser Einwand trifft jedoch nur dann zu, wenn ein Verständnis von Interpretation zugrunde gelegt wird, das ihre Differenz zum Text außer Acht lässt. Deshalb ist es nötig, an dieser Stelle näher zu beschreiben, wie eine Werkinterpretation vorzugehen hat.

In der Werkinterpretation tritt der Text als ein Zweifaches auf: Als das, was durch die Interpretation verstanden wird, und als das, was auch durch diese Interpretation nicht völlig ausgedeutet werden kann. Genau diese zweifache Gestalt des Textes erzeugt das spannungsvolle Verhältnis zwischen der Interpretation und ihrem Gegenstand. Nur wenn die Interpretation dies im Blick behält, kann sie dem Text gerecht werden. Von seinen Auslegungen und Darstellungen muss der Text sich daher unterscheiden lassen. Das bedeutet aber nicht, dass die Interpretation vom Text losgelöst werden kann. Sie muss sich an ihm ausweisen können. Indem die Interpretationen in diesem Band den Denkstil eines Werks in der Darstellung herausarbeiten, geben sie der im Text gegenständlichen Sache eine geordnete Gestalt. Es geht ihnen also nicht um die bloße Aneignung von Textmaterial für ein dogmatisches System oder eine Lehrmeinung. Derjenige, der interpretiert, soll darum wissen, dass er durch seine Interpretation das Unverständliche am Text niemals restlos zum Verschwinden bringen kann. Die Unbestimmtheit der Texte, ihre Unverständlichkeit bleibt stets integraler Bestandteil des Verstehensprozesses selbst. Denn in der Unbestimmtheit ist die prinzipielle Offenheit des Verstehens verbürgt, die es in der Interpretation zu bewahren gilt. Mit jedem Blick in den Text fällt Unverständliches wieder neu ins Auge. Eine andere Interpretation ist daher immer möglich.

Es zeichnet gerade klassische Werke aus, dass sie immer wieder neu zu kreativen Interpretationen herausfordern. In diesem Band sollen nun Klassiker anhand einer Typologie theologischer Denkstile interpretiert werden. Dadurch wird am besten erfassbar, dass sie als Werke jeweils ihre geschichtliche Situation widerspiegeln.

4. Stile theologischen Denkens

Es ist das Anliegen dieses Bandes zu betonen, dass theologische Antworten in einer geschichtlichen Situation auf verschiedene Art und Weise gegeben werden können und gegeben wurden. Im Folgenden wird der Vorschlag unterbreitet, die Pluralität möglicher Antworten dadurch zu ordnen, dass sieben Denkstile – Methoden und Formen theologischen Denkens – bestimmt werden. In der Geschichte treten diese sieben nicht in Reinform auf, sondern durchdringen einander auf vielfältige Weise. Entsprechend sind sie auch nicht einlinig den neun Kapiteln dieses Buches zuzuordnen. Vielmehr finden sich in den vorgestellten Werken jeweils mehrere theologische Denkstile miteinander verbunden. Zugleich sind aber einige Werke stärker von einem Denkstil geprägt als andere und eignen sich deshalb in besonderer Weise, seine Eigenart aufzuzeigen. Die Übersicht über verschiedene Denkstile stellt somit eine Lesehilfe dar, die beim Studieren von theologischen Werken von Nutzen sein kann. Abschließend sollen diese sieben Denkstile kurz erläutert werden:

(i) Rhetorisch-topischer Denkstil

Die aus der Rhetorik übernommene Form der Anordnung des Stoffes nach sog. *topoi* stellt den zu behandelnden Stoff nach Grundbegriffen, wie bspw. ›Sünde‹ oder ›Gnade‹ zusammen. Diese Ordnung verfolgt den Anspruch, die Themen sachgemäß zu verhandeln und darin dem Leser zugleich eine Orientierung zu verschaffen. Dies erleichtert insbesondere die Anwendung für die Predigt oder im Schriftstudium. Entsprechend soll der Stoff auf anschauliche Art und Weise präsentiert werden. In paradigmatischer Weise stehen Melanchthons *Loci communes* für diesen Denkstil ein.

(ii) Systematischer Denkstil

Diesem Denkstil ist daran gelegen, dass die theologischen Aussagen in ihrer sachlichen Verbindung untereinander möglichst umfassend dargestellt und zu einem kohärenten Ganzen – einem System – angeordnet werden. Leitend ist dabei die Einsicht, dass die einzelne Aussage erst im Gesamtzusammenhang ihre angemessene Bestimmung erfährt. Oftmals wird dabei ein materialer Kern oder ein Prinzip namhaft gemacht, das den Gesamtzusammenhang fokussiert, wie etwa ›Gott‹ oder ›Wahrheit‹. Der Argumentationsgang ist darum bemüht, auf möglichst klare Weise rational rekonstruierbar zu sein. Ein besonders lehrreiches Beispiel aus dem 20. Jh. ist Paul Tillichs *Systematische Theologie*.

(iii) Apologetische Rechtfertigung

Die Argumentation in apologetischer Absicht formuliert theologische Aussagen im Hinblick auf Fragen und Problembestände zeitgenössischer Wissenschaft und Philosophie. Dadurch soll die Eigentümlichkeit des christlichen Glaubens durch die Abgrenzung oder den Anschluss an andere Positionen herausgestellt werden. Indem dieser Denkstil sich mit Anfragen von Außen argumentativ auseinandersetzt, erhebt er zumeist einen universalen Geltungsanspruch. So behauptet Wolfhart Pannenberg in seiner *Systematischen Theologie*, dass der theologische Gottesgedanke in der Lage ist, die Wahrheit der ganzen Wirklichkeit zu integrieren.

(iv) Historische Rekonstruktion und Begründung

Dieser Denkstil konzentriert sich auf den historischen Entstehungskontext und die zeitgeschichtliche Verortung theologischer Aussagen. Denn er ist von der Einsicht geleitet, dass die Probleme der Gegenwart nur verstanden und gelöst werden können, wenn ihre historischen Ausgangsbedingungen rekonstruiert werden. Er analysiert deshalb die geschichtlichen Sachzusammenhänge und begründet aus diesen seinen eigenen Standpunkt. Diesen Ansatz verfolgt bspw. Ernst Troeltsch in der *Absolutheit des Christentums*.

(v) Schrifthermeneutische Auslegung

Die schrifthermeneutische Argumentation stellt theologische Sachverhalte so dar, dass sie von der Auslegung biblischer Texte herkommt und wiederum auf die Lektüre der Schrift hinführt. Die Schrift kann dabei als ›Wort Gottes‹ oder als Anleitung zur Auslegung der eigenen Existenz gelesen werden – oft werden beide Dimensionen miteinander vermittelt. Den ersten Weg beschreitet Karl Barth in seiner *Kirchlichen Dogmatik*, den zweiten wählt Rudolf Bultmann in *Glauben und Verstehen*.

(vi) Katechetischer Denkstil

Theologie in katechetischer Absicht vermittelt wesentliche Schriftaussagen mit dem Leben der Glaubenden. Dabei kommt ihr ein soteriologischer oder im weitesten Sinne seelsorglicher Charakter zu. Ihr Schwerpunkt liegt auf der persönlichen Aneignung der Glaubensinhalte und auf dem Glauben als Bildungsvorgang. Von daher wird auch die Charakterisierung von Luthers *Großem Katechismus* als ›der Laien Bibel‹ einsichtig.

(vii) Kontextueller Denkstil

Eine Theologie, die ihr Eingebundensein sowohl in historischer als auch in gesellschaftlicher Hinsicht explizit zum Thema erhebt, kann kontextuell genannt werden. Sie lässt sich in Darstellungsform und Inhalt bewusst von ihrer Zeit prägen. Als engagierte Stellungnahme spricht sie Probleme konkret an und benennt Lösungsansätze. Für diese Form kontextueller Theologie ist exemplarisch Jürgen Moltmanns *Theologie der Hoffnung* zu nennen.

Zitierte Literatur

K. *Barth*, Das Wort Gottes als Aufgabe der Theologie, in: J. Moltmann, Anfänge der dialektischen Theologie. Teil I, Karl Barth, Heinrich Barth, Emil Brunner, München 1962.

Die Bekenntnisschriften der evangelisch-lutherischen Kirche, hg. v. VELKD, Göttingen [12]1998 (= BSLK).

1. Heilsgeschichtliche Theologie zwischen Spekulation und Schriftauslegung

In den ersten Jahrhunderten entwickelte sich das Christentum von einer kleinen jüdischen Sekte zur dominierenden Religion des Römischen Reiches. Dabei begegnete es auf theologischer Ebene einer Vielzahl von neuen Einflüssen, mit denen es sich kritisch auseinandersetzte. Besonders prägend war der Austausch mit dem griechischen Denken, vor allem mit der Gnosis und dem Mittel- und Neuplatonismus. Christentum und griechisches Denken beeinflussten einander wechselseitig auf komplexe Weise, so dass es ebenso zur ›Hellenisierung des Christentums‹ wie zur ›Christianisierung des Hellenismus‹ kam. Dabei entwickelte sich eine Theologie, die in formaler Hinsicht in stärkerem Maß systematisch organisiert und damit spekulativer war als die biblischen Zeugnisse. Inhaltlich waren vor allem die Frage des Heils und seiner Vermittlung durch Jesus Christus strittig. Das Konzil von Nizäa (325) hielt fest, dass Jesus Christus mit dem Vater eines Wesens ist (ὁμοούσιος) und das Konzil von Chalcedon (451) konstatierte, dass er zugleich wahrer Mensch und wahrer Gott ist.

Irenäus von Lyon (gest. nach 200) bedachte die Fragen nach Heil und Heilsvermittlung, indem er die theologischen Inhalte nach ihrem geschichtlichen Verlauf anordnete und als einheitliche, von einem Gott regierte Wirklichkeit präsentierte. Damit war er der erste, der Theologie in der Form der Heilsgeschichte rekonstruierte. Origenes von Alexandrien entwickelte diese Form weiter und war zugleich der erste christliche Theologe, der in vollem Maß das spekulative Niveau seiner philosophischen Umwelt erreichte. Aufgrund des Aufbaus und des Inhaltes wurde sein Werk oftmals als erste christliche Dogmatik bezeichnet. Dabei ist allerdings zu beachten, dass sich seine spekulative Heilsgeschichte selbst als Schriftauslegung mithilfe eines philosophischen Instrumentariums versteht: Spekulation und Schriftauslegung fordern sich wechselseitig. Zudem will *De principiis* in Aufnahme antiker philosophischer Traditionen der Seelenführung von Origenes' Schülern dienen.

In Augustin bündeln sich Problembestände und Lösungen, die den Westen während des Mittelalters, der Reformationszeit und bis in die Gegenwart hinein beschäftigen. Das wird paradigmatisch an Augustins Werk *De trinitate*/Von der Trinität deutlich. In ihm präsentiert Augustin Einsichten in Gotteslehre, Christologie und Anthropologie, die bis heute als noch nicht abgegolten gelten können.

Charlotte Köckert

Origenes: De principiis

1. Zur Person

Als Origenes um 185 in Alexandria geboren wurde, war die ägyptische Metropole für pagane, jüdische und christliche Gelehrte ein wissenschaftliches Zentrum. Origenes wuchs hier in einem intellektuell anregenden Klima auf, in dem die geistigen Strömungen des 2. Jh.s zusammentrafen. Folgt man dem Zeugnis des Eusebius, so war sein Vater Christ und förderte früh sein Interesse an der Bibel. Außerdem ließ er ihm eine gründliche Schulbildung zukommen. Nach dem Märtyrertod des Vaters 202 arbeitete Origenes als Literaturlehrer und studierte zugleich bei philosophischen Lehrern, u.a. bei dem Platoniker Ammonius Sakkas. So erwarb er sich eine umfassende philosophische Bildung. In dieser Zeit begann er, Interessierte in der christlichen Lehre zu unterweisen. Dabei genoss er unter Heiden und Christen rasch großes Ansehen, auch über Alexandria hinaus. Demetrius, Bischof der christlichen Gemeinde in Alexandria, gewann ihn daraufhin als Lehrer für eine in der Gemeinde etablierte christliche Schule. Hier unterrichtete Origenes ein gemischtes Publikum aus Christen der großkirchlichen Gemeinde, Mitgliedern anderer christlicher Gruppen (z.B. Valentinianer) sowie Heiden. Später gab er den Literaturunterricht auf und wirkte ausschließlich als christlicher philosophischer Lehrer. Von nun an widmete er sich ganz dem philosophischen Leben, das im philosophischen Unterricht und in einem asketischen Lebenswandel Gestalt gewann.

Im Rahmen seiner Lehrtätigkeit begann er, die Bibel umfassend zu kommentieren. Als Hilfsmittel fertigte er dafür die *Hexapla* an: Eine Synopse, in der er verschiedene griechische Übersetzungen des Alten Testaments und eine griechische Umschrift des hebräischen Textes miteinander verglich. Außerdem schrieb er systematische Traktate, u.a. die Schrift *Über die Prinzipien* (abgek. *princ.*).

Sein Erfolg als christlicher Lehrer, seine intensive literarische und öffentliche Auseinandersetzung mit heterodoxen christlichen Gruppen, vielleicht auch erste Auseinandersetzungen um seine Schrift *princ.* führten zu wachsenden Spannungen zwischen ihm und Demetrius. Dieser hielt um 230 zwei Synoden ab und schloss Origenes aus der alexandrinischen Gemeinde aus. Origenes zog nach Caesarea (Palästina), wohin er bereits 215 vor der Verfolgung der alexandrinischen Philosophen durch Kaiser Caracalla geflohen war. Hier setzte er seine Tätigkeit als christlicher Lehrer fort. Sein Unterricht orientierte sich am Curriculum zeitgenössischer platonischer Philosophenschulen. Er umfasste das Studium der Dialektik, Physik und Ethik und mündete in das Studium der christlichen Theologie. Sie galt Origenes als die wahre Philosophie und vollzog sich maßgeblich als Bibelauslegung.

In seinen Werken setzt sich Origenes mit verschiedenen Geistesströmungen seiner Zeit auseinander: Mit heterodoxen christlichen Gruppen (Valentinianer, Marcion), zeitgenössischer Philosophie, jüdischer Bibelauslegung sowie der philosophischen Kritik am Christentum (Celsus). Er starb 253/254 an den Folgen der Haft, die er wegen seiner Verweigerung des von Kaiser Decius 249/250 allgemein geforderten Opfers erlitten hatte. Von seinen Schriften sind etliche verloren, viele nur fragmentarisch oder in späteren lateinischen Übersetzungen erhalten (zu Leben und Werk: Eusebius *h.e.*, 6,1–39; Williams 1996; Vogt 2002).

2. Zum Werk

2.1 Die Überlieferung

Princ. gehört zu den Schriften des Origenes, die bis auf Fragmente im griechischen Original verloren sind. Sie liegt vollständig nur in einer nicht unproblematischen lateinischen Übersetzung vor, die Rufin von Aquileia um 397/398 anfertigte. Trotz mancher Änderungen gibt diese Übersetzung Origenes' Gedanken aber weitgehend richtig wieder. Die Übersetzungen und Paraphrasen, die erklärte Origenes-Kritiker im Zusammenhang des Streites um die Theologie des Origenes erstellten, ergänzen Rufin. Sie sind aber kritischer zu bewerten, als es durch die deutschen Herausgeber von *princ.* geschehen ist (zum Text: Görgemanns/Karpp 1992, 32–45; Dorival 2005, 817–819).

2.2 Der Entstehungskontext

Origenes verfasste *princ.* in den 220er Jahren. Zur gleichen Zeit arbeitete er an verschiedenen Bibelkommentaren sowie an einem Traktat *Über die Auferstehung*. Diese Arbeitsweise zeigt bereits, dass bei ihm Bibelauslegung und systematisch-theologisches Denken eng miteinander verbunden sind.

Der Charakter von *princ.* verweist deutlich darauf, dass das Werk eine Frucht des Unterrichts ist, den Origenes in Alexandria hielt. Innerhalb des Curriculums, das ein Schüler für Caesarea beschreibt und das ähnlich wohl auch für Alexandria vorausgesetzt werden kann (Gregor, *pan.* 7,93–15,183; Scholten 1995; Markschies 2007, 72–74.93–107), ist *princ.* dem Bereich der Physik zuzuordnen (Scholten 2002, 275; Dorival 2005, 817). Sie umfasst im zeitgenössischen Verständnis die Prinzipienlehre, die Kosmologie und die Anthropologie. Diese drei Themenkreise werden auch in *princ.* behandelt. Auch der Titel spricht dafür, *princ.* dem philosophischen Unterricht zuzuordnen. Einerseits schrieben Platoniker prinzipientheoretische Werke mit ähnlichen Titeln. Andererseits wurde von zeitgenössischen Kommentatoren die *Physik* des Aristoteles unter diesem Titel zusammengefasst. Möglicherweise hatte bereits der christliche Lehrer Clemens von Alexandrien eine Schrift mit ähnlichem Titel geplant. Indem Origenes einen bekannten Titel für sein Werk wählt, präsentiert er es bewusst als philosophisches Fachbuch und erhebt den Anspruch, sich als Christ an der philosophischen Fachdiskussion zu beteiligen.

2.3 Der Aufbau

Der Aufbau von *princ.* erschließt sich nicht unmittelbar, denn die Einteilung in vier Bücher folgt nicht dem Gedankengang. Auch die Gliederung in Unterabschnitte, die auf spätere Leser zurückgeht, hat nicht immer den Gang der Argumentation im Auge. Für die Zitation von *princ.* haben sich die Buch- und Kapiteleinteilungen aber eingebürgert.

Beachtet man die »Regieanweisungen« des Origenes, so zeigt sich folgender Aufbau: In einem Vorwort (*princ.* 1 *praef.* 1–10) legt er dar, welche Absicht er mit *princ.* verfolgt und welche Methode er für seine Darstellung wählt. Nacheinander nennt er die Themen und Fragen, die er behandeln will. Sie lassen sich zu vier Themenkreisen zusammenfassen: 1. Wesen und Wirken von Gott Vater, Sohn und Heiligem Geist; 2. Natur und Geschick der geschaffenen vernünftigen Wesen einschließlich des Menschen; 3. Ursache und Bestimmung, Anfang und Ende der sichtbaren Welt; 4. das verborgene, geistige Verständnis der biblischen Schriften. Origenes bearbeitet die ersten drei Themen dreimal. Die Frage des angemessenen Verständnisses der Bibel schwingt dabei immer mit und wird am Ende des zweiten Durchgangs ausführlich behandelt.

Innerhalb des ersten Zyklus (1,1–2,3) ist der erste Abschnitt (1,1–4) Gott Vater (1,1), Sohn (1,2) und Heiligem Geist (1,3,1–4) sowie dem dreifachen göttlichen Wirken (1,3,5–1,4) gewidmet. Der zweite Abschnitt (1,5–8) behandelt Natur, Arten und Funktionen der vernünftigen Wesen (Sterne, Engel, Gegenkräfte, Menschen). Der dritte Abschnitt handelt von der Welt (2,1–3).

Der zweite Zyklus (2,4–4,3) ist noch stärker als der erste Durchgang von der Behandlung strittiger Fragen und der Auseinandersetzung mit gegnerischen Positionen geprägt. Er setzt noch einmal ein mit der Behandlung Gottes (2,4–7; Schöpfer, Gesetzgeber, Vater: 2,4f; Menschwerdung des Erlösers: 2,6; Wirken des Heiligen Geistes in den Propheten und Aposteln: 2,7). Die anschließenden ausführlichen Erörterungen des Wesens und des Geschicks der Seelen (2,8–3,4) gehen deutlich über das hinaus, was der erste Zyklus bietet. Es folgt ein Abschnitt über den Anfang und das Ende der Welt (3,5f). Den Abschluss bildet ein Traktat über den göttlichen Charakter der biblischen Schriften (3,1), über die Methode, sie zu lesen und ihren Sinn zu erfassen (Hermeneutik: 3,2–3).

In einem zusammenfassenden Abschnitt (ἀνακεφαλαίωσις/ *recapitulatio*) kehrt Origenes ein drittes Mal zu den drei Themenkreisen zurück, wobei er das bisher Gesagte zuspitzen und Übergangenes nachtragen will. Hier spricht er noch einmal über Gott Vater, Sohn und Heiligen Geist (4,4,1–5), über die Welt (4,4,5–8) und lässt sein Werk schließlich in Ausführungen über die Unsterblichkeit der vernünftigen Wesen gipfeln (4,9f) (zur Gliederung: Harl 1975 mit einer Übersicht 18f; Dorival 2005, 821f).

Dieser komplexe Aufbau lässt erkennen, dass *princ.* auf Unterrichtsvorträge zurückgeht. Im Vorwort präsentiert Origenes eine Liste von Fragen, die er dann in mehreren Diskussionsgängen beantwortet und dabei den Leser in das Unterrichtsgespräch hineinnimmt. Die Präsentation einer Liste von Fragen sowie die Darstellung in verschiedenen Zyklen, die das behandelte Thema unterschiedlich akzentuieren, sind für die antike Schulliteratur nicht unüblich (Dorival 2005, 822). Origenes greift Formen der zeitgenössischen philosophischen Literatur auf und nutzt sie für sein Ziel, die christliche Prinzipienlehre, Kosmologie und Anthropologie zusammenhängend darzustellen. Damit betritt er innerhalb der christlichen Literaturgeschichte Neuland.

2.4 Die Adressaten

Origenes richtet sich mit *princ.* an seine fortgeschrittenen Schüler, »die gewohnt sind, in unserem Glauben auch einen inneren Sinn des Glaubens (*ratio credendi*) zu suchen« (*princ.* 4,4,5 [356,16f Koetschau]), sowie an heterodoxe, gnostische Christen, denen er die intellektuelle Überlegenheit des großkirchlichen Christentums demonstrieren will. Die Aufgabe, nach einer *ratio* des Glaubens zu suchen, leitet er aus seiner Einsicht in den Charakter der biblischen Schriften ab (4,2,1–6). Diese richten sich mit ihrem vordergründigen, wörtlichen Sinn, den Origenes auch leiblichen Sinn nennt, an die Menge der einfachen Gläubigen. Darüber hinaus enthalten sie aber einen höheren, geistigen Sinn, der die göttlichen

Geheimnisse enthüllt. Dieser ist nur den Geübten zugänglich. Analog dazu haben die Apostel in ihrer Verkündigung über die zentralen Dinge des Glaubens klare Aussagen überliefert, die allen Gläubigen verständlich sind. Deren tieferliegende Zusammenhänge zu erforschen sowie Themen zu ergründen, die in der Bibel und in der kirchlichen Verkündigung nur angerissen sind, überließen sie dagegen denjenigen, die dafür besonders begabt und ausgebildet sind (1 *praef.* 3; vgl. 1,6,1). Origenes leitet hier aus der Auslegungsbedürftigkeit der Bibel und der Erklärungsbedürftigkeit der überlieferten kirchlichen Lehren die Notwendigkeit theologischer Forschung ab und stellt sich in *princ.* dieser Aufgabe.

2.5 Die Methode der Darstellung

Sein methodisches Vorgehen erklärt Origenes in seinem Vorwort. Er will die Wahrheit über Gott, die Welt und den Menschen als ein zusammenhängendes, organisches Ganzes erforschen, indem er die Aussagen der biblischen Schriften untersucht und aus ihnen sowie aus der Beobachtung der Phänomene und aus allgemeinen philosophischen Annahmen vernünftige Schlüsse zieht (1 *praef.* 10; vgl. 4,1,1). Dieses Nebeneinander von biblischen Aussagen und vernünftigen Schlussfolgerungen bestimmt das gesamte Werk. Dabei können die Bibelzitate entweder die Grundlage für Schlussfolgerungen und argumentative Darlegungen bilden oder einer philosophischen Spekulation – nachgestellt – Autorität verleihen. In strittigen Fragen soll zwischen verschiedenen Positionen die überzeugendere Schriftargumentation entscheiden. Diese durch die biblischen Schriften verbürgte Autorität konstituiert für Origenes die Überlegenheit seiner Darlegung gegenüber den Darstellungen heterodoxer Christen oder paganer Philosophen (4,1,1).

Princ. ist außerdem dadurch geprägt, dass Origenes zu schwierigen Themen seine Meinung nicht als feststehende Lehre präsentiert (z.B. 1,7,1; 1,4,1; 2,8,4; 2,9,5f; 3,4,5; 3,6,9). Seine Darstellung hat oft einen diskutierend-fragenden Charakter. Diese Besonderheit hat ihren Ursprung in seiner Bibelauslegung (vgl. sein Vorwort zum Genesiskommentar bei Pamphilus, *apol. Orig.* 5–7). Wegen der Erhabenheit und Tiefe der biblischen Schriften ist er zurückhaltend, zu schwierigen Passagen eine definitive Auslegungsentscheidung zu fällen. Er legt dem Leser daher oft mehrere Auslegungen vor oder lässt Fragen offen. Diese suchende Methode schlägt sich auch in *princ.* nieder. Dabei will Origenes keinesfalls seine eigene Meinung aus Angst vor Kritik verschleiern (gegen Kettler 1966, 20.24), sondern den Leser zum eigenen Studium der Bibel und eigenem Denken anregen. An mehreren Stellen schlägt sich außerdem ein echtes Unwissen in den theologischen Fragen nieder, die das menschliche Denkvermögen übersteigen, wie z.B. der Frage nach dem Ausgang des endzeitlichen Gottesgerichts oder dem Charakter des eschatologischen Zustands. Theologische Forschung, wie Origenes sie in *princ.* betreibt, baut zwar auf der kirchlichen Verkündigung auf, hat sie als Richtschnur (1 *praef.* 2) und erläutert sie. Origenes unterscheidet sie aber hinsichtlich ihres Status von der kirchlichen Lehre.

2.6 Die Absicht

Die Auswahl der Themen, der in mehrere Diskussionszyklen gegliederte Aufbau von *princ.* sowie der diskutierend-fragende Charakter der Darstellung erklären sich schließlich aus der Absicht, die Origenes mit seiner Schrift verfolgt. Hier liegt der Schlüssel, um *princ.* zu verstehen. Im Vorwort stellt Origenes fest:

»Jene, die zum Glauben und der Gewissheit gelangt sind, dass ›die Gnade und Wahrheit durch Jesus Christus geworden ist‹ und dass Christus ›die Wahrheit ist‹ […], alle diese empfangen die Erkenntnis, die den Menschen dazu beruft, gut und glücklich zu leben, nirgendwo anders her als von eben den Worten und der Lehre Christi. […] Viele haben bei den Griechen und Barbaren den Anspruch erhoben, die Wahrheit zu verkünden, aber wir haben aufgehört, sie bei all denen zu suchen, die sie auf falsche Meinungen zu begründen versuchten, seit wir zu dem Glauben gelangt sind, dass Christus Gottes Sohn ist, und wir uns überzeugt haben, dass wir von ihm die Wahrheit zu lernen haben« (1 *praef.* 1.2 [7,9–13; 8,20–24 Koetschau]).

›Glücklich zu leben‹ ist nach allgemeiner antiker philosophischer Überzeugung das Ziel jedes Menschen. Der richtige Weg dorthin ist, ein philosophisches Leben zu führen, das allein durch das Streben nach Weisheit und Erkenntnis bestimmt ist. Mit *princ.*

ruft Origenes zu diesem Leben auf, das nicht auf leibliche Freuden oder gesellschaftlich-politische Aktivitäten ausgerichtet ist, sondern nach geistigen Gütern sucht (vgl. die Beschreibung der Lebensformen in 2,11,1). Er will seine Schüler, die er bereits als »Liebhaber der Weisheit« anredet (1 *praef.* 3), in ihrem Streben bestärken. Dabei geht er davon aus, dass der menschliche Geist »ein ihm eigenes, natürliches Verlangen« besitzt, »den Plan dessen kennenzulernen, was wir als Gottes Werk erkennen«, »die Wahrheit Gottes zu wissen und die Gründe der Dinge zu erkennen« (*princ.* 2,11,4 [187,9–15 Koetschau]). Diese seligmachende Erkenntnis kann für Origenes allein durch Christus, d.h. unter den irdischen Bedingungen durch das methodisch kontrollierte Studium der biblischen Schriften, erlangt werden. Damit spricht er den Bemühungen der paganen Philosophen und den Anstrengungen heterodoxer christlicher Gruppen jeden Erfolg ab (1 *praef.* 2; vgl. 3,3,1–3: Auslegung von 1Kor 2,6–8). Origenes legt mit *princ.* eine mahnende und lockende Einführung in die ›göttliche Wissenschaft‹ vor (*scientia divina*), d.h. in die seligmachende, geistige Erkenntnis (*scientia spiritalis*) der Weisheit Gottes. Dabei ist er sich bewusst, dass der geistige Inhalt der biblischen Schriften und der Plan der göttlichen Weisheit unter irdischen Bedingungen nur unvollkommen erfasst und mitgeteilt werden können (4,3,14f). Dennoch sieht er hier den notwendigen ersten Schritt auf dem Weg zu vollkommener Erkenntnis (2,11,14).

Den Gegenstand der Erkenntnis, nach der der Mensch streben soll, fasst Origenes folgerichtig im Traktat über den Charakter der biblischen Schriften zusammen. Diese enthalten als göttliche Unterweisung

»die Belehrung über die verborgenen Geheimnisse bezüglich der Geschicke der Menschen […], notwendigerweise als bestimmende Voraussetzung die Lehre von Gott und seinem Einziggeborenen […, die Lehre] über die Vernunftwesen […] und über die Ursachen ihres Abfalls […], über die Verschiedenheit der Seelen und die Entstehung dieser Verschiedenheiten […], was der Kosmos ist und weshalb er entstand, […] woher das Übel auf der Erde stammt« (*princ.* 4,2,7 [318,8–16 Koetschau]).

Diese Aufzählung entspricht den Themen, die Origenes in *princ.* behandelt. Dabei ordnet er die Darstellung jeweils so an, dass sie den Aufstieg der Seele zur Erkenntnis Gottes literarisch abbildet: Sie nimmt ihren Anfang bei Gott als dem einen Ursprung aller Dinge (1,1-4; 2,4-7; 4,1-5) und gipfelt in der Beschreibung der eschatologischen Einheit aller in Gott. Dabei skizziert Origenes den kosmischen Erkenntnisaufstieg der Seelen vom Sichtbaren zum Unsichtbaren (2,3,7; 3,6,9) und schließt den zweiten Durchgang mit dem Aufruf zur geistigen Erkenntnis durch die geistige Auslegung der Bibel ab (4,1-3). Die *recapitulatio* (4,4) schärft schließlich ganz nach Art einer »Ermahnung zur Philosophie« die Notwendigkeit einer philosophischen Lebensführung ein, indem sie die Unsterblichkeit der Seele und ihren göttlichen Ursprung betont. Durch die diskutierend-fragende Art seiner Darstellung fordert Origenes den Leser von *princ.* ständig zu eigener Anstrengung und Erkenntnisbemühung auf. Außerdem bezieht er die Aussagen über den Ursprung und das Geschick der Seelen immer wieder auf ›uns‹. Damit erweist er sich als Autor von *princ.* als der Lehrer, den sein späterer Schüler Gregor Thaumaturgus einen »Führer der Philosophie« nennt (Gregor, *pan.* 6,84).

Princ. sollte nicht als »erste christliche Dogmatik« bezeichnet werden. Denn es zeigt sich, dass theologische Forschung nach *princ.* die Aufgabe hat, die Seele durch das Streben nach Erkenntnis zu Gott zu führen. Philosophie bzw. Theologie ist für Origenes nicht Dogmatik, sondern Psychagogik, d.h. Seelenführung.

2.7 Zum Inhalt

Wie stellt Origenes das »zusammenhängende und organische Ganze« (1 *praef.* 10 [16,11.13 Koetschau]) der Wahrheit über das Geschick der Menschen inhaltlich dar?

Als Grundaussage über das Verhältnis von Gott und Welt formuliert er, »dass die Welt von Gott geschaffen ist und von seiner Vorsehung gelenkt wird […] und dass Gott die Taten eines Jeden richten wird« (*princ.* 2,9,5 [169,13-15 Koetschau], vgl. *princ.* 2,9,7 [171,29-32 Koetschau]). Diese Aussage entfaltet er in *princ.* vor dem Hintergrund der Überzeugung, dass die Gesamtheit der geschaffenen Wirklichkeit einen unkörperlichen, geistigen sowie einen sinnlich wahrnehmbaren, materiell-körperlichen Bereich umfasst. Er beruft sich dafür auf die biblische Unterscheidung zwischen dem Sichtbaren und dem Unsichtbaren (Kol 1,15f), die er Paulus zuschreibt (1 *praef.* 9; 1,1,8; 4,3,15). Sie schlägt sich in seinem Verständnis der Bibel, der Welt und des Menschen nieder, für die er jeweils eine materiell-körperliche und eine geistige Ebene annimmt, die an Gottes Wirklichkeit Anteil hat.

Ausgangspunkt ist seine am zeitgenössischen Platonismus geschulte Auffassung von Gott, die er u.a. unter Berufung auf Kol 1,15 in *princ.* 1,1 darlegt. Gott ist eine einfache, geistige Natur. Er ist ganz Vernunft und steht über jedem geschöpflichen Denken und Erkennen. Origenes wendet sich daher gegen die Vorstellung, Gott in körperlicher Gestalt oder als feinstoffliches Feuer zu denken. Ausführlich bespricht er biblische Texte, die derartige Vorstellungen nahelegen könnten, und weist nach, dass sie in übertragener Weise von Gottes geistiger Natur reden. Mit einer breiten philosophischen und biblischen Tradition bestimmt er Gott außerdem als gut und gerecht (2,4). Damit wendet er sich gegen die dualistische Auffassung z.B. Markions, der den Gott des Neuen Testaments, den Vater Jesu Christi, als den guten Gott vom Gott des Alten Testaments unterschied und in diesem einen niederen Schöpfergott sah. Origenes zeigt, dass beide Testamente die Einheit von Güte und Gerechtigkeit des einen Gottes bezeugen.

Für Origenes steht fest, dass der so bestimmte Gott die vielgestaltige sichtbare Welt erschaffen hat und lenkt und von den vernünftigen Geschöpfen erkannt werden kann. Dabei stellen sich ihm jedoch Fragen, die auch in der zeitgenössischen Philosophie diskutiert wurden: Wie kann der gänzlich einfache Gott Ursache der vielgestaltigen Welt sein? Wie kann Gott als gut und gerecht gedacht werden, wenn doch offensichtlich Mängel und Übel unter den Geschöpfen vorhanden sind? Und wie kann Gott, der über dem geschöpflichen Erkennen steht, überhaupt erkannt werden?

Origenes stellt eine Verbindung zwischen Gott und der Welt her, indem er innerhalb Gottes differenziert und in Christus den Mittler zwischen dem einfachen unbegreiflichen Gott und der Welt sieht. Ausführlich beschreibt er verschiedene Aspekte des göttlichen Wirkens Christi (1,2). Christus ist die schöpferische, Vorsehung und Fürsorge übende Kraft Gottes, insofern er als

Weisheit (Spr 8,22–25; 1Kor 1,24) alle Kräfte und Formen der Schöpfung enthält. Als Wort (λόγος Joh 1,1f) gibt er Einsicht in die Geheimnisse Gottes und ist so der Weg (Joh 14,6) zur Erkenntnis des Vaters. Darin liegt seine Heilsfunktion für die geschaffenen vernünftigen Wesen.

Origenes unternimmt große Anstrengung, diese Differenzierung innerhalb Gottes so zu beschreiben, dass sie die Einheit Gottes nicht aufhebt. Zum einen betont er, dass Christus als Weisheit eine selbständige Existenz zukommt: Er ist eine ὑπόστασις (*princ.* 1,2,2 [28,20 Koetschau]), wie Origenes mit einem philosophischen Fachausdruck formuliert. In einem ewigen, unzeitlichen und rein geistigen Akt, dem nichts Materielles anhaftet und durch den Gott daher nicht zerteilt wird, geht er aus Gott Vater hervor. Christus als selbständig existierende Weisheit Gottes hat somit einen Anfang in Gott, aber keinen Anfang in der Zeit. Zum anderen demonstriert Origenes anhand biblischer Aussagen, wie der Sohn vom Vater unterschieden ist und gleichzeitig in enger, wesenhafter Einheit mit ihm steht (1,2,5–13): Er ist »Bild des unsichtbaren Gottes« (Kol 1,15), »Glanz der Herrlichkeit Gottes« (Hebr 1,3), »Dunsthauch von Gottes Kraft«, »Bild seiner Güte« (Weish 7,25f). In der Einheit des Willens, der Güte und der Kraft ist er mit dem Vater verbunden.

Der Heilige Geist stellt eine weitere Differenzierung innerhalb Gottes dar (1,3,1–4). Als geistiger Urheber der biblischen Schriften vermittelt er durch die Offenbarung des Sohnes die Erkenntnis Gottes. Origenes beschreibt eine gewisse Rangordnung der göttlichen Hypostasen und schreibt ihnen innerhalb des göttlichen Wirkens verschiedene Aspekte zu. Zugleich betont er jedoch die Einheit des göttlichen Wirkens, das darauf ausgerichtet ist, den Menschen zur vollkommenen Erkenntnis der Weisheit Gottes zu führen (1,3,5–8).

Origenes stellt fest, dass eine Differenzierung von Gott Vater und Sohn für einige zeitgenössische Philosophen nicht erstaunlich ist (1,3,1). Er zieht hier selbst eine Parallele zur Gotteslehre zeitgenössischer Platoniker, die einen höchsten Gott als »Vater aller Dinge« von dessen Vernunft (λόγος) unterscheiden, durch die alles geschaffen ist. Die Lehre vom Heiligen Geist, die allein den biblischen Schriften entnommen werden kann, betrachtet er dagegen als etwas spezifisch Christliches. Die neuere philosophie- und theologiegeschichtliche Forschung bestätigt diese Einschätzung und zeigt, dass sich die gestufte Gotteslehre des Origenes von derjenigen zeitgenössischer Platoniker signifikant unterscheidet.

Origenes ist erst in zweiter Linie daran interessiert, die Entstehung der sichtbaren Vielheit kosmologisch zu beschreiben. In erster Linie fragt er, wie die Vielfalt unter den vernünftigen Geschöpfen einschließlich des Menschen zu erklären ist. Diese Vielfalt sieht er durch die Erfahrung bestätigt und durch biblische Texte bezeugt, die von verschiedenen Ordnungen und Ämtern geistiger Wesen sprechen (1,5,1–2). Er beschreibt sie aus der Perspektive des Menschen, der in der Mitte zwischen den heiligen und den bösen Mächten in einem beständigen Kampf steht.

Da der Schöpfer aller dieser Wesen der eine Gott ist, kann die Ursache der Vielfalt der Geschöpfe nicht in Gott liegen. Origenes betont daher, auf biblische Texte und logische Schlussfolgerungen gestützt, dass ursprünglich alle rationalen Wesen gleich und mit gleichem Anteil an der Güte und Erkenntnis Gottes geschaffen wurden (1,5,3; 1,8,3). Er richtet sich damit gegen die Ansicht z.B. der Valentinianer, die mehrere wesensverschiedene Klassen von vernünftigen Geschöpfen annahmen. Für Origenes ist die Ursache für die Unterschiede der Geschöpfe und die Existenz gottfeindlicher Gegenmächte allein in den Geschöpfen selbst zu suchen (2,9,1–8). Er führt sie auf deren eigenen Willensentschluss zurück, in unterschiedlichem Maß die ursprüngliche Einheit mit Gott zu verlassen (zur Herleitung des freien Willens aus biblischen Texten und aus der philosophischen Psychologie siehe *princ.* 3,1; Benjamins 1994).

Als Konsequenz der Annahme eines einheitlichen Ursprungs sowie eines freien Willens aller vernünftigen Geschöpfe entwirft Origenes ein »Drama« des Abfalls und Wiederaufstiegs dieser Geschöpfe.

Im zeitlosen Anfang schuf Gott eine bestimmte Anzahl vernünftiger Wesen (2,9,1), die den »himmlischen Kosmos« konstituieren und mit Gott und untereinander eine Einheit bilden. Origenes nimmt also eine Existenz der vernünftigen Geschöpfe an, die logisch »vor« der Erschaffung der sichtbaren Welt liegt. In der Forschung ist umstritten, wie diese Präexistenz nach Origenes genauer zu bestimmen ist (Kettler 1969, 272–297; Harl 1987; Edwards 1992 u. 2002, 89–97).

Die freiwillige Abkehr von Gott beschreibt Origenes als eine Bewegung von oben nach unten (2,5,4) sowie als einen Prozess der Verdichtung und Erkaltung, bei dem die ursprünglich geistigen Wesen von Gott einen festen Körper erhalten (2,8,3; 9,6). Dessen Beschaffenheit entspricht jeweils der Entfernung von Gott. Die Position der Geschöpfe innerhalb der vielgestaltigen Welt spiegelt somit deren freie Entscheidung und Gottes Gerechtigkeit wider. In diesem Zusammenhang stellt Origenes die sichtbare, materielle Welt als den von Gott geschaffenen Aufenthalts- und Erziehungsort dar, aus dem die Geschöpfe wieder zu Gott aufsteigen (2,5,4f). Er ist ein Ausdruck der Fürsorge Gottes für seine Geschöpfe. Als Voraussetzung des Wiederaufstiegs erklärt Origenes, dass die Fähigkeit zur Gotteserkenntnis durch die freiwillige Abkehr von Gott nicht verloren geht, sondern in einem langen Erziehungsprozess zu neuer Vollkommenheit geführt wird (2,8,3; vgl. 4,4,9). Die Unterschiede zwischen den vernünftigen Geschöpfen, den Kampf gottfeindlicher Mächte sowie Gottes Weltgericht ordnet Origenes in diesen Prozess ein als Mittel der göttlichen Pädagogik, die darauf zielt, die Geschöpfe zu Gott zurückzuführen (1,6,3; 2,10f; 3,1–4). Mit seiner pointierten Darstellung schärft Origenes ein, dass der Mensch seinem Wesen nach geistig ist und daher – mit Paulus, aber auch mit zeitgenössischen Platonikern gesprochen – nach dem »inneren«, geistigen Menschen, nicht nach dem »äußeren«, fleischlichen Menschen leben soll.

Obwohl Origenes gelegentlich sagt, dass sich Anfang und Ende entsprechen, stellt bei ihm der Wiederaufstieg der Geschöpfe zu Gott keine bloße Rückkehr zum Zustand des Anfangs dar, sondern überbietet diesen. In Auslegung von Gen 1,26f und in bewusster Anspielung und Überbietung von Platon, *Theaetetus* 176b legt er dar, dass der Mensch zwar im Anfang »zum Bilde Gottes« geschaffen wurde. Die Vollendung der »Ähnlichkeit Gottes« muss der Mensch aber »durch eigenen Eifer […] durch Nachahmung Gottes erwerben« (3,6,1 [280,6–17 Koetschau]). Gott schuf die vernünftigen Wesen im Anfang mit einem wandelbaren Sein und mit freiem Willen, »damit in ihnen ein ihnen eigenes Gut entstehe, dass sie mit eigenem Willen bewahren« (2,9,2 [165,25–27 Koetschau]). Die Gabe des freien Willens und die darin liegende Möglichkeit einer Abkehr von Gott erweisen sich somit als Instrumente der göttlichen Vorsehung, die den Menschen zu einem Zustand individueller Vollkommenheit führt.

Die zentrale Rolle in diesem Erziehungsprozess, der eine unvorstellbar lange, aber dennoch begrenzte Abfolge von Welten umfasst, nimmt Christus ein. An ihm, der göttlichen Vernunft (λόγος), haben alle vernünftigen Geschöpfe Anteil. Als göttliches Wort (λόγος) verkündet er durch die Propheten und Apostel die Weisheit Gottes. Eine besondere Bedeutung kommt seiner Menschwerdung zu (2,6,1–7). Origenes erklärt sie in *princ.* als die enge Verbindung zwischen dem Sohn Gottes und der Seele Jesu, die sowohl die Seele als auch den Leib Jesu, d.h. den ganzen Menschen prägt (2,6,3; 4,4,3f). In Jesus Christus verbindet sich dabei das Wort, die Weisheit und die Wahrheit Gottes auf exemplarische Weise mit einer menschlichen Seele, die in vollkommener Liebe an Gott hängt. Dadurch wird in ihr die Gemeinschaft mit Gott, die wie bei allen vernünftigen Geschöpfen ursprünglich von ihrer freien Entscheidung abhing, »durch die Festigkeit des Entschlusses« und »durch die Wirkung langer Gewohnheit« zur Natur (2,6,5). In Jesus Christus realisiert sich somit exemplarisch die Gotteserkenntnis und die Gemeinschaft mit Gott, zu der die anderen vernünftigen Geschöpfe durch die Nachahmung Jesu Christi erst noch gelangen müssen. Origenes schärft sie seinen Lesern als Vorbild und Ziel des Strebens ein.

Der Prozess der Vervollkommnung, in dem aus dem »natürlichen Menschen« der »geistige Mensch« (1Kor 2,14; 15,44) wird, kommt an sein Ziel, wenn die Seele so bereitet ist, dass sie durch die Teilhabe an Christus Gott schauen und ganz in sich aufnehmen kann. Dabei erlangt sie Vollkommenheit und Glückseligkeit (2,6,3). Diesen endzeitlichen Zustand beschreibt Origenes in Auslegung von 1Kor 15. Dabei beschäftigt ihn besonders die Frage, ob dieser Zustand unkörperlich ist (1,6,1–4; 2,2,1–3,7; 3,6,1–9). Eine Auslegung von 1Kor 15 im Lichte von Joh 10,30; 17,21 sowie die

Annahme, dass nur eine vom Körper befreite Seele Gott dauerhaft schauen kann, führen ihn dazu, ein Ende der Körpernatur zu vermuten. Eine Auslegung von 1Kor 15 im Lichte von Gen 1f sowie die Einsicht, dass allein Gott Vater, Sohn und Heiliger Geist unkörperlich existieren, legen ihm dagegen den Übergang in einen Zustand geistiger Körperlichkeit nahe. Eine Entscheidung lässt Origenes offen.

Origenes lässt in *princ.* auch die Frage offen, ob letztlich alle Geschöpfe in die vollkommene Einheit mit Gott aufgenommen werden (Allversöhnung). Biblische Aussagen wie 1Kor 15,23–28, die Annahme, dass die Fähigkeit zur Gotteserkenntnis verdunkelt wird, aber nicht verloren gehen kann, sowie die Überzeugung vom Gnadenreichtum Gottes legen nahe, dass auch »der Teufel und seine Engel« letztlich zu Gott zurückkehren. Origenes diskutiert aber die Möglichkeit, dass sich eine gottfeindliche Willensausrichtung durch Gewohnheit so verfestigt, dass sie zur Natur eines Wesens wird und somit eine Rückkehr zu Gott ausschließt (1,6,3). Hier zeigt sich erneut das psychagogische Programm von *princ.*: Origenes stellt die Möglichkeit einer Verfestigung des gottfeindlichen Willens als Gefahr dar; die Möglichkeit, dass sich der nach Gott strebende Wille zur Gottähnlichkeit verfestigt, sieht er dagegen in Jesus Christus realisiert und stellt sie seinen Lesern als eschatologisches Ziel vor Augen.

3. Zur Wirkung

Die Wirkungsgeschichte von *princ.* ist stark von den Auseinandersetzungen um die spekulative Theologie des Origenes geprägt. Dabei übersehen die Kritiker des Origenes oft den diskutierenden Charakter seiner Theologie und lesen die theologischen Erörterungen von *princ.* als definitive Lehraussagen, während die Fürsprecher des Origenes auf den diskutierend-fragenden Stil seiner Theologie hinweisen.

Im 4. bis 6. Jh. entwickelten Leser aus Kreisen des ägyptischen Mönchtums Origenes' Gedanken weiter. Im Lichte ihrer z.T. extremen theologischen Positionen vor allem in der Seelenlehre,

Kosmologie und Christologie wurde Origenes seither gelesen und deshalb 543/553 verurteilt. Damit war die Rezeption von *princ.* im griechischen Osten faktisch beendet. Im lateinischsprachigen Westen dagegen blieb *princ.* erhalten und wurde diskutiert. Renaissance und Humanismus erneuerten auch das Interesse an Origenes. Humanistische Neuplatoniker lasen Origenes vor allem als Platonschüler, wurden ihm damit aber kaum gerecht. Eine inhaltlich produktive Aufnahme des Origenes und besonders von *princ.* begegnet hingegen bei E. v. Rotterdam (Godin 1982). In der Auseinandersetzung um den freien Willen des Menschen, die er mit M. Luther führt, zieht er Origenes und besonders *princ.* 3,1 heran. Dabei greift er exegetische und theologische Argumente sowie die diskutierende Methode des Origenes auf. Luthers Ablehnung der Position des Erasmus ist auch eine Auseinandersetzung mit der exegetischen Methode und der Theologie des Origenes. In der theologischen Debatte um eine endzeitliche Erlösung aller werden auch im 20. Jh. (K. Barth) und in der gegenwärtigen Systematischen Theologie (Ch. Janowski) Origenes' Positionen diskutiert.

Die Bibelauslegungen des Origenes sind stets stärker rezipiert und gewürdigt worden als *princ.* Dabei fand die Auseinandersetzung um die Theologie des Origenes zumeist im Kontext aktueller theologischer Debatten statt. Außerdem wurde die theologische Leistung des Origenes häufig am Maßstab späterer theologischer Entwicklungen gemessen. Eine gerechte Würdigung muss jedoch vom Kontext des beginnenden 3. Jh.s ausgehen. Dann zeigt sich, dass Origenes ausgehend von biblischen Texten aktuelle philosophisch-theologische Probleme bearbeitet und dabei innovative Positionen entwickelt. In der Gotteslehre formuliert er Probleme und Lösungen, die bei späteren Platonikern sowie in der Trinitätstheologie und Christologie des 4. und 5. Jh.s diskutiert werden (1,2,1–13; 2,6,3). In der Kosmologie beschreibt er die Materie in einer Weise, die Konzeptionen späterer Platoniker sowie christlicher Theologen des 4. Jh.s (Gregor von Nyssa) vorwegnimmt (4,4,7). In der Auslegung des Schöpfungsberichtes wendet er sich dezidiert gegen eine platonische Kosmologie (2,3,6f; Köckert 2009). In der Argumentation für den freien Willen formuliert er ausgehend von der zeitgenössischen philosophischen Psychologie und biblischen Aussagen auf innovative Weise eine christliche Seelenlehre (3,1).

In dem hohen Reflexionsniveau von *princ.* und in den methodisch reflektierten, an den philologischen Standards seiner Zeit orientierten Bibelauslegungen spiegelt sich Origenes' Anspruch einer wissenschaftlichen Theologie wider. Mit dem psychagogischen Programm von *princ.* präsentiert er das Christentum als wahre Philosophie und tritt damit in offensive Konkurrenz zu paganen und heterodox-christlichen Schulen seiner Zeit.

4. Literaturhinweise

Zitierte Quelle:
Origenes, De principiis. Origenes Werke. Fünfter Band, hg. v. P. Koetschau, Leipzig 1913 (abgek. *princ.*).
(Zitationsweise: *princ.* 4,4,5 [356,16f Koetschau] = Buch, Kapitel, Unterkapitel, in Klammern: Seite, Zeile nach der Edition von P. Koetschau).
Die deutschen Übersetzungen im Text gehen auf die Übersetzung von H. Görgemanns/H. Karpp (Origenes ³1992) zurück, die von der Verfasserin u.a. unter Berücksichtigung von H. Crouzel/M. Simonetti (Origène 1978ff) überarbeitet wurden.

Zum Einstieg empfohlen:
princ. 1 *praef.* 1–10; *princ.* 1,1,1–2,3,7; *princ.* 4,1–3.

Weiterführende Literatur:
Lies 1992; Williams 1996; Edwards 2002.

5. Verwendete Literatur

H.S. Benjamins, Eingeordnete Freiheit. Freiheit und Vorsehung bei Origenes, Leiden 1994.
G. Dorival, Art. Origène d'Alexandrie, Dictionnaire des philosophes antiques 4, Paris 2005, 807–842.
M. Edwards, Origen against Plato, Aldershot 2002.

Eusebius von Caesarea, Kirchengeschichte, hg. v. H. Kraft, Darmstadt ³1989.

Gregor der Wundertäter, Dankrede an Origenes (FC 24), hg. v. R. Klein/ P. Guyot, Freiburg 1996.

A. *Godin*, Érasme lecteur d'Origène, Genève 1982.

M. *Harl*, Structure et cohérence du Peri Archon, in: Origeniana, Bari 1975, 11–32.

–: La préexistence des âmes dans l'œuvre d'Origène, in: L. Lies (Hg.), Origeniana Quarta, Innsbruck 1987, 238–258.

F.H. *Kettler*, Der ursprüngliche Sinn der Dogmatik des Origenes, Berlin 1966.

–: Die Ewigkeit der geistigen Schöpfung nach Origenes, in: M. Greschat, Reformation und Humanismus, Witten 1969, 272–297.

Ch. *Köckert*, Christliche Kosmologie und kaiserzeitliche Philosophie. Die Auslegung des Schöpfungsberichtes bei Origenes, Basilius und Gregor von Nyssa vor dem Hintergrund kaiserzeitlicher Timaeus-Interpretationen, Tübingen 2009.

L. *Lies*, Origenes' Peri Archon. Eine undogmatische Dogmatik, Darmstadt 1992.

Ch. *Markschies*, Kaiserzeitliche christliche Theologie und ihre Institutionen. Prolegomena zu einer Geschichte der antiken christlichen Theologie, Tübingen 2007.

Origenes, Vier Bücher von den Prinzipien (TzF 24), hg. v. H. Görgemanns/H. Karpp, Darmstadt ³1992.

Origène, Traité des Principes, hg. v. H. Crouzel/M. Simonetti, SC 252.253.268.269.312, Paris 1978ff.

Pamphilus von Caesarea, Apologie für Origenes (FC 80), hg. v. G. Röwekamp, Turnhout 2005.

C. *Scholten*, Die alexandrinische Katechetenschule, in: JbAC 38 (1995), 16–37.

–: Psychagogischer Unterricht bei Origenes. Ein Ansatz zum Verständnis des »Sitzes im Leben« der Entstehung von frühchristlichen theologischen Texten, in: M. Hutter, Hairesis, Münster 2002, 261–280.

H.J. *Vogt*, Art. Origenes, Lexikon der antiken christlichen Literatur, Freiburg ³2002, 528–536.

R. *Williams*, Art. Origenes, TRE 25, Berlin 1996, 397–420.

Eva Harasta

Augustinus: De trinitate

1. Zur Person

Augustin wurde am 13. November 354 in Thagaste (heute Souk Ahras, Algerien) geboren. Er starb am 28. April 430 in Hippo Regius (Annaba, Algerien). Die Quellenlage zu Augustins Leben ist gut. In den *Confessiones* (›Bekenntnissen‹) beschreibt Augustin sein Leben bis zum Tod der Mutter (387) – freilich nicht als unbeteiligt-objektiven Bericht, sondern um zur Buße und zum Lob Gottes aufzurufen. 299 Briefe Augustins sind überliefert; er hat einen kommentierten Katalog seiner Werke verfasst (*Retractationes*).

Als Sohn des heidnischen Beamten Patricius und der (berberischen?) Christin Monnica studierte Augustin 370–373 Rhetorik in Karthago. Er ging eine nicht-eheliche Beziehung ein, 372 wurde sein Sohn Adeodatus geboren. In Karthago wandte er sich der manichäischen Religion zu. Bis 385 machte er Karriere als Rhetorikprofessor in Thagaste, Karthago, Rom und schließlich in der kaiserlichen Residenz Mailand. In Mailand lernte er Bischof Ambrosius und dessen Schriftauslegung kennen. 385 trennte er sich von seiner afrikanischen Partnerin, deren Namen er nirgends nennt.

386/87 hatte Augustin eine Schlüsselerfahrung mit Röm 13, 13–14 (conf. VIII,12,29). Er bekehrte sich zum zölibatären Leben als Christ und wurde 387 in Mailand getauft. Auf dem gemeinsamen Weg zurück nach Afrika starb seine Mutter. In Thagaste gründete Augustin eine Klostergemeinschaft. 390 starb sein Erbe Adeodatus. 391 wurde Augustin Presbyter, 396 Bischof in Hippo Regius. Seine Jahre im Bischofsamt waren geprägt durch Predigttätigkeit, Reisen, Briefkontakte und Publikationsaktivitäten. 430 starb er in Hippo Regius, während die Stadt von Vandalen belagert wurde (zum Lebenslauf: Fuhrer 2004; O'Donnell 2005; Brown 2000).

Ein Grundmerkmal seiner Schriften ist das unermüdliche, selbstkritische Fragen nach der Wahrheit (Ps 105,4). Zwar wird die Wahrheit erst im Eschaton endgültig offenbart, aber Irrtümer sind schon jetzt nach bestem Wissen zu bekämpfen, geht es doch um das Heil. Daher beschäftigen sich viele seiner Schriften mit der Widerlegung von Gegenpositionen. So deutet Augustin das Böse als ›Mangel an Gutem‹ (*privatio boni*) und widerspricht damit der manichäischen Weltsicht, in der das Böse als eigenes, dem Guten gleichberechtigt entgegenstehendes Prinzip gedeutet wird. Er vertieft sein Kirchenverständnis in Abgrenzung zum Donatismus (der eine Kirche der Reinen fordert), seine Gnadenlehre spitzt er im Streit mit dem Pelagianismus zu (der Werkgerechtigkeit vertritt). In seiner Gotteslehre und Christologie setzt Augustin sich mit (neu-)arianischen Positionen auseinander (die Christus dem Vater unterordnen). Neben den apologetischen Schriften stehen die Bibelkommentare, darunter ausführliche Auslegungen der Psalmen und des Johannesevangeliums.

Vier Werke Augustins haben eine überaus große Wirkung entfaltet: Die *Confessiones* (›Bekenntnisse‹), *De civitate Dei* (›Der Gottesstaat‹), *De doctrina christiana* (›Die christliche Bildung‹) und *De trinitate* (›Die Dreieinigkeit‹) (abgek. trin.). Diese Schriften sind nicht unabhängig von den apologetischen Diskursen, aber weniger polemisch. In den *Confessiones* wendet sich Augustin der Gottesbeziehung des Einzelnen zu und antwortet auf Vorwürfe, er sei ein verkappter Manichäer. In *De civitate Dei* verteidigt Augustin das Christentum gegenüber heidnischer Kritik und legt die Heilsgeschichte als Geschichte Gottes mit seiner Gemeinschaft aus. In *De doctrina christiana* legt er einen Leitfaden zur Schriftauslegung vor. In *De trinitate* wendet sich Augustin zwar gegen verschiedene ›arianische‹ Positionen (Barnes 1999, 59; Barnes 2007, 202), doch indem er fragt, wie Gottes Wesen mit Gottes Handeln zusammenhängt, entfaltet er die Basis seiner Theologie: sein Gottesbild (zum Werk: Geerlings 2002).

Was er in den *Confessiones* über das Gedächtnis und den Willen dachte, vertieft Augustin in *De trinitate*, wenn er fragt, was am Menschen das ›Ebenbild‹ der Trinität ist. Seine Beschäftigung mit der Beziehung zwischen Zeichen und Bezeichnetem in *De doc-*

trina christiana leitet ihn, wenn er nun fragt, was ein ›Bild Gottes‹ ist. Die Identifikation des Glücks (*vita beata*) mit dem Leben nach der Schöpfungsordnung Gottes – ein Gedanke, der etwa in *De civitate Dei* begegnet – lässt ihn die Gottebenbildlichkeit als begnadetes Handeln deuten, als Weisheit aus der Liebe Gottes.

2. Zum Werk

2.1 Einleitungsfragen

399 beginnt Augustin seine Arbeit an *De trinitate*. Erst zwanzig Jahre später ist das Werk vollendet (Kany 2007, 31–46). 381 hatte das Konzil von Konstantinopel das trinitarische Bekenntnis von Nicaea (325) erweitert (*Nicaeno-Constantinopolitanum* [NC]). Diese Erweiterung des Nicaenums ist Augustin wohl unbekannt (Kany 2007, 119–120). Aber mit *De trinitate* deutet er die ›Sache‹ des NC: Die Einheit Gottes in drei wesensgleichen Personen.

De trinitate ist insofern repräsentativ für die Theologie der ersten Hälfte des 5. Jh.s, als es sich der Trinität zuwendet und dabei zugleich nach der Menschwerdung Christi fragt (Clark 2001, 92). Die Christologie prägt bis zum Konzil von Chalcedon 451 und danach die theologische Diskussion (Einflüsse auf Augustin: Kany 2007, 81–119). Andererseits legt Augustin aber mit *De trinitate* einen Neuansatz vor: Er unterscheidet zwischen Substanzaussagen und Relationsaussagen in Bezug auf die Trinität und entdeckt die Gottebenbildlichkeit als Schlüssel zur Trinitätstheologie.

Zur Gliederung der fünfzehn Bücher von *De trinitate* gibt Augustin zwar nicht so klare Signale wie etwa in *De civitate Dei*, ›chaotisch‹ geht er deswegen aber nicht vor (Marrou 1981, 518). Grundlegend ist festzuhalten, dass Buch VIII – die Mitte der fünfzehn Bücher – eine Grenze markiert. Die ersten sieben Bücher stehen unter der Leitfrage, die durch das Nicaenum gestellt ist: Wie kann der eine Gott drei ›Personen‹ sein? In Buch VIII reflektiert Augustin die Bedingungen dafür, überhaupt über die Trinität nachzudenken. Auf dieser Grundlage fragen die Bücher IX–XV nach der menschlichen Gottebenbildlichkeit als Schlüssel zur Trinitätstheologie.

Augustin setzt aber nicht etwa deswegen bei der Gottebenbildlichkeit an, weil er die Schöpfung ungebrochen als ›Spiegel‹ der Trinität betrachtet. Der Autor von *De doctrina christiana* würde nie ein Abbild mit dem Abgebildeten verwechseln. Er unterscheidet klar zwischen Schöpfer und Geschöpf. Zweitens ist ihm die Zerstörungsmacht der Sünde sehr bewusst. Er unterscheidet deutlich zwischen der erhofften, vollendeten Gottebenbildlichkeit im Eschaton und der gefallenen Gottebenbildlichkeit. Augustin betont: Das Geschöpf kann aus eigener Kraft den Schöpfer nicht erkennen; unter der Sünde betrügt es sich überdies unausweichlich selbst.

Die Entfaltung der trinitätstheologischen Begrifflichkeit in Buch I–VII hängt mit der Deutung der menschlichen Gottebenbildlichkeit in Buch IX–XV zusammen. Augustin geht es um die Aufklärung des Glaubens an den dreieinen Gott. Das Bild Gottes ist als solches nur aus dem Glauben an die Trinität erkennbar. *De trinitate* als philosophisches Werk zu lesen, ist zwar möglich (z.B. Brachtendorf 2000, 323–324; Kreuzer 2001, VII–IX), wird aber der theologischen Absicht Augustins nicht ganz gerecht (Williams 1990, 331).

2.2 Augustins Argumentation im Einzelnen

2.2.1 Buch I–VII

Buch I entwickelt die Ausgangsfrage: Wie kann man zugleich an die Einheit Gottes und an die Dreiheit der göttlichen Personen glauben? Augustin wendet sich zunächst der Wesensgleichheit (*aequalitas*) von Vater und Sohn zu und diskutiert Bibelbelege, die den Sohn dem Vater unterzuordnen scheinen (etwa 1Kor 15,28; trin. I,8,15). Zur Abwehr dieses Einwands gegen die Wesensgleichheit unterscheidet er mit Phil 2,6 zwischen der Knechtsgestalt und der göttlichen Gestalt Christi. Trennt Augustin so aber den Menschen Jesus vom ewigen Sohn Gottes? – Das leitet zur geschichtlichen ›Aussendung‹ des Sohnes über.

In Buch II–IV entfaltet Augustin die ›Aussendungen‹ (*missiones*) von Sohn und Geist. Buch II beschreibt, wie sich die trinitarischen Personen im Alten Testament offenbart haben: Alle drei waren stets gegenwärtig, auch wo eine Zuschreibung auf eine der drei nahe liegen könnte. Damit wird Augustin zum Vater der Vorstellung, dass die Werke der Trinität nach außen ›ungeteilt‹ sind (*opera trinitatis ad extra sunt indivisa*). Buch III hebt hervor, dass Gott sich zur Offenbarung schon im Alten Testament geschöpflicher Instrumente bedient. Buch IV fragt, wie sich die alttestamentlichen Offenbarungen Gottes von den Gestalten des Sohnes und des Heiligen Geistes in Menschwerdung und Geistausgießung unterscheiden. Alle vorangehenden Offenbarungen waren Vorzeichen auf Christus hin (trin. IV,7,11). Nach der Erhöhung Christi kommt es deswegen auch zu einer neuen Aussendung des Heiligen Geistes (u.a. mit Joh 7,39; trin. IV,20,29). Daher muss man nach Augustin annehmen, dass der Heilige Geist nicht allein vom Vater, sondern auch vom Sohn ausgeht.

Wenn der Vater den Sohn und beide den Heiligen Geist ›aussenden‹ scheint allerdings die Wesensgleichheit in Gefahr: Kommt es so nicht zu einer Hierarchie? Doch wie kann Christus die Menschen mit Gott versöhnen, wenn er ein Gott ›zweiter Ordnung‹ ist? Wie kann der Heilige Geist den Menschen Gott vergegenwärtigen, wenn er weniger als Gott ist? Augustin spitzt seine Überlegungen auf die Frage zu, wie die Dreiheit der Personen mit der Einheit Gottes vereinbar ist, denn nun geht es ihm um das eine Wesen Gottes, seine *substantia* (ein ›neunizänischer‹ Akzent: Gemeinhardt 1999, 150–151). Die Bücher V–VII legen die Wesenseinheit Gottes aus, nachdem die Bücher II–IV die Unterscheidung der drei Personen behandelt haben.

Gottes Wesen ist ungeteilt, eine *substantia*, aber er ist auch drei Personen. – Die Einheit Gottes wird schon dann verfehlt, wenn man sagt, Gott ›hat‹ drei Personen. Denn so wären die Personen als drei Gestalten gedeutet, die Gott nach Belieben anlegen könnte wie Gewänder (Modalismus). Die Offenbarung würde zu einer ›Verkleidung‹, die trinitarischen Personen zu bloßen Masken. Die drei Personen müssen also klar voneinander unterschieden werden. Dazu wird der Vater ›ungezeugt‹, der Sohn ›gezeugt, nicht geschaffen‹ und der Heilige Geist ›Gabe‹ genannt.

Augustin entwickelt in Buch V für das Dilemma zwischen notwendigem Unterscheiden der Personen und Festhalten an ihrer

Wesenseinheit eine überraschende Lösung. Das Problem der einen *substantia* des dreieinen Gottes ist, so Augustin in Buch V, verkehrt angefasst, wenn man sich ein zugleich teilbares und unteilbares ›Wesen‹ Gottes vorzustellen versucht. Angemessener ist es, zwei unterschiedliche Hinsichten richtig zu unterscheiden, in denen Theologen von Gott sprechen. Es gibt einerseits Aussagen über die Trinität, die sich auf das Gottsein Gottes beziehen. So redet man ›hinsichtlich des Wesens Gottes‹ (›Substanzaussagen‹). Es gibt andererseits Aussagen über die Trinität, die sich den Beziehungen zwischen den Personen widmen. So redet man ›hinsichtlich des Sich-Beziehens Gottes‹ (›Relationsaussagen‹). Die Beziehungen zwischen den trinitarischen Personen sind ewig und unwandelbar (trin. V,5,6).

Zur Illustration der Relationsaussagen bringt Augustin das Beispiel einer Münze: Die Münze verändert nicht ihr Wesen, wenn sie in Beziehung auf einen verkäuflichen Gegenstand als ›Preis‹ bezeichnet wird (trin. V,16,17). Damit will Augustin nicht sagen, dass Vater, Sohn und Geist beliebige Namen wären. Vielmehr geht es ihm darum, dass nicht genau aussagbar ist, wie die drei Personen ›sind‹. Aussagbar sind die Beziehungen der Personen untereinander, weil sie von Gott offenbart sind. Wie die ›Personen‹ abgesehen von ihren Beziehungen untereinander existieren, untersucht Augustin absichtlich nicht.

Eigentlich wird der Vater nur deshalb ›Vater‹ genannt, weil er den Sohn zeugt, und der Sohn wird nur deshalb ›Sohn‹ genannt, weil er vom Vater gezeugt wird. Dass der Sohn ›der Gezeugte‹ ist, betrifft nicht sein Wesen. Nicht sein Wesen empfängt der Sohn vom Vater, *sondern* sein Sohnsein – ganz wie der Vater vom Sohn sein Vatersein empfängt. Das ist die anti-arianische Spitze von Buch V. Nur wenn man eine trinitarische Person daraufhin betrachtet, wie sie sich auf sich selbst bezieht, trifft man Substanzaussagen. Substanzaussagen werden allen drei Personen zugesprochen, ohne dass damit das Wesen Gottes verdreifacht würde (trin. V,8,9). So wird von der Trinität Ewigkeit, Unteilbarkeit, Gerechtigkeit ausgesagt.

In Buch VI entfaltet Augustin die beiden trinitätstheologischen Redeweisen weiter. Der Sohn wird in seiner Beziehung zum Vater auch ›Wort‹ und ›Bild‹ genannt (trin. VI,2,3). Damit deutet Augustin an, wie er später das Gezeugtwerden des Sohnes mit dem Denken eines Wortes im menschlichen Bewusstsein vergleichen wird. Den Heiligen Geist bezeichnet Augustin als die Gemeinschaft von Vater und Sohn, als die Gabe der Liebe (*caritas*). Ist so die Personalität des Geistes gegenüber der Personalität des Sohnes und des Vaters weniger ›ausgeprägt‹? Die Frage ist falsch gestellt, denn Augustin möchte auch für Vater und Sohn keinen ›starken‹ Personbegriff verwenden, der auf eine unabhängig von den Relationen bestehende Substanz verwiese. ›Person‹ ist für Augustin im trinitätstheologischen Zusammenhang eine Leerformel (trin. VII,6,11). Die ›schwache Personalität‹ des Heiligen Geistes verhindert also ein Personverständnis, das die Wesenseinheit Gottes gefährden könnte.

Mit der Kritik des Personbegriffs ist bereits Buch VII betreten. Die Personen müssen je auch in ihrer Beziehung zu sich selbst ausgelegt werden, sonst können ihre Beziehungen untereinander nicht sinnvoll beschrieben werden. Ohne Relate gibt es keine Relation (trin. VII,1,2). Andererseits sollen nicht drei voneinander ›getrennte‹ göttliche Wesen angenommen werden. Auch von hier aus kommt dem Heiligen Geist als ›Gemeinschaft selbst von Vater und Sohn‹ besondere Bedeutung zu: Er ist die Relation als Relat.

Hier deutet sich aber immer merklicher an, dass die reine Reflexion der dogmatischen Terminologie die Trinitätstheologie in eine Sackgasse führt (Schindler 1965, 167–168). Nur mehr der Ausweg in die negative Theologie scheint möglich, in eine Aufzählung dessen, was die Trinität nicht ist (trin. VIII,2,3). Die Fundamentalkritik an den trinitätstheologischen Begriffen erweist sich aber zugleich als schon in der Unterscheidung von Relations- und Substanzaussagen vorausgesetzt: Denn damit verschob Augustin das Problem von einer ontologischen Frage (was ist eine unteilbare und zugleich dreigeteilte *substantia*?) zu einer hermeneutischen Frage (*wie* wird *was* über die Trinität ausgesagt?).

2.2.2 Buch VIII

Eigentlich verblüffend, könnte man sich nach sieben Büchern *De trinitate* denken, dass es den Glauben an die Dreieinigkeit überhaupt gibt. In genau diesem Erstaunen findet Augustin aber einen neuen Ausgangspunkt: Der *Glaube* bewegt dazu, nach Gott zu suchen und ihn zu *lieben*. Die Liebe zu Gott verdankt sich der Liebe Gottes zu den Menschen, die Gott in der Menschwerdung Christi offenbart. Christi Menschwerdung zeigt den Menschen, dass Gottes Wille mit der Schöpfung Güte und Liebe ist (trin. VIII,5,7). Die Demut Christi ist der einzige Ausweg aus dem sündigen Hochmut (*superbia*), in dem die Menschen verfangen sind.

Doch scheint die Rede von der Liebe Gottes noch keineswegs direkt etwas mit der Trinität zu tun zu haben. Niemand hat die Trinität jemals gesehen. Wie kann man aber etwas Unbekanntes lieben? Augustin tastet sich an dieses Problem heran, indem er fragt, was es überhaupt heißt, einen Menschen zu lieben. Er schreibt:

»Niemand soll sagen: Ich weiß nicht, was ich lieben soll. Er soll den Bruder lieben, und er wird so eben die Liebe lieben. Er kennt ja in größerem Maße die Liebe, durch die er liebt, als den Bruder, den er liebt. Siehe, schon kann ihm Gott bekannter sein als der Bruder, wirklich bekannter, weil gegenwärtiger, bekannter, weil innerlicher, bekannter, weil sicherer. Umfange die Liebe, [die] Gott [selbst ist] und umfange in der Liebe Gott! (*Amplectere dilectionem deum et dilectione amplectere deum.*)« (trin VIII,8,12 [Schmaus 1936, 36]).

Wer in Wahrheit liebt, erfährt die Gegenwart Gottes. Augustin entwickelt diesen Gedanken in Aufnahme mehrerer Bibelstellen: Mt 22,37–40, 1Joh 4 und 1Kor 13 (trin. VIII,7,10f). Von 1Joh 4 her nimmt Augustin das Recht, aus der Bruderliebe auf die Liebe zu schließen, die Gott selbst ist. Denn (so Augustin) 1Joh 4,7–8 ruft die Glaubenden zu einer Liebe füreinander auf, mit der sie zugleich Gott lieben, der seinerseits selbst die Liebe ist. Es handelt sich um eine Liebe, die jemand anderen um Gottes willen liebt. ›Um Gottes willen‹ lieben heißt: Jemanden lieben, weil er *von Gott* geliebt ist, und ihm das bezeugen.

Wir sollen also die Liebe lieben, die Gott ist – und die wahre Liebe ist die Liebe um Gottes willen. Liebt Gott sich dann etwa egoistisch, wenn er sich selbst wahrhaftig, also um Gottes willen (*propter deum*) liebt? Nein. Dass Gott sich um seiner selbst willen liebt, bedeutet vielmehr: In Gott liebt sich die wahre Liebe selbst, das heißt, sie liebt sich als die Liebe, die etwas anderes liebt. Das ›andere‹, in dem sich Gott liebt, ist (mit 1Joh 4,7–8) unsere ›Bruderliebe‹ (trin VIII,8,12).

Augustin identifiziert nicht Gott und die Nächsten, sondern betont, dass es nur eine wahre Liebe gibt. Die Nächsten in Wahrheit zu lieben bedeutet, in ihnen die Güte zu lieben, die sie von Gott empfangen haben. Das ist die wahre und von Christus gebotene Liebe (*caritas*; Mt 22,37–40) im Unterschied zur egoistischen Liebe (*cupiditas*), die immer nur sich selbst meint. Unser geschöpfliches Lieben gründet allein in der Gnade Gottes.

Als Trinität steht nun vor Augen: der Liebende, das Geliebte und die Liebe, die sich selbst im anderen liebt. Augustin betont am Ende von Buch VIII aber, dass damit erst ein Ort gefunden sei, von dem aus nach dem Bild der Trinität gesucht werden kann. Es ist noch nicht das Bild der Trinität selbst gefunden (trin. VIII,10,14).

2.2.3 Buch IX–XV

In den Büchern IX und X deutet Augustin den lebendigen Vollzug des menschlichen Bewusstseins als das ungleiche Bild (*impar imago*) der Trinität. In Buch XI veranschaulicht er seine Erkenntnisse anhand der Sinneswahrnehmung.

Buch IX knüpft direkt an die Liebesreflexion von Buch VIII an, indem es interpretiert, was in einem liebenden Menschen vorgeht. Augustin entwickelt das Zusammenwirken von Bewusstsein (*mens*), Liebe (*amor*) und Erkenntnisvermögen (*notitia*) als erste Deutung dafür, wie sich die Trinität im Menschen abbildet. Etwas zu erkennen bedeutet, ein (gedachtes) Wort hervorzubringen, mit dem das Erkannte ausgesagt wird. Dieses ›Hervorbringen‹ des Wortes kann man als eine ›Zeugung‹ betrachten. Jedes Hervorbringen eines Wortes setzt ein Interesse am Erkannten voraus, eine Art Liebe. Die Liebe verbindet das innere Wort und das Bewusstsein (trin. IX,10,15). Selbst wenn gerade an etwas mit Abneigung gedacht wird, wird die Abneigung selbst bejaht. Dieser Gedanke entspricht Augustins Überzeugung, dass das Böse ein Mangel an Gutem ist (*privatio boni*), ihm also kein eigenes Sein zukommt. Man liebt also nur, was man kennt, und man kann nur wahrhaft erkennen, was man liebt. Das Bewusstsein erkennt sich selbst als liebend und liebt sich selbst als erkennend. Das Hervorbringen des Wortes entspräche also der Zeugung des Sohnes, die verbindende Liebe dem Heiligen Geist. Das ist das erste Bild der Trinität im menschlichen Bewusstsein.

Warum, so Augustin in Buch X, muss das Bewusstsein noch danach streben, sich selbst zu erkennen, wenn es sich doch immer unausweichlich selber gegenwärtig ist? Die Lösung Augustins liegt in der Unterscheidung zwischen Gedächtnis (*memoria*) und Verständnis/Aufmerksamkeit (*intellegentia*). Das Bewusstsein stellt sich vor die eigene Aufmerksamkeit, um seiner selbst habhaft zu werden. Doch kaum erhascht es einen Blick auf sich, ist es vor der eigenen Aufmerksamkeit schon in die Gegenständlichkeit der im Gedächtnis gespeicherten Erkenntnisse zurückgewichen. Das Bewusstsein holt sein eigenes lebendiges Erkennen nie ein. Die Aufmerksamkeit auf sich zu richten, ist stets von neuem ein Willensakt. So lautet die zweite Dreiheit: Gedächtnis (*memoria*), Verständnis (*intellegentia*) und Wille (*voluntas*) (trin. X,10,13).

Wille, Verständnisvermögen und Gedächtnis sind zusammen das menschliche Bewusstsein, aber nicht wie Teile eines Ganzen, sondern wie drei unlösbar verbundene Aspekte des Bewusstseins in seinem lebendigen Wirken. Gedächtnis, Wille und Verständnis sind dadurch voneinander unterschieden, dass sie in spezifischen Beziehungen zueinander stehen. Sie sind wesenseins, indem sie einander ganz durchdringen (trin. X,11,18): Ich erinnere mich an das, was ich verstehe und will; ich verstehe meine Erinnerungen und meine Willensentscheidungen; meine Erinnerungen und meine Aufmerksamkeit stehen meinem Willen zur Verfügung (das Vergessen ist ein wiederkehrendes Problem für Augustin; vgl. conf. X,16,24–25).

Aber auch mit der zweiten Fassung des trinitarischen Gottesbildes ist Augustin am Ende von Buch X nicht zufrieden. Wie verhalten sich Gedächtnis und Verständnis zueinander? Welcher Wille führt zur *wahren* Selbsterkenntnis? Augustin versucht entsprechend der ersten Frage in Buch XI das Bild der Trinität anhand der Art, wie wir wahrnehmen, zu veranschaulichen. Auch dem Sehen kann eine trinitarische Struktur zugesprochen werden (das Gesehene, das Sehen, die Vorstellung des Gesehenen; trin. XI,2,2). Am Sehen einzelner Dinge – ob mit den Augen in der Außenwelt oder mit dem ›Blick‹ der Aufmerksamkeit in das Gedächtnis – zeigt sich, dass das Bewusstsein nacheinander immer neue ›Trinitäten‹ ›produziert‹, wenn es sich verschiedenen Gegenständen zuwendet (trin. XI,8,12).

Dieses ›Produzieren‹ von ›Trinitäten‹ verweist auf etwas Wichtiges: Das Bild Gottes im Bewusstsein ist keine ›Fotografie‹. Es ist eher als eine Art Film vorzustellen, oder weniger anachronistisch als ein Spiegelbild Gottes. Spiegelbilder folgen den Bewegungen derer, die sich spiegeln. So ist Gottes Ebenbild dem menschlichen Streben unverfügbar (wir selbst sind uns unverfügbar), aber ereignet sich in fasslicher Weise. Augustin betont nicht eine erkenntnistheoretische Skepsis (trin. X,10,14), sondern den eschatologischen Vorbehalt und den unendlichen Unterschied zwischen Schöpfer und Geschöpf.

Trotz ihrer geschöpflichen Begrenztheit ist den Menschen aber in Gen 1,26–27 zugesagt, Ebenbilder Gottes zu sein. Dass Augustin erst in Buch XII, nach zwei Büchern über das ›Bild‹ der Trinität, auf diese Bibelstelle eingeht, könnte überraschen. Er hat in Buch VIII offensichtlich mit Absicht die Reflexion über das trinitarische Bild gerade nicht damit begründet, dass die geschöpfliche Gottebenbildlichkeit eine ›natürliche‹ Verbindung zur Trinität bedeute – sondern hat mit 1Joh 4 auf die Liebe verwiesen. Die Hinwendung zu Gen 1,26–27 möchte auch in Buch XII keine ›natürliche Theologie‹ einführen, sondern die heilsgeschichtliche Perspektive.

Augustin beschäftigt der Widerspruch zwischen Gen 1,26–27 und 1Kor 11,7. Während der Schöpfungsbericht Mann und Frau als Bilder Gottes anspricht, betrachtet Paulus allein den Mann als Bild Gottes, die Frau als Abglanz des Mannes. Augustin betont, dass die Ebenbildlichkeit beiden Geschlechtern gleichermaßen zukommt (trin. XII,7,10). Alles, was Augustin über Gedächtnis, Verständnis und Wille sagt, ist also auf Frauen wie auf Männer zu beziehen. 1Kor 11,7 deutet Augustin so: Paulus spricht der Frau die Gottebenbildlichkeit nicht voll zu, weil er sie ausschließlich hinsichtlich ihrer dienenden Beziehung zum Mann betrachtet, nicht hinsichtlich ihres inneren Bewusstseins (trin. XII,7,10; zur feministischen Kritik an Augustin: Matter 2000, 169–174).

In der Sünde – so Augustin weiter in Auslegung der Urgeschichte – verkehrt sich die Liebe für Gott, zu der das Ebenbild bestimmt ist, in die Selbstliebe (trin. XII,11,16). Die Unzulänglichkeit des Ebenbildes ist also nicht allein in der geschöpflichen Begrenztheit begründet. Die Sünde versperrt den Weg zur Weisheit (*sapientia*), das heißt zur Erkenntnis des Willens Gottes und zu dem daraus folgenden (Liebes-)Handeln, und sie verkehrt das Wissen (*scientia*), das sich den geschöpflichen Dingen zuwendet.

Buch XIII thematisiert das Wissen, Buch XIV die Weisheit. Augustin eröffnet Buch XIII mit einer Reflexion über den Glauben, in dem Wissen und Weisheit zusammentreffen, soweit es vor dem Eschaton möglich ist. Glaubensakt und Glaubensinhalt sind zu unterscheiden, was Augustin zwar nicht mit den späteren Formeln ausdrückt (›Glaubensakt‹: *fides qua creditur*; ›Glaubensinhalt‹: *fides quae creditur*), aber inhaltlich anlegt (trin. XIII,2,5). Den Glaubensinhalt bilden biblische und dogmatische Kenntnisse (Wissen). Der Glaubensakt meint das Vertrauen zu Gott, mit dem die Inhalte als die Wahrheit über das eigene Leben angenommen werden (Weisheit).

Die Verbindung von Wissen und Weisheit im Glauben gründet darin, dass Christus das Ewige und das Vergängliche, Wissen und Weisheit versöhnt hat (trin. XIII,19,24). So führt Augustin am Ende von Buch XIII die Lesenden zurück zu Joh 1,1–14, dem Anfang des Buches. Nach der Gestalt Christi wird die menschliche Gottebenbildlichkeit vollendet (Röm 8,28; trin. XIII,16,20). Der Glaube ist zwar zeitlich, weist aber in die Vollendung voraus. Er kommt aus der Gnade und führt in die Gottesliebe – und damit zur Verwirklichung der trinitarischen Gottebenbildlichkeit.

Buch XIV entwirft die vollendete Gottebenbildlichkeit als Zusammenwirken von Gedächtnis, Verständnis und Wille in der Liebe zwischen Gott und Mensch, der Weisheit. Nicht *weil* im Bewusstsein eine Dreiheit auszumachen ist, ist es das Ebenbild der Trinität, sondern allein, *wenn* sich die göttliche *trinitas* dem Bewusstsein als ihrem Spiegel zuwendet (trin. XIV,12,15). Allein in der Anbetung Gottes, in der empfangenen Liebe zu Gott, verwirklicht sich die Gottebenbildlichkeit, zeigt sich also ein Ebenbild der göttlichen Dreieinigkeit von Vater, Sohn und Heiligem Geist im Bewusstsein.

Augustin spricht hier von einer menschlichen Fähigkeit, das Ebenbild der Trinität zu werden (trin. XIV,12,15). Er gesteht aber keineswegs dem Menschen zu, aus eigenen Kräften seine Bestimmung zur Gottebenbildlichkeit verwirklichen zu können (trin. XIV,15,21 – mit 1Kor 4,7; vgl. trin. XV,17,31). Die Gottebenbildlichkeit verwirklicht sich eschatologisch in einem Blickwechsel zwischen Schöpfer und Geschöpf, zwischen göttlicher Trinität und ihrem geschöpflichen Gegenüber (1Kor 13,12). Dann verwandelt sich das Spiegelbild in eine (jetzt noch nicht vorstellbare) Begegnung von Angesicht zu Angesicht zwischen der geschöpflichen ›Trinität‹ und der göttlichen Trinität. Die Spiegelmetapher leitet bereits zum letzten Buch von *De trinitate* über.

In Buch XV bezieht Augustin die Einsichten über das Bild Gottes im Bewusstsein auf die Trinität von Vater, Sohn und Heiligem Geist. Das geschieht unter Rückbezug auf die Fragen, die ihn in Buch I–VII beschäftigten: wie die Zeugung des Sohnes zu beschreiben ist, ohne den Sohn dem Vater unterzuordnen; warum der Heilige Geist nicht auch ›Sohn‹ genannt wird; wie die Wesenseinheit der drei Personen in ihren Beziehungen ausgesagt werden kann. Aber die trinitätstheologische ›Anwendung‹ zeigt die Unangemessenheit des Abbildes überdeutlich. So wird 1Kor 13,12 zum Leitthema des letzten Buches von *De trinitate*: »Wir sehen jetzt durch einen Spiegel ein dunkles Bild; dann aber von Angesicht zu Angesicht. Jetzt erkenne ich stückweise; dann aber werde ich erkennen, wie ich erkannt bin.« (trin. XV,8,14).

Trotz dieser überdeutlichen Unangemessenheit des Abbildes erklärt Augustin aber das Unterfangen, nach der Trinität zu fragen, nicht etwa rundweg für gescheitert. Im Wissen darum, dass die eschatologische Offenbarung noch aussteht, ist es trotzdem geboten, aus dem Glauben heraus nach der göttlichen Trinität zu fragen. So kann für das Verständnis der ›Zeugung‹ des Sohnes durchaus darauf verwiesen werden, dass im Bewusstsein durch das Zusammenwirken von Gedächtnis und Wille ein Wort ›gezeugt‹ wird (trin. XV,10,19). Wie auf geschöpflicher Ebene das innere Wort dem ausgesprochenen Wort entspricht, so entspricht auf schöpferischer Ebene die ewige Zeugung der Menschwerdung Christi.

Für die Beziehung des Heiligen Geistes zu Vater und Sohn (also zur Beantwortung der zweiten oben genannten Frage aus Buch I–VII) wendet Augustin seine Reflexion über die dreifaltige Struktur der Liebe an. Mit den Wörtern ›Geist‹ oder ›Liebe‹ kann sowohl die Trinität als auch spezifisch die dritte trinitarische Person bezeichnet werden (Joh 4,24 bzw. 1Joh 4,8.16; trin. XV,17,29). Im spezifischen Sinn wird der Heilige Geist als ›Liebe‹ und ›Gabe‹ angesprochen, weil er den Glaubenden die Liebe Gottes, also die göttliche Trinität selbst vergegenwärtigt (trin. XV,18,32): Alle Erkenntnis der Trinität verdankt sich allein dem Wirken Gottes. Deswegen schließt Augustin *De trinitate* mit einem Gebet. Er bittet den Vater, den Sohn und den Heiligen Geist um ihre lebendige Gegenwart: »An Dich möge ich mich erinnern, Dich erkennen, Dich lieben.« (trin. XV,28,51).

3. Zur Wirkung

Bis heute prägt Augustins Trinitätstheologie den Bereich ›westlicher‹ Theologien. Besonders die Unterscheidung von Relations- und Substanzaussagen, die Auffassung, dass der Heilige Geist vom Vater und vom Sohn hervorgeht (*filioque*) und der Ansatz bei der Liebe als Schlüssel zur Deutung der drei Personen haben weitergewirkt. Im Folgenden werden Grundlinien der theologischen Rezeption des augustinischen Trinitätsdenkens aus evangelischer Sicht nachgezeichnet (für eine katholisch-theologische Sicht: Kany 2007; zur philosophischen Rezeption: Kreuzer 2001).

Eine alte Spur der augustinischen Trinitätstheologie ist das *Symbolum Athanasianum* (entstanden vor 670: Drecoll 2007, 38). Es gehört zu den lutherischen Bekenntnisschriften (BSLK, 28–30) und bekennt mit augustinischen Ausdrücken die Gleichheit der drei göttlichen Personen sowie die Einheit Gottes. Im ausdrücklichen Bekenntnis zum *filioque* bezeugt das *Athanasianum* den trinitätstheologischen Unterschied zur ostkirchlichen Theologie, der zur Trennung zwischen den Kirchen beigetragen hat (Oberdorfer 2001, 12–13.162–164). Der Unterschied wurde aber erst lange Zeit nach Augustin als kirchentrennend empfunden (Drecoll 2007, 40–41.45).

Für die mittelalterliche Rezeption von *De trinitate* ist zunächst auf A. v. Canterbury und sein Werk *Monologion* (›Selbstgespräch‹) zu verweisen. Anselm betrachtet (Augustin umdeutend) Gott als Bewusstsein, in dem der Vater als ›Gedächtnis‹, der Sohn als ›Verständnis‹ und der Geist als ›Wille‹ wirkt (Monol. c. 59).

Th. v. Aquin fragt, welches Sein den innertrinitarischen Beziehungen zukommt. Während Augustin keine Seinsunterscheidungen in Gott treffen will, möchte Thomas die ›relationale Art des Seins‹ (*subsistentia*) im Wesen (*substantia*) Gottes erschließen. Er bestimmt ›Person‹ für die Trinität als ›*relatio subsistens*‹ (›in sich stehende Beziehung‹; S.th. I,29,4c).

1509 versieht M. Luther sein Exemplar von *De trinitate* mit vielen Randbemerkungen und interessiert sich dabei besonders dafür, wie die Eigenschaften Gottes zugleich den drei Personen je für sich und der Trinität ›insgesamt‹ zugeschrieben werden können (WA 9,15–23). 1528 eröffnet Luther sein *Bekenntnis* (WA 26, 499–509) mit dem Glauben an Gottes Majestät in drei Personen, ohne aber das Wort ›Trinität‹ zu verwenden. Die Trinitätslehre hat hier deswegen Schlüsselfunktion für die Theologie, weil sie Christus verstehen hilft (WA 26,505f). Das bestätigt sich in *Die drei Symbola oder Bekenntnis des Glaubens Christi* von 1538 (WA 50,269). Und auch 1538 schreibt Luther ›Majestät‹ statt ›Trinität‹ (WA 50,275). In *De servo arbitrio* bezeichnet die ›Majestät‹ Gottes die Verborgenheit Gottes (WA 18,685). Das kann als Signal dafür gewertet werden, dass Luther den Akzent vornehmlich auf die Reflexion der ökonomischen Trinität legt. In den Katechismen betont Luther die ökonomische Trinität (BSLK, 510–513.646–662), auch weil er dort ein breiteres Publikum anspricht (Jansen 1976, 146). In der Genesisvorlesung kritisiert Luther die Deutung der Gottebenbildlichkeit als Bild der Trinität (WA 42,45): Die Annahme des freien Willens läge dabei gefährlich nahe – denn wenn Gott frei ist, wieso nicht auch sein Bild?

Konfrontiert mit dem Antitrinitarianismus des M. Servet betont J. Calvin in der *Institutio christianae religionis* (›Unterricht in der christlichen Religion‹, 1559) die Dreiheit der Personen. Er bejaht aber zugleich Augustins Kritik am Begriff ›Person‹ und bevorzugt entsprechend den Ausdruck *subsistentia* (Inst. I,13,5–6; CR 30,2,93f). Augustins Unterscheidung zwischen Relations- und Substanzaussagen übernimmt er (Inst. I,13,19; CR 30,2,106). Calvin kritisiert (wie Luther) Versuche, die sich dem Geheimnis der Trinität durch ›Ähnlichkeiten im menschlichen Bereich‹ annähern wollen (Inst. I,13,18; CR 30,2,105). In seiner Deutung der Gottebenbildlichkeit meint Calvin (wie Anselm), dass Augustin Gott als Bewusstsein bestimmt und Gedächtnis, Verständnis und Wille des Menschen als unmittelbare Entsprechung der drei Personen auffasst (Inst. I,15,4; CR 30,2,139). Das verwirft er.

Pietismus, Aufklärung und Kulturprotestantismus kritisieren die Trinitätstheologie grundlegend. K. Barth dagegen rückt die Trinität um Christi willen ins Zentrum evangelischer Dogmatik. Auch er kritisiert die trinitätstheologische Anwendbarkeit der Gottebenbildlichkeit (KD I/1,357.362). Dabei unterstellt er Augustin zwar nicht, das Wesen Gottes aus der Schöpfung ableiten zu wollen, aber Augustin geht Barth zufolge in der Suche nach dem Abbild der Trinität einfach zu weit (KD I/1,364f). Andererseits stimmt Barth (mit Calvin) Augustins Kritik am Personbegriff zu (KD I/1,375). Er setzt anstelle von *persona* den Begriff ›Seinsweise‹ (KD I/1,379) und bestimmt ›Seinsweise‹ anhand der augustinischen Methode der Relationsaussagen näher (KD I/1,382). Wie Augustin betont Barth, dass sich der Unterschied zwischen der Zeugung des Sohnes und dem Hervorgehen des Heiligen Geistes dem Erkennen entzieht (KD I/1,498–499). Auch in der *Filioque*-Frage stellt Barth sich zu Augustin (KD I/1,502–508). Er beendet KD I/1 mit dem Schlussgebet von *De trinitate* (KD I/1,514).

Neuerdings beschäftigten sich C. Gunton und R. Jenson ausführlich mit Augustins Trinitätsdenken. Unter Rückbezug auf die griechische Tradition betonen sie ›gegen‹ Augustin den trinitarischen Personbegriff (Jenson 2001,110–116; Gunton 1990, 43–45). Bei aller Kritik greift Jenson aber die Liebesreflexion Augustins positiv auf: Die Liebe, die der Heilige Geist gibt, ist die Gegenwart der Trinität für die Menschen (Jenson 2001, 148–149). So inspiriert und irritiert Augustin bis heute das Nachdenken über die Trinität.

4. Literaturhinweise

Zitierte Quelle:
A. Augustinus, De trinitate libri XV, hg. v. W.J. Mountain/F. Glorie, Corpus Christianorum. Series Latina (CChr.SL) 50–50A, Turnhout 1968 (abgek. trin.).

Übersetzung:
M. Schmaus, Des heiligen Kirchenvaters Aurelius Augustinus fünfzehn Bücher über die Dreieinigkeit, Bibliothek der Kirchenväter (2. Reihe) Bd. 13 (1935) und 14 (1936), Kempten, München.
(Zitationsweise: trin VIII,8,12 [Schmaus 1936, 36] = Buch, Kapitel, Unterkapitel, in Klammern: Seitenzahl in der Ausgabe von Schmaus).

Zum Einstieg empfohlen:
trin. Buch XIV.

Weiterführende Literatur:
Kany 2007; Williams 1990; 1999.

5. Verwendete Literatur:

M. Barnes, Exegesis and polemic in Augustine's De Trinitate I, in: AugSt 30 (1999), 43–59.
–: De Trinitate VI and VII: Augustine and the Limits of Nicene Orthodoxy, in: AugSt 38 (2007), 189–202.
K. Barth, Die Kirchliche Dogmatik, I/1–IV/4, Zürich 1932–1967 (= KD).
J. Brachtendorf, Die Struktur des menschlichen Geistes nach Augustinus. Selbstreflexion und Erkenntnis Gottes in »De Trinitate«, Hamburg 2000.
P. Brown, Augustinus von Hippo. Eine Biographie, erw. Neuausgabe, München 2000.
J. Calvin, Ioannis Calvini opera quae supersunt omnia, CR 29–87, hg. v. W. Baum u.a., 59 Bde., Braunschweig 1863–1900 (= CR).

M. Clark, De Trinitate, in: E. Stump./N. Kretzmann (Hg.), The Cambridge Companion to Augustine, Cambridge 2001, 91–102.

J.O'Donnell, Augustine. A New Biography, New York 2005.

T. Fuhrer, Augustinus, Darmstadt 2004.

V. Drecoll, Das Symbolum Quicumque als Kompilation augustinischer Tradition, in: ZAC 11 (2007), 30–56.

W. Geerlings, Augustinus – Leben und Werk, Paderborn 2002.

P. Gemeinhardt, Lateinischer Neunizänismus bei Augustin, in: ZKG 110 (1999), 149–169.

C. Gunton, Augustine, The Trinity and the theological Crisis of the West, in: SJTh 43 (1990), 33–58.

R. Jansen, Studien zu Luthers Trinitätslehre, Bern 1976.

R. Jenson, Systematic Theology Bd. 1: The Triune God, Oxford ²2001.

R. Kany, Augustins Trinitätsdenken, Tübingen 2007.

J. Kreuzer, Einleitung, in: Ders. (Hg.), Aurelius Augustinus: De trinitate (Bücher VIII–XI.XIV–XV), Hamburg 2001, VII–LXXVII.

H.-I. Marrou, Augustinus und das Ende der antiken Bildung, Paderborn 1981.

E.A. Matter, Christ, God and Woman in the thought of St Augustine, in: R. Dodaro/G. Lawless (Hg.), Augustine and his Critics, London 2000, 164–175.

B. Oberdorfer, Filioque, Göttingen 2001.

A. Schindler, Wort und Analogie in Augustins Trinitätslehre, Tübingen 1965.

R. Williams, »Sapientia« and the Trinity. Reflections on the De Trinitate, in: Aug(L) 40 (1990), 317–332.

–: De trinitate, in: A.D. Fitzgerald, u.a. (Hg.), Augustine Through the Ages, Grand Rapids 1999, 845–851.

2. Zur Architektonik von Glauben und Denken in der Scholastik

Die Bezeichnung der mittelalterlichen Philosophie und Theologie als ›Scholastik‹ ist keine Selbstbezeichnung, sondern geht auf den Sprachgebrauch der Reformatoren zurück. Diese wollten sich von einer an der Philosophie des Aristoteles geschulten theologischen Denkweise abgrenzen und bezeichneten diese zusammenfassend als ›scholastisch‹. Gegenüber dem negativ konnotierten Begriff der Scholastik lässt sich im Anschluss an die Antike – ausgehend vom griechischen Wort σχολή – ein Denken als scholastisch bezeichnen, das durch den Unterricht der Gebildeten in den Schulen geprägt worden ist. In diesem Sinn konnten bereits im Früh- und Hochmittelalter gelehrte Personen und schulmäßig gebildete Redeweisen als ›scholastisch‹ bezeichnet werden. Aber erst mit der Entstehung von Universitäten im 12. und 13. Jh. etablierten sich verschiedene Arten der rationalen Argumentation und Beweisführung, die zusammenfassend als scholastische Methode bezeichnet werden können.

Die scholastische Methode umfasst alle Formen wissenschaftlicher Rationalität, die an mittelalterlichen Schulen und Universitäten ausgebildet wurden. Ihr Hauptkennzeichen war die vollständig rationale Durchdringung eines Wissensgegenstandes, wobei jeweils ein spezifisches Verständnis von Rationalität vorausgesetzt wurde, das selbst in hohem Maße zeitbedingt war. Ihre Anwendung war keineswegs auf die Theologie begrenzt. Medizin, Jurisprudenz und Philosophie bedienten sich ebenfalls der scholastischen Methode. In der Philosophie und Theologie wurden rationale Verfahren vor allem in der Interpretation und Kommentierung von normativen Texten angewendet. Dazu wurden aus den Texten Fragen entwickelt, die anschließend durch einen Traktat oder eine Disputation erörtert und beantwortet wurden. Durch die Aufeinanderfolge von Frage und Antwort sollten in der Theologie Glaubensaussagen auf ihren Wahrheitsgehalt hin überprüft werden. Das Denken und Argumentieren blieb allerdings stets angewiesen auf die Gotteserkenntnis des Glaubens (*fides quaerens intellectum*, A. v. Canterbury), die durch Denken allein nicht begründet werden kann. Die Autorität und Wahrheit des Glaubens musste aber nicht mehr nur behauptet werden, sondern konnte durch den Vernunftgebrauch erwiesen werden. Ein Beispiel für eine solche Funktion des vernünftigen Denkens ist die Argumentation des Th. v. Aquin in seiner *Summa theologiae*.

Siegfried Karl

Anselm von Canterbury: Monologion und Proslogion

1. Zur Person

Anselm von Canterbury wurde als Sohn einer niederen feudalen Adelsfamilie 1033/34 in Aosta im gleichnamigen Alpental (Oberitalien) geboren. Gestorben ist er im Alter von 75 Jahren als Benediktinermönch und Erzbischof von Canterbury. Am 21. April 1109 wurde er in Canterbury (Südengland) begraben.

Nach dem Tod seiner Mutter wendete sich Anselm von dem verschwenderischen Lebensstil seines Vaters ab und begann als Student ein Wanderleben durch Frankreich. Nach drei Jahren Wanderschaft (1056–1059) erfolgte der Eintritt zunächst in die Schule und dann als Novize in das von ihm später als Abt (ab 1078) geleitete Benediktinerkloster von Le Bec (Normandie), dem heutigen Le Bec-Hellouin. In die stille und literarisch äußerst fruchtbare Zeit seiner Tätigkeit als Prior des Klosters fiel in dichter zeitlicher Folge die Abfassung seiner beiden wichtigsten spekulativen Werke, um 1076/77 das *Monologion* (abgek. Mon.) und um 1077/78 das *Proslogion* (abgek. Prosl.) (zur Biographie und Werkgeschichte: Southern 1990, bes. 113ff).

Im Jahre 1093 wurde Anselm Nachfolger seines Lehrers Lanfranc im Amt des Erzbischofs von Canterbury und des damit verbundenen Amtes des Primas von England (Inthronisation 25. September 1093). Seine Person bekam damit ein enormes kirchen- und weltpolitisches Gewicht, weshalb es nicht ausblieb, dass er alsbald auch in die heftigen Auseinandersetzungen zwischen Papst und Kaiser um die Besetzung geistlicher Ämter durch weltliche Herrscher (sog. ›Laieninvestitur‹) verwickelt wurde und zwischen die Fronten geriet. Der papsttreue Anselm musste zweimal ins Exil (November 1097 bis September 1100 und Dezember 1103 bis September 1106). Im Jahre 1098 vollendete Anselm im Exil sein Werk *Cur Deus homo*, das aufgrund der darin enthaltenen Versöhnungslehre für die nachfolgende abendländische Theologie bedeutsam wurde.

Anselm war eine einzigartige und originelle Gestalt des frühen Mittelalters, weil er unterschiedliche Aspekte des geistigen Lebens in sich zu vereinigen versuchte und die politischen Gegensätze seiner Zeit an sich selbst dramatisch erfahren hat: Als Benediktinermönch war er ein leidenschaftlicher Wahrheits- und Gottsucher, ein spiritueller Autor und Lehrer, ein spekulativer Denker ersten Ranges und als Erzbischof ein entschlossener Kirchenpolitiker. Innerlich war Anselm fest in der monastisch-benediktischen Spiritualität verwurzelt. Der unbedingte Gehorsam gegenüber der Offenbarung und dem Glauben der Kirche ist für das Verständnis seines theologischen Denkens (Kienzler 1981, 300–303) und kirchenpolitischen Handelns (Southern 1990, 254–307) grundlegend. Die Anerkennung der verbindlichen Autorität der christlichen Glaubenswahrheit war für ihn jedoch kein Hinderungsgrund, nach einer durchgängig vernünftig-wissenschaftlichen Behandlung und Verantwortung des christlichen Glaubens zu suchen. Ganz im Gegenteil, der Glaube gab selbst den entscheidenden Impuls, für das Gesamtgefüge der christlichen Theologie – das Geheimnis der Dreifaltigkeit und der Menschwerdung Gottes einbegriffen – inständig nach den sog. ›notwendigen Vernunftgründen‹ (*rationes necessariae*; *Cur Deus homo* Praef., II,42,12f) zu suchen.

2. Zu den Werken

Das *Monologion* ist Anselms erstes systematisches Werk, das bereits den wichtigsten Grundriss seines spekulativen Denkens darbietet und dem Verfahrensgrundsatz des *sola ratione* folgt (Schönberger 2004, 40ff). Das *Proslogion* folgt dem wissenschaftlich-methodischen Programm des *Monologion*; es vertieft die Gotteslehre, die bereits im *Monologion* einen zentralen Themenkreis bildet und stellt sie zugleich in einen Bezug zur existentiellen Gottsuche des gläubigen Menschen.

2.1 Zur Verortung der Werke

Seit dem 7. Jh. konzentriert sich das geistige Schaffen in den Klosterschulen vor allem auf die Sammlung liturgischer Texte und eine exegetisch-eklektische Weitergabe des überlieferten christlichen Erbes. Die Gründung der großen Kathedralschulen und Universitäten im 12. und 13. Jh. brachte demgegenüber erste Neuansätze hervor, die aber zunächst noch allein die Leistung Einzelner waren. Neben Anselms Lehrer Lanfranc gehört insbesondere Anselm selbst zu den innovativen Denkern jener Aufbruchszeit des 12. Jh. (Thurner 2000, 31). Anselm steht mit seinem Arbeitsprogramm einer streng wissenschaftlichen Glaubensverantwortung im Kontext eines umfassenden Rationalisierungsprozesses, wie er sich in der zweiten Hälfte des 11. Jh. deutlich artikuliert und die methodische Durchrationalisierung des Glaubens mit Hilfe der Philosophie (Dialektik) zur Folge hat. Die Wahrheit des Glaubens konnte und sollte nicht mehr allein durch Autorität und Gewohnheit als verbürgt gelten. Sein radikaler Rationalitätsanspruch, nämlich die Dialektik des 11. Jh.s in geradezu rigoroser Methodenstrenge auf die zentralen Inhalte des christlichen Glaubens anzuwenden, wird zur Herausforderung für das nachfolgende theologisch-philosophische Denken der Scholastik.

Im *Monologion* findet sich zum ersten Mal der charakteristische und innovative Angelpunkt der ›anselmschen Methode‹ einer streng rationalen Begründung von zentralen Glaubensinhalten in aller wünschenswerten Klarheit und Eindeutigkeit ausgesagt. Mit geradezu wissenschaftlicher Akribie wird die schrittweise dialektische Darlegung einer rationalen Notwendigkeit (*necessitas rationis*; Mon. Prologus, I,7,10) für die Wahrheit des christlichen Gottesglaubens systematisch durchgeführt. Ohne Rückgriff auf die christliche Offenbarung und unter methodischer Ausklammerung des eigenen Glaubens als inhaltlicher Vorgabe soll allein mit der Vernunft (*sola ratione*; Mon. 1,I,13,11) als Erkenntnisquelle Rechenschaft abgelegt werden. Anselm folgt diesem wissenschaftlich-methodischen Vorgehen derart radikal, dass es im Vergleich mit anderen Autoren seiner Zeit seinesgleichen sucht (Schmitt 1964, 14f).

2.2 Formale Dimensionen der Werke

Das zentrale Grundanliegen beider Werke besteht darin, diejenige Wahrheit des christlichen Glaubens, die Anselm mit dem Herzen glaubt und liebt, auch mit der natürlichen Vernunft einzusehen. Es geht ihm um nichts geringeres, als Glaube (*fides*) und Vernunfterkenntnis (*ratio*) in ein neues Verhältnis zu bringen. In einer erstaunlich einheitlichen und grundlegend neuen Weise erschließt er die Glaubenswahrheit streng wissenschaftlich-rational und methodisch-kontrolliert. Sein Grundanliegen verdichtet sich in dem augustinischen Motto *fides quaerens intellectum* (Prosl. Prooem., I,94,7) – ›der Glaube, der nach Einsicht sucht‹ – bzw. in dem sinngleichen *credo ut intelligam* – ›ich glaube, um einzusehen‹ (Prosl. 1,I,100,18).

Das neue wissenschaftlich-methodische Arbeitsprogramm besteht darin, die Wahrheit des Christentums ohne jede Abstützung durch Autoritätsbeweise allein mit den Mitteln der natürlichen Vernunft zu erörtern und auf ihre innere Notwendigkeit hin zu durchdenken. Durch das Auffinden von besonders starken Vernunftgründen soll sich die Wahrheit des Glaubens als zwingend notwendig erweisen. Die Beweismittel für die Begründung des Glaubens sollen völlig voraussetzungslos sein, insofern sie nur die Vernunft als Erkenntnisquelle beanspruchen. Im Hintergrund dieses Programms steht die Überzeugung, dass Glaube und Vernunft sich nicht widersprechen und die natürliche Vernunft des Menschen die Fähigkeit besitzt, die innere Vernünftigkeit der zentralen Wahrheiten des christlichen Glaubens ›sola ratione‹ einsehen zu können. Dieser Ansatz wird im *Monologion* und *Proslogion* vor allem im Blick auf die Existenz und Essenz Gottes, und das heißt im Blick auf die gesamte Gotteslehre, durchgeführt.

Anselm geht es aber nicht nur um die Lösung eines theoretischen Problems. Mit der wissenschaftlichen Reflexion eng verbunden ist die Frage nach dem Ursprung und Ziel der gesamten

Denkbewegung. Der Einsatz des Denkens erfolgt weder bei einer Glaubensaussage noch unmittelbar bei der Vernunft selbst, sondern in der Rückfrage nach der eigenen Existenz des Menschen. Das anselmische Vernunftdenken ist ein Denken, das die existentielle Ausgangssituation des Denkenden in den Erkenntnisprozess mit einbezieht. Indem es in der Existenz des Menschen verwurzelt ist, ist es doch nicht völlig voraussetzungslos, wie wir heute urteilen würden (Christe 1985, 139).

2.2.1 Dialektische Methode und prozessualer Charakter des anselmischen Denkens

Im *Monologion* wird der Prozess der vernünftigen Findung guter Argumente nicht nur durch das dialektische Begründungsverfahren zum Ausdruck gebracht, sondern auch durch die Darstellungsweise. Die Sprache ist deskriptiv und das Wort ›Gott‹ kommt nur im ersten und letzten Kapitel des Werkes vor. Auf die Erörterung exegetischer Einzelprobleme oder systematischer Konsistenzprobleme wird grundsätzlich verzichtet, vielmehr wird Glaube in fundamentaler Weise in ein Verhältnis zur Vernunft gebracht (Schönberger 2004, 31). Noch die ursprüngliche Titelgebung bezeichnet das *Monologion* als ›ein Beispiel für die Betrachtung über den Vernunftgrund des Glaubens‹ (*exemplum meditandi de ratione fidei*; Prosl. Prooem., I,94,6f).

Die Art und Weise der sprachlichen Darstellung der Gedanken wird nach einer Angabe Anselms im *Monologion* von seinen Mönchen selbst vorgegeben. Die Darlegung nimmt ihren Ausgang von Grundbegriffen, die in den dialektischen Vernunftüberlegungen eine wichtige Rolle spielen. Die Gedanken werden logisch und schrittweise entfaltet und durch Argumente mit unterschiedlichem Evidenzgrad gefestigt. Der Leser wird zum Mitdenken eingeladen. Die Erkenntnis kann dabei auch in anschauliche Bilder und Analogien, die aus der Erfahrungswelt des Menschen stammen, inhaltlich verdichtet werden (z.B. die Veranschaulichung der Perseität Gottes durch das Licht in Mon. 6,I,20,13f). Die Formulierung der Argumente ist ausgewogen und wird mit Umsicht vorgenommen. Der Leser wird von Gedanke zu Gedanke mitgenommen, was gerade die methodische Kontrollierbarkeit und die

Schlüssigkeit der anselmischen Argumentation unterstützt. Zum dialektischen Verfahren gehört auch, ein möglichst breites Spektrum von Argumenten und Gegenargumenten zu entwickeln, Argumente durch die Erwägung unterschiedlicher Differenzierungen und Disjunktionen gründlich zu diskutieren, ihre Implikationen und dialektische Vollständigkeit zu überprüfen und alle prinzipiellen Möglichkeiten auf ihre Richtigkeit zu durchdenken.

Die Dialektik wird von Anselm in grundlegender Weise als eine Begründungsmethode und als ein Instrumentarium zur Präzisierung des Verständnisses eines Sachverhaltes eingesetzt. Dialektisches und systematisches Denken heißt für Anselm, einen Sachverhalt nach den Gesetzen der Logik widerspruchsfrei und wohl zu durchdenken. Die Reichweite der Vernunft ist bei Anselm aber mit der Fähigkeit zu logisch-widerspruchsfreiem und deduktiv-notwendigem Verstandesdenken noch nicht erschöpft. Sie besitzt darüber hinaus auch die Kraft zur intellektuellen Einsichtnahme in die Wahrheit eines Sachverhaltes. Die Fähigkeit zu sach- und wahrheitsbezogenem Denken ist gerade für den Gebrauch der Vernunft im *Proslogion* von entscheidender Bedeutung.

2.2.2 Glaube, der nach Einsicht sucht

Das *Proslogion* ist in seiner literarischen Form vom *Monologion* grundlegend verschieden, was in den beiden gräzisierenden Werktiteln bereits programmatisch zum Ausdruck kommt. Die Situation des *Proslogion* ist nicht mehr das einsame Gespräch des Denkenden mit sich selbst (›Mono-logion‹/›soliloquium‹: d.h. ›Selbstgespräch‹), sondern die Gebets-Anrede (›Pros-logion‹/›alloquium‹: d.h. ›Anrede‹) an Gott bzw. an die eigene Seele. Nach einer Selbstinterpretation Anselms befindet sich der Denkende im *Proslogion* in der Rolle dessen, der es unternimmt, seinen Geist zur Betrachtung Gottes zu erheben und rational zu verstehen versucht, was er glaubt:

»Ich strebe nicht danach, Herr, deine Tiefe zu durchdringen, denn auf keine Weise stelle ich ihr meine Vernunft gleich; aber ich verlange danach, deine Wahrheit einigermaßen einzusehen, die mein Herz glaubt und liebt. Ich suche ja auch nicht einzusehen, um zu glauben, sondern ich glaube, um einzusehen. Denn auch das glaube ich: ›wenn ich nicht glaube, werde ich nicht erkennen‹ (Jes 7,9).« (Prosl. 1,I,100,15–19; vgl. auch ebd. Prooem., I,93f,21f).

In literarisch-formaler Hinsicht ist das *Proslogion* eine Verknüpfung von gebetsartigen Teilen, die in rhythmisierender lateinischer Kunstprosa gehalten sind, und argumentativen Abschnitten in schlichter wissenschaftlicher Prosa. Diese spezielle Werkform des *Proslogion* hat kein unmittelbares Vorbild, steht aber in der augustinischen Tradition der *Soliloquia* und der *Confessiones* (Kienzler 1997, 13ff). Die Betrachtung nimmt ihren Ausgang bei der Erweckung der rechten Erkenntnissuche, wobei die Glaubenseinsicht selbst als ein Geschenk Gottes gedeutet wird. Die argumentativen Abschnitte sind daher immer wieder durchsetzt mit Bitten um die rechte Glaubenserkenntnis und Danksagungen für die geschenkte ›Einsicht in den Glauben‹ (*intellectus fidei*; Prosl. 1,I,101,3). Menschliche, d.h. endliche Gotteserkenntnis kann nur unter derjenigen Bedingung wahre Gotteserkenntnis sein, dass sich Gott in seinem Dasein und Wesen im Denken zeigt. Gott kann nur dann adäquat erkannt werden, wenn er sich selbst zu erkennen gibt, weshalb Anselm die rationale Einsicht als ein von Gott erleuchtetes Verstehen deuten kann. Auch hier würden wir heute nicht mehr von einer völligen Voraussetzungslosigkeit des anselmischen Denkens sprechen.

2.3 Grundzüge des Inhalts

Das *Monologion* umfasst einen Prolog, eine Inhaltsübersicht und insgesamt 80 Kapitel von unterschiedlicher Länge und Ausführlichkeit, die ohne eine klare Abgrenzung der verschiedenen Themenfelder aneinandergefügt sind. Die drei zentralen Themenfelder, in die das *Monologion* aufgeteilt werden kann, sind: Die Existenz eines (absolut) höchsten Wesens (Mon. 1–4); die Bestimmung des höchsten Wesens (Mon. 5–65); die Bestimmung des Menschen (Mon. 66–80).

Nach einem Prooemium und einer Inhaltsangabe erfolgen im ersten Kapitel des *Proslogion* zunächst die Schilderung der hermeneutischen Ausgangssituation und die notwendige Erhebung des menschlichen Geistes zur Erkenntnis Gottes. Erst dann geschieht die Entfaltung der durch den besonderen Gottesbegriff des *Proslogion* vermittelten Glaubenseinsicht in die notwendige Existenz Gottes (Prosl. 2–4) und weiter die logisch-schlüssige Ableitung der Aussagen über das Wesen Gottes aus diesem Gottesbegriff (Prosl. 5–26).

2.3.1 Wesensbestimmung der höchsten Natur

Als Ausgangspunkt der Reflexion wählt Anselm im *Monologion* eine elementare Selbsterfahrung, die an das bewusste Strebensvermögen der menschlichen Person gebunden ist. Sie besteht darin, dass »wir nur dann etwas begehren, wenn wir das Ziel des Strebens in irgendeiner Weise für gut erachten« (Mon. 1,I,13,12f). Die entscheidende Frage, die sich in dieser Beurteilungsentscheidung stellt, ist das ›Woher‹ des identischen Gutseins in den vielen Gütern, die als mögliche Ziele des menschlichen Strebens in Betracht kommen (Mon. 1,I,14,5–18). Die Argumentation beginnt bei einer Problemlage oder Haltung (HwangBo 2007, 31–35), sie besteht in dem Zustand des Nichtkennens jener *einen* höchsten Natur, die den Namen ›Gott‹ vertritt und als das Höchste von allen Gütern besteht. Das Subjekt der vernünftigen Überlegung befindet sich daher »in der Rolle eines, der mit sich durch bloßes Nachdenken das erörtert und erforscht, was er früher nicht beachtet hatte« (Mon. Prologus I,8,18f; vgl. auch aaO, 13,16–14,1).

Für die weitere Überlegung ist die Unterscheidung von zwei Formen und Stufen des Seins grundlegend, nämlich das abhängige (relationale) Sein, das durch ein anderes ist (*per aliud*), und das unabhängige (nichtrelationale) Sein, das allein durch sich selbst ist (*per seipsum*) und in dem die absolut höchste Stufe des Seins liegt, so dass die Perseität das besondere Sein Gottes kennzeichnet (Mon. 3,I,18,19f).

Auf welche Weise existieren die geschaffenen Entitäten durch die höchste Substanz? Hierbei zeigt sich das Sprechen des Geistes (*locutio mentis sive rationis*) als Ort, von woher der Ursprung und der Fortbestand alles Geschaffenen bedacht werden kann (Mon. 10). Der Hervorgang der Dinge aus Gott besteht in *einem* Wort, das mit Gott selbst identisch sein muss (Mon. 12). Mit diesem Gedanken ist die spekulative Mitte des Werkes erreicht, von der her die systematische Ausfaltung sowohl der gültigen Gottesprädikate vorgenommen wird, inklusive einer rationalen Durchdringung der trinitarischen Verfassung der höchsten Natur, als auch der Hervorgang aller geschaffenen Entitäten aus Gott gedacht wird. Jedes Wort hat definitionsgemäß einen Verweischarakter oder – wie Anselm sagt – eine Ähnlichkeit. In Gott bezeichnet das Wort die Weise der göttlichen Selbstbeziehung als vollständige und vollkommene Ähnlichkeit. Demgegenüber besagt die Schöpfungsurbildlichkeit des göttlichen Wortes zwar eine abkünftige Ähnlichkeit, die aber eben nicht völlig verschieden ist. In diesem Gedanken liegt der systematische Kernpunkt des notwendigen Zusammenhangs der Schöpfungslehre mit der Trinitätslehre. Der epistemische Status der gewonnenen Gotteserkenntnis wird von Anselm genau bestimmt, da für ihn auch die Unbegreiflichkeit des höchsten Wesens selbst noch einsehbar ist. Was das menschliche Denken im Blick auf die innertrinitarische Kommunikation in der höchsten Wesenheit schlussfolgernd einzusehen vermag, ist allein das ›Dass‹, nicht jedoch das ›Wie‹, denn das höchste Wesen wird von der Vernunft nicht so begriffen, wie es sich selbst weiß und versteht, sondern immer nur durch anderes (Mon. 64f; vgl. auch Mon. 36).

Dem göttlichen Sein gegenüber ist alles Geschaffene ein Sein durch anderes. Auch die endliche Gotteserkenntnis ist keine unmittelbare, sondern immer eine Erkenntnis Gottes durch anderes. Der menschliche Geist ist Gott jedoch am ähnlichsten. Er ist ein Spiegel Gottes und unter den geschaffenen Entitäten zur Betrachtung Gottes und zur Selbstbetrachtung am meisten fähig. Die Vernunft wurde dem Menschen aber aus dem Grunde gegeben, dass er liebend sei. Die Liebe zu Gott, die das Erkennen Gottes mit einschließt, ist somit der eigentliche Sinn des menschlichen Daseins und Verlangens. In der Selbstgabe Gottes an den, der beharrlich Gott liebt und sich nach ihm sehnt, besteht deshalb die höchste Glückseligkeit des Menschen. Am Ende des *Monologion* erfolgt schließlich die Identifizierung des höchsten Wesens mit dem Gott des Glaubens (Mon. 80).

2.3.2 Denken des unübertrefflich Vollkommenen

Den Zugang zur spekulativen Gotteserkenntnis sucht Anselm im *Monologion* über die Frage nach den Möglichkeitsbedingungen unserer Rede von Gutem. Dieser Zugang lässt ihn aber unbefriedigt. Schon wenige Jahre nach der Abfassung des *Monologion* sucht er ein Argument, in dem Notwendigkeit und Singularität miteinander verbunden sind, d.h. ein Argument, das rational zwingend ist und nicht durch andere Argumente ersetzt werden kann. Methodisch zielt das *Proslogion* – wie das *Monologion* auch – auf eine streng rationale Gotteserkenntnis, die dem wissenschaftlich-methodischen Verfahrensgrundsatz des *sola ratione* folgt: Nichts soll als Argument vorgebracht werden, was nicht vor der Vernunft und durch die Vernunft allein zur Erkenntnis gebracht werden kann. Die Verkettung vieler Argumente, wie sie sich noch im *Monologion* vorfindet, wird als eine argumentative Schwäche empfunden, die die Überzeugungskraft mindert. Das Netz der Argumente soll nun durch ein einziges Argument ersetzt werden, das in seiner Struktur so beschaffen ist, dass es außer sich selbst keine weiteren Argumente für die rationale Einsichtnahme in die Existenz und Essenz Gottes mehr notwendig hat (Prosl. Prooem. I,93,5–10; vgl. auch aaO, 101,4). Die gesamte Gotteslehre wird deshalb aus einem einzigen systembildenden Grundgedanken entfaltet, dem *unum argumentum*. Dieses ist eine »methodische Anweisung« (Dangelmyr 1975, 130f), eine »Denkregel« (Salmann 1990, 204), oder genauer, eine »negative Denkregel« (Enders 2002, 83), durch die Gott als etwas gedacht werden soll, ›worüber hinaus Größeres nicht gedacht werden kann‹ (=Q) (*aliquid quo nihil maius non cogitari possit*; Prosl. 2,I,101,5).

Das *Proslogion* ist ein Beispiel axiologischen Denkens, da die Entwicklung der Gotteslehre aus einem einzigen universal gültigen begrifflichen Denkprinzip erfolgt, das nach Anselm eine unmittelbare und unbezwingbare Evidenz hat, keine besonderen inhaltlichen Voraussetzungen besitzt und – wie Gott selbst – in seiner rationalen Durchsichtigkeit keiner anderen Voraussetzungen bedarf als sich selbst.

Der Ausgangspunkt des Denk- und Erkenntnisweges für die streng philosophische Begründung der Existenz und Essenz Gottes ist aber auch hier eine Situationsbestimmung der ursprünglichen Genese der Gotteserkenntnis, also das Ereignis der ersten Auffindung des Gottesgedankens im Denken von Anselm selbst. Es ist ein Prozess, der sich zunächst in einem Verhaftetsein an einen Gedanken äußert, in einem existentiellen Involviertsein in eine Denkanstrengung. Die drei wichtigsten Elemente in diesem Prozess sind: Die Zumutung und Anstrengung des Denkens; die geistige Erfahrung von Ohnmacht, die aber nicht lähmt, sondern das Denken neu in Gang bringt und schließlich das plötzliche und unerwartete Überwältigtwerden von einer neuen Erkenntnis, in der sich die Lösung der gedanklichen Probleme auftut durch Konfrontation mit einer Größe, der man in diesem neuen Gedanken nicht mehr ausweichen kann, da sie bedrängend wird (Prosl. Prooem. I,93,10–19).

Der Gedanke wird als ein unerwartetes Ergebnis einer langen und mühsamen Denkanstrengung geschildert, so dass die gewonnene Erkenntnis durchaus von psychologischen Umständen desjenigen abhängt, der die Erkenntnis als erster gewinnt. Die Auffindung des Gedankens macht ein Zweifaches deutlich: Der Gedanke besitzt einen subjektiv nicht vorhersehbaren und nicht erzwingbaren, ebenso aber auch einen gedanklich erschließbaren Anteil, der in der Denkregel des *unum argumentum* aufbewahrt ist und um dessen wissenschaftlich-methodische Explikation es Anselm primär geht.

Der Ausgangspunkt für die Betrachtung Gottes, die keine mystische Gottesschau oder religiöse Erfahrung, sondern eine rein philosophische Gotteserkenntnis mit den Mitteln der natürlichen Vernunft meint (mit Enders 2002 gegen die theologische Interpretation von Barth 2002 und in modifizierter Form von Dalferth 1981), ist der Aufbau einer bestimmten Erkenntnishaltung. Der Gotteserkenntnis, die schon in diesem Leben möglich ist und ein Mittleres zwischen bloßem Glauben und eschatologischer Gottesschau darstellt, geht deshalb mit Prosl. 1 eine Einstimmung des Geistes voraus, die das Erkenntnissubjekt zur Gotteserkenntnis in rechter Weise disponiert (*excitatio mentis ad contemplandum Deum*). Die Betrachtung der göttlichen Wirklichkeit ist keine Selbstverständlichkeit oder alltägliche Beschäftigung neben anderen – ganz im Gegenteil. Sie erfordert die Freiheit von äußeren Geschäftigkeiten und ein inneres Sich-Leermachen für die Gotteserkenntnis. Die *conditio humana* wird in der Klage über den Verlust einer unmittelbaren Gotteserkenntnis intensiv zum Ausdruck gebracht. Das Problem der Gotteserkenntnis taucht somit zunächst auf der existentiellen Ebene als Bewusstsein der Entzweiung des Menschen von Gott auf. Die beklagte Gottesferne hat nach der christlichen Lehre ihren Grund in der Sünde bzw. Erbsünde des Menschen, mit der der Mensch auch seine Bestimmung zur unmittelbaren Gotteserkenntnis verfehlt.

Aufgabe dieser *excitatio mentis* ist es somit, eine Haltung zu erzeugen, in der das Denken Gottes gelingen kann. Es ist das Gebet, das im *Proslogion* den konkreten Ort der Gotteserkenntnis im Leben des Menschen markiert. Ihm ist das Gott-Denken verhaftet.

Der streng rationalen Gotteserkenntnis geht der habituell und existentiell gewordene Glauben voraus, der den Menschen in die entsprechende Disposition und Pflicht setzt, nach einer möglichen vernünftigen Durchdringung des Geglaubten zu suchen. Die Bedeutung des Glaubens für die *ratio* ist nicht positiv-inhaltlicher, sondern habituell-existentieller Art. Gegen den Ausschluss einer solchen Aufgabe und Möglichkeit der Einsicht in das Geglaubte verwehrt sich der Glaube selbst. Anselm gründet die Vernunfterkenntnis der Existenz Gottes daher mit Berufung auf ein bereits von Augustinus verwendetes Jesaja-Zitat (Jes 7,9) ausdrücklich in dem nach Einsicht verlangenden Glauben, der in der Gültigkeit seiner Wahrheit und Verdienstlichkeit aber völlig unabhängig von der rationalen Erschließung bleibt. Der Glaube behält gegenüber der *ratio* grundsätzlich den Vorrang (Prosl. I,100,18f).

Die natürliche Vernunft kann aber gerade auf diesem Weg zu einer Erkenntnis der Existenz Gottes kommen, die auch ohne die Grundlage des Glaubens als wahr erkannt werden kann. Der Gottesbegriff ist keine bloße Proposition, sondern beschreibt eine spezifische Denkoperation bzw. Operationstyp der menschlichen Vernunft (Schrimpf 1994, 49: »operativer Begriff«), nämlich mögliche Bestimmungen Gottes daraufhin zu untersuchen, ob sich im Verhältnis zu ihnen etwas Größeres denken lässt. Bemerkenswert ist die besondere Form von Q, welche die Negation (›nichts Größeres‹) benutzt und die Vernunft zur Suche nach einer absoluten Bestimmung zwingt, die nicht mehr relativ auf einzelne steigerungsfähige Prädikate gebildet werden kann. In diesem Sinne geht es um das widerspruchsfreie Denken des unübertrefflich Vollkommenen (Enders 2002, 83).

Die Verstehensvoraussetzungen des *unum argumentum* sind aber nicht so minimal, wie Anselm selbst vorgibt. Eine grundlegende Bedingung des Verstehens von Q ist die Evidenz des Satzes vom ausgeschlossenen Widerspruch als des schlechthin unbestreitbaren Prinzips vernünftigen Denkens. Nur unter dieser Bedingung hat das Leugnen der Existenz Gottes den Selbstwiderspruch als notwendige Folge. Vorausgesetzt wird aber auch eine bestimmte Kraft der natürlichen Vernunft, die in ihrer Fähigkeit zu einem sachbezogenen Denken gründet, das auf das Sein des Gedankens geht und sich nicht nur am Wortlaut eines Gedankens orientiert. Eine dritte Voraussetzung ist der unmittelbare Evidenzcharakter des Grundsatzes, dass das, was im Intellekt *und* in der Wirklichkeit existiert, vollkommener ist, als das, was nur Sein im Intellekt hat.

Die wesentlichen Schritte in der durch das *unum argumentum* vermittelten rationalen Gotteserkenntnis lassen sich kurz wie folgt zusammenfassen:

(1) Die Seinsweise des Gedachten als Gedachtes (*esse in intellectu*, Prosl. 2,I,101,9): Bereits eine erste Form von Realität besitzt Q auf der Ebene des Verstanden-Seins. Diese Realität des Referenzobjektes von Q im Denken ist vollkommen unabhängig von einer persönlichen Stellungnahme zu dem Verstandenen. Das sachgemäße Denken von Q heißt aber nicht nur das Nachsprechen der Worte, sondern Denken dessen, was die Worte bezeichnen. Ohne ein solches Seinsdenken oder essentielles Denken erschließt sich dem Denken nicht der volle Gehalt des Gottesgedankens.

(2) Die Unterscheidung von zwei Seinsweisen bzw. Verstehensformen mit derselben Vernunft: Anselm unterscheidet zwischen dem Sein, das durch das Denken des Gehaltes von Etwas zwar im Intellekt ist, aber als reine Denkmöglichkeit nicht notwendig eine Entsprechung in der Realität haben muss, und dem Existieren des verstandenen Gehaltes außerhalb des Intellekts. In der Vernunft

besteht somit die Möglichkeit, eine bloße Vorstellung ohne Realitätsgeltung und eine Existenz mit Realitätsbezug denkend miteinander zu vergleichen, wobei das Vergleichen sich auf das Sein selbst bezieht.

(3) Die Denknotwendigkeit der Existenz des Referenzobjektes von Q: Für das Kriterium der Unterscheidung der beiden Existenzweisen gilt prinzipiell, was in Wirklichkeit existiert, ist größer als dasjenige, das nur im Intellekt ist. Das unüberbietbar Vollkommene wird folglich nur dann widerspruchsfrei gedacht, wenn es auch als eine vom Gedachtsein unabhängige Realität gedacht wird. Wird dies nicht getan, wird das durch Q Bezeichnete nicht als unüberbietbar vollkommen gedacht, womit sich das Denken in einen Selbstwiderspruch begibt. Das Referenzobjekt von Q wird nur dann als das unüberbietbar Vollkommene gedacht, wenn es zugleich auch als denkunabhängige Wirklichkeit gedacht wird.

Die menschliche Vernunft besitzt nach Anselm folglich die Fähigkeit zu einer apriorischen Wirklichkeitserkenntnis, sie vermag unabhängig von Erfahrung etwas zu denken, dessen Existenz sinnvollerweise nicht bestritten werden kann. Wer Q widerspruchsfrei denkt, erkennt daher auch die (denk-)notwendige und nicht etwa nur faktisch-zufällige Existenz des Referenzobjektes von Q. Denn dasjenige, dessen Nichtexistenz nicht gedacht werden kann, ist größer bzw. vollkommener als dasjenige, dessen Nichtexistenz zu denken keinen Widerspruch einschließt. Die Schlussform von Q führt zur Erkenntnis der zwingenden Notwendigkeit der Existenz Gottes, die aus dem widerspruchsfreien Denken von Q logisch gefolgert werden muss. Beweis- und Überzeugungskraft fallen im *unum argumentum* in eins, der Zweifel ist *per definitionem* ausgeschlossen. Für diese Erkenntnis wird nach Anselm nur das fehlerfreie Denken des Gottesbegriffs und die genaue Befolgung der Denkregel von Q in Anspruch genommen. Es handelt sich um eine apriorische Erkenntnis, da unabhängig von Erfahrung – auch religiöser Erfahrung – allein mit der Vernunft als Erkenntnisquelle das menschliche Nachdenken über den Begriff Gottes zu dem Schluss geführt wird, dass Gott (zwingend) notwendig existiert.

Es darf jedoch nicht übersehen werden, dass Anselm der rationalen Gotteserkenntnis im *Proslogion* auch Grenzen setzt, wenn er die prinzipielle Unerkennbarkeit Gottes als zum Inhalt des Gottesbegriffs mit dazugehörig ansieht: »Gott ist größer, als gedacht werden kann« (Prosl. 15,I,112,12). Q führt daher auch zur Erkenntnis der wesentlichen Unverfügbarkeit des durch Q Bezeichneten im Akt des Denkens. Das *unum argumentum* handelt von der Erkenntnis einer Wirklichkeit, deren Gegenwart zugleich nicht voll zu fassen ist. Die vernünftige Gotteserkenntnis kann deshalb in einer letzten Konsequenz auch der Unerkennbarkeit Gottes nicht ausweichen, ohne ihren Inhalt zu verlieren. Das Denken, das der Regel von Q stringent folgt, kann weder der Notwendigkeit der Existenz des von Q Bezeichneten ausweichen, insofern es innerhalb der Denkgrenze liegt, noch kann diese Wirklichkeit mit den Mitteln der menschlichen Vernunft vollkommen erfasst werden, da das Referenzobjekt von Q jenseits der Denkgrenze verborgen bleibt. Der personale Gott des Glaubens bleibt in einem konstitutiven Sinn dem menschlichen Denken unverfügbar (vgl. Prosl. 15,I,112,14–17).

3. Zur Wirkung

Eine unmittelbare Resonanz und Breitenwirkung hatten zunächst nicht die spekulativen Werke Anselms erhalten, sondern seine spirituellen Schriften, die Gebete und Betrachtungen. Dies kann man nicht zuletzt daran ersehen, dass die Überlieferung den echten *Orationes sive Meditationes* eine stattliche Anzahl pseudepigraphischer Texte hinzugefügt hat (Southern 1990, 91–112).

Im Blick auf die beiden dargestellten spekulativen Werke Anselms war dem *Monologion* eine geringe Wirkungsgeschichte beschieden. Eine erste Reaktion kommt von Anselms Lehrer Lanfranc, dem der vollständige Verzicht auf den Rekurs auf Autoritäten wohl zu weit ging, so dass ihm das *Monologion* als korrekturbedürftig erschien. Anselm hat eine solche Veränderung bei aller Achtung gegenüber seinem Lehrer nicht vorgenommen. Er war sich bewusst, dass das wissenschaftlich-methodische Programm des *sola ratione* ein Novum in seiner Zeit war. Die Gültigkeit dieses methodischen Ansatzes wurde von seinen Zeitgenossen nicht wirklich in Frage gestellt.

Eine verzweigte Rezeptionsgeschichte und wirkliche Breitenwirkung – vom Mittelalter bis in die Gegenwart hinein – hat das erstmals von I. Kant so bezeichnete ›ontologische Argument‹ des *Proslogion* (also Prosl. 2–4) hervorgebracht. Dies geschieht freilich um den Preis seiner Isolierung aus dem ursprünglich sinnstiftenden Kontext, in dem die rationale Einsichtnahme ohne die Anstrengung der Selbsterkenntnis und der Einstimmungsarbeit nicht zustande kommt und in dem sie nur als das Ergebnis des Zusammensprechens und -denkens von religiöser Erfahrung und rationaler Glaubenserkenntnis zu verstehen ist.

Zu den Befürwortern des anselmischen Argumentes, die mit seiner Einbettung in ihren jeweiligen philosophischen Kontext dieses auch neu interpretierten und variierten, zählen z.B. Bonaventura, J. Duns Scotus, R. Descartes, G.W. Leibniz, B. de Spinoza, G.W.F. Hegel und einige Autoren im 20. Jh. Die Möglichkeit einer apriorischen Gotteserkenntnis hat große Denker immer wieder herausgefordert, die Weite und die Grenze der menschlichen Vernunft auszuloten (die Wirkungsgeschichte des ontologischen Argumentes ist ausführlich diskutiert bei Rohls 1987; Röd 1992).

Die Schlüssigkeit des anselmischen Arguments wird bereits von Anselms Zeitgenossen Gaunilo, einem Benediktinermönch von Marmoutiers bei Tours, angezweifelt. Den Schluss von der widerspruchsfreien Denkbarkeit von Q auf die notwendige Existenz des durch Q Bezeichneten hält er für trügerisch, da er dem Inhalt von Q gegenüber anderen Gedanken den prinzipiellen Anspruch auf singuläre Eigentümlichkeit und Analogielosigkeit nicht zugesteht. Der bedeutendste Kritiker des Argumentes in der Hochscholastik ist Th. von Aquin. In seiner Kritik hebt er zwei Punkte hervor. Zum einen kann der Mensch aufgrund der Endlichkeit und Begrenztheit seiner Vernunft niemals einen angemessenen Begriff Gottes haben. Aber auch dann, wenn wir davon ausgehen, dass jeder den Begriff ›Gott‹ als eine analytische Wahrheit angemessen verstehen könnte, folgt hieraus noch nicht, dass, wenn wir Gott als wirklich denken, er auch unabhängig vom Denken wirklich sei. Wesensurteile können wir – so Thomas mit seinem zweiten Einwand – nur über etwas fällen, das wirklich existiert und (!) von dem wir eine Erfahrung besitzen.

I. Kant geht in seiner Bestreitung des Arguments von der Annahme aus, dass es keinen anderen Weg zur Erkenntnis des Daseins objektiver Gegenstände gibt als die Wahrnehmung und Erfahrung. Um zu einer Existenzaussage zu kommen, muss man folglich über die Analyse von Begriffsinhalten und ihre Widerspruchsfreiheit hinausgehen. Durch bloßes Denken lässt sich für Kant die Frage, ob meiner Vorstellung von Gott etwas in Wirklichkeit entspricht, nicht beantworten.

Die bleibende Herausforderung, die der dem *Monologion* und *Proslogion* zugrunde liegende Rationalitätsanspruch auch heute noch an die Theologie stellt, ist die nach dem Begriff und der Leistungsfähigkeit, die wir dem Denken in der Frage nach der Erkenntnis der inneren Vernünftigkeit zentraler Wahrheitsgehalte des Glaubens überhaupt zutrauen.

4. Literaturhinweise

Zitierte Quellen:
S. Anselmi Cantuariensis Archiepiscopi opera omnia, Vol. 1, hg. v. F.S. Schmitt, Seckau 1938 (Nachdruck: Stuttgart 1968), 7–87 (abgek. Mon.) und 93–122 (abgek. Prosl.).

Übersetzungen:
v. Canterbury 1964; v. Canterbury ²1984.

Zum Einstieg empfohlen:
Mon.: »Die wissenschaftliche Methode: Gotteserkenntnis allein durch die Vernunft« (Mon. 1,I,13f,5–4); »Sein durch sich selbst und Sein durch anderes« (Mon. 5,I,18,7–17); »Die Erkenntnistheorie: das sprechende Denken der Wesenheit der Dinge im Denken selber« (Mon. 10,I,24f,24–9).
Prosl.: »Glaube, der nach Einsicht sucht« (Prosl. 1,I,100,12–19); »Das Argument und die rationale Gotteserkenntnis« (Prosl. 2–4,I,101,3–104,7); »Die notwendige Unbegreiflichkeit Gottes« (Prosl. 15,I,112,14–17).

Weiterführende Literatur:
Kienzler 1997; Kohlenberger 1972; Rohls 1987.

5. Verwendete Literatur

K. Barth, Fides quaerens intellectum. Anselms Beweis der Existenz Gottes im Zusammenhang seines theologischen Programms, GA II, hg. v. E. Jüngel/I.U. Dalferth, Zürich ³2002.

W. Christe, Sola ratione. Zur Begründung der Methode des intellectus fidei bei Anselm von Canterbury, in: ThPh 60 (1985), 341–75.

I.U. Dalferth, Fides quaerens intellectum. Theologie als Kunst des Argumentierens in Anselms Proslogion, in: ZThK 81 (1984), 54–105.

S. Dangelmyr, Anselm und Cusanus. Prolegomena zu einem Strukturvergleich ihres Denkens, in: H. Kohlenberger (Hg.), Analecta Anselmiana, Bd. 5, Frankfurt a.M. 1975, 112–140.

M. Enders, Denken des Unübertrefflichen. Die zweifache Normativität des ontologischen Gottesbeweises, in: Jahrbuch für Religionsphilosophie 1 (2002), 50–86.

C.-M. HwangBo, Urteilskraft und Gotteserkenntnis. Zur Argumentationsstruktur im Monologion des Anselm von Canterbury, Freiburg i.Br. 2007.

K. Kienzler, Glauben und Denken bei Anselm von Canterbury, Freiburg i.Br. 1981.

–: Gott ist größer. Studien zu Anselm von Canterbury (Bonner dogmatische Schriften 27), Würzburg 1997.

H. Kohlenberger, Similitudo und Ratio. Überlegungen zur Methode bei Anselm von Canterbury, Bonn 1972.

J. Rohls, Theologie und Metaphysik. Der ontologische Gottesbeweis und seine Kritiker, Gütersloh 1987.

W. Röd, Der Gott der reinen Vernunft. Die Auseinandersetzung um den ontologischen Gottesbeweis von Anselm bis Hegel, München 1992.

A. Salmann, Korreflexive Vernunft und theonome Weisheit in der Logik des Monologion und Proslogion, in: Ders. (Hg.), L'Attualità Filosofica di Anselmo D'Aosta (Studia Anselmiana 101), Rom 1990, 143–228.

F.S. Schmitt, Einführung ›Monologion‹, in: Anselm von Canterbury, Monologion, hg. v. F.S. Schmitt, Stuttgart 1964.

R.W. Southern, Saint Anselm. A Portrait in a Landscape, Cambridge 1990.

R. Schönberger, Anselm von Canterbury, München 2004.

G. Schrimpf, Anselm von Canterbury. Proslogion II–IV. Gottesbeweis oder Widerlegung des Toren? Unter Beifügung der Texte mit neuer Übersetzung (Fuldaer Hochschulschriften 20), Frankfurt a.M. 1994.

M. Thurner, Anselm von Canterbury, in: Metzler Lexikon Christlicher Denker, hg. v. M. Vinzent u. Mitarb. v. U. Volp/U. Lange, Stuttgart 2000, 31–33.
A. v. Canterbury, Monologion, hg. v. F.S. Schmitt, Stuttgart 1964.
–: Proslogion. Untersuchungen, hg. v. F.S. Schmitt, Stuttgart ²1984.

Miriam Rose

Thomas von Aquin: Summa theologiae

1. Zur Person

Thomas von Aquin spiegelte in seinem Leben und Werk die großen geistigen Umbrüche des 13. Jh.s im Abendland wider und bewältigte sie so, dass die Nachwelt darin eine tragende Synthese bewundern konnte. Geboren wahrscheinlich 1225 (oder 1224) als jüngster Sohn neben zwei Brüdern und fünf Schwestern wurde er mit fünf Jahren von der elterlichen Burg Roccasecca (in der Grafschaft Aquino) ins Kloster Montecassino gegeben, um dort als Oblate mit der naheliegenden Option aufzuwachsen, später Mönch, vielleicht sogar Abt zu werden (Torrell 1995, 26). Aufgrund politischer Auseinandersetzungen zwischen Kaiser und Papst, welche sich auch auf Montecassino auswirkten, schickte man Thomas 1239 zum Studium nach Neapel. Dort lernte er die neue monastische Bewegung der Dominikaner kennen. Gegen den Widerstand seiner Familie (Torrell 1995, 30–34) trat er 1244 in diesen Bettelorden ein. Ebenso lebensprägend wurde die Begegnung mit den neuentdeckten und neuübersetzten Schriften des Aristoteles (Pesch 1995, 69). Ihre Kommentierung und Integration in die christliche Lehrtradition wurde Thomas Lebensaufgabe. Sein weiterer Studienweg führte ihn zunächst von Neapel nach Paris (1245–1248) und dann nach Köln (1248–1252) als Assistent von Albertus Magnus. Ab 1252 übernahm Thomas theologische Lehraufgaben an der Universität zu Paris. 1259 sandte ihn sein Orden nach Italien für verschiedene ordensinterne Lehrtätigkeiten. Für diesen Zweck begann er 1266 mit seinem großen Werk *Summa theologiae* (abgek. STh), das Thomas als Einführung für Anfänger der Theologie vorsah (Speer 2005, 4). Die Universität von Paris bildete dann nochmals, von 1268–1272, den Ort seiner akademischen Lehre. Danach kehrte er im Auftrag des

Ordens an seinen ersten Studienort zurück, nach Neapel. Am 7. März 1274 starb Thomas auf einer Reise zum Konzil von Lyon im Zisterzienserkloster Fossanova. Sein Grab befindet sich seit 1369 in Toulouse. Die Persönlichkeit von Thomas ist schwer greifbar; die wichtigsten Quellen dazu bieten die Akten für die Heiligsprechung, welche bereits 1323 erfolgte. Ziemlich einhellig ist zu entnehmen, dass Thomas sehr diszipliniert arbeitete und alle Angebote auf kirchliche Karrieren strikt ablehnte. Gedankliche Wahrheitssuche und monastische Spiritualität gehörten für ihn untrennbar zusammen. Seine Textproduktivität spiegelte das: Er verfasste Kommentare zu biblischen Büchern, zu zentralen Schriften des Aristoteles und zu anderen philosophischen Werken; er veröffentlichte viele akademische Disputationen; neben der *Summa theologiae* schrieb er eine *Summa contra gentiles*, in der er die Wahrheit des Christentums allein mit philosophischen Mitteln verteidigen wollte.

Die STh ist – obwohl unabgeschlossen – sein Hauptwerk, weil es am genauesten und umfassendsten seine Theologie ausdrückt, weil die Konzeption einen höchst eigenständigen Ordnungsgedanken vollzieht und weil seine Ausführungen hier unübertroffen prägnant und klar erscheinen. Die Arbeit an seinem Werk hat Thomas am 6. Dezember 1273 abgebrochen, nachdem er einen Zusammenbruch erlitten hatte, der in Verbindung mit einem tiefen mystischen Erleben stand. Er selbst erklärte dazu seinem Sekretär R. von Piperno: »Ich kann nicht mehr. Alles, was ich geschrieben habe, kommt mir vor wie Stroh im Vergleich zu dem, was ich gesehen habe.« (Eckert, 232) Dies wurde durch die Forschung sowohl mit theologischen – Thomas brach die STh bei der Behandlung des Bußsakramentes ab – als auch mit spirituellen Motiven in Verbindung gebracht, insofern nur eine unabgeschlossene STh wirklich auf Gott als Ursprung und Ziel des Menschen verweisen würde. Auf der anderen Seite wurden rein medizinische Ursachen angeführt (Hirnschlag oder Überarbeitung) oder eben eine tiefe mystische Erfahrung. Thomas hat danach nichts mehr geschrieben.

2. Zum Werk

2.1 Zur Verortung des Werkes

Der Anfang der STh widmet sich der Theologie als Wissenschaft. Das reflektiert den zeitgenössischen Status der Theologie. Ab 1200 entstanden Universitäten als eigene Institutionen von Wissenschaft, während vorher kirchliche Schulen angegliedert an Klöster oder Kathedralen als Ausbildungsstätten fungierten. Die Universität – *universitas magistrorum et scholarium* – entwickelte sich dabei trotz kirchlicher und staatlicher Aufsicht zu einer neuen einflussreichen Macht in der mittelalterlichen Gesellschaft. Die bedeutendsten Universitäten befanden sich damals in Paris, Oxford und Bologna; wichtige Neugründungen initiierten Kaiser oder Papst in Neapel, Toulouse und Salamanca. Als Fächer konnte man die sog. *Artes liberales* studieren, um sich anschließend in das Studium der Jurisprudenz, der Medizin oder der Theologie zu vertiefen.

Für die Theologie zeitigte das weitreichende Folgen: Sie musste sich nun im beständigen Gegenüber zu anderen Wissenschaften und deren Rationalitätsstandards bewähren. Das bedeutete eine doppelte Rechenschaftspflicht: Einerseits hatte sie sich als eigenständige und vollwertige Wissenschaft gegenüber den anderen Wissenschaften zu beweisen, andererseits ihre Treue zur biblischen Offenbarung und kirchlichen Tradition zu bezeugen. Diese doppelte Schwierigkeit verschärfte sich durch die Neuentdeckung der aristotelischen Schriften, welche im Laufe des 13. Jh.s vermittelt durch arabische Kommentatoren wie Avicenna und Averroes dem lateinischen Abendland präsent wurden und sogleich überzeugende Autoritäten bildeten. Denn mit Aristoteles lag dem christlichen Mittelalter erstmals eine umfassende theoretische und naturkundlich schlüssige Welterklärung vor, die vollkommen ohne Rekurs auf den biblischen Gott und seine Offenbarung auskam. Besondere inhaltliche Konflikte entzündeten sich an der aristotelischen Lehre von der Ewigkeit der Welt, der Sterblichkeit der Seele und der Einheit des (überindividuellen) Geistes. Das leidenschaftliche Ringen, aristotelische Philosophie und christlich-kirchliche

Tradition in Übereinstimmung zu denken, kennzeichnete das ganze 13. Jh. Das Zentralproblem scholastischer Theologie lautete daher: Wie verhalten sich Glauben und Wissen zueinander?

Das Werk des Thomas von Aquin galt als die gelungenste Darstellung einer solchen, wie auch immer zu bewertenden Synthese von Glauben und Wissen, von biblischer Offenbarung und aristotelischer Philosophie – zumindest in der Wahrnehmung folgender Jahrhunderte bis hin zu päpstlichen Verlautbarungen des 20. Jh.s. Zu seiner eigenen Zeit dagegen war Thomas mit seinen Thesen höchst umstritten. Als Magister an der Pariser Universität bekämpften ihn gleich zwei Seiten erbittert: Die Vertreter eines radikalen Aristotelismus (Siger von Brabant) und kirchliche Aristotelesgegner, welche davor warnten, sich zu sehr mit dem Denken des Aristoteles einzulassen. Die Beschäftigung mit Aristoteles hatte eine dezidierte Hinwendung zum Diesseits, eine Wertschätzung der Weltlichkeit der Welt zur Folge. Thomas dachte in kühner Freiheit, dass die Philosophie als eigener Weg der Wahrheitserkenntnis im Bereich des Natürlichen anzusiedeln ist. Die (philosophische) Erkenntnis beginnt laut Thomas mit sinnlicher Erfahrung und nicht mit Erleuchtung oder ersten Prinzipien. Im historischen Abstand hat man dies als epochale Wende in der abendländischen Geistesgeschichte wahrgenommen.

2.2 Formale Dimensionen des Werks

Die institutionelle Neuverortung der Theologie im Rahmen der Universität wirkte sich auch auf die Lehr- und Darstellungsformen aus. Zum einen kommentierten die Magister (entspricht heute den Professoren) in Vorlesungen biblische Schriften oder Lehrbücher, vor allem die sog. Sentenzen des P. Lombardus aus dem 12. Jh. Zum anderen wurden Disputationen abgehalten, in denen die Magister durch Pro- und Contra-Argumente hindurch strittige Fragen behandelten und am Ende Lösungen entfalteten. Disputationen schlugen sich dann auch schriftlich nieder, als *Quaestiones disputatae*. Als weitere Form bildete sich um die Wende zum 13. Jh. die sog. *Summa* heraus, als deren Urtyp die *Summa aurea* des Pariser Magisters Wilhelm von Auxerre gilt.

Dabei sollen alle Einzelerkenntnisse einer Wissenschaft in einem geordneten Gesamtentwurf dargestellt, in ihren wechselseitigen Bezügen übersichtlich erfasst und didaktisch geschickt für Lernende präsentiert werden. Im Prolog zu seiner Summa formuliert Thomas das ausdrücklich:

»Der Lehrer der katholischen Wahrheit hat nicht nur die Aufgabe, die Fortgeschrittenen tiefer in die Wissenschaft einzuführen; er soll sich [...] auch dem Unterricht der Anfänger widmen. Darum wollen wir in diesem Werke den Inhalt der christlichen Religion so darstellen, dass auch Anfänger folgen können. Wem nämlich dieser Stoff noch neu ist, der wird bei seinem Studium durch die Eigenart der vorhandenen Lehrbücher eher gehemmt als gefördert. Nutzlose Fragen, Artikel, Beweisführungen häufen sich; man bietet den Lehrstoff nicht in planvoller Ordnung, sondern wie es die Erklärung des jeweiligen Textes verlangt oder wo sich gerade Gelegenheit zu einer Auseinandersetzung zeigt. [...] Wir wollen derartige Fehler zu vermeiden suchen und wollen mit Gottes Beistand den Inhalt der hl. Lehre so kurz und so klar vorlegen, wie es der Gegenstand erlaubt.« (STh Prol I).

In der Darstellung orientiert sich Thomas an den Disputationen, d.h. er verwendet die Quaestionenmethode. Alle Themen werden durch formalisierte Pro- und Contra-Erörterungen erschlossen. Am Beginn steht jeweils das Thema, das als Entscheidungsfrage auftritt (›Gibt es einen Gott?‹). Darauf werden Contra-Argumente genannt, meistens drei, die entweder Interpretationen von Bibelzitaten darstellen oder von theologischen Autoritäten stammen (z.B. Augustin, Gregor) oder gelegentlich Aristoteles-Zitate beinhalten. Das sog. *sed contra* benennt meistens ohne Entfaltung einen argumentativ entscheidenden biblischen Satz als Offenbarungssatz. Im darauffolgenden *respondeo* entwickelt Thomas argumentativ eine Antwort auf die gestellte Frage, wobei er gegenüber den vorgebrachten Einwänden eine höhere oder grundsätzlichere Warte einnimmt. Anschließend widerlegt er die Contra-Argumente im Einzelnen. Dabei nimmt Thomas häufig wichtige Differenzierungen gegenüber seiner Argumentation im *respondeo* vor, welche für die Interpretation unbedingt zu berücksichtigen sind. Eine solche argumentative Einheit heißt Artikel; mehrere davon fasst Thomas jeweils thematisch zu *Quaestiones* zusammen. Ohne formale Kennzeichnung, aber inhaltlich ist die STh von der Forschung noch in ›Traktate‹ unterteilt worden. Das Werk besteht aus

2669 Artikeln, die wiederum zu 512 Quaestionen zusammengefasst sind. Diese literarische Form verbindet detailgenaue Arbeit hinsichtlich der jeweiligen Einzelfragen mit Denken in großen Zusammenhängen. Durch die verschiedenen Contra-Argumente werden jeweils ganze argumentative Kontexte und Perspektiven mit aufgerufen, so dass eine Sachfrage sich in vielfältigen Aspekten zeigt. Mit der jeweiligen Antwort legt Thomas dar, dass bei aller Komplexität die Wahrheit doch gefunden und benannt werden kann, dass es also wissenschaftliche Wahrheit gibt, die alle Aspekte integrieren und verbinden kann. Die Strittigkeit von Wahrheit drückt sich im thomasischen Theologieverständnis ebenso aus wie deren Entscheidbarkeit. Seine STh verfährt sowohl systematisch ableitend als auch apologetisch, dabei ihrem Anspruch nach aber auch schrifthermeneutisch.

2.3 Grundzüge des Inhalts

Thomas fragt als erstes, inwiefern die Theologie neben der Philosophie, die ebenfalls Gott thematisiere, überhaupt noch nötig sei. Seine Antwort lautet: Die Theologie, welche auf göttlicher Offenbarung basiert, sei nötig zum Heil des Menschen. Erstens weil der Mensch nur durch die Offenbarung Gott als sein letztes Ziel erkennen und daher sich handelnd darauf hin ausrichten könne. Zweitens weil die philosophisch erkennbaren Wahrheiten über Gott nicht allen Menschen und nur unsicher zugänglich seien, aber durch die göttliche Offenbarung allen Menschen auf gewisse Weise gegeben seien. Da auf diese Weise die Offenbarung für das Heil der Menschen unverzichtbar sei, sei auch eine Wissenschaft unverzichtbar, welche die Offenbarungswahrheiten gedanklich entfalte. Was aber begründet dann den Wissenschaftscharakter von Theologie? Hier bezieht sich Thomas auf Aristoteles. Er rezipiert das Wissenschaftsverständnis von Aristoteles in der Weise, dass Wissenschaft darin bestehe, aus Prinzipien Deduktionen vorzunehmen. Diese Prinzipien seien entweder selbstevident oder aus anderen Wissenschaften entnommen. Für die Theologie – so Thomas – gelte nun auch, dass sie Deduktionen aus vorgegebenen Prinzipien vornehme. Diese Prinzipien seien aber nicht selbstevident, sondern stammten aus einer anderen Wissenschaft, nämlich der Wissenschaft Gottes und der Heiligen. In der Offenbarung würden diese Prinzipien den Menschen vermittelt. Insofern stelle die Theologie eine Nachbildung der göttlichen Wissenschaft dar. Das Modell der untergeordneten Wissenschaften soll bei Aristoteles die Grundlegung aller Wissenschaften in selbstevidenten Prinzipien sicherstellen. Bei Thomas begründet es, inwiefern die Theologie gerade darin Wissenschaft ist, dass sie nicht auf selbstevidenten Prinzipien beruht. Daran führt Thomas gleich zu Beginn seine Art der Verbindung von aristotelischer Philosophie und christlicher Theologie vor: Die aristotelischen Kategorien verändern sich in der Erfassung von Offenbarungswahrheiten so, dass ihr aristotelischer Sinn sich aufhebt und sich gerade darin die Übernatürlichkeit der Offenbarung zeigt. In der kontinuierlichen Anwendung von aristotelischen Kategorien auf die Theologie wird gerade ihre Besonderheit deutlich, die natürliche Vernunft inhaltlich zu übersteigen, ohne sie zu verneinen. Für dieses Verfahren wurde Thomas von zwei Seiten kritisiert: Einerseits wurde behauptet, er habe das Evangelium aristotelisiert und damit verdunkelt; andererseits, er habe aristotelische Kategorien sinnwidrig und damit verfälschend angewandt und einen falschen Schein von philosophischer Wissenschaftlichkeit erzeugt. Beide Vorwürfe verkennen die thomasische Verhältnisbestimmung von Natur und Gnade bzw. Wissen und Glauben: Das Wissen und die natürliche Vernunft haben ihr eigenes, gottgewolltes Recht innerhalb der natürlichen Welt. Hinsichtlich der Erkenntnis Gottes als Ziel und Heil des Menschen aber übersteigt die Gnade und damit auch die übernatürliche Erkenntnis des Glaubens die natürliche Vernunft. Die Gnade übersteigt die Vernunft aber nicht, indem sie diese verneint, sondern indem sie diese integriert und verwandelt.

Die STh gliedert die Darstellung der Theologie wie folgt (Metz 1998, 16–33):

(Teil I) Gott als Ursprung und Ziel aller Dinge,
(Teil II) Der Mensch auf dem Weg zu Gott als seinem Ziel,
(Teil III) Christus als der Weg der Menschen zu Gott.

In der Forschung ist umstritten, welches Schema oder welcher Grundgedanke dieser Gliederung zugrunde liegt (dazu Schmidbaur 1995, 36–75; Metz 1998, 192–204). Für die Einzelinterpretation erweist sich dieser Streit jedoch als unerheblich.

(I) Die Gotteslehre leitet Thomas mit den Fragen ein, ob es selbstverständlich sei, dass es einen Gott gebe und ob sich Gott beweisen lasse. Daran schließt er fünf Wege an, wie Gott zu beweisen sei (te Velde 2006, 37–63; Kenny 1969). Gott ist zwar das in sich Selbstverständlichste, er ist dies aber nicht für den Menschen, dessen Erkenntnis mit sinnlicher Erfahrung beginnt. Von dieser sinnlichen Erfahrung ausgehend lässt sich Gott beweisen, so wie man eine Ursache anhand ihrer Wirkungen beweist. Der erste Beweis (*ex parte motus*) geht von der Bewegung aus, der zweite (*ex ratione causae*) von der Ursache-Wirkungs-Kette. So wie nichts sich selbst bewegen oder sich selbst verursachen kann, so muss alles von einem anderen bewegt oder verursacht werden. Diese Kette an Bewegungsanstößen oder Verursachung kann aber nicht bis ins Unendliche reichen, sondern muss einen ersten Anfang haben. Dieser erste Anfang wird mit Gott identifiziert. Der dritte Weg (*ex possibili et necessario*) folgert aus der Kontingenz der sinnlich wahrnehmbaren Dinge etwas, das aus sich heraus notwendig ist und alles andere bedingt. Beim vierten Weg (*ex gradibus in rebus*) setzt Thomas ein neuplatonisches Stufenmodell des Seienden voraus. Bei allen Qualitäten, wie schön oder gut, muss es ein Äußerstes oder Höchstes geben. Dieses Höchste nennt er Gott. Teleologisch argumentiert schließlich der fünfte Weg (*ex gubernatione rerum*): Da alles auf ein Ziel hin geordnet sei, auch die bewusstseinslosen Entitäten, müssen diese durch eine Instanz auf ihr Ziel hin geordnet werden. Diese Instanz wird ›Gott‹ genannt. Thomas geht auch auf den ontologischen Gottesbeweis des A. v. Canterbury ein, hält ihn aber nicht für gültig.

Thomas denkt, dass Gott durch die Gottesbeweise vom Menschen nur insofern erkannt werden kann als er Ursache von feststellbaren Wirkungen ist. Wie begründet sich aber darüber hinausreichende Gotteserkenntnis des Menschen? Die Menschen erkennen von Gott

»erstens seine Beziehung zu den Geschöpfen, dass er nämlich Ursache aller Dinge ist; zweitens den Unterschied zwischen ihm und den Geschöpfen: dass er nicht etwas von dem ist, was er geschaffen hat; drittens, dass wir dieses nicht etwa wegen einer Unvollkommenheit von ihm ausschließen, sondern weil er alles überragt« (STh I 12,12 c.a.).

Für Thomas kann also der Mensch vom Wesen Gottes nur erkennen, wie Gott nicht ist. »Wie Gott nicht ist, zeigen wir nun am besten, indem wir alles von ihm ausschließen, was mit unserer Vorstellung von Gott nicht vereinbar ist, wie Zusammensetzung, Veränderlichkeit usw.« (STh I 3 prol.). Gott ist nicht geschöpflich. Daraus folgt, dass bei Gott Sein und Wesen identisch sind, dass Gott ganz eins, vollkommen und gut ist. Dieser eine Gott erweist sich in der Offenbarung als dreieiniger Gott. So schließt Thomas eine Quaestionenreihe über den trinitarischen Gott an, in der er die Lehre begründet, dass die drei göttlichen Personen nichts anderes seien als die für sich bestehenden innergöttlichen Beziehungen, durch die allein sie sich auch voneinander unterscheiden (Schmidbaur 1995, 387–447).

(II) In der Ewigkeit vermag der Mensch im Unterschied zum irdischen Dasein Gott zu schauen (dazu Krämer 2000, 418–429). So sehr das für alle Menschen gilt, so sehr unterscheidet sich diese Schau Gottes im Grade der Vollkommenheit aufgrund der Intensität der Liebe zu Gott bei den verschiedenen Menschen. Diese Schau Gottes bildet zugleich das letzte Ziel des Menschen; dabei setzt Thomas wie Aristoteles voraus, dass alle bewussten Handlungen eines Menschen um eines letzten Zieles willen geschehen. Entscheidend ist, worin jeweils dieses letzte Ziel besteht (Leonhardt 1998, 153–211). Im ersten Teil des zweiten Teils (I–II) analysiert Thomas die Grundstrukturen und Grundelemente des menschlichen Handelns. Nach der Ausrichtung auf ein letztes Ziel legt Thomas die Struktur des Willens und seiner Akte dar. Zur Strebestruktur des Menschen gehören auch die Leidenschaften, wobei Thomas im Einzelnen Liebe, Hoffnung, Furcht, Zorn untersucht. Den menschlichen Handlungen liegen nach Thomas Grundhaltungen bzw. Verhaltensdispositionen zugrunde. Diese nennt er im Anschluss an Aristoteles ›Habitus‹. Bei diesen kann man Tugenden von Lastern unterscheiden, womit Thomas zur

Entfaltung seiner ausführlichen Sündenlehre überleitet. Das Wesen der Sünde besteht im Widerstand gegen Gott, konkret gegen das göttliche Gesetz. Der Widerstand gegen Gott impliziert die ungeordnete Hinwendung zum eigenen Selbst und hat zur Konsequenz, dass die verschiedenen Kräfte des Menschen in Unordnung geraten und nicht mehr harmonisch wirken. Als zweite Wirkung der Sünde benennt Thomas den ›Sündenmakel‹; das bedeutet, dass die Seele ihren Glanz verliert. Die dritte Wirkung erkennt Thomas in der Schuldverhaftung des Menschen. Die Sünde bringt die natürlichen Kräfte des Menschen in Unordnung, sie schwächt damit die menschliche Natur, ohne allerdings die Prinzipien der menschlichen Natur zu verändern.

Auf den solchermaßen sündigen und sündengeschädigten Menschen wirken das Gesetz (Kühn 1965, 218–223) und die Gnade. Durch die Gnade gewährt Gott dem Menschen Anteil am ewigen Leben; der Mensch wird also über seine Natur hinaus erhoben. Dazu ist erforderlich, dass der Mensch zuerst von der Sünde befreit und von ihren Folgen geheilt wird. Als erste Wirkung der Gnade versteht Thomas die Rechtfertigung des Sünders (Pesch 1967, 670–719): »Die Rechtfertigung des Sünders ist eine Regung, in welcher der menschliche Geistgrund durch Gott aus dem Stande der Sünde in den der Gerechtigkeit überführt wird« (STh I–II 113,4 c.a.). Diese durch Gott bewirkte Regung besteht in zwei Aspekten: Darin, sehnsüchtig die Gerechtigkeit Gottes zu erstreben und darin, die Sünde zu verabscheuen. Das Nachlassen der Sünden durch Gott vollendet die Rechtfertigung. Darüber hinaus bedeutet Gnade die Eingießung gewisser übernatürlicher Qualitäten, aufgrund derer der Mensch »mild und leicht von ihm [Gott; M.R.] zur Erlangung des ewigen Gutes bewegt« wird (STh I–II 110,2 c.a.). Die Rechtfertigung des Sünders, die ihr Ziel in des Menschen Teilhabe am göttlichen Gut findet, stellt daher für Thomas ein größeres Werk dar als die Erschaffung des Himmels und der Erde. In der theologischen Auslotung dieses Themas sowie dessen, was ›Verdienst‹ ist, beendet Thomas die *Prima Secundae*. Den protestantisch kritisierten Verdienstgedanken versteht Thomas so: Es kann »ein Verdienst des Menschen bei Gott nur geben unter Voraussetzung einer göttlichen Anordnung, in dem Sinne, dass der Mensch durch seine Tätigkeit das von Gott gleichsam als Lohn empfängt, wozu Gott ihm die Wirkkraft bestimmt.« (STh I–II 114,1 c.a.). Auch und gerade das verdienstliche Handeln geht laut Thomas aus der Gnade des Heiligen Geistes hervor. Die *Secunda Secundae* widmet sich nun dem begnadeten Menschen, der durch die Gnade auf Gott ausgerichtet sein Leben lebt (Schockenhoff 1987, 286–351). Das Leben des gerechtfertigten Menschen in der Gnade ist bestimmt durch die ihm eingegossenen neuen Grundhaltungen, die sieben Haupttugenden: Glaube, Hoffnung und Liebe sind die göttlichen Tugenden; Klugheit, Gerechtigkeit, Tapferkeit und Mäßigung sind die sog. Kardinaltugenden, die Thomas aus der antiken Morallehre übernimmt. Indem Thomas die einzelnen Tugenden auf ihre Grundstrukturen hin analysiert, integriert er die Beschreibung der ihnen entgegenzusetzenden Laster, die entsprechenden biblischen Gebote u.ä. Schließlich beschreibt er die möglichen Lebensformen des begnadeten Menschen, allen voran die monastische Lebensform.

Glauben definiert Thomas im Anschluss an Augustin als »beistimmendes Überdenken« (*cum assensione cogitare*; Augustin, *De praedestinatione sanctorum* II,5). Er ist ein Akt des Verstandes, der zu Inhalten willensbestimmt seine Zustimmung gibt, um diese Inhalte zu bedenken (Niederbacher 2004, 43–66). Der glaubende Mensch liebt »die im Glauben erfasste Wahrheit, denkt darüber nach und greift nach allen Gründen, die er dazu nur auffinden kann« (STh II–II 2,10 c.a). Trotzdem »soll der Mensch das, was Sache des Glaubens ist, nicht auf Grund menschlicher Überlegung glauben, sondern auf Grund göttlicher Autorität« (STh II–II 2,10 c.a.). Die Wahrheit, auf die sich der Glaubensakt richtet, ist Gott als die Erstwahrheit. Die Inhalte, in denen sich diese Ausrichtung auf die Erstwahrheit vollzieht, sind von Gott geoffenbarte Inhalte als durch Gott als die Erstwahrheit vermittelte Wahrheit (Schockenhoff 1987, 355–376). Gemäß der menschlichen Erkenntnisstruktur ist Wahres dem Menschen nur in der Aussageform zugänglich, konkret in Gestalt des kirchlichen Glaubensbekenntnisses. Damit ist die Ausrichtung der Erkenntniskraft des Menschen auf Gott beschrieben, während die begnadete Willenskraft durch die Tugenden Hoffnung und Liebe bezeichnet wird. Den Zusammenhang zwischen diesen Tugenden beschreibt Thomas so: Die Liebe als eingegossene Tugend richtet alle einzelnen Akte des Menschen auf Gott hin aus. Erst in dieser Ausrichtung sind sie wahrhaft gut. Wenn Thomas formuliert, dass die Liebe die Form der anderen eingegossenen Tugenden bildet, dann ist damit ihre Ausrichtung auf Gott als letztes Ziel gemeint. In eben diesem Sinn spricht Thomas auch vom Glauben, der durch die Liebe geformt werden muss (*fides caritate formata*). Auf protestantischer Seite hat man das oft so verstanden, dass der Glaube durch Werke der Liebe ergänzt werden müsse. Daraus wurde dann die kontroverstheologische Entgegensetzung von *sola fide* gegen *fides caritate formata*. Erst die ökumenisch orientierte Thomasforschung seit den 1960er Jahren (Pesch 1967; Kühn 1965) konnte diese schiefe Alternative überwinden. *Fides caritate formata* meint bei Thomas, dass die Akte des Glaubens als Verstandesakte auf Gott als letztes Ziel ausgerichtet werden müssen, was durch die Liebe geschieht:

»Da also das letzte Ziel vermittels der Hoffnung und der Liebe im Willen ist, vermittels des Glaubens aber im Verstande, ist notwendig der Glaube die erste unter allen Tugenden; denn die natürliche Erkenntnis kann an Gott nicht heranreichen, sofern Er Gegenstand der Beseligung ist, als welchen Hoffnung und Liebe ihn erstreben.« (STh II–II 4,7 c.a.)

Umgekehrt ist dann aber auch der Unglaube für Thomas die schwerste Sünde, insofern der Mensch sich dadurch am meisten von Gott entfernt. Wer einmal den Glauben angenommen hat, dann aber (als Häretiker) wieder von ihm abgefallen ist, der kann nach Thomas auch mit physischer Gewalt gezwungen werden, zu dem einmal angenommenen Glauben zurückzukehren. Als weitere Sünden gegen den Glauben nennt Thomas die Blindheit des Geistes und die Stumpfheit des Sinnes, welche er dadurch definiert, dass sie »gegen die scharfsinnige Beschäftigung mit Geistigem Widerwillen« haben (STh II–II 15,3 c.a.).

Die thomasische Grundbestimmung der Liebe zu Gott besteht nun aber gar nicht primär darin, dass sie eine Tugend ist, sondern darin, dass sie eine Lebensform darstellt, und zwar die Freundschaft zu Gott. Basierend auf der aristotelischen Freundschaftsdefinition in der Nikomachischen Ethik hat Freundschaft zum

Kennzeichen ein gegenseitiges Wohlwollen, das in einer Gemeinsamkeit gründet. Bei der Freundschaft zwischen Gott und Mensch stellt Gott ganz von sich aus diese Gemeinsamkeit her, indem er dem Menschen Anteil an seiner eigenen Seligkeit gibt (Ilien 1975, 202–211). Auf diese Weise wird der Mensch ganz auf Gott ausgerichtet. Und nur durch diese Ausrichtung auf Gott, also durch die Liebe, sind alle anderen Tugenden eines Menschen wahre Tugenden (Pesch 1967, 759–762). Diese liebende Ausrichtung auf Gott kann unbegrenzt wachsen, insofern sie selbst eine Anteilhabe an der unendlichen Liebe ist, mit der Gott sich selbst liebt. Im Anschluss an Augustin entfaltet Thomas dann eine ›Ordnung der Liebe‹ (Schockenhoff 1987, 327–351), in der die verschiedenen Liebesrelationen eines Menschen, z.B. zu sich selbst und zu seinem Leib, zu Eltern und zu Kindern sowie zum Nächsten mit Gründen hierarchisiert werden. Innerhalb des Liebestraktates wendet sich Thomas immer konkreteren Fragestellungen zu, bis hin zu einer Almosenordnung und der Frage, ob der Mensch verpflichtet sei, seinen Oberen zurechtzuweisen, wozu er nach Thomas tatsächlich verpflichtet ist.

(III) Die Tertia Pars beginnt Thomas christologisch mit der Inkarnation, um dann den Lebensweg Jesu bis zur Passion im Einzelnen theologisch zu deuten. In seiner Christologie kommt vor allem die Konvenienz-Argumentation zur Geltung. Diese argumentiert nicht mit der gedanklichen Notwendigkeit von Sachverhalten, sondern würdigt mit der Frage nach der Stimmigkeit und Angemessenheit die geschichtliche Dimension des göttlichen Heilshandelns. Ob die Menschwerdung Gottes dem göttlichen Wesen angemessen war, beantwortet Thomas im ersten Artikel der Christologie. Gottes Wesen ist das Gute. Was also dem Gutsein entspricht, entspricht auch Gott. Dem Gutsein aber kommt es zu, sich anderem mitzuteilen. So ist es also Gott angemessen, sich dem Geschöpflichen mitzuteilen. Die vollkommenste Mitteilung besteht darin, dass Gott sich mit der geschöpflichen Natur so vereinigt, dass eine menschliche Person entsteht. Wie aber stellt sich das aus der Perspektive der sündigen Menschheit dar? War die Menschwerdung Gottes zur Rettung dieser sündigen Menschheit notwendig? Auch hier verneint Thomas eine gedankliche Notwendigkeit.

Aber er legt dar, dass die Menschwerdung Gottes der beste, wenn auch nicht der einzig mögliche Weg zur Rettung der Menschheit war. Thomas zählt dann zehn Wirkungen der Menschwerdung auf, u.a. wird angesichts der göttlichen Liebe die Hoffnung gestärkt, die menschliche Liebe entflammt und der Glaube gewisser. Der Mensch wird befreit aus der Knechtschaft der Sünde, indem Christus Genugtuung leistete sowohl für die Erbsünde als auch für die Tatsünden der Menschen

Thomas hatte als einer der ersten scholastischen Theologen Zugang zum päpstlichen Archiv, in dem sich die Akten der ersten fünf Ökumenischen Konzilien befanden. So konnte er sich ausführlich mit den Konzilsentscheidungen, deren Kontexten und argumentativen Anliegen befassen. Die STh verrät dementsprechend auch eine genaue Kenntnis der christologischen Entscheidungen der Alten Kirche, die sich in zahlreichen Zitaten niederschlägt (Weisheipl 1980, 155–166).

Das durch Christus geschenkte Heil vermitteln die Sakramente als Zeichen und Ursache der Gnade. Die Zeichenhaftigkeit der Sakramente hat drei Dimensionen: Das Sakrament ist ein »erinnerndes Zeichen, dessen, was vorausgegangen ist, nämlich des Todesleidens Christi, ein hinweisendes dessen, was in uns durch Christi Leiden gewirkt wird, nämlich der Gnade; wie auch ein vorausdeutendes Zeichen, nämlich ein Voranzeigen der künftigen Herrlichkeit« (STh III 60,3 c.a.). Die Ursächlichkeit der Sakramente lässt sich näher als Instrumentalursächlichkeit beschreiben: Die Gnade wirkt, indem sie von Gott bewegt wird. Hauptursache der Gnade ist Gott selbst, der durch die Menschheit Christi wie ein naturverbundenes Werkzeug, durch die Sakramente aber wie ein getrenntes Werkzeug wirkt. Im Sakrament handelt Gott am Menschen, sofern der Mensch Natur ist, die sich nach Vollendung sehnt, und sofern der Mensch Sünder ist, welcher der Versöhnung und Erlösung bedarf. So bietet Thomas erst eine allgemeine Sakramentenlehre, dann wendet er sich den einzelnen der sieben Sakramente zu. So jedenfalls war es geplant. Thomas hat jedoch seinen Text beim Bußsakrament abgebrochen.

3. Zur Wirkung

1277 verurteilte der Bischof von Paris, S. Tempier, neben vielen anderen auch Lehrformulierungen des Thomas, was allerdings 1325 offiziell zurückgenommen wurde. Kontrovers blieb die thomasische Theologie allerdings, gerade im Gegenüber zur franziskanischen Schule. Daran änderte sich zunächst grundsätzlich nichts, als Papst Johannes XXII. 1323 Thomas heilig sprach. Daher gewannen die STh sowie die *Summa contra gentiles* nur ordensinterne Bedeutung bei der theologischen Ausbildung, meistens auch noch vermittelt durch Zusammenfassungen oder Exzerpte. Theologisch dominierte die folgenden Jahrhunderte die Franziskaner-Schule von Bonaventura bis W. von Ockham und G. Biel, welche auch M. Luthers Theologiestudium bestimmten. Die spätere Polemik Luthers und anderer Reformatoren gegen Thomas stützte sich daher auf keine ausgedehnte Thomaskenntnis, sondern richtete sich ganz generell gegen sein Anliegen, die biblische Tradition mit Hilfe aristotelischer Kategorien zu interpretieren.

Erst im Reformationsjahrhundert und im Gefolge des Trienter Konzils gewann die thomasische Theologie allgemeine Geltung für die katholische Theologie. 1567 wurde er dementsprechend zum Kirchenlehrer ernannt. Das Rechtfertigungsdekret von Trient stützte sich weitgehend auf Thomas, ebenso die Eucharistielehre. Die STh diente vom 16. Jh. bis zur Aufklärungszeit zumindest in Teilen als gängiges Lehrbuch. Während die Beschäftigung mit der STh im 15. und 16. Jh. vornehmlich die Form einer Artikel-für-Artikel-Kommentierung hatte – das einflussreichste Kommentarwerk stellt das von Cajetan dar (1507–1522) – setzte man sich ab dem 17. Jh. durch Disputationen zu Themen der STh mit dieser auseinander. Ab Mitte des 18. Jh.s geriet im Zuge der Aufklärung die Theologie des Thomas ziemlich in Vergessenheit und wurde nur an einigen wenigen Orten weiter studiert. Ein Jahrhundert später setzte ein umso intensiverer Neuthomismus ein, im Kontext einer katholischen Neuzuwendung zur scholastischen Theologie des Mittelalters.

Die offiziell autoritative Stellung des Thomas erneuerte die päpstliche Enzyklika *Aeterni Patris Unigenitus* von 1879, die Thomas zum maßgeblichen Lehrer katholischer Theologie *und* Philosophie erklärte. Dabei wurde Thomas anhand kirchlicher Dogmen noch weiter systematisiert. Seine verschiedenen Werke wurden als Teile eines Systems verstanden, welches als der gültige katholische Ausdruck ewiger Wahrheit betrachtet wurde. Die thomasische Theologie und die kirchlich-katholische Lehre erschienen als ein und dasselbe. Eine vorsichtig historische Thomas-Forschung setzte erst in den 1960er Jahren ein. Im Zusammenhang damit entstand aus ökumenischen Anliegen heraus auch ein neuer Zugang, welcher den historischen Thomas mit seinen je eigenen Fragestellungen von der späteren kirchlichen Rezeption auf katholischer und reformatorischer Seite unterscheiden wollte. Katholische Lutherforschung und evangelische Thomasforschung (vgl. Kühn 1965, 224–272) bemühten sich um den Nachweis, dass Thomas und Luther keine kontradiktorischen Positionen vertraten, sondern aus verschiedenen historischen Konstellationen heraus differente, aber nicht gegensätzliche theologische Ansätze entfalteten. Thomas sollte dabei als ein vorkonfessioneller Theologe, als Theologe der gemeinsamen mittelalterlichen Tradition gewürdigt werden. Dabei sind vor allem O.H. Pesch (katholisch) und U. Kühn (evangelisch) zu nennen, welche insbesondere zu Rechtfertigung, Gnade und Gesetz bei Thomas vielbeachtete Studien vorlegten. Inzwischen wird Thomas von der Theologie, aber auch der Philosophie als ein Denker entdeckt, der angesichts der Herausforderungen seiner Zeit auf lebendig-konstruktive Weise um Wahrheit gerungen hat. Aufgabe einer zukünftigen Thomasforschung wird es sein, noch umfassender und radikaler eine historische Kontextualisierung vorzunehmen. Darüber hinaus muss der ganz eigene Ansatz des Thomas, seine systematische Kraft, die etwas anderes ist als eine Systembildung, herausgearbeitet werden. Die Arbeit von W. Metz (1998) liefert dazu einen höchst vielversprechenden Impuls. Eine gegenwartsrelevante Neuentdeckung des Thomas steht erst noch bevor.

4. Literaturhinweise

Zitierte Quelle:
Sancti Thomae de Aquino, Summa Theologiae, Edizioni San Paolo, Torino 1988 (abgek. STh).

Übersetzung:
Thomas von Aquin, Summa Theologica. Deutsch-lateinische Ausgabe, übers. v. den Dominikanern und Benediktinern Deutschlands und Österreichs, Band 1–31 (noch nicht vollständig erschienen), Graz 1933f.

Zum Einstieg empfohlen:
Der Anfang der STh, also STh I 1–2, sowie die Passagen zur Gnade (STh I–II 110–113) und zu den Sakramenten im Allgemeinen (STh III 60–62).

Weiterführende Literatur:
Kühn 1965; Metz 1998; Pesch 1995; Rose 2007; Speer 2005.

5. Verwendete Literatur

W. P. *Eckert,* Das Leben des heiligen Thomas von Aquin, erzählt von Wilhelm von Tocco und anderen Zeugnissen zu seinem Leben, Düsseldorf 1965.

A. *Ilien,* Wesen und Funktion der Liebe im Denken des Thomas von Aquin, Freiburg i.Br. 1975.

A. *Kenny,* The Five Ways. St. Thomas Aquinas' Proofs of God's Existence, London 1969.

K. *Krämer,* Imago Trinitatis. Die Gottebenbildlichkeit des Menschen in der Theologie des Thomas von Aquin, Freiburg i.Br. 2000.

U. *Kühn,* Via caritatis. Theologie des Gesetzes bei Thomas von Aquin, Göttingen 1965.

R. *Leonhardt,* Glück als Vollendung des Menschseins, Berlin/New York 1998.

W. *Metz,* Die Architektonik der Summa Theologiae des Thomas von Aquin. Zur Gesamtsicht des thomasischen Gedankens, Hamburg 1998.

B. *Niederbacher,* Glaube als Tugend bei Thomas von Aquin. Erkenntnistheoretische und religionsphilosophische Interpretationen, Stuttgart 2004.

O.H. Pesch, Theologie der Rechtfertigung bei Martin Luther und Thomas von Aquin. Versuch eines systematisch-theologischen Dialogs, Mainz 1967.
–: Thomas von Aquin. Grenze und Größe mittelalterlicher Theologie, Mainz ³1995.
M. Rose, Fides caritate formata. Das Verhältnis von Glaube und Liebe in der Summa theologiae des Thomas von Aquin, Göttingen 2007.
H.Ch. Schmidbaur, Personarum Trinitatis. Die trinitarische Gotteslehre des heiligen Thomas von Aquin, St. Ottilien 1995.
E. Schockenhoff, Bonum hominis. Die anthropologischen und theologischen Grundlagen der Tugendethik des Thomas von Aquin, Mainz 1987.
A. Speer, Die *Summa theologiae* lesen – eine Einführung, in: Ders. (Hg.), Thomas von Aquin. Die *Summa theologiae*. Werkinterpretationen, Berlin 2005, 1–18.
R. te Velde, Aquinas on God. The ›Divine Science‹ of the Summa Theologiae, Aldershot 2006.
J.-P. Torrell, Magister Thomas. Leben und Werk des Thomas von Aquin, Freiburg i.Br. 1995.
J.A. Weisheipl, Thomas von Aquin. Sein Leben und seine Theologie, Graz 1980.

3. Katechetische Theologie: Schriftgebrauch im Leben

Die Reformatoren hatten ein besonderes theologisches Interesse an der Unterweisung und Weitergabe des Glaubens. Mit den beiden Katechismen Luthers (1529), dem Genfer Katechismus (1542) und dem Heidelberger Katechismus (1563) etablierten sie das Katechismusbuch als eine eigene Werkform im Kanon der theologischen Schriften. Das Schreiben von Katechismusbüchern allein begründet aber noch nicht, warum die Theologie der Reformatoren als Ganzes einen katechetischen Charakter hatte. Dieser bestand darin, dass sie das Lehren über theologische Sachverhalte stets vom Vermögen der Lernenden her aufbaute. Damit machte sie die Aus- und Weiterbildung des getauften Christen zur Methode ihres theologischen Denkens. Die theologische Begründung hierfür lag darin, dass sie die Theologie als Ganzes an dem orientieren wollte, was zum Heil für den Einzelnen notwendig zu wissen sei. Ein Wissen um das Heilsnotwendige sollte selbständig durch die Lektüre der Schrift angeeignet werden können.

Maßgeblich für eine solche Orientierung der Theologie am Verstehen der Schrift durch den Laien war das neue Schriftverständnis der Reformatoren. Dieses ging davon aus, dass die richtige Auslegung der Schrift nicht durch kirchliche Lehrautoritäten (Papst, Kirchenväter, Konzile), sondern durch die Klarheit und Deutlichkeit der Schrift selbst ermöglicht wird. Dies hat M. Luther in seiner Lehre von der Selbstauslegung der Schrift (*scriptura sui ipsius interpres*) und J. Calvin in seiner Rede vom inneren Zeugnis des Heiligen Geistes über die Schrift (*testimonium internum*) entfaltet. Die Schriftinterpretation der Reformatoren folgte einem hermeneutischen Zirkel, welcher in methodischer Hinsicht exegetische und dogmatische Überlegungen miteinander verband: Die detaillierte Auslegung von einzelnen Textpassagen war stets mit einer Anwendung auf das Leben des Lesenden verbunden und letztere informierte dann wieder die Auslegung der Schrift. Die Bewegung zwischen Textinterpretation und Anwendung konnte sich dergestalt vollziehen, dass Analogien zwischen Text und Leben aufgezeigt wurden oder die Dialektik von Verheißung und Erfüllung zum Maßstab der Anwendung der Schrift gemacht wurde. Das exegetische Interesse der Reformatoren am Bibeltext war deshalb nie antiquarisch, sondern leitete stets zu einer praktischen, angewandten theologischen Denkform über.

Martin Wendte

Martin Luther: Großer Katechismus

1. Zur Person

Martin Luther wurde am 10. November 1483 in Eisleben geboren. Er war Initiator und zeitlebens wichtigster Vertreter der Reformation. Wie stark er das Zeitgeschehen beeinflusste, zeigt sich daran, dass sich bei seinem Tode auch aufgrund seiner Theologie das politische Gefüge Mitteleuropas grundlegend verändert hatte. Luther studierte nach seiner Schulzeit 1501 bis 1505 in Erfurt die ›sieben freien Künste‹ (*artes liberales*) und wurde stark vom Nominalismus geprägt. Vom Vater war im Anschluss ein Jurastudium vorgesehen; als Luther aber am 2. Juli 1505 bei Stotternheim von einem Gewitter heimgesucht wurde, schwor er, Mönch zu werden. Er trat ins Erfurter Kloster der Augustiner-Eremiten ein, wurde 1507 zum Priester geweiht und begann im gleichen Jahr das Theologiestudium. 1511 in den Wittenberger Konvent versetzt, wurde er 1512 zum theologischen Doktor promoviert und übernahm die Wittenberger Professur »Lectura in biblia«. Zudem war er ab 1512 Subprior seines Klosters und ab 1515 Distriktvikar über zehn Klöster seines Ordens. Zusätzlich versah er ab 1514 die Predigerstelle an der Pfarrkirche in Wittenberg. Ab 1516 gab er mehrfach eine Schrift unter dem Titel *Ein deutsch Theologia*, einen im Geist der deutschen Mystik verfassten Traktat, heraus. Hierin zeigt sich Luthers Wertschätzung für das geistliche Leben und seine in ihm praktizierte Theologie der ›Erfahrung‹. Als Professor hielt er zuerst eine Vorlesung über die Psalmen (1513–1515; WA 3,11–652; 4,1–462), sodann über den Römer- (1515/16; WA 56,157–528), den Galater- (1516/17; WA 57/III,5–108) und den Hebräerbrief (1517/18; WA 57/III,97–238). Dabei erkannte er, dass Gottes Gerechtigkeit sich dem Menschen schenkt und der Mensch somit allein durch Gottes Wort im Glauben zum Heil gelangt (zur Debatte um den »reformatorischen Durchbruch« umfassend: Lohse 1968 und Lohse 1988).

Dies führte zur ersten Phase der Auseinandersetzungen mit Rom (1517–1521). Wohl am 31. Oktober 1517 verbreitete Luther seine *Disputation zur Erläuterung der Kraft des Ablasses* (95 Thesen) (WA 1,233–238) gegen die herrschende Ablasspraxis. In Rom wurde ein Prozess gegen ihn angestrengt, der im August 1518 in Augsburg zu einem Verhör durch Kardinallegat Cajetan führte. 1520 legte Luther seine Theologie in seinen ›reformatorischen Hauptschriften‹ dar: In *An den christlichen Adel deutscher Nation* (WA 6,404–469) bestritt er die Überordnung des geistlichen über den weltlichen Stand; in *De captivitate Babylonica ecclesiae praeludium* (WA 6,497–573) reduzierte er die Zahl der Sakramente von sieben auf zwei; in *Von den guten Werken* (WA 6,196–276) legte er den Dekalog aus und zeigte, dass gute Werke nicht Voraussetzung, sondern Folge des seines Heils gewissen Glaubens sind, und in *Von der Freiheit eines Christenmenschen* (WA 7,20–36) erläuterte er summarisch, dass der Mensch zugleich im Glauben Herr über alle Menschen und Dinge und in der Liebe ihnen Untertan ist. Luthers Lehre wurde 1520 von Rom verurteilt. Auf Drängen von Kurfürst Friedrich dem Weisen wurde der Fall Luthers 1521 auf dem Reichstag zu Worms verhandelt. Luther weigerte sich zu widerrufen, wurde exkommuniziert und stand fortan unter der Reichsacht. Er wurde von Friedrich dem Weisen zum Schutz auf die Wartburg gebracht, wo er u.a. das Neue Testament vom Griechischen ins Deutsche übersetzte.

Um die Reformation in geordnete Bahnen zu lenken, kehrte er 1523 nach Wittenberg zurück. Bis zum Lebensende hielt er dort wieder Vorlesungen, vollendete die Bibelübersetzung, predigte, lenkte durch eine Vielzahl von Briefen die Entwicklung der Reformation und hielt ab 1533 theologisch wichtige Disputationen ab (WA 39 I/II). 1525 begannen die innerreformatorischen Differenzen zu Trennungen zu führen: So wandte sich Luther gegen Th. Müntzer, da dieser im Bauernkrieg das Reich Gottes direkt auf Erden einführen wollte, und gegen den führenden Humanisten E. v. Rotterdam mit seiner Behauptung, dass der Mensch gegenüber

Gott einen freien Willen habe (*De servo arbitrio* [WA 18, 600–787]). Zudem heiratete Luther 1525 die entlaufene Nonne K. v. Bora, mit der er dann sechs Kinder hatte. 1526–1530 stritt Luther mit H. Zwingli und anderen oberdeutschen Reformatoren über die Frage der Realpräsenz Christi (*Vom Abendmahl Christi. Bekenntnis* [WA 26,261–509]). 1529 veröffentlichte Luther den Kleinen und Großen Katechismus. Beide Texte sind für Luthers Verhältnisse bemerkenswert unpolemisch, und letzterer kann »in gewisser Weise als Ersatz für eine von Luther nicht geschriebene Dogmatik gelten« (Lohse 1997, 154). Ab den 1530ern war Luther häufig krank. Er verfasste – auch befeuert von seinem apokalyptischen Zeitverständnis – einige sehr scharfe Schriften gegen die Juden und das Papsttum. Am 18. Februar 1546 starb Martin Luther in Eisleben und wurde in Wittenberg begraben (zu Leben und Werk Luthers knapp Schwarz 2002, umfassend Lohse 1997).

2. Zum Werk

2.1 Zur Verortung des Werkes

Die Tradition versteht unter dem Begriff des ›Katechismus‹ dreierlei: Den Vorgang des (Tauf-)Unterrichts, den dabei behandelten Stoff und schließlich das Buch selbst. Die christliche Gemeinde kannte seit ihren Anfängen einen auf die Erwachsenentaufe vorbereitenden Unterricht. Nachdem sich ab dem 4. Jh. die Kindertaufe durchzusetzen begann, wurden anstelle der Kinder die Paten mit dem Auftrag unterrichtet, das Gelernte später an die Kinder weiterzugeben. Dieses Gelernte, der Stoff, bestand seither aus dem Taufsymbol, dem Vaterunser und dem Doppelgebot der Liebe. Nachdem durch das 4. Laterankonzil 1215 die Beichtpraxis allgemein verpflichtend wurde, kam häufig der Dekalog als Katechismusstoff hinzu. Ab dem 15. Jh. beschränkte man sich vornehmlich auf Credo, Vaterunser, Dekalog und Ave Maria. 1528 wurde erstmals ein Buch explizit als ›Katechismus‹ bezeichnet. Mit Luthers Katechismen setzte sich der Begriff allgemein durch (zur Geschichte des Katechismus: Fraas 1988 und Peters 1990, 15–17).

Luther steht mit seinen Katechismen somit in einer langen kirchlichen Tradition. Er kennt dabei alle drei Bedeutungen des Wortes. Gerade die erste – Katechismus als Elementarunterricht – ist für Luther die entscheidende. So schreibt er in der *Vorrede zur Deutschen Messe* als seiner ersten öffentlichen Verwendung des Wortes: »Katechismus heißt ein Unterricht, damit man die Heiden, so Christen werden wollen, lehret und weiset was sie gläuben, tun, lassen und wissen sollen im Christentum.« (WA 19,76,2) Dafür verwendet Luther den Stoff, den auch die Tradition verwendete, allerdings ohne das Ave Maria: Die drei Hauptstücke Dekalog, Credo, Vaterunser sowie – spätestens ab 1525 – Texte zu Taufe und Abendmahl. Wie wir sehen werden, arbeitet Luther den traditionellen Stoff aber so durch, dass sein Katechismus ein Glanzstück evangelischer Theologie wird. Entsprechend hielt Luther seine Katechismen neben *De servo arbitrio* für seine gelungenste Schrift (WAB 8,99,7f).

Bereits ab 1516 hielt Luther Reihenpredigten über den Dekalog und legte 1517 das Vaterunser erstmals aus. 1520 erschien eine Schrift, die alle drei Hauptstücke zusammenführte: »Eine kurze Form der Zehn Gebote, eine kurze Form des Glaubens, eine kurze Form des Vaterunsers« (WA 7,204–229). In der Fastenzeit 1523 und im Jahr 1528 hielt Luther Reihenpredigten zum Katechismus. Als Visitationsreisen zu Gemeinden in Kursachsen zeigten, dass normale Christen wenig von ihrem Glauben wissen und dass die Pastoren keine guten Lehrer sind, verfasste er unter Aufnahme seiner Katechismuspredigten zunächst den Großen Katechismus (abgek. GK) und dann den Kleinen Katechismus (abgek. KK). Der KK ist nicht als Auszug aus dem GK, sondern als »programmatische Grundschrift« (Wenz 1996, 248) zu verstehen. Er ist wie dieser aufgebaut, allerdings um zwei Gebetstafeln und eine Haustafel erweitert. Anfang Januar 1529 erschien zuerst der KK auf Tafeldrucken, die in Schulen und Kirchen aufgestellt werden sollten, dann, im April 1529, der GK in Buchform. Beide sind gleichermaßen für die Predigt- und Unterrichtsvorbereitung der Pastoren wie für die Vertiefung der Frömmigkeit der Laien und Hausväter gedacht, der GK vornehmlich für Pastoren, der KK vornehmlich für Laien (Vorreden der beiden Katechismen: BSLK 501,4–507,21;

545,2–553,24; zur Entstehung von Luthers Katechismen: Wenz 1996, 243–249).

2.2 Zur formalen Dimension des GK

2.2.1 Zum Aufbau des GK

Der Aufbau der drei Hauptstücke Dekalog – Credo – Vaterunser wird seit längerem kontrovers beurteilt. Die eine, ›katechetische‹ Lesart betont, dass jedes der Hauptstücke exemplarisch das Ganze aus bestimmter Perspektive betrachtet. Die verschiedenen Hauptstücke würden sich so wechselseitig beleuchten, ihre Reihenfolge wäre aber nicht als streng systematische zu verstehen. Dagegen sieht die ›dogmatische‹ Lesart die Reihenfolge der Hauptteile als notwendig an, da sie den trinitarisch-heilsgeschichtlichen Weg vom Gesetz (Dekalog) über das Heil in Christus (Credo) zur Liebesgemeinschaft im Geist (Vaterunser sowie Taufe und Abendmahl) beschreibt. Wir folgen der dogmatischen Lesart, da Luther immer dann, wenn er die drei Hauptstücke gemeinsam behandelte, diese Reihenfolge einhielt. Zudem hat Luther bereits in der *Kurzen Form* den näheren systematischen Sinn dieser Reihenfolge erläutert, den er im GK in den Zwischentexten, welche die Hauptstücke verbinden, wie folgt expliziert. Der Dekalog legt dar, was Gott dem Menschen zu tun gebietet: Vor allem soll der Mensch an Gott glauben. Allerdings kann »kein Mensch es so weit bringen, auch nur eines von den zehn Geboten so zu halten, wie es zu halten ist« (BSLK 640,39–41), und es ist gerade Aufgabe des Dekalogs, den Menschen zur Einsicht seiner Unfähigkeit zu führen. Das Credo zeigt, woher die Kraft zur Gebotserfüllung kommt, es »legt uns alles vor, was wir von Gott erwarten und empfangen müssen, lehrt uns, kurz gesagt, ihn ganz und gar erkennen. Dies aber soll eben dazu dienen, dass wir das tun können, was wir gemäß der zehn Gebote tun sollen.« (BSLK 646,7–12). Das Vaterunser zeigt schließlich, wie der Mensch des im Credo ausgeführten, trinitarischen Sich-Gebens Gottes im Gebet teilhaftig wird.

Auch wenn wir uns an der ›dogmatischen‹ Lesart orientieren, ist der ›katechetischen‹ Lesart doch ein relatives Recht nicht abzusprechen. Denn der Fortschritt vom ersten über das zweite zum dritten Hauptstück macht den Inhalt des ersten Hauptstückes keineswegs obsolet. Vielmehr gilt, dass die Grundfrage Luthers im GK lautet, wie der Mensch den im Dekalog dargelegten guten Willen Gottes erfüllen kann. Credo und Vaterunser beschreiben die Wege, auf denen Gott uns hilft, »Lust und Liebe zu allen Geboten Gottes« (BSLK 661,36f) zu bekommen und ihnen so glaubend zu entsprechen. Diese Feststellung ist gerade angesichts der damaligen Debattenlage innerhalb des reformatorischen Lagers von Bedeutung. Denn während antinomische Stimmen die Auffassung vertraten, dass das Gesetz für den Christen abgetan ist, betonte Luther, dass das Christenleben in der rechten Erfüllung des Dekalogs besteht. Entsprechend ist Luthers Auslegung durch zwei Perspektiven geprägt: Einerseits führt das Gesetz zur Erkenntnis der eigenen Sündigkeit (*usus elenchthicus*). Andererseits – und vor allem im GK – entwickelt Luther in der Dekalogauslegung die Grundzüge einer christlichen Ethik (*usus evangelii* oder *usus adhortativus*; Herms 1987, 89–91). Damit aber wird eine zusätzliche Dimension an der Zuordnung der drei Hauptteile sichtbar: Geht sie vom Dekalog über das Credo zum Vaterunser, so mündet das Vaterunser wiederum in den Dekalog ein, den der durch den Geist und das Gebet gestärkte Christ nun erfüllen kann. Da er aber zugleich beständig Sünder bleibt (*simul iustus et peccator*), wird er wiederum an das Credo und das Vaterunser verwiesen, so dass die drei Hauptstücke in dieser Hinsicht eine Kreisstruktur aufweisen. Entsprechend empfiehlt Luther die Katechismen zu täglicher Lektüre (BSLK 547,29–548,6; 557,5–26; zur Debatte um den Aufbau des GK: Wenz 1996, 253–261 sowie Peters 1976).

2.2.2 Aspekte der Anthropologie des GK
Zur Verdeutlichung von Luthers Anliegen soll nun ein Blick auf die Anthropologie des GKs geworfen werden. Dies geschieht durch eine genauere Betrachtung des Beginns der Auslegung des Ersten Gebotes (BSLK 560,5–24):

»Du sollst nicht andere Götter haben neben mir. Das heißt: Du sollst mich allein für deinen Gott halten. Was ist damit gesagt und wie ist es zu verstehen? Was heißt ›einen Gott haben‹, bzw. was ist ›Gott‹? Antwort: Ein ›Gott‹ heißt etwas, von dem man alles Gute erhoffen und zu dem man in allen Nöten seine Zuflucht nehmen soll. ›Einen Gott haben‹ heißt also nichts anderes, als ihm von Herzen vertrauen und glauben; wie ich oft gesagt habe, daß allein das Vertrauen und Glauben des Herzen etwas sowohl zu Gott als zu einem Abgott macht. Ist der Glaube und das Vertrauen recht, so ist auch dein Gott recht, und umgekehrt, wo das Vertrauen falsch und unrecht ist, da ist auch der rechte Gott nicht. Denn die zwei gehören zuhauf, Glaube und Gott. Woran du nun, sage ich, dein Herz hängst und [worauf du dich] verlässest, das ist eigentlich dein Gott.«

Das Zitat macht deutlich: Der Mensch ist ein Beziehungswesen. Sein Innerstes, sein Personzentrum – Luther nennt es hier ›Herz‹ und an anderen Stellen ›Gewissen‹ – ist dadurch gekennzeichnet, dass es nicht in sich ruht, sondern in Beziehung zu einer letzten, externen Instanz steht. Diese kann der wahre Gott sein oder aber ein Abgott, ein Götze. Laut Luther hat jeder Mensch einen Gott oder Abgott, denn jeder Mensch hängt sein Herz an irgendetwas, dem er vertraut und von dem er Hilfe in jeder Not erwartet. Der Mensch ist als Beziehungswesen ein glaubendes Wesen. Diese theologische Aussage gilt, auch wenn viele Menschen den Gegenstand ihres Vertrauens nicht selbst als (Ab-)Gott bezeichnen würden. In der weiteren Auslegung des Ersten Gebotes macht Luther deutlich, dass unter einem Abgott weltliche Gegenstände zu verstehen sind. Es geht also entweder um die Vergötterung des eigenen Ichs und der eigenen Werke oder aber um Geld, Klugheit, Bildung und Beliebtheit: »Wer Geld und Gut hat, der weiß sich in Sicherheit, ist fröhlich und unerschrocken, als sitze er mitten im Paradies.« (BSLK 561,17–19)

Der Mensch ist aber nicht nur strukturell religiös, sondern auch Teil eines Kampfgeschehens, bei dem es keinen neutralen Boden gibt. Der Mensch kann nicht irgendwo zwischen Glauben und Unglauben stehen, vielmehr steht er entweder im Glauben (wenn sein Herz am wahren Gott hängt) oder im Unglauben (wenn sein Herz an einem Abgott hängt). Die Grundsituation des Menschen ist somit soteriologisch aufgeladen. Noch genauer: Unter den Bedingungen des Sündenfalls kann der Mensch von sich aus sein Herz nur an einen Abgott hängen, nicht aber an Gott selbst. Der gefallene Mensch hat selbst nicht die Kraft, sich Gott zuzuwenden. Anders als in den verschiedenen Spielarten des Rationalismus meint Luther somit, dass der Mensch sein Personzentrum (sein ›Herz‹ und, davon beeinflusst, seinen Willen) nicht durch seine Vernunft dazu bewegen kann, sich an Gott zu hängen: In Bezug auf Gott (*coram Deo*) ist das Vermögen des menschlichen Willens unfrei (*servum arbitrium*). Allein Gott kann durch sein Wort den Menschen dazu bewegen, sein Herz und damit auch seinen Willen an Gott zu hängen. Dazu ist das Verheißungswort Gottes (*promissio*) als performatives Wort vonnöten, das vollbringt, was es ansagt. Die Vernunft sowie die von ihr beeinflussten Handlungen werden dann von der jeweiligen Ausrichtung von Herz und Willen in Dienst genommen.

Daraus folgt eine weitere Beobachtung, die schon auf Luthers Theologiebegriff verweist. Wenn Luther schreibt, dass »allein das Vertrauen und Glauben des Herzens [...] Gott macht«, so meint das nicht in Vorwegnahme Feuerbachs, dass unser Glaube Gott schafft. Vielmehr ist es Gott selbst, der es uns ermöglicht, dasjenige Vertrauen zu haben, das die rechte Gottesbeziehung ist; insofern ist es Gott selbst, der ›Gott macht‹. Anders als in verschiedenen Ansätzen gerade neuzeitlicher Theologie kommt Gott, die Quelle des Vertrauens, im GK dabei nicht ›an sich‹ in der Perspektive theoretischer Vernunft zur Sprache, sondern allein in der Perspektive praktischer Vernunft. Daher gilt, dass ›Glaube und Gott zuhauf‹ gehören; Theologie ist für Luther eine praktische Wissenschaft mit weisheitlichen Elementen (Bayer 1994, 49–55). Es liegt nicht im Interesse der Theologie Luthers, gegenüber dem Einwand Feuerbachs diejenige Sicherheit zu erlangen, die ein in der Perspektive theoretischer Vernunft entworfener Gottesbeweis bieten würde, da damit von den Lebensvollzügen des Glaubens abstrahiert würde. Stattdessen beschreibt der GK innerhalb der Perspektive des Glaubens, wie Gott selbst es uns ermöglicht, das ihm als Gott gemäße Vertrauen zu erlangen: Dass wir Gott ganz vertrauen sollen, sagt der Dekalog. Wo wir die Kraft dazu finden, expliziert das Credo, und wie wir sie uns aneignen, das Vaterunser. Der Aufbau des GK (siehe 2.2.1) reagiert somit auf die in der Auslegung des Ersten Gebotes angedeutete Grundsituation des Menschen nach dem Fall und wird von dieser her weiter erhellt (zu Luthers Auslegung des Ersten Gebotes Ebeling 1969, zur Anthropologie Härle 2008).

2.2.3 Zum Theologiebegriff des GK

Aus dem bisher Gesagten lassen sich weitere Dimensionen von Luthers Theologiebegriff entwickeln. Der Gegenstand der Theologie (das *subiectum theologiae*) ist »der schuldige und verlorene Mensch und der rechtfertigende und rettende Gott« (WA 40 II,328,1f). Luther organisiert seinen Theologiebegriff somit weder ausschließlich von Gott her noch ausschließlich vom Menschen, sondern bedenkt beide sogleich in ihrer Bezogenheit, und diese unter den Bedingungen des Falls. Zentrale Aufgabe der Theologie ist es, in dieser Bezogenheit auf das Einhalten rechter Unterscheidungen zu achten, genauer: darauf zu achten, dass die Aufgabe Gottes (*opus Dei*) von der Aufgabe des Menschen (*opus hominum*) unterschieden ist. Die Sündigkeit des Menschen besteht darin, diese Unterscheidung zu verschleifen. Denn der gefallene Mensch hängt sein Herz an einen Abgott und will so sich selbst Heil schenken durch eigene Werke oder andere weltliche Größen.

Die zweite berühmte Definition der Theologie lautet: »Wer aber Gesetz und Evangelium recht zu unterscheiden weiß, der danke Gott und wisse, dass er ein Theologe ist.« (WA 40 I,207,17f). Luther kann dasjenige, was der Mensch tun soll, durch das Wort ›Gesetz‹ bezeichnen, und dasjenige, was Gott für uns tut, damit wir tun können, was wir tun sollen, als ›Evangelium‹. Damit reformuliert die zweite Definition die zentrale Aufgabe der Theologie, und der GK ist gerade darin ein ausgezeichnetes Stück reformatorischer Theologie, dass er Gesetz und Evangelium angemessen unterscheidet: Der Dekalog markiert das Gesetz, Credo und Vaterunser das Evangelium (BSLK 661,23–25).

Während eine zentrale Aufgabe der Theologie nach Luther die Einübung rechter Unterscheidungen ist, unterläuft sein Theologiebegriff zugleich bestimmte Trennungen, die für breite Strömungen des neuzeitlichen Verständnisses von Theologie prägend sind. So unterläuft der GK die Trennung von professioneller Theologie und solcher für Laien, da er sich an beide richtet. Zudem unterläuft er die Trennung von Dogmatik und Ethik. Denn durch den GK wird beschrieben, wie das Innerste des Menschen durch die Präsenz Christi im Geist geformt wird. Zugleich wird der Mensch in eine Sozialethik eingewiesen und mitten in die Weltgeschichte hineingestellt, die laut Luther der öffentliche Kampf des Wortes Gottes gegen den Teufel ist. Schließlich unterläuft der GK die Trennung von Schrift- und Erfahrungstheologie. Zwar ist Theologie für Luther wesentlich Schriftauslegung, und die Katechismen sind entsprechend ein »kurzer Auszug und Abriss der ganzen Heiligen Schrift« (BSLK 552,32f). Dort ordnet sich auch die Unterscheidung von Gesetz und Evangelium ein, da Luther diese Unterscheidung als das sachliche Zentrum der ganzen Schrift ansieht. Zugleich aber wird die Schriftauslegung in dreifacher Weise auf Erfahrung bezogen. Erstens werden manche Schriftaussagen durch Erfahrung gestützt. So ist allgemein bekannt, dass derjenige unglücklich wird, der sein Herz an Geld hängt (BSLK 570,45–571,22). Zweitens wird durch die Schriftauslegung allererst die Wahrheit mancher Erfahrungen sichtbar, denn es gehört zur Sündigkeit des Menschen, dass er nicht um seine Sündigkeit weiß. Erst das Gesetz deckt diese auf und führt zur inneren Aneignung dieser Einsicht. Drittens gibt es ein Gegeneinander von Schriftauslegung und Erfahrung, die als Anfechtung erlitten wird und für den Theologen von großer Bedeutung ist. Von der Schrift herkommend macht er Welterfahrungen, die dem in der Schrift vermittelten Heilswillen Gottes widersprechen und somit die Einheit des Wortes Gottes bedrohen. Diese Erfahrungen führen zu erneuter, nun vertiefter Schriftauslegung, welche wiederum zu neuer Erfahrung führt etc., so dass Luther in Bezug auf diese von der Schrift herkommende und auf sie hinführende Erfahrung sagen kann: »Allein die Erfahrung macht den Theologen« (WA TR 1,16,13). Im Folgenden werden wichtige Inhalte des GKs unter Rückgriff auf das eben Entwickelte und anhand einer Auslegung zentraler Aspekte seiner drei Hauptstücke sowie anhand eines Ausblicks auf Luthers Ausführungen zu Taufe, Abendmahl und Beichte rekonstruiert (zu Luthers Theologiebegriff: Bayer 1994, 35–126; Ebeling 1995 sowie Beutel 2005a,b,c).

2.3 Inhalt

Luther versteht den Dekalog nicht als spezifisch jüdisches Gebot, sondern als die Ausformulierung jenes Naturgesetzes (*lex naturalis*), das allen Menschen ins Herz geschrieben ist (BSLK 661,25f). In dieser Hinsicht ist der Dekalog durch nichts zu überbieten und stellt eine Ausformulierung des Doppelgebotes der Liebe dar. Allerdings wird der Dekalog durch den Fall verunklart. Erst von Jesus Christus her wird er wieder vollständig les- und erfüllbar und entsprechend auch von diesem her ausgelegt.

In Aufnahme augustinisch-mittelalterlicher Traditionen ordnet Luther das Bilderverbot in das Erste Gebot ein, da dieses wie jenes Abgötterei verbietet (BSLK 564,19–28). Die erste Tafel des Dekaloges umfasst daher neben dem Ersten Gebot das Gebot der Namens- und Sabbatheiligung und regelt das Gottesverhältnis des Menschen. Die zweite Tafel umfasst die restlichen sieben Gebote und regelt das Verhältnis des Menschen zu seinem Nächsten. Dabei sind beide Dimensionen »die konstitutiven Elemente eines ursprünglich einheitlichen Relationengefüges« (Herms 1990, 8), da gerade die Gottesbeziehung den Menschen darauf verpflichtet, in der Welt dem Nächsten zu dienen.

Das entscheidende Strukturprinzip des Dekalogs ist somit die Zentralstellung des Ersten Gebotes, da alle anderen Gebote aus dem Ersten folgen, von ihm geprägt sind und wieder auf es hinführen (BSLK 642,45–644,22). So fordert das Erste Gebot den Glauben als die vertrauensvolle Ganzhingabe des Menschen. Daher sind alle Gebote erfüllt, wenn das Erste erfüllt ist, so dass in ihm die Einheit des Dekalogs garantiert ist. Das Zweite Gebot begründet die Vielzahl der Gebote, da es die Ganzhingabe unter den Bedingungen leibhaften Personseins expliziert. Leibhafte Personen sind durch Sprache und Gemeinschaft geprägt, so dass sie Gott durch Namensheiligung und gemeinschaftliche Feier am Sabbat dienen (Zweites und Drittes Gebot). Schließlich leben sie in der Welt und sollen auch dort Gott entsprechend leben (2. Tafel).

Die vom Ersten Gebot geforderte Ganzhingabe wird von Luther nun in dreifacher Hinsicht verdeutlicht. Zum einen formulieren alle Gebote nicht nur Ver-, sondern auch Gebote. So wird etwa das Verbot des Namensmissbrauches im Zweiten Gebot ergänzt durch die Aufforderung, Gottes Namen recht zu gebrauchen, indem man angemessen von Gott lehrt und ihn in aller Not anruft. Sodann erweitert Luther den inhaltlichen Umfang des in den Geboten Geforderten sowohl in Richtung auf die ganze Welt wie auf das eigene Innere. Im Vierten Gebot bspw. wird der Elterngehorsam auf andere Sozialbeziehungen ausgeweitet (Herr/Knecht; Obrigkeit/Untertan). Die Verinnerlichung wird dagegen am Fünften Gebot besonders deutlich, das schon im Zürnen des Herzens eine Gebotsübertretung sieht. Schließlich werden die Einzelbestimmungen der neun anderen Gebote beständig vom Ersten Gebot her relativiert. So wird etwa zum Gebot des Elternehrens hinzugefügt, dass man im Konfliktfall Gott mehr gehorchen muss als den Menschen (zum Dekalog: Herms 1990; Wenz 1996, 263–286 sowie Peters 1990).

Mit folgenden zwei Fragen leitet Luther nun zum Credo über: Wer ist dieser Gott, der Glaubensgehorsam fordert, wer ist also der Gegenstand des Glaubens? Und: Was ist der Grund des Glaubens? In der Beantwortung der ersten Frage trennen sich Christen von Nicht-Christen. Während die Nicht-Christen davon wissen mögen, dass ein Gott ist, wissen erst die Christen, dass er gegen die Menschen gut gesinnt ist: »Denn hier, in allen drei Artikeln, hat er den tiefsten Abgrund seines väterlichen Herzens und seiner ganz unaussprechlichen Liebe selbst geoffenbart und aufgetan.« (BSLK 660,28–32). Die zweite Frage nimmt die durch den Dekalog gewirkte Einsicht auf, dass kein Mensch auch nur eines der Gebote erfüllen kann (BSLK 640,39–41). Es gilt also zu klären, woher die Kraft der Gebotserfüllung kommt: Was ist der Grund des Glaubens? Die Pointe des Credos besteht darin, dass der dreieinige Gott als der Gegenstand des Glaubens zugleich der Grund des Glaubens ist. Der dreieinige Gott gibt sich aufgrund seines Wesens als Liebe so für uns, dass er den Glauben erweckt und wir so in rechter Beziehung zu ihm stehen. Darauf zielen alle drei Artikel ab, der zur Schöpfung ebenso wie der zur Versöhnung und Erlösung.

»Denn er hat uns eben dazu geschaffen, um uns zu erlösen und zu heiligen, und außer dem, was er uns alles gegeben und eingeräumt hatte, was im Himmel und auf Erden ist, hat er uns auch noch seinen Sohn und seinen Heiligen Geist gegeben, um uns durch sie zu sich zu bringen.« (BSLK 660, 32–38).

Anders als in der bisherigen Tradition teilt Luther das Credo nicht in 12 Teile gemäß der 12 Apostel ein, sondern richtet es inhaltlich am glaubenswirkenden Heilshandeln des dreieinigen Gottes aus und unterteilt es gemäß der drei Personen in drei Artikel (BSLK 646,35–647,19). Der erste Artikel wird so vornehmlich Gott dem Vater zugeschrieben und betont, dass dieser der schaffende und erhaltende Schöpfer, der Mensch aber Geschöpf ist. Die Betonung der Differenz zwischen Schöpfer und Geschöpf wird durch die Vatergüte Gottes qualifiziert, die sich darin zeigt, dass alle Welt als »mir zu Nutz und Notdurft dienend« (BSLK 648,19f) bestimmt wird. Aufgabe des Menschen ist es, Gott dafür zu danken und zu dienen. Die Näherbestimmung des Dienens erfolgt im Dekalog, so dass der Dekalog seinen heilsgeschichtlichen Ort im ersten Artikel des Credos hat. Aufgrund des Falls sündigt der Mensch aber, indem er so lebt, als habe er sich alles selbst gegeben. Oder, mit Luther gesprochen: Der Mensch wird vom Teufel beherrscht.

Der zweite Artikel stellt als Mittelpunkt des Credos zugleich das Zentrum des gesamten Katechismus dar, weil er Jesus Christus als denjenigen präsentiert, der von der Macht des Teufels befreit. Dies geschieht, indem es zu einem Herrschaftswechsel kommt: Gott gibt sich als Gott der Sohn selbst so, dass nicht mehr der Teufel, sondern Jesus Christus »mein Herr« (BSLK 651,33) ist. Luther bindet alle anderen Aussagen des zweiten Artikels wie die wahre Gottheit Christi, die Jungfrauengeburt, Kreuzigung etc. – und damit auch alle altkirchlichen ontologischen Aussagen über Jesus Christus – zurück an diese soteriologischen Zentralbestimmungen. Damit versteht er sie als die Explikationen der Art und Weise, wie Christus des Menschen Herr wird.

Das Herrsein Christi vollendet sich im Wirken des Heiligen Geistes, der im dritten Artikel beschrieben wird. Der Heilige Geist ist darin heilig, dass er Menschen heilig macht. Auch hier gelten die weiteren Bestimmungen des dritten Artikels als Explikationen der

Art und Weise, wie sich dieses ereignet. So führt der Geist den Menschen in die Kirche und also zur Verkündigung hin und lässt ihm diese als für ihn wahr einleuchten. Dadurch kommt es zur Sündenvergebung als dem Übergang vom Tod zum Leben, die die »Grundsignatur der Gesamtexistenz« (Herms 1987, 112) des Christen ist und eine doppelte Dimension hat: Gott vergibt den Menschen ihre Sünden, und so können Menschen einander vergeben. Der Christ ist zum einen dadurch gekennzeichnet, dass er weiterhin sündigt, ohne dass ihn die Sünden nun allerdings noch verdammen würden. Zum anderen nimmt seine Heiligung auch jeweils zu, da das geistgewirkte Rechtfertigungswort einen effektiven Aspekt hat und nicht nur Gerechtsprechung, sondern auch Gerechtmachung bewirkt. Durch das so zu fassende Wirken des dreieinigen Gottes wird somit Glaube gewirkt und der Dekalog erfüllt: Gott ist Grund und Gegenstand des Glaubens (zum Credo siehe Herms 1987, Wenz 1996, 286–322 sowie Peters 1991).

Allerdings ist der Zuwachs an Heiligkeit vor dem Tod nicht abgeschlossen, und das Vaterunser beschreibt die rechte Haltung des Menschen in diesem bleibenden Kampfgeschehen. Gott sorgt mit Drohung und Verheißung dafür, dass wir darum bitten, dass das an sich bereits existierende Reich Gottes auch zu uns komme (BSLK 673,8–23). Dadurch bringt das Gebet durch den Geist mit sich, worum es bittet. Denn das Vaterunser führt als Not- und Bittgebet den Menschen in eine glaubende Haltung ein, die ihn alles von Gott empfangen lehrt. Gerade darin erfüllt es exemplarisch das Erste Gebot. Die Inhalte, um die gebeten wird, entsprechen daher den Inhalten des Dekalogs und des Credo. Sie sind in der siebten Bitte, der Bitte um die Erlösung von dem Bösen, zusammengefasst. Diese vereint das in den ersten drei Bitten geäußerte Verlangen nach der rechten Gottesbeziehung und das in den zweiten drei Bitten geäußerte Verlangen nach gelingenden Weltbeziehungen in sich. Damit vollzieht das Vaterunser von sich aus den Übergang zum Dekalog, dessen Erfüllung es zugleich ist (zum Vaterunser Wenz 1996, 322–347, Peters 1993 und Nicolaus 2005).

Der GK endet mit Überlegungen zu Taufe, Abendmahl und Beichte. Zum Verständnis der beiden Sakramente (Taufe und Abendmahl) bestimmt Luther jeweils deren Wesen, ihren Nutzen und den Kreis der Empfänger. Im Anschluss an Augustin fasst er das Wesen des Sakraments als die Verbindung von Gottes Wort mit einem stofflichen Element. Gegenüber den innerreformatorischen Gegnern betont Luther, dass Gott an uns als leibseelischen Wesen immer vermittels äußerer Ordnungen wirkt: Innen und Außen werden bei ihm als wesentlich vermittelt gedacht. Deswegen betont er auch die Realpräsenz Christi im Abendmahl. Der Nutzen der Sakramente besteht in der Sündenvergebung. Während die Taufe in das neue Leben einführt, hilft das Abendmahl, darin zu bleiben. Da das Sakrament aufgrund von Gottes Wort, nicht aber aufgrund menschlicher Werke oder Würdigkeit gültig ist, soll es gerade von denen empfangen werden, die um ihre Sündigkeit wissen. Die Beichte ist zwar kein Sakrament, soll aber vom Christen freiwillig vollzogen werden, denn sie ist Ausdruck des »christlichen Wesens« (BSLK 727,39), um Sündenvergebung zu bitten und diese im Absolutionswort zugesprochen zu bekommen.

3. Zur Wirkung

Die Katechismen und gerade der KK waren Luthers mit Abstand erfolgreichste Schriften. Der KK wurde noch im 16. Jh. in fast alle wichtigen europäischen Sprachen übersetzt und galt Generationen von Menschen als Elementarbuch, an dem sie allererst lesen und schreiben lernten. Ganz im Sinne Luthers regten Luthers Katechismen zugleich Brenz, Melanchthon und andere zum Verfassen von Katechismen an. Aus pädagogischen Gründen, aber auch wegen innerlutherischer Streitigkeiten sowie der Konsolidierung gegenüber dem Katholizismus stieg die Bedeutung von Luthers Katechismen. Schließlich wurden sie 1580 in das Konkordienbuch aufgenommen und erhielten damit den Rang einer Bekenntnisschrift, der auch kirchenrechtliche Autorität zukam. Aus Luthers Katechismen, die Luther als Exempel verstanden hatte, wurde so eine Norm, die selbst erklärungsbedürftig war. So kam es zum einen zu Auslegungen der Katechismen, zum anderen zu Bemühungen, den Katechismusstoff zu einer umfassenden Dogmatik in quasi-scholastischer Gestalt zu vervollständigen.

Im Pietismus wurden die Katechismen vor allem unter den Aspekten des Trostes und der Ermahnung gelesen. Man kürzte den überlieferten Stoff nicht, erweiterte ihn aber jeweils um entsprechende Anliegen. Erst in der Aufklärungszeit unternahm man auch den Versuch, neue Katechismen zu schreiben, entweder im Anschluss an Luther oder völlig frei. Das Wiedererwachen des konfessionellen Bewusstseins zu Beginn des 19. Jh.s rückte die Katechismen erneut ins Zentrum der Aufmerksamkeit, und man verstand sie nun betont als Bekenntnisbuch. Die in diesem Rahmen beginnenden historischen Untersuchungen zu den Katechismen erfuhren ihren Höhepunkt im Jubiläumsjahr 1929. Während des Kirchenkampfes wurden die Katechismen als praktisches Lehrbuch für Familie und Gemeinde wiederentdeckt. Nach dem Zweiten Weltkrieg wurden sie bis in die 1960er Jahre hinein in Schule und Gemeinde vor allem als normativer Lehrtext behandelt; wichtig war dafür auch die 1954 erfolgte Neuherausgabe der Katechismen durch VELKD und EKU. Mit angeregt durch die Öffnung der Theologie zu den empirischen Wissenschaften wurde 1965–1975 der eigenständigen Aneignung der Katechismen große Aufmerksamkeit geschenkt, ehe in den letzten Jahren das Bemühen um eine Balance zwischen Vermittlung der Tradition und ihrer situativen Aneignung deutlich wird (zur Wirkungsgeschichte kürzer Fraas 1988 und Grünberg 1988; umfassend Fraas 1971).

4. Literaturhinweise

Zitierte Quelle:
M. Luther, Der Große Katechismus, in: Die Bekenntnisschriften der evangelisch-lutherischen Kirche, hg. v. VELKD, Göttingen [12]1998, 541–733 (abgek. GK). Um den Gebrauch für die Leser zu erleichtern, werden die Zitate in der sprachlich geglätteten Version präsentiert, die Unser Glaube. Die Bekenntnisschriften der evangelisch-lutherischen Kirche. Ausgabe für die Gemeinde, Gütersloh 1986, bietet.

Zum Einstieg empfohlen:
Die Auslegung des Ersten Gebotes im GK (BSLK 560,5–572,14).

Literaturhinweise:
Peters 1976; Herms 1987; 1990; Wenz 1996, 231–347.

5. Verwendete Literatur

O. *Bayer,* Theologie (HSB 1), Gütersloh 1994.
A. *Beutel,* Theologie als Schriftauslegung, in: Ders. (Hg.), Luther Handbuch, Tübingen 2005, 444–450 (= Beutel 2005a).
–: Theologie als Unterscheidungslehre, in: Ders. (Hg.), Luther Handbuch, Tübingen 2005, 450–454 (= Beutel 2005b).
–: Theologie als Erfahrungswissenschaft, in: Ders. (Hg.), Luther Handbuch, Tübingen 2005, 454–459 (= Beutel 2005c).
G. *Ebeling,* Das rechte Unterscheiden. Luthers Anleitung zu theologischer Urteilskraft, in: Ders., Theologie in den Gegensätzen des Lebens. Wort und Glaube, Bd. 4, Tübingen 1994, 420–459.
–: »Was heißt ein Gott haben oder was ist Gott?«. Bemerkungen zu Luthers Auslegung des ersten Gebots im Großen Katechismus, in: Ders., Wort und Glaube. Zweiter Band: Beiträge zur Fundamentaltheologie und zur Lehre von Gott, Tübingen 1969, 287–305.
H.-J. *Fraas,* Katechismustradition. Luthers Kleiner Katechismus in Kirche und Schule, Göttingen 1971.
–: Art. Katechismus. I/1 Historisch (bis 1945), TRE 17, Berlin 1988, 710–722.
W. *Grünberg,* Art. Katechismus. I/2 Gegenwart, TRE 17, Berlin 1988, 723–728.
W. *Härle,* »Hominem iustificari fide«. Grundzüge der reformatorischen Anthropologe, in: E. Herms, u.a. (Hg.), Grund und Gegenstand des Glaubens nach römisch-katholischer und evangelisch-lutherischer Lehre. Theologische Studien, Tübingen 2008, 338–358.
E. *Herms,* Die Bedeutung des Gesetzes für die lutherische Sozialethik, in: Ders., Erfahrbare Kirche. Beiträge zur Ekklesiologie, Tübingen 1990, 1–25.
–: Luthers Auslegung des Dritten Artikels, Tübingen 1987.
B. *Lohse* (Hg.), Der Durchbruch der reformatorischen Erkenntnis bei Luther, Darmstadt 1968.
–: (Hg.), Der Durchbruch der reformatorischen Erkenntnis bei Luther. Neuere Untersuchungen, Darmstadt 1988.
–: Martin Luther. Eine Einführung in sein Leben und sein Werk, München ³1997.
M. *Luther,* Werke. Kritische Gesamtausgabe, 120 Bde., Weimar 1883ff. (= WA)

G. *Nicolaus*, Die pragmatische Theologie des Vaterunsers und ihre Rekonstruktion durch Martin Luther, Leipzig 2005.

A. *Peters*, Die Theologie der Katechismen Luthers anhand der Zuordnung ihrer Hauptstücke, in: LuJ 43 (1976), 7–35.

–: Die Zehn Gebote. Luthers Vorreden (Kommentar zu Luthers Katechismen 1), Göttingen 1990.

–: Der Glaube. Das Apostolikum (Kommentar zu Luthers Katechismen 2), Göttingen 1991.

–: Die Taufe. Das Abendmahl (Kommentar zu Luthers Katechismen 3), Göttingen 1993.

R. *Schwarz*, Art. Luther. 1. Leben und Schriften, RGG[4] 5, Tübingen 2002, 558–572.

G. *Wenz*, Theologie der Bekenntnisschriften der evangelisch-lutherischen Kirche. Eine historische und systematische Einführung in das Konkordienbuch, Bd. 1, Berlin 1996.

Matthias A. Deuschle

Johannes Calvin: Institutio Christianae Religionis

1. Zur Person

Johannes Calvin wurde am 10. Juli 1509 in Noyon, einer Bischofsstadt 90 km nordwestlich von Paris, geboren und starb 1564 in Genf. Bereits diese wenigen Eckdaten verraten eine Menge über Calvins Stellung in seiner Zeit: Als Luther seine Ablassthesen publizierte, war Calvin gerade einmal acht Jahre alt, und Zwingli war bereits vier Jahre tot, als Calvin mit seiner ersten theologischen Schrift an die Öffentlichkeit trat. Calvin war somit Reformator der zweiten Generation, und sein Werk ist nicht zuletzt von den Erkenntnissen seiner Vorgänger geprägt. Calvin hat bis auf wenige Jahre stets im französischen Sprachraum gelebt. Es gibt keine Hinweise darauf, dass er Deutsch verstanden hätte (Neuser 1986, 36). Das deutschsprachige reformatorische Schrifttum hat er, wenn überhaupt, nur in Übersetzungen kennen gelernt. Mit 25 Jahren verließ Calvin sein Heimatland, doch er blieb Frankreich zeitlebens verbunden, d.h. seine Aufmerksamkeit galt in besonderer Weise den Anhängern der Reformation in einem Land, in dem sich die reformatorische Lehre nicht durchsetzen konnte, sondern sogar zeitweise schlimmen Verfolgungen ausgesetzt war. Calvins Bildungsgang verfeinert das Bild: 1523–1527 studierte er in Paris die freien Künste, worauf das Studium der Rechte in Orléans und Bourges folgte. Daraus zu schließen, Calvin habe keine theologische Bildung erhalten, wäre jedoch falsch. Eines der beiden Collèges, an denen er studierte, widmete sich insbesondere der Vorbereitung auf das Theologiestudium (van't Spijker 2001, 111). Dazu gehörte neben dem Studium der Sprachen ein Einüben der Methoden scholastischer Argumentation. Einen Schwerpunkt bildete die Schulung in Rhetorik und Logik – eine wichtige Grundlage für Calvins Denken. Hinzu kam, dass sich Calvin ab 1531 humanistischen Studien zuwandte und hier nun, am Collège Royal in Paris, in den Dunstkreis religiöser Humanisten kam.

Wann genau Calvin auf die Seite der Reformation trat, ist umstritten. Er selbst redet von einer »plötzlichen Bekehrung zur Gelehrsamkeit« (*subita conversio ad docilitatem*; CR 59,21), allerdings ist damit weniger der zeitliche Verlauf als vielmehr das unerwartete Eingreifen Gottes bezeichnet. Fest steht, dass Calvin Anfang 1534 Paris verließ, nachdem Nicolas Cop, der neue Rektor der Universität, wegen einer Rektoratsrede mit deutlich evangelischem Charakter angeklagt worden war. Wahrscheinlich war sogar Calvin selbst der Verfasser der Rede (vgl. zur Diskussion der Frage Scholl 1994, 7–9). Im Anschluss an die sog. Plakataffäre vom 18. Oktober 1534, die zur Verfolgung der Evangelischen als Aufrührer führte, kehrte er Frankreich ganz den Rücken. Sein Weg führte ihn zunächst nach Basel (1535), schließlich gelangte er Anfang Juli 1536 auf der Durchreise fast zufällig nach Genf, wo ihn der dortige Reformator G. Farel (1489–1565) mit der Drohung festhielt, Gott möge Calvins Muße, welche er für seine Studien erstrebte, verfluchen, wenn er sich hierdurch der notwendigen Mithilfe entzöge (CR 59,25). Calvin blieb. In Genf bot sich ihm die Gelegenheit, seine Vorstellungen von einer dem Evangelium gemäßen Kirche zu verwirklichen. Dabei geriet er in heftige Konflikte mit dem Rat der Stadt. 1538–1541 musste sich Calvin, der Stadt verwiesen, in Straßburg aufhalten, wo er als Pastor der französischen Flüchtlingsgemeinde wichtige Impulse von M. Bucer (1491–1551) empfing. Auch nach seiner Rückkehr nach Genf blieben seine Gestaltungsmöglichkeiten von den wechselnden Mehrheiten im Rat abhängig. So darf z.B. Calvins Anteil an der Hinrichtung des Antitrinitariers M. Servet, der 1553 – bereits zum Tode verurteilt – nach Genf kam, nicht überbetont werden (vgl. nur van't Spijker 2001, 178–182). Erst ab 1555 hatten sich die Verhältnisse ganz zu Calvins Gunsten entwickelt.

2. Zum Werk

Calvins *Oeuvre* unterteilt sich in dogmatische und kontrderverstheologische Schriften einerseits und biblische Kommentare sowie Predigten andererseits. Dazu kommt sein umfangreicher Briefwechsel. Den größten Teil seines literarischen Nachlasses nehmen die Schriftauslegungen ein, doch wurde sein dogmatisches Hauptwerk, die *Institutio christianae religionis* (abgek. Inst.), am einflussreichsten.

2.1 Calvins theologisches Denken im Spiegel der Entstehung der Institutio: Theologie im Voranschreiten

Der Charakter der *Institutio* lässt sich an ihrem Titel und an ihrer Geschichte ablesen. Die *Institutio* hat in ihren fünf lateinischen Ausgaben (1536, 1539, 1543, 1550, 1559; daneben treten die französischen Übersetzungen) zahlreiche Umarbeitungen erfahren und wuchs von einem Buch mit 6 Kapiteln auf 520 kleinen Quartseiten zu einem umfangreichen Werk mit 80 Kapiteln auf 608 eng bedruckten großen Folioseiten an (OS 3,VI,24; XXXVI,34f). Schon allein daran erkennt man, dass Calvin zu den Theologen zählt, die, »indem sie voranschreiten, schreiben und durch das Schreiben voranschreiten« (OS 3,7,8f) – diese Worte Augustins, mit denen auch Luther seine Entwicklung beschreibt (WA 54, 186,26f), schließen seit 1543 das Vorwort der *Institutio* ab. Von Anfang an trägt sie ihren Titel: *Institutio christianae religionis* (*Unterricht in der christlichen Religion*). Der Begriff ›Institutio‹, der schon in der Antike Lehrbücher für Anfänger bezeichnete (Bayer 1994, 159f), weist auf den katechetischen Charakter der Darstellung hin. Das Buch umfasst – so der Untertitel von 1536 – »beinahe die vollständige Zusammenfassung der Frömmigkeit und alles, was in der Lehre des Heils notwendig zu wissen ist« (OS 1,19), kurz: eine »Summe evangelischer Lehre in Handbuchform« (OS 1,223). Dem entspricht die Anordnung der Themen nach den traditionellen Katechismusstücken (Gesetz, Glaube, Gebet, Sakramente, daran anschließend ein Kapitel über christliche Freiheit sowie geistliche und weltliche Gewalt), wobei nicht nur die Reihenfolge darauf hinweist, dass Calvin mit Luthers (Kleinem) Katechismus vertraut war. Neben das katechetische tritt aber von Anfang an das apologetische Anliegen: Das Werk ist dem französischen König Franz I. gewidmet. Im Widmungsbrief spricht Calvin offen an, dass es durch das Wüten gewisser Leute so weit gekommen sei, dass es in seinem Reich »für die gesunde Lehre keinen Platz« mehr gebe (OS 1,21). Daher soll die als »institutio« konzipierte Summe der Lehre zugleich als »confessio« (ebd.) dienen und den König davon überzeugen, dass es sich bei den Evangelischen keineswegs um Häretiker handle.

Bereits in der Ausgabe von 1536 zeigt sich, dass Calvin auf die Gedanken der ihm vorausgehenden Reformatoren zurückgreift, sie aber zugleich in neuer und eigener Weise gestaltet (vgl. Neuser 1986, 38f). So ist zwar der Katechismusaufbau Luther entlehnt, doch inhaltlich geht Calvin eigene Wege, wie bspw. die andere Zählung und Auslegung des Bilderverbots im Dekalog, die Darlegung eines dreifachen Gebrauchs des Gesetzes oder die Vierteilung des Apostolicums zeigen (s.u.). Dazu kommt, dass sich Calvin von Anfang an mit zwei Fronten auseinandersetzt: Die römisch-katholische auf der einen, die spiritualistische, täuferische – in den Augen Franz' I. die eigentlich evangelische und aufrührerische – auf der anderen Seite. Die Abgrenzung nach rechts und links wird für Calvin ein wichtiges Prinzip der Wahrheitsfindung: Er ist durchweg darum bemüht, die *via media* zwischen den Extremen aufzuweisen (Battles 1996, 139–178). Dabei ist ihm die Schrift der entscheidende Kompass. Die Extreme werden teils neutral beschrieben, sehr viel häufiger aber mit bestimmten theologischen Gegnern in Verbindung gebracht. Während die Front auf der römischen Seite konstant bleibt, differenziert sich die andere Front im Lauf der Zeit immer weiter aus: Zu den Spiritualisten gesellen sich Antitrinitarier, Libertinisten, aber auch Lutheraner der ersten (Osiander) oder zweiten Generation (Westphal). An den Jahresringen der *Institutio* lassen sich nicht zuletzt die verschiedenen theologischen Auseinandersetzungen ablesen, die Calvin beschäftigt haben. Das spricht jedoch nicht gegen den systematischen Charakter des Buches. Vielmehr kommt darin ein

Grundzug von Calvins Denken zum Ausdruck: Gerade in der Auseinandersetzung und in der Unterscheidung von falscher und wahrer Lehre kommt die ›himmlische Lehre‹ immer deutlicher zum Vorschein. Das Ineinander von katechetischem und apologetischem Interesse, das die erste Auflage kennzeichnet, bleibt somit ein Grundzug des Werkes.

Allerdings verschiebt sich die katechetische Zielsetzung schon bald. Es fällt auf, dass Calvins erste Ausgabe zwar für seine Landsleute in Frankreich gedacht ist (OS 1,21), uns aber keine französische Übersetzung vorliegt. Mag sein, dass eine solche einmal existiert hat (vgl. Neuser 1986, 48f; dagegen schon Köstlin 1868, 13–17), wahrscheinlicher ist aber, dass das im Stil eher an eine gelehrte Erörterung als an einen Volkskatechismus erinnernde Werk schon von Anfang an für einen Laienkatechismus zu umfangreich war (Battles 1994, 93; vgl. Bayer 1994, 174f). So tritt an seine Stelle 1537 der Genfer Katechismus, der teilweise wortwörtlich aus der *Institutio* schöpft, aber die kontroverstheologischen Partien ausspart. Folgerichtig bestimmt die Vorrede der *Institutio* ab 1539 nun auch die Adressaten neu als ›Kandidaten der Theologie‹. Calvins Intention ist nun,

»Kandidaten der Heiligen Theologie zur Lektüre des göttlichen Wortes so vorzubereiten und zu unterrichten, dass sie sowohl einen leichten Zugang zu ihr bekommen als auch ungehindert in ihr voranschreiten können. Denn ich meine, dass ich das Ganze der Religion in allen Teilen so zusammenfassend dargestellt und auch in eine solche Ordnung gebracht habe, dass jeder, der dies recht erfasst hat, wird unschwer beurteilen können, was er hauptsächlich in der Schrift suchen und auf welchen Skopus hin er das, was in ihr enthalten ist, beziehen muss« (OS 3,6,18–25).

Ähnlich wie Melanchthons *Loci* soll die *Institutio* demnach zu eigenem Schriftgebrauch anleiten, sie soll die Schrift erschließen (vgl. OS 3,8,5–7). Es wurde immer wieder geltend gemacht, dass man die *Institutio* im Verhältnis zu Calvins Schriftauslegungen nicht überbewerten dürfe (Strohm 2001, 313f; Selderhuis 2004, 13). Daran ist richtig, dass Calvin beides in engem Zusammenhang betrachtet wissen wollte. Die *Institutio* sollte nicht zuletzt dazu dienen, die Kommentare von ausführlichen dogmatischen Exkursen zu entlasten (vgl. OS 3,6,26–29). Umgekehrt fließen

Calvins exegetische Erkenntnisse direkt in die *Institutio* ein, bspw. die des Römerbriefkommentars von 1540 in die Ausgabe von 1539 (Parker 1980, 41–45; vgl. Heron 2005, 1–3). Falsch ist das Urteil aber, wenn es um die theologische Funktion der *Institutio* geht (so auch McGrath 1990, 146f). Denn nach Calvins eigenem Verständnis soll die *Institutio* jeden in die Lage versetzen, sich in der Schrift selbst zu orientieren. Gerade ihre Funktion als hermeneutischer Schlüssel im Blick auf die Schrift hebt sie von den Schriftauslegungen ab.

Die katechetische Funktion der *Institutio* verwandelt sich also im Lauf der Zeit dahingehend, dass die *Institutio* zum selbständigen Schriftgebrauch im eigenen Leben anleiten soll. Nicht zufällig erscheinen in der *Institutio* von 1539 zum ersten Mal die so zentralen Kapitel *Über das Leben eines Christenmenschen* (Inst. III, 6–10). Die Ausgabe von 1543 verbreitet diese Linie, indem Calvin, angeregt durch die Erfahrungen in Straßburg, den praktischen Fragen des Gemeindelebens großen Raum einräumt. Die Lehre von den vier Gemeindeämtern sowie die ausführlichen Erörterungen zur Kirchenzucht erscheinen nun erstmals und in grundlegender Form (Inst. IV,3 und 12).

Einen entscheidenden Einschnitt bildet die letzte Ausgabe der *Institutio*. Der zusätzliche Stoff, der nach und nach hinzugefügt worden war, belastete die Statik des Werkes derart, dass Calvin, dem die stringente Anordnung der Themen sehr am Herzen lag, selbst nicht mehr zufrieden war (vgl. OS 3,5,11–15). 1559 arbeitete er sein Buch daher so um, »dass man es beinahe für ein neues Werk halten könnte« (Untertitel; OS 3,1). Durch zahlreiche Umstellungen und Erweiterungen entstand die klassische Gestalt der *Institutio*, die im Folgenden zu beschreiben ist.

2.2 Die klassische Gestalt der Institutio (1559): Vier Bücher – ein Thema

Im Unterschied zu Luthers Katechismen bieten bereits die *Institutio* von 1536 und alle weiteren Ausgaben eine viergliedrige Unterteilung des Apostolicums (OS 1,75–93): Vater, Sohn, Heiliger Geist, Kirche. Diese Vierteilung wird 1559 schließlich zum Konstruktionsprinzip des ganzen Werkes, das nun in vier Bücher unterteilt wird (vgl. die Übersicht über alle Kapitel OS 5,503–506):

(I). *Die Erkenntnis Gottes, des Schöpfers* (*De cognitione Dei creatoris*; OS 3,31). Zu Beginn werden die Möglichkeiten der Gotteserkenntnis und ihre Quellen diskutiert, wozu auch die Schriftlehre gehört. Danach behandelt Calvin Trinitäts- und Schöpfungslehre. Eine Besonderheit ist das ausführliche Kapitel über das Bilderverbot, in dem der Drang des Menschen, sich von Gott ein Bild machen zu wollen, als Ausdruck des Unglaubens interpretiert wird (Inst. I,11). Von Anfang an tritt zudem die für die ganze *Institutio* charakteristische Zusammengehörigkeit von Gottes- und Selbsterkenntnis hervor: »Es steht fest, dass der Mensch niemals zur wahren Erkenntnis seiner selbst gelangen kann, wenn er nicht zuvor das Angesicht Gottes geschaut hat und von seinem Anblick aus herabsteigt, um sich selbst zu betrachten.« (Inst. I,1,2; OS 3,32,10–12). In diesem Sinne eröffnet Calvin sein Werk mit dem programmatischen Satz: »Fast die ganze Summe unserer Weisheit, die erst für wahre und unerschütterliche Weisheit gehalten werden darf, besteht in zwei Teilen: in der Erkenntnis Gottes und unserer selbst.« (Inst. I,1,1; OS 3,31,6–8). Mit der Konzentration auf die Gottes- und Selbsterkenntnis ist ein zentraler Topos abendländischer Theologie aufgegriffen, wie er sich klassisch bei Augustin formuliert findet: »Gott und die Seele möchte ich kennen. Sonst nichts? Sonst gar nichts!« (Augustinus, *Soliloquia* I,7; CSEL 89,11,15–17). Calvin legt dabei besonderes Gewicht auf die Anerkenntnis von Gottes Gottsein, mit der die Kluft zwischen der Erhabenheit Gottes und der Niedrigkeit des Menschen ins Blickfeld tritt. Sie – und nicht erst die Sünde – ist es, die durch den Mittler Christus überwunden werden muss, um mit Gott in Gemeinschaft zu kommen (Inst. II,12,1).

(II). *Die Erkenntnis Gottes, des Erlösers, in Christus, wie sie zunächst den Vätern unter dem Gesetz und schließlich auch uns im Evangelium offenbart wurde* (*De cognitione Dei redemptoris in Christo* […]; OS 3,228). Das Buch gipfelt in der Lehre vom dreifachen Amt Christi, des Mittlers, als Prophet, König und Priester (Inst. II,15). Vorausgehend wird die Notwendigkeit der Erlösung aufgewiesen, daher haben hier die Sündenlehre und die Lehre vom Gesetz ihren Platz. Gesetz und Evangelium werden dabei nicht dialektisch gegeneinander gestellt, sie gehören vielmehr beide zu dem *einen* Gnadenbund, der in der Geschichte der Offenbarung mit immer größerer Klarheit hervortritt (Inst. II,9–11).

Die beiden folgenden Bücher sind gemeinsam zu betrachten:

(III). *Die Art und Weise, wie die Gnade Christi erlangt wird, welche Früchte uns von daher zugute kommen und welche Wirkungen folgen* (De modo percipiendae Christi gratiae [...]; OS 4,1).

(IV). *Die äußeren Mittel und Hilfen, mit denen uns Gott in die Gemeinschaft mit Christus einlädt und in ihr erhält* (De externis mediis vel adminuculis [...]; OS 5,1).

Die Unterteilung in Buch III und IV erläutert Calvin zu Beginn des vierten Buches:

»Im vorigen Buch wurde dargelegt, dass Christus durch den Glauben an das Evangelium unser wird und wir an dem von ihm erworbenen Heil und der ewigen Seligkeit Anteil bekommen. Weil aber unsere Grobschlächtigkeit und Trägheit (zudem die Eitelkeit des Verstandes) äußerer Hilfsmittel bedarf, durch die der Glaube in uns erzeugt wird und wächst und seine Fortschritte zum Ziel macht, darum hat Gott auch diese äußeren Mittel hinzugefügt, mit denen er unserer Schwachheit aufhilft.« (Inst. IV,1,1; OS 5,1,8–14).

Beide Bücher sind demnach auf den Glauben bezogen: Während Buch III den Glauben als Gemeinschaft mit Christus beschreibt, erläutert Buch IV, wie der Glaube durch die äußeren Mittel entsteht und erhalten wird. Thema ist zugleich der Heilige Geist, der durch die äußeren Hilfsmittel das Evangelium anbietet und von dessen innerem Wirken das Zustandekommen des Glaubens abhängt (vgl. Inst. III,1,1; OS 4,1,20–24). Dabei geht die Darstellung vom Ziel aus: Buch III beschreibt die Realität des Glaubens, wobei auffällig ist, dass die gegenwärtige Wirkung des Glaubens, die *Heiligung* des Lebens (Inst. III,6–10), *vor* der letztlich entscheidenden *Rechtfertigung* durch den Glauben im Angesicht Gottes zu stehen kommt (Inst. III,11–19; vgl. zum Verhältnis von Heiligung und Rechtfertigung v.a. Inst. III,11,1). Am Ende von Buch III kehrt die bereits am Anfang gestellte Frage, warum »nicht alle unterschiedslos die Gemeinschaft mit Christus ergreifen« (Inst. III,1,1; OS 4,1,20f), in Form der Lehre »von der ewigen Wahl, durch die

Gott im voraus die einen zum Heil, die anderen zum Verderben bestimmt hat«, wieder (Inst. III,21–24). Die Tatsache, dass die einen glauben und die anderen nicht, wird um der Heilsgewissheit willen auf Gottes alleinige Entscheidung zurückgeführt, in seinem ewigen Ratschluss, dem berühmt-berüchtigten »decretum horribile« (Inst. III,23,7), verankert. Dass die Ausführungen Calvins zur Prädestinationslehre fast genauso viele Seiten einnehmen wie die zur Christologie, weist auf ihr Gewicht hin.

Bei den in Buch IV aufgeführten äußeren Mitteln handelt es sich um die Kirche, die Sakramente und die bürgerliche Ordnung. Ein Charakteristikum der Ekklesiologie ist die Lehre von den vier Ämtern: Hirten, Lehrer, Älteste und Diakone (Inst. IV,3). Sie wird einerseits aus dem NT (Eph 4; Röm 12; 1Kor 12 u.a.) abgeleitet, knüpft aber andererseits an Genfer Gegebenheiten an (vgl. McGrath 1990, 80). Besondere Bedeutung kommt dem Ältestenamt im Rahmen der Kirchenzucht zu (Inst. IV,3,8; 11,6; 12,7). Unter den Sakramenten nimmt erwartungsgemäß die Abendmahlslehre breiten Raum ein (Inst. IV,17). Calvin versucht hierbei, einen Mittelweg zwischen Luther und Zwingli einzuschlagen, indem er einerseits betont, dass die Gläubigen in der Mahlfeier beim Empfang der Elemente wirklich Leib und Blut Christi empfangen, er aber andererseits den Empfang als ein geistliches Geschehen versteht, das heißt: Während des Essens werden die Gläubigen – und nur sie! – aus der Kraft des Geistes mit Leib und Blut Christi gespeist. Auf diese Weise wird der Gedanke einer Bindung des himmlischen Christus an Leiblich-Vergängliches ausgeschlossen und gleichwohl die reale Teilhabe an Christus als Zentrum des Abendmahls betont (vgl. v.a. Inst. IV,17,18f; dazu Wendel 1968, 291–315).

Überblickt man das Werk als ganzes, sticht sofort die ungleiche Gewichtsverteilung ins Auge. Buch III und IV nehmen mit insgesamt 45 Kapiteln im Vergleich zu Buch I und II mit zusammen 35 Kapiteln deutlich mehr Raum ein, zählt man die Seiten, vergrößert sich der Abstand sogar noch weiter (2/3 zu 1/3). Es ist keine Frage, dass bei der Darstellung des Glaubens Calvins Herz schlägt. So wichtig ihm die Themen von Buch I und II sind, so wenig trägt deren Erörterung aus, wenn es nicht zum Glauben kommt, d.h. wenn der Glaube nicht entsteht, vermehrt wird und Früchte zeigt. Daran zeigt sich bei Calvin die reformatorische Neuausrichtung der Theologie. Es geht ihm nicht um spekulative Gotteserkenntnis, sondern um die soteriologische Relevanz dessen, was man von Gott und Christus wissen kann, kurz: um das *pro me*, wobei das *pro me* bei Calvin ganz und gar die Gestalt des Christus in uns annimmt: »Solange Christus außerhalb von uns ist und wir von ihm getrennt sind, ist alles, was er zum Heil des menschlichen Geschlechtes erlitten und getan hat, für uns nutzlos und von keinerlei Bedeutung« (Inst. III,1,1; OS 4,1,10–13). Im Zentrum der *Institutio* steht die Gemeinschaft der Glaubenden mit Christus: »Jene Verbindung also des Hauptes mit den Gliedern, die Einwohnung Christi in unseren Herzen, mit einem Wort: die geheimnisvolle Vereinigung wird von uns an die höchste Stelle gesetzt: dass Christus unser wird und uns zu Teilhabern aller Gaben macht, mit denen er selbst versehen ist« (Inst. III,10,1; OS 4, 191,27–31). Die *unio mystica cum Christo* und ihre Auswirkungen im Leben der Christen – das ist das Thema der *Institutio*.

2.3 Grundstrukturen der Institutio

2.3.1 Theologie als Glaubens- und Lebenslehre
Calvins Theologie ist, wie bereits in der Beschreibung der Gesamtarchitektur deutlich wurde, erklärtermaßen antispekulativ ausgerichtet und fragt dezidiert nach der Aneignung der Lehre. Damit wendet sie sich – ähnlich wie Melanchthon in seinen frühen *Loci* – gegen die Gedankengebäude der mittelalterlichen Scholastik. Doch nicht nur die Methode der scholastischen Theologie, auch den Begriff *theologia* selbst meidet Calvin in der *Institutio*. Er kommt so gut wie gar nicht oder nur mit negativem Beiklang vor (vgl. Strohm 2001, 314f). Stattdessen spricht Calvin von *doctrina* (Lehre). Gelehrt wird – wie schon der Titel des Buches sagt – die *religio*, die Gottesverehrung, oder, fast gleichbedeutend aber stärker auf den einzelnen fokussiert, die *pietas*, worunter Calvin die »mit Liebe verbundene Ehrfurcht vor Gott« versteht, die durch »die Erkenntnis seiner Wohltaten« bewirkt wird (Inst. I,2,1; OS 3,35,4f). Was Calvin mit seinem Werk erreichen möchte,

ist also keine reine Erkenntnis der Wohltaten Gottes um ihrer selbst willen; die Erkenntnis soll vielmehr zur Frömmigkeit bewegen. Die *Institutio* ist Glaubenslehre in dem Sinne, dass sie zu einem Leben im Glauben anleiten will – sie ist Glaubens- und Lebenslehre in einem. Damit folgt sie der ›himmlischen Lehre‹ selbst, denn auch das Evangelium ist laut Calvin

»keine Zungenlehre, sondern eine Lebenslehre: es wird weder bloß mit dem Verstand noch allein mit dem Gedächtnis begriffen, wie die übrigen Wissenschaften, sondern es wird erst dann vollends aufgenommen, wo es die ganze Seele in Besitz nimmt und in der tiefsten Regung des Herzens einen Sitz und eine Herberge findet. [...] Der Lehre, durch die unsere Gottesverehrung zusammengehalten wird, haben wir den ersten Platz gegeben, da ja von ihr unser Heil seinen Anfang nimmt. Damit diese Lehre nicht fruchtlos bleibt für uns, muss sie aber in unser Herz eingesenkt werden und in die Lebensführung übergehen, ja sie muss uns in sie hinein verwandeln.« (Inst. III,6,4; OS 4,149,23–32).

Das ist der Grund, warum Calvin der Lebenslehre, der *institutio vitae* (Inst. III,6,1; OS 4,146,31f) im dritten Buch seiner *Institutio* so viel Platz einräumt. Als rein spekulative Lehre blieben die Darlegungen fruchtlos, sie müssen im Leben Gestalt gewinnen und sollen dem Aufbau des christlichen Lebens dienen. In diesem Sinne ist die *Institutio* ein »Erbauungsbuch« (Böttger 1990). Sein Ziel, das christliche Leben zu erbauen, hat Calvin sowohl bei der Auswahl als auch bei der Gestaltung der *Institutio* im Blick. Hierbei kommt insbesondere seine rhetorische Bildung zum Tragen. Die Rhetorik lehrt nämlich nicht nur, wie Stoffe ausgewählt und angeordnet werden müssen, um die gewünschte Wirkung zu erreichen, vielmehr ist es vor ihrem Hintergrund geradezu selbstverständlich, dass das Dargestellte bewegen möchte (vgl. Millet 1997; Opitz 1994, 60–71). Die Ausrichtung der Stoffauswahl auf die intendierte Wirkung zeigt sich bspw. im ersten Buch, wenn unter der Überschrift *Erkenntnis Gottes, des Schöpfers* nicht etwa eine ausführliche Gotteslehre geboten wird, sondern nach Gotteserkenntnis nur insofern gefragt wird, als sie »uns zur Furcht und Ehrerbietung [Gottes] anleitet« (Inst. I,2,2; OS 3,35,18). Die auf den Leser gerichtete Gestaltung wird besonders dann deutlich, wenn Calvin ausdrücklich den Nutzen (*utilitas*) eines Lehrgegenstandes zur Sprache bringt. So fragt er im Anschluss an die Ausführungen zur Vorsehungslehre (Inst. I,16) nach dem »passenden und richtigen Gebrauch dieser Lehre« (Inst. I,17; OS 3,202,5), und auch die Darlegung der Prädestinationslehre wird mit der Frage nach der »utilitas« eröffnet (Inst. III,21; OS 4,369,9; vgl. 370,4f).

Mit der Beschränkung der Lehrgegenstände auf die für die Frömmigkeit nützlichen Fragen und der auf Erbauung ausgerichteten Darstellung folgt Calvin der Heiligen Schrift. In 2Tim 3,16f wird die Schrift dadurch gekennzeichnet, dass sie nützlich sei zur Lehre, zur Ermahnung und zur Besserung (vgl. Inst. I,9,1; OS 3,82,26f). Den Pastoralbriefen scheint auch der Begriff *pietas* (griech. εὐσέβεια) entnommen zu sein (vgl. Battles 1996, 293). Daran zeigt sich: Calvin will so in die Schrift einführen, dass ihr eigener Duktus zur Sprache kommt.

2.3.2 Die Institutio als Einweisung in die Schrift

Alles, was man wissen muss, um Gott und sich selbst zu erkennen, lehrt die Heilige Schrift, sie ist die »Schule des Heiligen Geistes« (Inst. III,21,3; OS 4,372,1). In seiner Darstellung beansprucht Calvin daher nichts anderes, als die himmlische Lehre, wie sie sich in der Schrift findet, selbst zur Sprache zu bringen.

»Man muss es aber so betrachten, dass wir bei der himmlischen Lehre den Anfang machen müssen, damit uns die wahre Gottesverehrung entgegenstrahlt, und es kann keiner auch nur den geringsten Geschmack für die rechte und heilsame Lehre bekommen, wenn er nicht zuvor Schüler der Schrift geworden ist; dort wird auch der Anfang der wahren Erkenntnis sichtbar, wo wir ehrfurchtsvoll annehmen, was Gott darin von sich selbst bezeugen wollte.« (Inst. I,6,2; OS 3,63,5–10).

Dabei ist im Auge zu behalten, dass Calvin, wie in der Vorrede (s.o.) dargelegt, nur einen ›leichten Zugang‹ zur Schrift schaffen möchte. Er hat keineswegs im Sinn, den Inhalt der Schrift erschöpfend darzulegen (vgl. Selderhuis 2004, 271). Die *Institutio* ist darum auch keine systematische Darstellung von der Art, dass von einem organisierenden Zentrum aus ein Systemzusammenhang bis in seine Verästelungen hinein dargestellt würde. Sie gibt lediglich die Koordinaten vor, innerhalb derer die Schrift nützlich und heilbringend gelesen werden kann. Wenn Calvin im dritten Buch betont, dass es ihm nicht darum gehe, die christliche Lebensführung *in extenso* zu beschreiben, sondern nur den Weg (*methodus*) darzulegen, auf dem man hierzu kommen könne (Inst. III,6,1; OS 4,147,1–4), dann gilt dies in abgewandelter Form auch für die *Institutio* als ganze: Sie ist eine Einweisung in die Schrift. Die Berechtigung für eine solche Einweisung in die sich selbst genügende Schrift findet Calvin darin, dass man die Eigenarten der Schrift kennen lernen muss. Zwar klingt in der Heiligen Schrift alles wunderbar zusammen (Inst. I,8,1; vgl. III,17,11), doch ist in ihr nicht alles nach Art einer philosophischen Darstellung geordnet, da der Heilige Geist »ohne Künstelei lehrte« (Inst. III,6,1; OS 4,147,17). Vielmehr hat er sich den jeweiligen Verhältnissen und Bedürfnissen seiner Adressaten angepasst. Darum sind insbesondere die verschiedenen Redeformen der Schrift zu beachten. So handle es sich bspw. bei der Rede von der Reue Gottes um eine bildliche Redeweise, die uns Gott menschlich beschreibt, jedoch nicht im Widerspruch zur Lehre vom ewigen Ratschluss Gottes steht (Inst. I,17,12f; v.a. OS 3,217,35–218,2). Immer wieder geht Calvin bei seiner Darstellung der biblischen Lehre über die bloße Darstellung hinaus und fragt, was die Schrift damit erreichen will. Man könnte sagen: Er fügt dem Text die Regieanweisungen hinzu. Die Beachtung der unterschiedlichen Redeweisen der Schrift wie überhaupt das Konzept der Akkommodation der göttlichen Rede an das Fassungsvermögen der Adressaten weisen wiederum auf Calvins rhetorische Bildung hin (vgl. Battles 1996, 117–121). Theologisch ist diese Betrachtung der Schrift aber vor allem darum von Bedeutung, weil es Calvin mit ihrer Hilfe gelingt, scheinbare Widersprüche der Schrift auszuräumen. Systematisch ist die *Institutio* daher in dem Sinne, dass sie einen Weg aufzuweisen beansprucht, der die Vielfalt und Disparatheit der biblischen Überlieferung in einen harmonischen Zusammenklang bringt. Auf diese Weise kann Calvin bspw. Paulus und Jakobus in Übereinstimmung bringen (Inst. III,17,11f) oder als Antwort auf die klassische Frage, ob Gott, wenn er denn alles wirke, auch Urheber das Bösen sei und somit seinem eigenen Willen widerstreite, eine Möglichkeit aufzeigen, an der Einheitlichkeit des Willens Gottes festzuhalten: Wenn uns die Schrift Gottes Wirken widersprüchlich erscheinen lässt, dann nur deshalb, um uns unser begrenztes Wahrnehmungsvermögen angesichts der Weisheit Gottes vor Augen zu stellen (Inst. I,18,3).

Auf jeder Seite zeugt die *Institutio* von dem Bemühen, die Schrift als ganze ernst zu nehmen und in ihre innere Harmonie einzuweisen. Freilich kann es dabei nicht ausbleiben, dass Calvin die von ihm selbst gezogene Grenze der »gelehrten Unwissenheit« (Inst. III,21,2; OS 4,371,20) mitunter überschreitet und – wie in der Prädestinationslehre – logische Schlüsse zieht, wo die Schrift selbst Fragen unbeantwortet lässt.

3. Zur Wirkung

Calvin hatte nach seinem eigenen Bekunden nicht das Ziel, durch die *Institutio* berühmt zu werden (CR 59,23). Als das Buch 1536 in Basel erschien, hatte er die Stadt bereits verlassen und reiste mit einem Decknamen durch die Lande, so dass das Buch zunächst bekannter wurde als sein Autor. Doch seit seiner Ankunft in Genf war Calvins Name untrennbar mit der *Institutio* verbunden. Kein anderes Buch hat die von Genf ausgehende Richtung der Reformation so nachhaltig geprägt. Dies zu betonen bedeutet nicht, die Breite der reformierten Tradition und die Vielzahl ihrer Quellen zu leugnen. Der Stellenwert der *Institutio* zeigt sich nicht nur daran, dass ihre Grundgedanken wie im Fall der *Confessio Gallicana* direkt in die Bekenntnisbildung eingeflossen sind (van't Spijker 2001, 226), sondern vor allem auch an der Beobachtung, dass sich Charakteristika des Calvinismus in vielen Fällen direkt an der *Institutio* festmachen lassen. Das besondere Interesse an der Heiligung oder auch die enge Verbindung von Glaubenslehre und Kirchenordnung finden ihre Begründung in der zentralen Bedeutung, die Calvin der Gestaltwerdung des Glaubens im Leben im dritten Buch der *Institutio* zumisst. Auch der besondere Umgang mit religiöser Kunst im Kirchenraum erklärt sich aus Calvins Ausführungen über das Bilderverbot (vgl. Inst. I,11,13). Überdies sind die beiden wichtigsten theologischen Unterscheidungslehren in der *Institutio* angelegt: die Abendmahls- und Prädestinationslehre. Während die erstere schon von Anfang an das reformierte Denken kennzeichnete, bekam letztere erst nach Calvins Tod ihre herausragende Stellung: Bei Calvins Nachfolger Th. Beza rückte die Lehre vom ewigen Ratschluss Gottes, die bei Calvin im Kontext der Frage nach der Heilsgewissheit abgehandelt wurde (s.o.), zum theologischen Prinzip auf, von dem her die ganze Lehre entfaltet wird (Neuser 1998, 318–321). Diese Verschiebung zeugt sowohl von dem zunehmenden Bedürfnis nach konfessioneller Identitätsbildung als auch von dem Interesse, die Vernünftigkeit und Wissenschaftlichkeit von Calvins Theologie in einem sich verändernden intellektuellen Klima zu verteidigen (vgl. McGrath 1990, 208–218). Eine Folge ist, dass der in der *Institutio* nur angelegte, aber nicht dominierende Systemcharakter in den Vordergrund tritt, indessen »geht die konsequente Verbindung von doctrina und applicatio verloren« (Strohm 2001, 326).

Bis zum Ende des 16. Jh.s wird die *Institutio* fast jährlich im Original oder in Übersetzung nachgedruckt (vgl. die Übersicht bei McGrath 1990, 141f). Mit dem Beginn der reformierten Orthodoxie (um 1600) lässt der direkte Einfluss Calvins nach, im ersten Drittel des 17. Jh.s gehen die Nachdrucke merklich zurück (Fatio 1980, 172; vgl. auch die Übersicht CR 87,493–510). Zudem wird die *Institutio* »dem Wissenschaftsbetrieb des 17. Jh.s angepaßt« (Neuser 1998, 313), indem vermehrt Zusammenfassungen, Auswahlausgaben und Darstellungen der *Institutio* mit Erläuterungen oder mit grafischen Übersichten entstehen (Fatio 1980, 173–205). Im 19. Jh. wird schließlich wieder dem Text der *Institutio* in neuer Weise Beachtung geschenkt, indem die sorgfältige Edition im *Corpus Reformatorum* (Bd. 29–32) erstmals erlaubte, die verschiedenen Fassungen des Werkes in *einer* Ausgabe zu vergleichen (vgl. die hilfreiche Synopse in CR 29,LI–LVIII). Ein neuer Impuls für die Calvinforschung ging im 20. Jh. von K. Barth aus, der sich 1922 in seiner ersten vierstündigen Vorlesung in Göttingen der Theologie Calvins widmete (vgl. Scholl 1995) und kurz darauf die eigene Dogmatik unter dem Titel *Unterricht in der Christlichen Religion* vortrug. Ab 1926 gab Barths Bruder Peter zusammen mit W. Niesel die *Opera selecta* heraus. Affinitäten zwischen Barth und Calvin hinsichtlich der Rede von Gott, der Verhältnisbestimmung von Gesetz und Evangelium sowie von Dogmatik und Ethik haben immer wieder nach den Einflüssen Calvins auf Barths Denken fragen lassen. Umgekehrt wurde im Gefolge Barths die Christozentrik von Calvins Theologie besonders hervorgehoben. Es ist jedoch zu beachten, dass Barth den ihm anfangs »absolut chinesisch« (Barth 1993, IX) erscheinenden Calvin in sehr eigener Weise angeeignet hat. Nach wie vor gilt daher: »Will man den Calvinismus kennenlernen, so muß man Calvin kennen; will man Calvin kennen, so muß man seine ›Institutio‹ [...] studieren« (Beyschlag 2000, 412).

4. Literaturhinweise

Zitierte Quelle:

J. Calvin, Institutio christianae religionis 1559, Ioannis Calvini opera selecta, Bde. 3–5, hg. v. P. Barth/W. Niesel, 2. verbess. Aufl., München 1957/1959/1962 (abgek. OS 3–5) (Zu beachten sind die Jahreszahlen am Rand der Ausgabe, durch die kenntlich gemacht wird, welche Teile der Letztausgabe bereits in vorhergehenden Ausgaben zu finden waren).

Die deutschen Übersetzungen in diesem Artikel stammen alle vom Verfasser. Verwiesen sei aber auf die klassische Übersetzung der Institutio:

J. Calvin, Unterricht in der christlichen Religion, übers. u. bearb. v. O. Weber, neu hg. v. M. Freudenberg, Neukirchen-Vluyn 2008.

Online-Version der Institutio, bereitgestellt von der Johannes a Lasco Bibliothek in Emden im Auftrag des Reformierten Bundes in Deutschland: www.calvin-institutio.de (letzter Aufruf 23.6.2009).

Zum Einstieg empfohlen:

Das Kapitel *Über das Leben eines Christenmenschen* (Inst. III,6) oder die Kapitel über die Heilige Schrift (Inst. I,6–10).

Weiterführende Literatur:

Van't Spijker 2001; Neuser 1998; Battles 1996; Bayer 1994; Strohm 2001.

5. Verwendete Literatur

Augustinus, Soliloquiorum libri duo. De inmortalitate animae. De quantitate animae, hg. v. W. Hörmann, CSEL 89, Wien 1986.

K. *Barth*, Die Theologie Calvins (1922), in Verbindung mit A. Reinstädtler hg. v. H. Scholl, Zürich 1993.

F.L. *Battles*, Interpreting John Calvin, hg. v. R. Benedetto, Grand Rapids 1996.

O. *Bayer*, Theologie (HST 1), Gütersloh 1994.

K. *Beyschlag*, Grundriß der Dogmengeschichte, Bd. 2: Gott und Mensch, Teil 2: Die abendländische Epoche, Darmstadt 2000.

P.Ch. *Böttger*, Calvins Institutio als Erbauungsbuch. Versuch einer literarischen Analyse, Neukirchen-Vluyn 1990.

J. *Calvin*, Christianae religionis institutio (1536), OS 1, hg. v. P. Barth, München 1926, 19–283.

–: Ioannis Calvini opera quae supersunt omnia, CR 29–87, hg. v. W. Baum u.a., 59 Bde., Braunschweig 1863–1900.

O. *Fatio*, Présence de Calvin à l'époque de l'orthodoxie réformée. Les abréges de Calvin à la fin du 16e et au 17e siècle, in: W.H. Neuser (Hg.), Calvinus Ecclesiae Doctor, Kampen s.a. [1980], 171–207.

A.I.C. *Heron*, Einleitung zu: Der Brief an die Römer. Ein Kommentar (1540), in: J. Calvin, Der Brief an die Römer, CStA 5.1, Neukirchen-Vluyn 2005, 1–15.

J. *Köstlin*, Calvin's Institutio nach Form und Inhalt, in ihrer geschichtlichen Entwicklung, in: ThStKr 41 (1868), 7–62.410–486.

M. *Luther*, Werke. Kritische Gesamtausgabe, 120 Bde., Weimar 1883ff.

A.E. *McGrath*, A Life of John Calvin. A Study in the Shaping of Western Culture, Oxford 1990.

O. *Millet*, Docere/Movere: Les catégories rhétoriques et leurs sources humanistes dans la doctrine calvinienne de la foi, in: W.H. Neuser/B.G. Armstrong (Hg.), Calvinus Sincerioris Religionis Vindex. Calvin as Protector of the Purer Religion (SCEC 36), Kirksville 1997, 35–51.

W.H. *Neuser*, Calvin und der Calvinismus, in: HDThG 2, hg. v. C. Andresen u.a., Göttingen ²1998, 238–352.

–: The Development of the Institutes 1536 to 1559, in: John Calvin's Institutes. His Opus Magnum. Proceedings of the Second South African Congress of Calvin Research July, 31–August, 3, 1984, Potchefstroom 1986, 33–54.

P. *Opitz*, Calvins theologische Hermeneutik, Neukirchen-Vluyn 1994.

Th.H.L. *Parker*, Calvin the exegete: change and development, in: W.H. Neuser (Hg.), Calvinus Ecclesiae Doctor, Kampen s.a. [1980], 33–46.

H. Scholl, Einleitung zu: Nicolaus Cop – Pariser Rektoratsrede vom 1. November 1533, in: J. Calvin, Reformatorische Anfänge (1533–1541), CStA 1.1, Neukirchen-Vluyn 1994, 1–9.

–: (Hg.), Karl Barth und Johannes Calvin. Karl Barths Göttinger Calvin-Vorlesung von 1922, Neukirchen-Vluyn 1995.

H. J. Selderhuis, Gott in der Mitte. Calvins Theologie der Psalmen, Leipzig 2004.

Ch. Strohm, Das Theologieverständnis bei Calvin und in der frühen reformierten Orthodoxie, in: ZThK 98 (2001), 310–343.

W. van't Spijker, Calvin. Biographie und Theologie (KIG Bd. 3, Lfg. J,2), Göttingen 2001.

F. Wendel, Calvin. Ursprung und Entwicklung seiner Theologie, Neukirchen-Vluyn 1968.

4. Rhetorik und Topik: Die Loci-Methode

Bereits das Neue Testament – vor allem Paulus – bediente sich ausführlich der Methoden zeitgenössischer Rhetorik, um das Evangelium seinen Lesern nahe zu bringen. In der Reformationszeit war es das Verdienst von Ph. Melanchthon, die aus der Rhetorik stammende Loci-Methode in die Theologie eingeführt zu haben. Der Begriff des ›Locus‹ ist die lateinische Übersetzung des griechischen Wortes τόπος, Ort. Im Anschluss an Cicero entwickelte sich die rhetorische Topik in der Spätantike und im Mittelalter zu einer Art Memoriertechnik. Sie stellte die Kunst dar, möglichst knapp umfangreiche Listen von ›Gemeinplätzen‹ (*loci communes*) zu erfassen, die der Redner im Gedächtnis haben soll, um angemessene Argumente für eine bestimmte Situation zu entwickeln. Der bedeutende Humanist Erasmus von Rotterdam (1465–1536) übernahm die Topik in sein rhetorisches Lehrbuch *De duplici copia verborum ac rerum*/Vom zweifachen Vorrat an Wörtern und Sachen, von dem Melanchthon schon früh Kenntnis erhielt. In seinen *Loci communes* benutzte Melanchthon die Loci-Methode dann als eine Technik zur Texterschließung. Er bündelte und verhandelte die wesentlichen Aussagen der Heiligen Schrift zu einem Thema an einem Ort. Zugleich entwickelte er die Methode von Erasmus weiter: Während Erasmus bereits vorgängig feststehende Loci gleichsam von außen an einen Text herantrug, entwickelte Melanchthon seine Loci aus der im biblischen Text verhandelten Sache selbst. In Aufnahme reformatorischer Impulse war es sein Ziel, auf diesem Weg wiederum zur Sache hinzuführen, indem er die Lektüre der Heiligen Schrift erleichterte. Die rhetorisch informierte Dogmatik Melanchthons versteht sich somit als »Hilfswissenschaft« (O. Bayer) zum Bibelstudium.

4. Rhetorik und Topik: Die Loci-Methode

Die *Loci theologici* von Johann Gerhard stellen den Höhe- und Endpunkt der Loci-Methode in der lutherischen Orthodoxie dar. Zum einen präsentieren sie eine hochgebildete und äußerst einflussreiche Diskussion aller wesentlichen Themen christlicher Dogmatik. Zum anderen zeigt sich in der heilsgeschichtlichen Anordnung der *Loci* wie auch im Aufbau jedes einzelnen Locus, dass Gerhard den gesamten Stoff auf ein die einzelnen Loci übergreifendes Ziel hin anordnet, auf das Heil des Menschen. Damit wird bei Gerhard innerhalb der Loci-Methode eine Tendenz sichtbar, die bei seinen Zeitgenossen zum Wechsel von der Loci- zur sog. analytischen Methode führte. In dieser werden alle Aussagen aus einem gemeinsamen Ziel abgeleitet und das Gesamtsystem entsprechend von diesem her auf eine in sich geschlossene Weise aufgebaut.

Andreas Oelze

Philipp Melanchthon: Loci communes

1. Zur Person

Philipp Melanchthon ist eine schillernde Persönlichkeit der Reformationsgeschichte. Er stellt eine Figur dar, die durch ihren Facettenreichtum schwer zu greifen ist und an deren Beurteilung sich bereits die Geister ihrer Zeitgenossen spalteten: Humanist oder Reformator; Luthers treuester Schüler oder Verräter an der Sache der Reformation; selbständiger Denker oder Reformator im Schatten Luthers. Alle diese Einschätzungen und Bewertungen spiegeln die Vielseitigkeit Melanchthons wider, der durch seine weitreichenden Begabungen und Interessen stets auch eine Spannung in sich selbst trug. Vielleicht war er zeitlebens gerade deshalb immer so sehr darum bemüht, äußere Spannungen auszugleichen und Kompromisse zu finden (zur Einführung zu Melanchthon kurz: Schilling 1998; ausführlich: Maurer 1967/69 sowie Scheible 1997).

Geboren 1497 in Bretten als Philipp Schwarzerdt begann er bereits 1509 sein Studium in Heidelberg, wo er 1511 den *Baccalaureus artium* erwarb. Das weitere Studium in Tübingen schloss er 1514 mit dem Magistergrad ab. 1518 wurde Melanchthon auf den neu gestifteten Lehrstuhl für Griechisch an der Universität Wittenberg berufen. Er blieb dieser Stadt zeitlebens treu, trotz zahlreicher Abwerbungsversuche. Parallel zu seinen Lehrverpflichtungen studierte Melanchthon an der theologischen Fakultät und erlangte dort 1519 den Grad eines *Baccalaureus biblicus*. Dies berechtigte und verpflichtete ihn, Vorlesungen über biblische Bücher zu halten. So las er ab 1520 über den Römerbrief, was die Grundlage der *Loci communes* (abgek. Loci) darstellte. Melanchthon wurde zum engsten Mitarbeiter Luthers und vertrat ihn z.B. auf dem Augsburger Reichstag von 1530, wo er mit der *Confessio Augustana* das Hauptbekenntnis der Wittenberger Reformation verfasste. Melanchthon war anders als Luther stets um Ausgleich bemüht, sowohl innerreformatorischen als auch mit den Altgläubigen. Nicht zuletzt diese Bemühungen und seine Kompromissbereitschaft verwickelten ihn aber gerade nach Luthers Tod 1546 in Streitigkeiten innerhalb des lutherischen Lagers. Melanchthon starb 1560 nach kurzer Krankheit in Wittenberg.

Melanchthons Werk umfasst eine erstaunliche Breite von Schriften (vgl. die Übersicht bei Scheible 1992, 386–389): Er veröffentlichte Arbeiten zu klassischen griechischen und römischen Autoren und besorgte zahlreiche Textausgaben. Es gibt von ihm Schriften zur Ethik, zur Politik und zur Jurisprudenz ebenso wie zur Geschichte, zu den Naturwissenschaften und zur Philologie und Rhetorik. Darüber hinaus veröffentlichte er Bibelkommentare und besorgte Textausgaben biblischer Bücher. Besonders zahlreich sind die Schriften, in denen er zu aktuellen Problemen und Herausforderungen der Reformation Stellung bezog. Ein weiteres Augenmerk lag auf der Universitätsreform. Überhaupt kann man in der Förderung der Bildung ein besonderes Interesse Melanchthons entdecken. Nicht umsonst sind zahlreiche Veröffentlichungen von ihm Lehrbücher (so u.a. für griechische und für lateinische Grammatik, für Rhetorik und mit den *Loci communes* nicht zuletzt für Theologie). Theologisch bis heute am bekanntesten und einflussreichsten sind aber sicher die von ihm verfasste *Confessio Augustana* mitsamt der *Apologie* sowie die im Folgenden zu behandelnden *Loci communes*, sein systematisches Hauptwerk. Frucht einer lebenslangen Weiterarbeit an diesem Werk ist, dass es in insgesamt drei Ausgaben (*aetates*) erschien, wobei im Folgenden die Erstfassung von 1521 betrachtet werden soll.

2. Zum Werk

2.1 Verortung und formale Dimensionen des Werkes

Im Dezember 1521 erschienen die ›*Grundbegriffe der Theologie oder theologische Skizzen*‹ (*Loci communes rerum theologicarum seu hypotyposes theologicae*) des gerade 24jährigen Wittenberger Professors. Sie wurden somit in einer ersten Krisenzeit der Reformation veröffentlicht: Luther und seine Anhänger waren seit dem Wormser Edikt vom 26. Mai 1521 unter der Reichsacht und Luther selbst wurde auf der Wartburg festgehalten. Außerdem kam es zu Unruhen innerhalb des reformatorischen Lagers. Viele Humanisten, die der Bewegung zunächst positiv gegenüber gestanden waren, kehrten ihr den Rücken. Gleichzeitig bekamen diejenigen Teile der Reformation Aufwind, die die impliziten Forderungen der reformatorischen Theologie auf kirchliche und gesellschaftliche Veränderung möglichst schnell und radikal in die Tat umgesetzt sehen wollten. In Wittenberg kam es so ab Herbst 1521 zu den sog. ›Wittenberger Unruhen‹, denen sich Melanchthon während Luthers erzwungener Abwesenheit gleichsam als dessen Stellvertreter gegenüber sah.

Bemerkenswerterweise erwähnt Melanchthon davon im Widmungsbrief (W) der *Loci* nichts. Vielmehr gibt er selbst einen ganz anderen Grund zur Abfassung und Veröffentlichung an: 1520 hatte Melanchthon über den Römerbrief gelesen und zu diesem Zweck für seine Studenten die zentralen Gesichtspunkte zusammengestellt – er hatte also eine Art erweitertes *Handout* für die Vorlesung verfasst. Obwohl der Text nicht für die breitere Öffentlichkeit gedacht war, wurde er veröffentlicht (siehe die Vorformen der *Loci* in Melanchthon 1843). Da Melanchthon keine Möglichkeit sah, dies rückgängig zu machen, bearbeitete er das Material. Das Ergebnis dieser Bearbeitung waren die *Loci*.

Mit dieser Veröffentlichung schuf Melanchthon in mehrerer Hinsicht etwas Neues: Er verfasste zum einen die erste Dogmatik der reformatorischen Bewegung. Diese scheinbar historische Zufälligkeit wird durch die Tatsache besonders, dass es ihm nicht nur gelang, die Inhalte in einer systematischen Darstellung zu fassen. Vielmehr führte er damit eine Form des systematischen Theologietreibens ein, die dem Inhalt reformatorischer Theologie vielleicht in besonderem Maße entspricht: Die aus dem Schriftprinzip erwachsene *loci*-Methode. Beide Elemente, (a) das Schriftprinzip und (b) die *loci*-Methode, sollen kurz erläutert werden:

(a) Gemäß dem reformatorischen Schriftprinzip sind weder Vernunft noch Tradition Erkenntnisquelle der göttlichen Dinge, sondern allein die Heilige Schrift. »Es täuscht sich, wer sich anderswoher die Wesensgestalt des Christentums zu beschaffen sucht als aus der kanonischen Schrift.« (W 8) Diesen besonderen Status erhält die Schrift dadurch, dass »die Gottheit ihr ihr vollkommenstes Bild eingeprägt hat« (W 7). Denn bei ihr ist sich Melanchthon sicher, »das sie alleine vom Geist Gottes geschaffen wurde« (Loci 3,133). Demgegenüber sind die kirchliche Tradition, Konzilsbeschlüsse und menschliche Lehrmeinungen immer doppeldeutig (*ambiguus*). Man kann sich bei ihnen nie von vorne herein sicher sein, welch Geistes Kind sie sind. Es muss vielmehr jeweils einzeln geprüft werden, ob sie von Gottes Geist geprägt und somit wahr sind oder nicht. Alleiniger Prüfstein hierfür ist wiederum die einzige reine Quelle der Lehre des Heiligen Geistes: die Schrift (vgl. Loci 11,17). Daher kann nichts als Glaubensartikel gelten, was an der Schrift vorbei, über sie hinausgehend oder gar gegen sie festgelegt worden ist.

Melanchthons Ziel mit den *Loci* ist es entsprechend auch nicht, Meinungen der Theologen und Philosophen zusammenzustellen und diese kommentierend zu diskutieren. Das war zu seiner Zeit die gängige Praxis sowohl im Lehrbetrieb als auch in den aus ihm erwachsenden Veröffentlichungen. Das Referenzwerk hierfür war die Sentenzensammlung des P. Lombardus: Ausgangspunkt stellen Aussagen verschiedener Theologen zu einer Sachproblematik dar, die miteinander ins Gespräch gebracht, diskutiert und kommentiert und dann durchaus auch auf die Bibel bezogen werden. Melanchthon will nun aber gerade nicht einen weiteren Sentenzen-Kommentar verfassen. Es geht ihm darum, eine Hilfestellung zum selbständigen Bibelstudium zu bieten (vgl. W 5) – eine Hilfestellung, die aus dem Studium der Schrift erwachsen ist und immer wieder an ihr gemessen werden muss. Die *Loci* können und wollen das selbständige Bibelstudium nicht ersetzen: »Ich tue das nicht, um die Studenten von der Schrift wegzurufen […], sondern um sie, wenn ich kann, zur Schrift einzuladen.« (W 6) Dieser Grundsatz hat Konsequenzen für die Art und Weise, wie der jeweilige Inhalt diskutiert und belegt wird: Dem Schriftbeweis kommt eine überragende Bedeutung zu, wohingegen die ›Autoritäten‹ der Tradition keinerlei Beweisfunktion mehr haben. Ihnen wird von Melanchthon im besten Fall eine bestätigende Funktion zuerkannt. So wird – für reformatorische Theologie wenig überraschend – vor allem Augustin positiv aufgenommen, während vor allem Origenes und Hieronymus kritisiert werden.

In diesem Verständnis kommt der systematischen Darstellung des theologischen Inhaltes eine dem Bibelstudium dienende Funktion zu. Man kann die reformatorische Dogmatik so verstanden zu Recht als »Hilfswissenschaft« der Schriftauslegung bezeichnen (Bayer 1994, 135). Die Schrift selbst stellt sowohl den Ausgangspunkt der systematischen Überlegungen als auch ihren Zielpunkt dar. Melanchthon versucht so mit seinem Werk als ein im Schriftstudium stärker Bewanderter einen hermeneutischen Schlüssel für die darin weniger Erfahrenen zusammenzustellen. Und für diesen Schlüssel ist die *loci*-Methode bestens geeignet.

(b) Die *loci*-Methode stammt aus der antiken Rhetorik. In dieser Methode werden zur Erfassung eines Sachverhaltes bestimmte Schlüsselbegriffe – eben *loci* – an ihn herangetragen. Es handelt sich in gewissem Sinne um ein begriffliches Raster, das z.B. an einen Text angelegt wird, um dessen Inhalt besser verstehen und sich darüber verständigen zu können. Erasmus von Rotterdam hatte diese Methode besonders für den Umgang mit der klassischen Literatur propagiert, 1519 in seiner Schrift *Ratio seu methodus* aber auch für die Theologie empfohlen. Hier war sie schon vor Melanchthon im Rahmen der Predigt angewandt worden, was, wenn man ihren Ursprung als rhetorische Methode mit gedächtnisstützender Funktion bedenkt, leicht nachvollziehbar ist (vor allem als Lern- und Memoriertechnik begegnet sie auch heute). Melanchthon hat diese Vorgehensweise nun von der Bibelauslegung ausgehend auch für die systematische Darstellung in der Theologie fruchtbar gemacht. Er selbst beschreibt sie in den *Loci* folgendermaßen: »Man pflegt in den einzelnen Wissenschaften gewisse Hauptpunkte [*loci*] herauszusuchen, in denen das Ganze jeder

Wissenschaft zusammengefasst wird und die gleichsam als Ziel gelten, auf das wir alle Studien ausrichten.« (Loci 0,1) Aus seiner Sicht wurde diese Methode auch in der Theologie schon vor ihm verwendet, allerdings »selten und mäßig« (Loci 0,1). Und anders als die Tradition, die eine große Zahl solcher Zentralpunkte kennt, und anders auch als Erasmus, der ebenfalls von einer fast beliebig großen Anzahl ausgeht, reduziert Melanchthon die Anzahl der *loci* radikal. Zählt er selbst insgesamt 23 solcher Hauptpunkte der Tradition auf (vgl. Loci 0,4), so geht er für seine Darstellung von nur dreien aus: Gesetz, Sünde und Gnade. Damit entfallen so schwergewichtige theologische Topoi wie etwa die Trinitätslehre, die Gotteslehre im Allgemeinen und auch die Schöpfungslehre.

Bei einer solchen Reduktion stellt sich die Frage nach den hierbei angewandten Kriterien. Melanchthon nennt zwei, ein formales und ein inhaltliches. Das formale Kriterium ist das Schriftprinzip. Dieses verwendet Melanchthon allerdings in einer konzentrierten Variante: Als Schlüssel zur gesamten Schrift dient ihm der Römerbrief des Paulus, den er als »einen Abriß [*compendium*] der christlichen Lehre« versteht (Loci 0,17). Wir finden hier zum ersten Mal diejenige Form des reformatorischen Schriftprinzips in so ausgeprägter Form begründet und ausgeführt, die für das Luthertum in besonderen Maße typisch werden sollte und in der die paulinische Theologie, so wie sie im Römerbrief (und Galaterbrief) ausgeführt ist, den Zugang zur gesamten Schrift bildet. Mit dieser Sicht auf den Römerbrief ist Melanchthon für die protestantische Theologie prägend geworden (Bayer 1994, 134).

Melanchthon hatte nun bei seiner oben genannten Beschäftigung mit dem Römerbrief, bei der er bereits die *loci*-Methode anwandte, Gesetz, Sünde und Gnade als *die* Zentralthemen des Briefes erkannt. Hier zeigt sich übrigens eine weitere Besonderheit der melanchthonschen Anwendung der *loci*-Methode gegenüber der von Erasmus propagierten: Werden bei diesem Begriffe von einem Vorverständnis ausgehend sozusagen von außen an einen Text herangetragen, um ihn zu strukturieren und erfassen zu können, so hat Melanchthon den Anspruch, dass diese Begriffe allein aus dem Text selbst gewonnen werden dürfen. Aus der Beschäftigung mit dem Römerbrief ergeben sich die Zentralbegriffe dieses Textes, die dann wiederum an den Text angelegt werden können – dies sowohl für das eigene fortlaufende Schriftstudium als auch und vor allem als Hilfe für Neulinge in diesem Bereich: »Die Funktion und das Kriterium der loci ist also, aus der Schrift für das Studium der Schrift Orientierung zu bieten« (Schwöbel 1998, 66).

Neben dieses formale Kriterium der Auswahl der *loci* tritt ein inhaltliches: Es geht um das Zentrum des Christentums, um das, was jeder unbedingt wissen muss, um ein Christ genannt werden zu können. Das verortet Melanchthon in der auf die Soteriologie konzentrierten Christologie. Es geht um die Erkenntnis Christi. Christus wird aber aus seiner Heilstat für uns erkannt: »Denn das heißt Christus erkennen: seine Wohltaten erkennen« (Loci 0,13). Die übrigen Elemente der Christologie wie die Zwei-Naturen-Lehre oder Fragen der Inkarnation treten hinter der Soteriologie zurück – und werden entsprechend in den *Loci* von Melanchthon nicht eigens behandelt. Dieses Ausschlusskriterium gilt ebenfalls für die theologischen Topoi, die die Gotteslehre betreffen. Hier tritt neben die soteriologische Konzentration als weiteres wesentliches Moment ein philosophie- und spekulationskritischer Zug Melanchthons. Deutlich wird dies in folgendem Zitat: »Die Geheimnisse der Gottheit [*mysteria divinitatis*] sollten wir lieber anbeten als sie zu erforschen.« (Loci 0,6). Interessanterweise gibt Melanchthon ein heilsgeschichtliches Argument für diese selbstauferlegte Zurückhaltung in Bezug auf die klassischen Themen der Gotteslehre: »Gott [...] hat den Sohn in Fleisch gehüllt, damit er uns von der Betrachtung seiner Majestät zur Betrachtung des Fleisches und so [...] unserer Hinfälligkeit hinleite.« (Loci 0,6) Hier wird also inkarnationstheologisch gegen Formen der spekulativen Theologie argumentiert – einschließlich der Inkarnationstheologie selbst.

Das formale Kriterium des Schriftprinzips und das inhaltliche Kriterium der soteriologischen Konzentration stehen in einem Wechselverhältnis, das einem Zirkelschluss nahe kommt: Die klarste Darstellung der biblischen Soteriologie findet sich im Römerbrief, der selbst die Begrenzung auf die soteriologischen Topoi Gesetz, Sünde und Gnade bestätigt. Es findet sich bei Melanchthon also etwas Ähnliches, was Luther mit der ›Mitte der Schrift‹ (als dem ›was Christum treibet‹) ausdrückt.

Angemerkt werden soll noch, dass Melanchthon die von ihm nicht behandelten Topoi nicht etwa grundlegend ablehnt. Vielmehr kann er zumindest Teile von ihnen als »jene höchsten Hauptthemen [*loci illi supremi*]« (Loci 0,8) bezeichnen. Das Problem liegt für ihn nicht in den Topoi selbst, sondern darin, dass die Theologen der Tradition so viel Zeit und Energie auf diese Fragen verwendet haben – ohne zu klaren Ergebnissen zu kommen –, so dass »das Evangelium und die Wohltaten Christi verdunkelt« (Loci 0,10) worden sind. Angesichts dieser Situation der Unkenntnis des Evangeliums sowohl im Kirchenvolk als auch der Kirchenleitung möchte Melanchthon sich nicht ebenfalls in Diskussionen über soteriologisch weniger relevante Fragen verlieren.

Obwohl Melanchthon mehrfach betont, dass es auf die drei *loci* Gesetz, Sünde und Gnade ankommt, umfasst sein Werk neben der Einleitung nicht nur diese drei, sondern insgesamt elf *loci*. Auch wenn Melanchthon selbst an keiner Stelle diese Ausweitung begründet oder erklärt, so kann man die elf *loci* den drei genannten Oberpunkten zuordnen (Schwöbel 1998, 68; zum Aufbau weiterhin Kolb 1997, 174–176 sowie anders Stolle 1997).

0. Introductio	Einleitung
1. De hominis viribus adeoque de libero arbitrio	Von den Kräften des Menschen insbesondere vom freien Willen
2. De peccato	Von der Sünde
3. De lege	Vom Gesetz
4. De evangelio	Vom Evangelium
5. De gratia	Von der Gnade
6. De iustificatione et fide	Von der Rechtfertigung und dem Glauben
7. De discrimine veteris ac novi testamenti item de abrogatione legis	Von der Unterscheidung des alten und neuen Testamentes sowie von der Aufhebung des Gesetzes
8. De signis	Von den Zeichen
9. De caritate	Von der Liebe
10. De magistratibus	Von der Obrigkeit
11. De scandalo	Vom Ärgernis

2.2 Grundzüge des Inhalts

»Wenn du den menschlichen Willen unter dem Blickwinkel der Vorherbestimmung begutachtest, gibt es weder in äußeren noch inneren Werken irgend eine Freiheit, sondern alles geschieht aufgrund göttlicher Bestimmung. Wenn du den Willen unter dem Gesichtspunkt der äußeren Werke beurteilst, scheint es nach dem Urteil der Natur eine gewisse Freiheit zu geben. Wenn du den Willen unter dem Gesichtspunkt der Affekte beurteilst, gibt es schlechterdings keine Freiheit, auch nicht nach dem Urteil der Natur. Schon wo der Affekt [auch nur] anfängt zu rasen und aufzulodern, kann man ihn nicht hindern, auszubrechen.« (Loci 1,66–69).

Mit diesem Paukenschlag schließt Melanchthon den ersten *locus* seines Werkes »Die Kräfte des Menschen, insbesondere der freie Wille« ab. Auf den ersten Blick überraschend hatte er die Betrachtung der Hauptpunkte mit einer Diskussion über die menschlichen Kräfte begonnen. Bei näherem Hinsehen wird der Grund aber deutlich, ist es für die Erkenntnis der Wohltaten Christi doch notwendig, zunächst zu betrachten, inwiefern der Mensch von sich aus den göttlichen Willen erfüllen kann. Melanchthon macht hier ernst mit dem oben bereits erwähnten inkarnationstheologischen Argument, dass nämlich gerade die Menschwerdung Gottes in Christus dazu anleitet, unsere »Hinfälligkeit (*fragilitas*)« (Loci 0,6) zu bedenken. Unter einem anderen Gesichtspunkt betrachtet: Geht es bei der christlichen Erkenntnis unter anderem um die Frage, »woher man die Kraft holen kann, das Gesetz zu erfüllen« (Loci 0,16), so setzt Melanchthon als erste Antwortmöglichkeit mit der Analyse der natürlichen Kräfte des Menschen ein. Das tut er mit schonungsloser Schärfe. Das Ergebnis dieser Untersuchung findet sich in obigem Zitat: Der Mensch ist weitestgehend unfrei!

Wie kommt Melanchthon zu diesem Ergebnis? Nach Melanchthon gliedern die philosophischen Anthropologien den Menschen unnötigerweise in zu viele Teile auf. Dadurch verlieren sie das Wesentliche aus den Augen. Dagegen reduziert er die Darstellung der Kräfte des Menschen auf zwei:

»In ihm ist nämlich die Kraft, erkennen zu können, sowie die Kraft, durch die er entweder dem folgt oder das zurückweist, was er erkannt hat. Die Erkenntniskraft ist die Kraft, durch die wir wahrnehmen oder verstehen, schlußfolgern, das eine mit dem anderen vergleichen, das eine aus dem anderen berechnen. Die Kraft, aus der die Affekte hervorgehen, ist die, mit der wir entweder das Erkannte verwerfen oder ihm folgen. Diese Kraft nennt man bald Wille, bald [Affekt], bald Trieb« (Loci 1,8–9).

Also gibt es auf der einen Seite die Erkenntnis, auf der anderen Seite den mit den Affekten verbundene Willen. Es ist nun entscheidend, wie Melanchthon das Verhältnis dieser beiden Kräfte denkt. In skotistischer Tradition stehend ordnet er die Erkenntnis dem Willen unter: »Die Erkenntnis dient dem Willen« (Loci 1,12). Dieses ›Dienen‹ bedeutet nicht in erster Linie, dass ich nur erkenne, was ich will. Es geht nicht darum, die Erkenntnisfähigkeit dahingehend zu kritisieren, dass das Erkannte geprägt wäre von meinem Willen im Moment des Erkennens. Es geht nicht um Erkenntniskritik, sondern um die Frage, was das Handeln eines Menschen motiviert und steuert – und das ist nach Melanchthon nicht die Erkenntnis. Bleibt also die zweite Kraft im Menschen, der Wille (*voluntas*), der in Zusammenhang mit den Affekten (*affectus*) steht. Wie ist nun der Zusammenhang beider zu denken? Während der Skotismus davon ausging, dass der Wille die Affekte steuern könnte, es also z.B. eine Willensentscheidung sei, jemanden zu lieben oder nicht, betrachtete Melanchthon dagegen den Willen als »die Kraft, die den Affekten unterworfen ist« (Loci 1,14). An diesem Punkt ist Melanchthon nicht immer begrifflich völlig klar, aber es sprechen gute Gründe dafür, die zitierte Verhältnisbestimmung als die für ihn sachlich angemessene anzusehen. Es geht Melanchthon gerade darum, die Unfreiheit des menschlichen Willens und damit – sozusagen als nochmals verschärfter Spezialfall – die Unmöglichkeit der menschlichen Gesetzeserfüllung aufzuweisen.

Für Melanchthon steht fest, dass die Erkenntnis vom Willen dominiert wird, der wiederum unter der Herrschaft der Affekte steht. Dies reicht aber noch nicht aus, um die Unfreiheit des Menschen zu begründen. Dafür bedarf es noch eines weiteren Gedankenschrittes, nämlich den, dass wir im Blick auf unsere Affekte nicht sinnvoll von Freiheit sprechen können. »Dagegen sind die inneren Affekte nicht in unserer Gewalt. Denn durch Erfahrung und Gewohnheit erleben wir, dass der Wille nicht aus eigenem Antrieb Liebe, Haß oder ähnliche Affekte ablegen kann, sondern ein Affekt wird durch den [anderen] Affekt besiegt« (Loci 1,44). An diesem Zitat sind v.a. zwei Sachen zentral. Zum einen: Wir können unsere Affekte nicht steuern. Im Blick auf die Affekte sind wir fremdbestimmt – zumindest nicht selbstbestimmt. Wir können uns nicht aktiv dazu bringen, einen anderen zu lieben, ebenso wenig wie wir uns willentlich dafür oder dagegen entscheiden können, diese Liebe nach einer Enttäuschung aufrecht zu halten oder nicht. Zum anderen: Ein Affekt wird nur durch einen anderen Affekt besiegt werden (*affectus affectu vincitur*) (vgl. Loci 1,44). Die Affekte sind die stärksten Beweggründe im Menschen, die von nichts anderem als wiederum einem anderen, stärkeren Affekt überwunden werden können. »[Ich] bestreite es, dass eine Kraft im Menschen ist, die sich ernsthaft den Affekten widersetzen kann« (Loci 1,56). Nur der Heilige Geist kann die korrumpierten Affekte des Menschen heilen und so die Gesetzeserfüllung ermöglichen. Insofern ist Gott die einzige Ausnahme des Grundsatzes, da er nicht einfach einen Affekt durch einen anderen besiegt, sondern die grundlegende Affektstruktur des Menschen zurecht rückt.

Doch wie verhält sich diese Analyse mit der im obigen zusammenfassenden Zitat doch zumindest in gewissem Maße zugestandenen Freiheit in äußeren Dingen? Melanchthon gesteht diese Freiheit nur in deutlich eingeschränkter Form zu. Denn ist es nicht so, dass viele Handlungen, die scheinbar aufgrund echter Triebkontrolle geschehen und so eigentlich Paradebeispiele für die äußere Freiheit des Menschen sein könnten, letztlich ihre Motivation aus einem anderen, stärkeren, wenn auch vielleicht nicht bewussten Affekt beziehen? Als Beispiel nennt Melanchthon Alexander den Großen, bei dem aufgrund seiner Vergnügungssucht unverständlich sein müsste, wieso er die Strapazen der Feldzüge auf sich nahm. Eigentlich ist das doch ein Vorbild an Selbstdisziplinierung – nach Melanchthon allerdings nur ein Beispiel dafür, dass in manchen Menschen die Sucht nach Ruhm größer ist als die Sucht nach Vergnügen (vgl. Loci 1,47). So erweist sich die Kontrollierbarkeit der Affekte für Melanchthon als Illusion, bzw. als Ausweis mangelnder Tiefe in der Analyse der Handlungsmotivation.

Mag es nun auch bei den äußeren Handlungen einen minimalen Bereich der Freiheit geben, so ist diese Möglichkeit im Blick auf die Fragestellung der Erfüllung des göttlichen Willens völlig irrelevant, da es hier um die affektive Erfüllung geht. »Außerdem, was liegt daran, die Freiheit der äußeren Werke immer wieder im Munde zu führen, wenn Gott die Reinheit des Herzens prüft.« (Loci 1,61) Der menschliche Wille ist also – vor allem vor dem Maßstab Gottes – als unfrei anzusehen, da der Wille durch die Affekte beherrscht wird, diese nicht steuerbar und selbst hervorrufbar sind.

Diese Begründung der Unfreiheit des menschlichen Willens über die Affekte ist allerdings bei Melanchthon selbst erst der zweite Argumentationsschritt. Davor steht bei ihm die theologische Begründung – und das ist die göttliche Prädestination. »Da doch alles, was geschieht, gemäß der göttlichen Vorherbestimmung notwendig geschieht, gibt es keine Freiheit unseres Willens.« (Loci 1,19) Melanchthon vertritt hier ein deterministisches Prädestinationsverständnis, in dem alles Geschehen auf Gott zurückzuführen ist. Dafür führt er eine ausführliche Liste von Schriftzitaten an und argumentiert streng als Schrifttheologe. Von hier aus wendet er sich gegen die Tradition, die der Kontingenz als dem »Nichtnotwendigen« eine bedeutende Stellung im Weltgeschehen einräumte und damit nach Melanchthon einem biblischen Grundsatz widerspricht: »Alles ereignet sich notwendigerweise, wie die Schrift lehrt.« (Loci 1,30)

Aber auch wenn er selbst den Einstieg in die Argumentation bei der Prädestination wählt, so kommt der Betrachtung der Affekte eine herausragende Rolle zu – nicht nur für die Begründung des unfreien Willens. Vielmehr spielt die Affektenlehre in fast alle Teile der *Loci* hinein und ist ihre anthropologische Voraussetzung. So hat Schwöbel zu Recht betont, dass »die ›Loci‹ insgesamt eine theologische Affektenlehre sind« (Schwöbel 1998, 73). Dies gilt auch, wenn nicht in allen späteren *loci* der Begriff ›Affekt‹ eine bedeutende Rolle spielt. Denn immer wieder tritt neben ihn der Ausdruck ›Herz‹ (*cor*), der nach Melanchthon in biblischer Sprache »den Sitz aller menschlichen Affekte bezeichnet (*cor significat omium humanorum affectuum sedem*)« (Loci

2,126) und so von Melanchthon beinahe als Synonym zu ›Affekt‹ verwendet werden kann.

Im Folgenden sollen noch einige der weiteren *loci* schlaglichtartig beleuchtet werden. In seinem *locus* über die Sünde wendet sich Melanchthon gegen die trennende Unterscheidung von Erbsünde und Tatsünde. Dadurch erreicht er, dass die Sündenlehre aus ihrer moralisierenden Fokussierung auf die Tat befreit wird. Denn »Sünde ist ein Affekt gegen das Gesetz Gottes.« (Loci 2,118) Gott beurteilt nicht das äußere Werk, sondern die innere Haltung, die Beweggrund zur Tat war – eben den Affekt. Da der natürliche Mensch in seiner Verstrickung in die Erbsünde in seinem Innersten völlig von Gott abgekehrt ist, sind auch alle seine Werke Sünde. Das Gesetz (Loci 3) als Ganzes teilt Melanchthon hier der Tradition folgend in das Naturgesetz (als das allen Menschen gemeinsame Wissen um die grundlegendsten moralischen Normen), die göttlichen Gesetze (die in der Bibel vorhandenen Ordnungen) sowie die menschlichen Gesetze (die von einer menschlichen Obrigkeit erlassenen Gesetze). Letztere dürfen dem Naturgesetz und den göttlichen Gesetzen nicht widersprechen. Im Blick auf das göttliche Gesetz verwendet er ebenfalls die traditionelle Unterscheidung in Moralgesetze, Judizialgesetze und Zeremonialgesetze. Reformatorischer Theologie und der von ihm selbst dargelegten Anthropologie entsprechend lehnt er aber die Sicht der Tradition ab, dass die Judizial- und Zeremonialgesetze des Alten Testamentes für Christen zwar abgeschafft seien, dass die Moralgesetze (vor allem der Dekalog) aber ihre Bedeutung als möglicher Heilsweg für den natürlichen Menschen behalten würden, da sie für ihn erfüllbar seien. Wenn man auf die von Gott geforderte affektive Erfüllung blickt, erweist sich das als eine Illusion. So wird gerade durch die Aufhebung der Moralgesetze die Kraft der Gnade besonders betont. Wichtig ist aber zu beachten, dass Aufhebung für Melanchthon nicht bedeutet, dass die Gesetze für Christen als Äußerung des göttlichen Willens nicht gültig seien, sondern sie bedeutet, dass die Gesetze ihre Kraft verlieren, den Menschen zu verdammen (vgl. hierzu Loci 6, besonders 35f). Die Gnade, für die Melanchthon lieber den Begriff *Gunst* (*favor*) verwendet sehen würde, da er biblisch angemessener sei und zugleich eine falsche Aufgliederung der Gnade in verschiedene Momente wie in der Scholastik verhindern könnte (vgl. Loci 5,5ff), wird durch das Evangelium verheißen. Hier führt Melanchthon die seine gesamte Theologie prägende Grundunterscheidung von Gesetz und Evangelium ein. Ihre zentrale Bedeutung liegt wiederum im Schriftprinzip begründet, denn die »Schrift besteht aufs Ganze gesehen aus zwei Teilen, aus dem Gesetz und dem Evangelium« (Loci 4,4). Er wendet sich damit wie alle Reformatoren gegen eine Unterordnung des Evangeliums unter das Gesetz, wenn es wie in der Tradition als Neues Gesetz (*nova lex*) bzw. als Gesetz Christi (*lex Christi*) verstanden wird. Demgegenüber sind beide deutlich voneinander zu unterscheiden. Melanchthon betont gleichzeitig schon in dieser frühen Schrift die deutliche Bezogenheit beider (vgl. Loci 4,47f). Das Evangelium verkündigt also die Gnade, die »nichts anderes [ist] als Vergebung oder Nachlassung der Sünde. Die Gabe der [Gnade] ist der Heilige Geist, der die Herzen wiedergebiert und heiligt.« (Loci 5,11). Mit diesen durch die Gnade erneuerten Herzen ist es den Gläubigen möglich, den göttlichen Willen affektiv zu erfüllen. So kommt wiederum die große Bedeutung der Affekte zum Tragen: Allein der Heilige Geist kann die Affekte zum Richtigen hin verändern und umgekehrt besteht die Gnade gerade darin, dass die korrumpierten menschlichen Affekte geheilt werden. Die Gnade wird so zum Ermöglichungsgrund für die Gesetzeserfüllung – das ganze unter der bleibenden Spannung von altem und neuem Menschen. Hierbei interpretiert Melanchthon auch die Unterscheidung von Todsünden und lässlichen Sünden neu. Sie liegt bei ihm nicht mehr in der Schwere des moralischen Vergehens begründet, sondern in der Person des Täters: Eine Todsünde ist demnach »jedes Werk eines Menschen, der nicht in Christus ist« (Loci 7,92), während lässliche Sünden die Werke der Geheiligten sind, da sie diesen durch Gottes Gnade vergeben sind (vgl. Loci 7,95).

Als letzter Punkt soll noch auf eine Besonderheit im Blick auf Melanchthons Verständnis der Obrigkeit hingewiesen werden, die zeigt, wie deutlich die *Loci* auch ein Produkt der geschichtlichen Situation sind: Als geistliche Obrigkeit kommt lediglich die Papstkirche in den Blick und entsprechend negativ wird über sie geurteilt (vgl. Loci 10,8–18 sowie ausführlich 2,123–194). Die weltliche Obrigkeit wird zwar deutlich positiver betrachtet, indem ihre friedens- und ordnungswahrende Funktion betont wird. Gleichzeitig werden deutlich die Grenzen ihrer Machtbefugnis betont (das göttliche Gesetz) und die Rechtmäßigkeit des passiven Widerstands wird ausgehend von den Verfehlungen der Obrigkeit diskutiert (vgl. Loci 10,2–7 sowie 2,118–122).

3. Zur Wirkung

Die Wirkung der *Loci communes* von 1521 kann zunächst einmal in den späteren Ausgaben des Werkes gesehen werden. Wie bereits erwähnt hat Melanchthon zeitlebens an seinen *Loci* weitergearbeitet. Dies ist eine für ihn typische Arbeitsweise, die man auch bei seinen anderen Werken feststellen kann (vgl. Scheible 1992, 386). Die verschiedenen Ausgaben der *Loci* teilt man in drei Zeitabschnitte (*aetates*) ein, wobei die *prima aetas* die Erstausgabe samt deutscher Übersetzung durch Spalatin und die Nachdrucke beider umfasst. 1535 erschien eine völlig umgearbeitete Neufassung der lateinischen *Loci*, die ebenfalls bereits ein Jahr später in deutscher Fassung – diesmal von Justus Jonas übersetzt – vorlag (*secunda aetas*). In den 40er Jahren schließlich erarbeitete Melanchthon eine vor allem erweiterte Fassung, die 1544 zum ersten Mal im Druck erschien und seitdem in fast jährlichen Auflagen neu gedruckt wurde. Von dieser gibt es ebenfalls deutsche Fassungen, die diesmal von Melanchthon selbst erstellt wurden (*tertia aetas*). Äußerlich unterscheiden sich die verschiedenen *aetates* am deutlichsten durch den enorm anwachsenden Umfang: Von 140 Spalten (bezogen auf die Ausgabe im *Corpus Reformatorum*) 1521 auf etwa 500 Spalten bei der dritten *aetas*. Bedeutsamer ist jedoch, dass Melanchthon bereits seit der *secunda aetas* von der soteriologischen Konzentration weitgehend abgeht und einen traditionelleren und damit auch umfassenderen Aufbau der *Loci* wählt. Dazu kann man inhaltlich eine deutliche Entwicklung feststellen. So wird z.B. die Obrigkeit – besonders die weltliche aber auch die geistliche – in den späteren Auflagen sehr viel positiver betrachtet, was angesichts der geschichtlichen Situation mit einer evangelischen Obrigkeit nicht verwunderlich ist. Gravierender ist der Wandel im Verständnis der Rolle der Affekte. Waren sie 1521, wie gezeigt, für das ganze Werk zentral, so treten sie ab der zweiten Auflage deutlich zurück. Dies zeigt sich daran, dass die Affekte dem Willen untergeordnet werden und die Unfreiheit des Menschen ganz auf die Erfüllung des göttlichen Gesetzes konzentriert wird. Dieser Punkt zeigt eine Tendenz, die für die gesamte Entwicklung im Denken Melanchthons typisch ist und die sich besonders deutlich in der Entwicklung der Lehre vom dreifachen Brauch des Gesetzes (ausgeführt ebenfalls zum ersten Mal in der *secunda aetas*) und hier natürlich vor allem im *tertius usus legis* zeigt: das Interesse Melanchthons am ethischen Verhalten der Menschen.

Angesichts dieser Beobachtung kann gefragt werden, warum es sich überhaupt anbietet, die *Loci* der *prima aetas* zu betrachten. Klar sollte sein, dass damit nicht die Theologie Melanchthons *in toto* herausgearbeitet werden kann, sondern höchstens die des jungen Melanchthon. Für eine Gesamtdarstellung seiner Theologie wären die späteren Ausgaben besser geeignet – denn wer möchte schon selbst gerne ausschließlich aufgrund eines Jugendwerkes verstanden werden? Dennoch macht die Auslegung der *Loci* von 1521 aus systematischen Gründen Sinn. Zum einen begegnet hier wirklich ein neuer Typus von Dogmatik, zum anderen werden Grundprobleme reformatorischer Theologie auf beeindruckende Weise angegangen.

Versucht man die weitere Wirkungsgeschichte zu betrachten, so sind es zunächst zwei Aspekte, mit denen Melanchthon durch seine *Loci* in die Reformationszeit selbst hinein gewirkt hat: Da ist einerseits die auf den Römerbrief konzentrierte Form des Schriftprinzips, und andererseits die ausführlich ausgearbeitete Affektenlehre als Grundlage für eine Lehre vom unfreien Willen, mit der er Luthers Auseinandersetzung mit Erasmus wesentlich vorgearbeitet hat. Weiterhin ist natürlich die Einführung der *loci*-Methode in die systematische Theologie zu nennen, die bis in die altprotestantische Theologie hinein prägend geworden ist – auch wenn beachtet werden muss, dass die stärkere Wirkung sicher von dem ausführlicheren Aufbau der späteren Ausgaben ausging (vgl. zu Bedeutung der *loci*-Methode in der altprotestantischen Theologie den Beitrag zu J. Gerhards *Loci theologici* in diesem Buch sowie Kolb 1997, 179–182). Ist die weitere Wirkungsgeschichte der *Loci* 1521 schwer nachzuvollziehen (bei z.B. genereller Ablehnung Melanchthons im Pietismus und stärkerer Hochachtung bei den Aufklärungstheologen; vgl. Bayer 1994, 127f), so kann man spätestens ab dem 20. Jh. ein verstärktes Interesse gerade für den jungen Melanchthon (Maurer 1967/69) beobachten. Dies hängt sicher zum Teil mit der Luther-Renaissance zusammen. Wird Luther als der Maßstab für das theologisch Richtige angesehen, so kommt Melanchthon vornehmlich in seiner Rolle als treuer Schüler Luthers positiv in den Blick und nicht so sehr als selbständig denkender Reformator. Weiter fällt auf, dass Melanchthons *Loci communes* von 1521 in den letzten Jahren verstärkte Aufmerksamkeit im akademischen Lehrbetrieb erfahren haben. Hierbei spielen neben der für den Lehrbetrieb günstigen Kürze sowie der durch die von Pöhlmann besorgte zweisprachige Ausgabe hervorragenden Zugänglichkeit des Werkes sicher zentral inhaltliche Gründe eine Rolle, inhaltliche Gründe, die die *Loci* von 1521 nicht nur im zeitlichen Sinn zur ersten evangelischen Dogmatik machen (vgl. Schwöbel 1998, 77–79).

4. Literaturhinweise

Zitierte Quelle:

Ph. Melanchthon, Loci communes 1521. Lateinisch – Deutsch, übers. u. mit kommentierenden Anm. versehen v. H.G. Pöhlmann, Gütersloh ²1997 (abgek. Loci).

Zum Einstieg empfohlen:
»Einleitung« (Loci 0, 16–25).

Weiterführende Literatur:
Bayer 1994; Maurer, 1967/1969; Scheible 1992; Schwöbel, 1998.

5. Verwendete Literatur

O. Bayer, Theologie (HST 1), Gütersloh 1994.

R. Kolb, Die Anordnung der Loci Communes Theologici. Der Aufbau der Dogmatik in der Tradition Melanchthons, in: LuThK 21 (1997), 168–189.

W. Maurer, Der junge Melanchthon zwischen Humanismus und Reformation, 2 Bde., Göttingen 1967; 1969.

Ph. Melanchthon, Declarationes, in: Corpus Reformatorum. Opera qui supersunt omnia, ed. C.G. Bretschneider, Bd. 11, Halle 1843, 1–60.

H. Scheible, Art. Melanchthon, Philipp, TRE 22, Berlin 1992, 371–410.

–: Melanchthon. Eine Biographie, München 1997.

J. Schilling, Philipp Melanchthon – Eine Vorstellung, in: J. Schilling (Hg.), Melanchthons bleibende Bedeutung. Ringvorlesung der Theologischen Fakultät der Christian-Albrecht-Universität zum Melanchthon-Jahr 1997, Kiel 1998, 9–25.

Ch. Schwöbel, Melanchthons ›Loci communes‹ von 1521. Die erste evangelische Dogmatik, in: J. Schilling (Hg.), Melanchthons bleibende Bedeutung. Ringvorlesung der Theologischen Fakultät der Christian-Albrecht-Universität zum Melanchthon-Jahr 1997, Kiel 1998, 57–82.

v. Stolle, Erkennen nach Gottes Geist. Die Bedeutung des Römerbriefs des Paulus für Melanchthons Loci communes von 1521, in: LuThK 21 (1997), 190–218.

Lukas Lorbeer

Johann Gerhard: Loci theologici

1. Zur Person

Der Autor der *Loci theologici*, Johann Gerhard (1582–1637), ist wohl der berühmteste Theologe der lutherischen Orthodoxie. Geboren wurde er am 17. Oktober 1582 in Quedlinburg als Sohn des Patriziers und Ratskämmerers Bartholomäus Gerhard und seiner Frau Margareta.

Als einschneidende Erfahrung in seiner Jugend beschreibt Gerhard eine tiefe seelische Krise, in die er im Alter von 15 Jahren während einer schweren Krankheit geriet. Geistliche Unterstützung wurde ihm durch den Quedlinburger Pfarrer J. Arndt (1555–1621) zuteil, der später die *Bücher vom wahren Christentum* (1605–1610) verfasste. Arndt trat darin für eine geistliche Erneuerung der als wenig glaubwürdig erlebten Frömmigkeit im Luthertum ein. Gerhard blieb ihm dauerhaft verbunden, auch wenn er sich von Arndts umstrittenen Positionen später distanzierte. Offenbar verdankt er Arndt einen entscheidenden Impuls bei der Wahl seines Studienfaches, der Theologie. Seit 1599 in Wittenberg an der Artistenfakultät eingeschrieben, begann er dort 1601 zunächst ein Medizinstudium. Erst 1603 wechselte der hochbegabte Student an die theologische Fakultät nach Jena. Nach einem Studienaufenthalt in Marburg kehrte er 1605 nach Jena zurück und erwarb dort 1606 den theologischen Doktorgrad.

Vor dem Antritt seiner Professur an der Universität Jena stand Gerhard zehn Jahre in den Diensten der Herzöge von Coburg, zunächst als Superintendent in Heldburg, ab 1615 als Generalsuperintendent in Coburg. Während dieser Zeit erhielt er mehrere Rufe, u.a. nach Jena und Wittenberg. Aber erst 1616 gewährte ihm Herzog Casimir die Annahme eines Rufes nach Jena. Dort blieb Gerhard Professor bis zu seinem Tod am 17. August 1637; viele Rufe auf andere Stellen lehnte er ab. An den inner- und interkonfessionellen theologischen Debatten seiner Zeit war Gerhard maßgeblich beteiligt. Zugleich war er im Dreißigjährigen Krieg immer wieder als politischer Berater gefragt. Der zwei Mal verheiratete Gerhard hatte insgesamt elf Kinder, von denen fünf früh verstarben.

Gerhards *opus magnum*, seine *Loci theologici* (abgek. loc.) erschienen in neun Bänden von 1610 bis 1622. 1625 ließ der Autor unter dem Titel *Exegesis uberior* eine überarbeitete Fassung des ersten Bandes folgen, die in der heute am weitesten verbreiteten Edition (E. Preuss, Berlin 1863–1875) am Anfang steht. Die *Loci* nehmen eine Zentralstellung in Gerhards Werk ein und bilden seinen wichtigsten Beitrag zur Dogmatik der lutherischen Orthodoxie.

Als Gerhard mit seiner Arbeit an den *Loci* begann, hatte er sein beliebtestes und am weitesten verbreitetes Werk schon geschrieben – die *Meditationes sacrae* (1606), ein Erbauungsbuch, das in viele Sprachen übersetzt wurde. Von Gerhards zahlreichen Werken seien weiter genannt: Das *Enchiridion consolatorium* (1611), die *Methodus studii theologici* (1617) und die *Confessio catholica* (1633–1637), eine Auseinandersetzung mit dem katholischen Theologen R. Bellarmin (1542–1621).

2. Zum Werk

2.1 Zur Verortung des Werkes

Immer wieder ist in der Literatur die Einschätzung des katholischen Theologen J.B. Bossuet (1627–1704) zu lesen, Gerhard sei »der dritte Mann der Reformation nach Luther und Chemnitz« (Baur 1982, 99; Honecker 1984, 448). Luther habe jene Bewegung angestoßen, deren Ergebnisse dann von M. Chemnitz (1522–1586) im Konkordienwerk von 1577/80 fixiert worden seien. Johann Gerhard als der »dritte Mann« schließlich habe das Werk der Reformation zum Abschluss gebracht, indem er die reformatorische Lehre in seinen *Loci theologici* entfalte. Wird in dieser Deutung die Kontinuität der Entwicklung hervorgehoben, so gerät dabei aus dem Blick, wie stark Gerhard in seiner Rezeption reformatorischer Theologie von der »Wiederkehr der Metaphysik« (Walter Sparn) um 1600 geprägt ist. Luther hatte die aristotelische Metaphysik noch als scholastischen Irrweg verabschiedet, der deshalb in der Theologie nichts zu suchen habe, weil es in ihr nicht um die Erkenntnis einer spekulativen Wahrheit, sondern um die existenziellen Belange des Menschen gehe: um das Heil des *homo peccator*.

Die lutherische Orthodoxie stand nun vor der Aufgabe, die reformatorische Theologie, die Luther selbst nie in einem umfassenden System dargelegt hat, für den akademischen Lehrbetrieb und für die kirchliche Praxis systematisch zu erfassen und zu durchdringen. Das tat sie vor dem Hintergrund einer bewegten Zeit. Die Fixierung der Glaubensspaltung führte zu einer sich immer weiter zuspitzenden politischen Krise im Reich, die schließlich in den Dreißigjährigen Krieg mündete. Zugleich löste das Gegeneinander der Konfessionen auch eine nachhaltige innere Erschütterung der Gläubigen aus, die bis zu den von J. Arndt beklagten Missständen führen konnte. Theologische Orientierung zu vermitteln war die Aufgabe, die sich den Autoren der lutherischen Orthodoxie in dieser Krisenzeit stellte. Dazu griffen sie auf die Denkformen der aristotelischen Metaphysik zurück, die sich um 1600 allgemein als wissenschaftliche Rahmentheorie durchgesetzt hatte. Sie erfüllte im wissenschaftlichen Diskurs die Funktion einer »einleitenden Grundwissenschaft« (Hägglund 1951, 12) und bot auch der lutherisch-orthodoxen Theologie ein umfangreiches methodisches Instrumentarium, das zur denkerischen Bewältigung des überlieferten theologischen Stoffes überaus hilfreich war (s.u.). Durch die Verknüpfung dieser zwei ganz unterschiedlichen Denkwelten kommt es in den Gerhardschen *Loci* immer wieder zu Spannungen.

2.2 Formale Dimensionen des Werkes

Der Titel des Gerhardschen Opus ist etwas unübersichtlich, aber programmatisch für Methode und Ziel: *Loci theologici cum pro adstruenda veritate tum pro destruenda quorumvis contradicentium falsitate per theses nervose solide et copiose explicati.* (›Theologische ›Orte‹/Hauptlehren, zum Aufbau der Wahrheit wie auch zur Zerstörung des Irrtums jeglicher Gegner in Thesen kraftvoll, fest und ausführlich erklärt.‹) Mit »pro adstruenda veritate« und »pro destruenda [...] falsitate« ist Gerhards doppelte Zielsetzung im Interesse der theologischen Gegenwartsorientierung angesprochen: Das Werk soll positiv eine zusammenhängende Darstellung der reformatorischen Hauptlehren bieten und zugleich die Irrtümer anderer Überzeugungen widerlegen. Gerhards Stil ist trotz seiner schwerlich zu leugnenden Weitschweifigkeit (»copiose«) sehr klar. Zugleich zeigt er eine Gelehrsamkeit, die für barocke Texte typisch ist: Lange Belegzitate aus Bibel, Kirchenvätern, Reformation und aus gegnerischen Schriften stützen seine Thesen.

Bereits der Titel *Loci theologici* zeigt, dass Gerhard wie Melanchthon von der rhetorisch-topischen Methode ausgeht; er beginnt sie aber systematisch durchzuformen. In der Loci-Ordnung werden alle wichtigen Themen der Gesamtlehre – verstanden als ›Orte‹ – aufgesucht und abgehandelt. Aus den einzelnen Kapiteln setzt sich das Gesamtbild der Lehre wie ein Mosaik ›synthetisch‹ zusammen. Das Modell stammt aus der antiken Rhetorik und findet über den Humanismus Eingang in die verschiedenen Wissenschaftsdisziplinen der frühen Neuzeit. Für seine Anwendung in der Theologie gilt: Die Ordnung der Loci ist vorgegeben und richtet sich nach der Themenabfolge in der biblischen Heilsgeschichte bzw. nach dem Glaubensbekenntnis. In der Praxis dient das Schema der Loci-Methode sowohl zur Stoffsammlung (für Studierende) als auch zum Auffinden von Informationen (für die Benutzer der jeweiligen Werke, etwa für Pfarrer bei der Predigtvorbereitung).

Mit Gerhards *Loci theologici* hat das Loci-Modell einen End- und Umschlagpunkt erreicht. In den zeitgenössischen lutherisch-orthodoxen Dogmatiken von G. Calixt (1586–1656) und J.F. König (1619–1664) wird es bereits durch die analytische Methode abgelöst, bei der alle Aussagen aus einem gemeinsamen Ziel abgeleitet werden und dadurch ein zusammenhängendes Gesamtsystem bilden. Entwickelt wurde dieses Verfahren durch den italienischen Wissenschaftstheoretiker G. Zabarella (1533–1589) im Rahmen seiner Unterscheidung zweier Arten von wissenschaftlichen Disziplinen (vgl. Hägglund 1951, 45–54). Beschäftigen sich die *scientiae contemplativae* (Metaphysik, Mathematik und Physik) mit solchen Dingen, die ohne menschlichen Einfluss existieren und um ihrer selbst willen erkannt werden, so sind die *disciplinae operatrices* nicht auf die bloße Erkenntnis einer Sache aus, sondern auf die tätige Verwirklichung eines bestimmten Zieles (*finis*). Entsprechend müssen sie auch von diesem Ziel her methodisch konstruiert werden. Als Zabarella die analytische Methode entwarf, hatte er nicht die Theologie im Sinn; angewandt wurde sein Konzept aber bald auch in der Theologie des Luthertums, als deren methodisch bestimmender *finis* das Heil der Menschen angesehen wurde. Eine ganz ähnliche Bestimmung findet sich auch im Theologieverständnis Johann Gerhards (vgl. Abschnitt 2.3), der der Loci-Methode ansonsten noch weitgehend verhaftet ist.

Der Zusatz *theologici*, der die Darstellung explizit unter das Leitwort ›Theologie‹ stellt, könnte als Indiz für Gerhards Absicht verstanden werden, den theologischen Stoff schon innerhalb des Loci-Schemas stärker systematisch zu strukturieren. Dies wird sowohl in Gerhards *methodus universalis* deutlich, also in der Gesamtanlage seines Werkes, als auch in der jeweiligen *methodus particularis*, der Vorgehensweise in jedem Einzellocus.

Zunächst zum *methodus universalis*: Johann Gerhard verhandelt die Dogmatik in 31 Loci (bzw. 34, wenn man die Erstausgabe des ersten Bandes zugrunde legt).

Band	loc.			
1 (1610/ 1625)	(*Exegesis uberior*, 1625)		(Band 1, 1610)	
		Prooemium de natura theologiae (Vorwort über das Wesen der Theologie)	–	
	1	*De scriptura sacra* (Von der heiligen Schrift)	1	*De scriptura sacra*
			2	*De legitima scripturae sacrae interpretatione* (Von der rechtmäßigen Auslegung der heiligen Schrift)
	2	*De natura dei et attributis divinis* (Vom Wesen Gottes und den göttlichen Attributen)	3	*De natura dei, hoc est de essentia et attributis divinis*
	3	*De sanctissimo trinitatis mysterio* (Vom allerheiligsten Geheimnis der Trinität)	4	*De tribus elohim sive de s[anctis-]s[imo] trinitatis mysterio* (Von den drei ›Elohim‹ oder …)
			5	*De deo patre et aeterno ejus filio* (Von Gott dem Vater und seinem ewigen Sohn)
			6	*De spiritu sancto* (Vom heiligen Geist)
	4	*De persona et officio Christi* (Von Person und Amt Christi)	7	*De persona et officio Christi*
2 (1611)	5	*De creatione et angelis* (Von der Schöpfung und den Engeln)		
	6	*De providentia* (Von der Vorsehung)		
	7	*De electione et reprobatione* (Von Erwählung und Verwerfung)		
	8	*De imagine dei in homine* (Vom Bild Gottes im Menschen)		
	9	*De peccato originali* (Von der ursprünglichen Sünde)		
	10	*De peccatis actualibus* (Von den tatsächlichen Sünden)		
	11	*De libero arbitrio* (Vom freien Willen)		
3 (1613)	12	*De lege dei* (Vom Gesetz Gottes)		
	13	*De legibus ceremonialibus et forensibus* (Von den [alttestamentlichen] Kult- und Zivilgesetzen)		

Band	loc.	
	14	*De evangelio* (Vom Evangelium)
	15	*De poenitentia* (Von der Buße)
	16	*De justificatione per fidem* (Von der Rechtfertigung durch den Glauben)
4 (1614)	17	*De bonis operibus* (Von den guten Werken)
	18	*De sacramentis* (Von den Sakramenten)
	19	*De circumcisione et agno paschali* (Von der Beschneidung und dem Passalamm)
	20	*De sacro baptismo* (Von der heiligen Taufe)
5 (1617)	21	*De sacra coena* (Vom heiligen Mahl)
	22	*De ecclesia* (Von der Kirche)
6 (1619)	23	*De ministerio ecclesiastico* (Vom kirchlichen Amt)
	24	*De magistratu politico* (Von der staatlichen Obrigkeit)
7 (1620)	25	*De conjugio* (Von der Ehe)
8 (1621)	26	*De novissimis in genere* (Von den letzten Dingen allgemein) Tractatus 1: *De morte* (Vom Tod)
	27	Tractatus 2: *De mortuorum resurrectione* (Von der Auferstehung der Toten)
9 (1622)	28	Tractatus 3: *De extremo judicio* (Vom letzten Gericht)
	29	Tractatus 4: *De consummatione seculi* (Vom Ende der Welt)
	30	Tractatus 5: *De inferno seu morte aeterna* (Von der Hölle oder dem ewigen Tod)
	31	Tractatus 6: *De vita aeterna* (Vom ewigen Leben)

(Datierung nach Baur 1982, 108; abweichende Daten bei Schröder 1983, 45.)

Zum einen fällt auf, dass Gerhard in der *Exegesis uberior* (1625) seinen *Loci* ein *Prooemium de natura theologiae* vorangestellt hat, das nicht in die Loci-Ordnung gehört, sondern systematische Prolegomena enthält. Auffällig ist auch die prominente Stellung der heiligen Schrift gleich im ersten Locus. Diese Kategorisierung entspringt ebenfalls systematischen Überlegungen. Sie entspricht ausdrücklich nicht dem *principium essendi*, als ob die Schrift vor allem anderen gewesen wäre – dann hätte mit Gott begonnen werden müssen –, sondern dem *principium cognoscendi*, dem Erkenntnisprinzip (vgl. loc. 1 § 1): Erkenntnis und Verstehen der Schrift sind Grund und Voraussetzung für jede weitere theologische Erkenntnis, die dann in den übrigen Loci dargelegt werden kann. Diese sind unterteilt in solche von der *essentia Dei* und solche von der *voluntas Dei* (›Sein‹ und ›Willen Gottes‹). Damit werden beide Teile unter den Namen Gottes gestellt, und die Theologie ist Theo-logie, Gotteslehre im eigentlichen Wortsinn (vgl. Wallmann 1961, 45–47). Das Sein Gottes – einschließlich der Trinitätslehre und der Christologie – wird in loc. 2–4 expliziert; der Wille Gottes umfasst die übrigen Loci von der Schöpfung über Sünde, Rechtfertigung und Ekklesiologie bis zu den letzten Dingen und wird in zwei unterschiedliche *decreta* (Ratschlüsse) aufgeteilt: das *decretum creationis* (loc. 5–6) und das *decretum reparationis* (loc. 7–31). All diese Beobachtungen machen Gerhards Bemühen um die systematische Strukturierung des Stoffes über das Loci-Schema hinaus deutlich (vgl. die schematische Darstellung bei Schröder 1983, 45).

Neben der übergreifenden *methodus universalis* erhält jeder einzelne Locus seine *methodus particularis*. Gerhard variiert dabei immer wieder ein ähnliches Gerüst. Es beruht zunächst auf der Unterscheidung von ›Onomatologie‹ und ›Pragmatologie‹: In der Onomatologie verhandelt Gerhard jeweils Herkunft und Bedeutung der Begrifflichkeit; in der Pragmatologie stellt er die gemeinte Sache selbst dar. Dabei wird ggf. zunächst die Existenz des jeweiligen Gegenstandes erörtert. Dieser Teil, der den Großteil des Textes ausmacht, ist in der Regel in vier Abschnitte gegliedert. Sie richten sich nach dem ›Kausalschema‹ der aristotelischen Metaphysik mit ihren vier Typen von Ursachen jedes Seienden (vgl. Aristoteles, Met $\in$; 1013a–b). In ihren Ursachen wird nach Gerhards Auffassung die Sache selbst erkannt. Der Begriff der ›Ursache‹ ist dabei vielschichtiger als sein heutiger Gebrauch: Neben der eigentlichen Wirkursache (*causa efficiens*) kennt Aristoteles drei weitere Ursachen, nämlich die der Materie (*causa materialis*), der Form (*causa formalis*) und des Ziels des Seins einer Sache (*causa finalis*). ›Materie‹ bezeichnet das, was gestaltet wird, ›Form‹ das gestaltende innere Wirkungsprinzip (nicht etwa die äußere Form). Bei einem Stuhl etwa ist der Schreiner die Wirkursache, die Materie das Bauholz; als ›Form‹ kann man den Entwurf oder die Vorstellung bezeichnen, die der Schreiner beim Bauen umsetzt, und der Zweck des Stuhls ist es, dass jemand darauf sitzen kann. Johann Gerhard wendet dieses Schema nun konsequent, aber flexibel auf (fast) alle Gegenstände der Dogmatik an (ggf. kann er es um bestimmte Aspekte erweitern). Als beliebig herausgegriffenes Beispiel soll seine Lehre von der Kirche (loc. 22) dienen: Bei der Wirkursache unterscheidet er zwischen dem dreieinigen Gott als *causa efficiens principalis* (loc. 22 § 37) und dem kirchlichen Amt als *causa efficiens instrumentalis* (loc. 22 § 40); Gott bedient sich der Evangeliumspredigt und der Sakramentsverwaltung des kirchlichen Amtes, um die Kirche zu konstituieren und zu erhalten. *Materia* sind die Menschen, aus denen die Kirche besteht (loc. 22 § 47). Die *causa formalis*, die dieser ›Materie‹ die erkennbare Gestalt der Kirche aufprägt, sind die reine Predigt des Evangeliums und die rechtmäßige Verwaltung der Sakramente, jene konstitutiven Kennzeichen der Kirche (*notae ecclesiae*, loc. 22 § 126), die ihr Zustandekommen mit bewirken. Als *causa finalis* der Kirche nennt Gerhard die Erkenntnis, Verehrung und Verherrlichung Gottes durch sein Volk in diesem und im ewigen Leben (loc. 22 § 303).

Eine Besonderheit der *Loci* besteht darin, dass am Ende jedes Locus, nach der Abhandlung der vier Ursachen, ein Abschnitt über den ›Gebrauch‹ oder den ›Nutzen‹ des jeweiligen Locus (*De usu hujus loci*) steht. Gerade bei den eschatologischen Traktaten (loc. 26–31) fallen diese erbaulichen Teile besonders ausführlich aus. Wenn Gerhard die lehrhaften, ermahnenden, ermutigenden und tröstlichen Aspekte der zuvor entfalteten Lehre bedenkt, wird sein seelsorgliches Interesse besonders deutlich. Eine knappe Definition des verhandelten Themas schließt jeden Locus ab. Das gilt auch für das *Prooemium de natura theologiae*. Von der dort enthaltenen grundlegenden Definition der Theologie her sollen nun einige zentrale Inhalte von Gerhards Ansatz erläutert werden.

2.3 Grundzüge des Inhaltes

»Theologia (systematice et abstractive considerata) est doctrina ex verbo Dei exstructa, qua homines in fide vera et vita pia erudiuntur ad vitam aeternam. Theologia (habitualiter et concretive considerata) est habitus θεόσδοτος per verbum a Spiritu sancto homini collatus, quo non solum in divinorum mysteriorum cognitione per mentis illuminationem instruitur, ut quae intelligit in affectum cordis et exsecutionem operis salutariter traducat, sed etiam aptus et expeditus redditur de divinis illis mysteriis, ac via salutis alios informandi, ac coelestem veritatem a corruptelis contradicentium vindicandi, ut homines fide vera et bonis operibus rutilantes ad regnum coelorum perducantur.«

(prooem. § 31: ›Systematisch und abstrakt betrachtet, ist die Theologie eine aus dem Wort Gottes heraus aufgebaute Gelehrsamkeit, durch die die Menschen in wahrem Glauben und frommem Leben auf das ewige Leben hin unterrichtet werden. Habituell und konkret betrachtet, ist die Theologie eine gottgegebene Haltung, die dem Menschen durch das Wort vom Heiligen Geist übertragen wird, durch die er nicht nur vermittels Erleuchtung des Geistes in der Erkenntnis der göttlichen Geheimnisse unterwiesen wird, damit er, was er erkennt, in Bewegung des Herzens und Ausführung der Tat heilsam überführt, sondern auch fähig und frei gemacht wird, über jene göttlichen Geheimnisse und den Weg des Heils andere zu unterrichten und die himmlische Wahrheit von den Verderbnissen der Widersprechenden zu befreien, damit die Menschen, durch wahren Glauben und gute Werke ausgezeichnet, zum Himmelreich geführt werden.‹)

Gerhard liefert hier zwei Definitionen der Theologie: Einmal bestimmt er sie als *doctrina*, einmal als *habitus*. Letztlich erweist sich die zweite, ›konkrete‹ Definition als Explikation der ersten, ›abstrakten‹.

Zunächst folgen einige allgemeine Überlegungen zum Begriff ›Theologie‹, der dann durch die beiden Definitionen näher bestimmen werden wird. Wie oben angedeutet, sind mit Gerhards Entscheidung, die Dogmatik vom Theologiebegriff her zu entfalten, bereits wichtige Weichen gestellt: Er macht damit den systematischen Anspruch seines Ansatzes deutlich. Melanchthon hatte ›Theologie‹ noch ausschließlich in negativer Wertung für jene mittelalterliche Scholastik verwendet, von der sich die Reformation abgrenzte. Indem Gerhard den Begriff positiv aufgreift, knüpft er terminologisch an Luther an, der der mittelalterlichen *theologia gloriae* affirmativ die reformatorische *theologia crucis* entgegensetzte. Gerhard unterscheidet in der ›Onomatologie‹ zum Theologiebegriff (prooem. §4) drei Bedeutungen von *theologia*. Dabei wird nicht nur die Weite, sondern zugleich die existenzielle Ausrichtung seines Theologieverständnisses deutlich. ›Theologie‹ ist nach prooem. §4 zum einen – dies ist der weiteste Begriff – gleichbedeutend mit ›Glaube und christliche Religion‹ (»fides et religio Christiana«). In diesem Sinne sind alle Christen Theologen zu nennen. Zum zweiten bezeichnet ›Theologie‹ die kirchliche Verkündigung, zum dritten die ›genauere Erkenntnis göttlicher Geheimnisse‹ (»accuratior divinorum mysteriorum cognitio«), also die theologische Wissenschaft (vgl. Wallmann 1961, 33–45).

Das führt direkt zur ersten der beiden Definitionen aus prooem. §31. Nach ihr ist die Theologie *doctrina*. Laut Wallmann ist der Ausdruck nicht einfach mit ›Lehre‹ zu übersetzen, sondern eher mit ›Gelehrsamkeit‹: *Doctrina* meint »nicht eine vorgegebene und erst zu erkennende ›Lehre‹«, sondern »den Zustand der Erkenntnis, der aus einem Belehrtwerden folgt« (Wallmann 1961, 63). In dieser Zuspitzung auf die subjektive Aneignung entspricht das Verständnis von *doctrina* genau dem noch zu erläuternden Habitus-Begriff der zweiten Definition. Woher aber stammt das, was da angeeignet wird? »Ex verbo Dei exstructa«, ›aus Gottes Wort heraus aufgebaut‹ sei die *doctrina*, so Gerhard. Damit ist die fundamentale Bedeutung genannt, die die Heilige Schrift als *principium cognoscendi* für die Erkenntnis von Glaubenssachen besitzt und die Gerhard in loc. 1 (*De sciptura sacra*) ausführlich entfalten wird. Doch nicht nur über das Woher der *doctrina*, auch über ihr Wozu und Wohin gibt die erste Definition Auskunft: Sie soll die Menschen in Glauben und Leben unterweisen – darin ist sie tatsächlich ›Lehre‹ –, mit dem Ziel, dass sie schließlich das ewige Leben erlangen. Die Perspektive der Theologie, die Gerhard in den Blick nimmt, ist das Heil der Menschen. Darin liegt die Nähe von Gerhards Ansatz zur analytischen Methode, die freilich anders als Gerhard die Theologie dann genau vom Ziel der Heilsgewinnung her aufbaut.

Die zweite, konkretere und ausführlichere Definition der Theologie aus prooem. §31 bestimmt diese als einen »habitus ϑεόσδοτος«, eine ›gottgegebene Haltung‹. Diese Bestimmung bildet das Herzstück von Gerhards Theologieverständnis. Der Begriff *habitus* ist wieder eine Anleihe aus der aristotelischen Philosophie, wo er ein bestimmtes seelisches Vermögen bezeichnet (vgl. Aristoteles, Nikomachische Ethik 2,4; 1105b). In Melanchthons Rezeption, an die Gerhard anschließt, meint *habitus* näherhin eine durch wiederholte Handlungen zustande kommende Befähigung bzw. Fertigkeit der Seele (*anima*) zu bestimmten Handlungen. Für die Theologie als *habitus animae* ist es konstitutiv, dass sie in der Seele dessen verortet ist, der sie betreibt. Genau deshalb meint auch *doctrina* keinen »außerhalb des erkennenden Subjekts zu betrachtenden Inbegriff von erst anzueignenden Offenbarungswahrheiten« (Wallmann 1961, 69) und sollte daher besser mit ›Gelehrsamkeit‹ wiedergegeben werden.

Die Besonderheit der Theologie im Vergleich zu den anderen Wissenschaften liegt nun darin, wie dieser Habitus zustande kommt. Zwar bedarf es auch zu seinem Erwerb bestimmter Einübungsstrategien; Gerhard nennt im Anschluss an Luther die Trias von Gebet, Betrachtung und Anfechtung (»oratio, meditatio, tentatio«, prooem. § 17). Letztlich aber ist die Theologie ein *habitus* θεόσδοτος, eine gottgegebene Haltung. Darin erweist sich ihre Verwandtschaft mit dem Glauben; ›Glaube‹ hatte Gerhard ja auch als umfassendste Bedeutung des Theologiebegriffes angegeben (»fides et religio Christiana«). Wie der Glaube, so ist nach Gerhard auch die Theologie ein Werk des Heiligen Geistes (»a Spiritu sancto homini collatus«). »Durch die Einführung der Kategorie des habitus θεόσδοτος gleicht sich der theologische Erkenntnisvollzug der Übernatürlichkeit seines Gegenstandes an.« (Wallmann 1961, 78) Gerhard verfügt damit über ein dynamisches Theologiekonzept, das die immer wieder neu sich ereignende, subjektive Erkenntnis akzentuiert.

Was also die zweite Definition über das Wozu und Wohin der Theologie zu sagen hat, erweist sich folgerichtig als ausführliche Explikation der ersten: Die durch die Schrift vermittelte und durch den Geist gewirkte Erkenntnis wird zunächst in innere Herzensbewegung, dann in äußere Werke umgesetzt. Beide ›Früchte‹, lebendiger Glaube und geheiligtes Leben, werden als ›heilsam‹ (»salutariter«) beschrieben: Sie sind nicht nur das Resultat eines Heilsprozesses, sondern führen ihn weiter. Das gilt insbesondere für die im *habitus* θεόσδοτος gegebene ›Fertigkeit‹ des Theologen, seine Erkenntnis als Unterrichtender weiterzugeben und verderbliche Irrtümer zu beseitigen. Solches Wirken multipliziert letztlich beide, Glauben und Werke, indem nun auch anderen Menschen daran Anteil gegeben wird, und setzt so den in der Theologie angestoßenen Heilsprozess zum großen Ziel – »ad regnum coelorum« – fort. Ganz deutlich wird in dieser Definition der Charakter der Theologie als Heilslehre, die vom Heil nicht nur handelt, sondern auch darauf hinwirken soll. In diesem Sinne wäre sie nach Zabarella eine ziel- oder zweckorientierte *disciplina operatrix* (vgl. Abschnitt 2.2). Nach Gerhard ist sie eine praktische Disziplin, da sie nicht auf nackte Erkenntnis, sondern auf Tätigkeit aus ist: »theologiam esse disciplinam practicam« (prooem. § 28), »cum finis theologiae ultimus non sit nuda γνῶσις, sed πρᾶχις« (prooem. § 12). Entsprechend lässt sich der Mensch, nämlich ›sofern er zur ewigen Seligkeit zu führen ist‹ (»homo, quatenus ad aeternam beatitudinem est perducendus«, prooem. § 28), als Gegenstand der Theologie bestimmen. In dieser existenziellen Zweckbestimmung von Theologie als Heilslehre liegt das reformatorische Erbe Gerhards. Andererseits ist Theologie, nach dem Gliederungsprinzip *de essentia et de voluntate Dei*, aber auch Gottes-Lehre im strikten Sinne. Hierin liegt Gerhards Nähe zur aristotelischen Metaphysik. Wallmann hat zu Recht auf die ungeklärte Konkurrenz dieser beiden systematischen Prinzipien in Gerhards Theologieverständnis hingewiesen und auf die darin liegende Gefahr, dass die Theologie das ihrer Sache angemessene geschichtliche Denken zugunsten von metaphysisch-objektivierendem Denken aufgibt (vgl. Wallmann 1961, 54–61).

Im Anschluss an Methode und Grundlegung von Gerhards Theologie soll nun sein Schriftverständnis zur Sprache kommen, auf das bereits mehrfach verwiesen wurde. Innerhalb seiner Theologie nimmt es eine Schlüsselstellung ein: Als »unicum et proprium theologiae principium« (loc. 1 § 1) besitzt die Schrift für die Theologie dieselbe Erkenntnis erschließende Funktion wie die Vernunft für andere Disziplinen (vgl. Hägglund 1951, 148–170). Gerhard knüpft damit – in Abgrenzung zum katholischen Traditionsprinzip – an das reformatorische Schriftprinzip an und gibt ihm durch seine Platzierung an der Spitze der Dogmatik eine besondere erkenntnis- und wissenschaftstheoretische Wertigkeit (vgl. Schröder 1983, 37). In der Frage nach dem Ursprung der Schrift gilt Gerhard als klassischer Vertreter der orthodoxen Inspirationslehre. Gott ist die *causa efficiens principalis* der Schrift (loc. 1 § 12); die biblischen Schriftsteller – die Propheten im AT, Evangelisten und Apostel im NT – sind *causae efficientes instrumentales* (loc. 1 § 18). Sie haben sein Wort zunächst in mündlicher Predigt verkündigt und dann niedergeschrieben. In beidem sind sie Werkzeuge Gottes (»Dei organa«, loc. 1 § 14), die sich nicht aus eigenem Willen äußern, sondern ›getrieben, geleitet, bewegt, inspiriert und gesteuert vom Heiligen Geist‹ (»acti, ducti, impulsi, inspirati et gubernati a Spir[itu] sancto«, loc. 1 § 18). Gerhard kommt es dabei weniger auf den historischen Vorgang der Entstehung an als vielmehr auf die Identität der Heiligen Schrift mit dem ›Wort Gottes‹ (vgl. Hägglund 1951, 64–81).

Zentral für Gerhards Schriftverständnis sind die Lehren von der Vollkommenheit (*perfectio*, loc. 1 § 367ff) und von der Klarheit (*perspicuitas*, loc. 1 § 414ff) der Schrift. Mit der Lehre von der *perfectio* lässt sich begründen, warum es über die Schrift hinaus nicht wie in der katholischen Kirche noch weiterer Erkenntnisprinzipien bedarf: Sie unterrichtet nach Gerhard vollständig und vollkommen über alles, was im Glauben und Leben zum Heil notwendig ist, und bedarf daher keiner Ergänzung. Auch die Lehre von der *perspicuitas scripturae* hat eine kontroverstheologische Spitze: Während die katholische Seite behaupte, der Sinn der Schrift sei vielerorts dunkel und könne nur durch die Kirche aufgehellt werden (vgl. loc. 1 § 424), betont Gerhard in Fortführung des reformatorischen *sacra scriptura sui ipsius interpres*, dass die Schrift hinreichend klar und damit auch (heils-)wirksam sei.

Diese Klarheit und Wirksamkeit (*efficacia*) der Schrift verdankt sich – wie ihre Entstehung – letztlich dem Wirken des Heiligen Geistes. Gerhard entwickelt in diesem Zusammenhang die Lehre vom *testimonium spiritus sancti internum* (loc. 1 § 36), dem ›inneren Zeugnis‹ des Geistes in der Schrift. Damit ist zweierlei gesagt: Zum einen bezeugt der Geist – als dritte Person der Trinität – die

Wahrheit der in der Schrift begegnenden Heilsbotschaft. Er steht also ganz unabhängig vom Menschen dafür ein, dass es Gott ist, der in der Schrift redet. Zum anderen wirkt er genau dadurch die gläubige innere Gewissheit des Menschen über diese Wahrheit. Indem der Mensch dieses Zeugnis als ihn selbst betreffend verinnerlicht, findet er inneren Trost und Kraft zu entsprechendem Handeln (vgl. loc. 1 § 36; zum *testimonium spiritus sancti internum* vgl. Hägglund 1951, 90–96). Dass die Bibel verschriftete, an den Menschen zu seinem Heil ›adressierte‹ Gottesrede ist, macht Gerhard abschließend durch eine Metapher deutlich (in deren Nachsatz – nebenbei bemerkt – wieder die beiden konkurrierenden Prinzipien der Theologie als Gotteslehre und als Heilslehre auftauchen): ›Sie [die Schrift] ist ein Brief Gottes, vom Himmel zu uns gesandt, der uns von seinem Wesen und seinem Willen unterrichtet und uns den Weg zum Himmel zeigt‹ (»Est enim epistola Dei e coelo ad nos missa, quae de essentia et voluntate ipsius nos instruit ac viam a coelum nobis monstrat«, loc. 1 § 538).

Nur summarisch kann hier abschließend auf einige weitere Besonderheiten von Gerhards Theologie verwiesen werden:

Für die *Christologie* (v.a. loc. 4, *De persona et officio Christi*) hat R. Schröder herausgearbeitet, dass Gerhards Ausgang von aristotelisch-metaphysischen Denkprinzipien stark zu Lasten der biblisch-heilsgeschichtlichen Begründung der Lehre geht (vgl. Schröder 1983, 214f). Das beginnt schon bei der Verortung der Christologie im Zusammenhang mit der *essentia*, nicht der *voluntas Dei*. Die Christologie ist also nicht primär soteriologisch verankert. Innerhalb von loc. 4 nimmt denn auch die Abhandlung der Person Christi mit 286 Paragraphen einen ungleich breiteren Raum ein als jene Lehre, die Christi eigentliches Heilswerk betrifft: Die Lehre vom Amt Christi (*De officio Christi*) umfasst nur 12 Paragraphen. Auch in der Rechtfertigungslehre kommen das reformatorische *pro nobis* und die soteriologische Beziehung zwischen Gott und Mensch nicht ausreichend zur Geltung (vgl. Schröder 1983, 62–97, bes. 96f).

Für Gerhards *Ekklesiologie* (loc. 22) ist die Unterscheidung zwischen sichtbarer und unsichtbarer Kirche (*ecclesia visibilis* und *invisibilis*) maßgebend. Unter den Gliedern der Kirche gibt es solche, die von Gott erwählt (*electi*) und durch den geistgewirkten Glauben tatsächlich innerlich erneuert sind. Sie bilden die *ecclesia invisibilis* und die eigentliche *communio sanctorum*. Jene anderen, deren Bekenntnis bloß äußerlich ist, sind zwar ebenfalls berufen (*vocati*), aber eben nicht erwählt; sie sind nur Glieder der *ecclesia visibilis*. Sichtbar wird die äußere Kirche durch Wort und Sakrament als ihren Heil stiftenden *notae ecclesiae* (vgl. S. 155), während der in der göttlichen Erwählung gründende Glaubensstand ihrer Mitglieder unsichtbar bleibt. Der wahre Glaube wird gegenüber der empirischen Kirchenzugehörigkeit als entscheidend für das Heil hervorgehoben – auch dies ist ein wesentlicher Aspekt in der Auseinandersetzung mit dem römischen Katholizismus (vgl. Honecker 1965, 36–54).

Eine Besonderheit in Gerhards *Eschatologie* ist schließlich die Lehre von der substanziellen Vernichtung der Welt (*annihilatio mundi*) am Ende der Zeiten, die er in loc. 29 (*Tractatus de consummatione seculi*) darlegt. Damit beschreitet er nicht nur einen Sonderweg innerhalb der theologischen Tradition, die die eschatologische Neuschöpfung meist als Verwandlung der alten Welt gedeutet und damit eine Kontinuität zur ersten Schöpfung angenommen hat. Vielmehr weicht er auch entscheidend von der aristotelischen Metaphysik und ihrer These von der Ewigkeit der Welt ab. Das Sein Gottes und das der Welt denkt er als so fundamental entgegengesetzt, dass die Beständigkeit des göttlichen Seins eine Beständigkeit des Seins der Welt grundsätzlich ausschließt (vgl. Stock 1971, 33.62f).

3. Zur Wirkung

Der bedeutende Einfluss von Gerhards Hauptwerk auf die weitere lutherische Theologie des 17. Jh.s ist im Detail noch wenig erforscht, lässt sich aber an einigen Aspekten exemplarisch festmachen. Dies gilt, wie bereits angedeutet, freilich nicht für die Loci-Methode, die mit Gerhard an ihr Ende gekommen ist und durch die analytische Methode abgelöst wird. Weithin durchsetzen konnte sich dagegen die *methodus particularis* mit ihrer Unterscheidung von Onomatologie, Pragmatologie und den verschiedenen *causae* (vgl. Stegmann 2006, 171f).

Als besonders folgenreich erwies sich Gerhards Ansatz, die Darlegung der christlichen Lehre mit dem Theologiebegriff zu beginnen und von dorther zu entfalten (vgl. Wallmann 1961, 6) – so folgten etwa A. Calov (1612–1686), J.A. Quenstedt (1617–1688), V.E. Löscher (1673–1749) u.a.m. Gerhards Beispiel. Sowohl Calov als auch D. Hollaz (1648–1713) bestimmen die Theologie im Anschluss an Gerhard als *habitus*, wobei Calov Gerhards dreifachen Theologiebegriff um die weitestgefasste Bestimmung reduziert und nicht mehr bereits den Glauben an sich als ›Theologie‹ bezeichnet (vgl. Appold 1998, 51). Gerhards Lehre von der *annihilatio mundi* findet sich bei den lutherisch-orthodoxen Dogmatikern fast durchweg, so bei Calov, Quenstedt und Hollaz, ebenso bei J.F. König, G. Calixt u.v.a. (vgl. Stock 1971, 175). Auch Gerhards Formulierung des Schriftprinzips und der damit verbundenen Lehre von der Inspiration der Schrift haben Entsprechungen bei den zeitgenössischen Theologen. Insgesamt ist aber zu fragen, inwieweit sich jeweils Gerhards direkter Einfluss oder doch nur der von ihm mit geprägte allgemeine Diskurs auswirkt. Entscheidend ist, dass er mit seinen *Loci* für die folgenden Generationen von Theologen eine maßgebliche Referenzgröße geschaffen hatte, die eifrig studiert wurde. Im Dogmatikunterricht an den Hochschulen wurden die *Loci* wegen ihres enormen Umfangs allerdings eher selten verwendet; es existieren aber Tafelwerke zur didaktischen Erschließung ihrer Begrifflichkeit (vgl. Stegmann 2006, 147.178).

Im Pietismus erfuhr die Zeit der orthodoxen Theologie eine ganz neue Bewertung: Sie wurde als Zeit kleinlichen Theologengezänks und geistlicher Verarmung gesehen. Dem pietistischen Kirchenhistoriker G. Arnold galt Johann Gerhard nur deshalb als rühmliche Ausnahme vom allgemeinen Verdikt, weil er sich für den frommen J. Arndt eingesetzt und populäre Erbauungsschriften verfasst hatte. Der pietistische Generalverdacht gegenüber der orthodoxen Dogmatik prägte lange das von ihr verbreitete Bild. Erst im 19. Jh. erwachte ein neues Interesse an der Dogmatik der lutherischen Orthodoxie, das dann auch in wissenschaftliche Beschäftigung mündete. E. Troeltsch widmete sich dem Verhältnis von Vernunft und Offenbarung bei Gerhard und Melanchthon. Er erkannte in der Lösung dieser Frage ein grundlegendes apologetisches Erfordernis von Kirche und Theologie, das freilich im Kontext der Moderne anders gelöst werden müsse als zur Zeit des Altprotestantismus (vgl. Troeltsch 1891, 213).

Inzwischen hat sich in der Beurteilung Gerhards die Einsicht durchgesetzt, dass der gedanklich geschliffene Theoretiker der *Loci* und der praxisorientierte Erbauungsschriftsteller nicht gegeneinander auszuspielen sind. Vorreiter dafür war H. Leube, der bereits innerhalb der Entwicklung der Orthodoxie – also schon vor dem Pietismus – eine ›Reformbewegung‹ für die Erneuerung von Lehre und Leben entdeckt. Gerhard sieht er als geistigen Kopf, seine *Loci* als wichtiges theoretisches Zeugnis dieser Bewegung (vgl. Leube 1924, 110–112). »Dogmatik als Seelsorge« – ein solches Verständnis der *Loci* ist dann gewiss nicht zu hoch gegriffen (Steiger 1997, 27–45).

Bis in die Gegenwart hinein stellen Gerhards *Loci* nicht nur bei historischen, sondern auch bei systematischen Theologen eine der ersten und wichtigsten Referenzpunkte für die Dogmatik der lutherischen Orthodoxie dar. Dennoch ist Gerhards enorme Gesamtleistung bislang kaum zu überblicken, ebenso wenig wie sein gewaltiges Opus, das es erst wieder zu entdecken gilt.

4. Literaturhinweise

Zitierte Quelle:
Ioannis Gerhardi Loci theologici cum pro adstruenda veritate tum pro destruenda quorumvis contradicentium falsitate per theses nervose solide et copiose explicati, hg. v. E. Preuss, 9 Bde., Berlin 1863–1875 (abgek. loc.).

Zum Einstieg empfohlen:
»Prooemium de natura theologiae« (loc. § 1–31 [Band 1, 1–8]).

Weiterführende Literatur:
Honecker 1984; Wallmann 1961; Baur 1982; Hägglund 1951.

5. Verwendete Literatur

K.G. Appold, Abraham Calov's Doctrine of *Vocatio* in Its Systematic Context (BHTh 103), Tübingen 1998.

J. Baur, Johann Gerhard, in: Greschat, M. (Hg.), Gestalten der Kirchengeschichte 7. Orthodoxie und Pietismus, Stuttgart 1982, 99–119.

B. Hägglund, Die heilige Schrift und ihre Deutung in der Theologie Johann Gerhards. Eine Untersuchung über das altlutherische Schriftverständnis, Lund 1951.

M. Honecker, Cura religionis magistratus christiani. Das Kirchenrecht bei Johann Gerhard, Tübingen 1965.

M. Honecker, Art. Gerhard, Johann, TRE XII, Berlin 1984, 448–453.

H. Leube, Die Reformideen in der deutschen lutherischen Kirche zur Zeit der Orthodoxie, Leipzig 1924.

R. Schröder, Johann Gerhards lutherische Christologie und die aristotelische Metaphysik (BHTh 67), Tübingen 1983.

A. Stegmann, Johann Friedrich König. Seine *Theologia positiva acroamatica* (1664) im Rahmen des frühneuzeitlichen Theologiestudiums (BHTh 137), Tübingen 2006.

J.A. Steiger, Johann Gerhard (1582–1637). Studien zu Theologie und Frömmigkeit des Kirchenvaters der lutherischen Orthodoxie (Doctrina et Pietas 1,1), Stuttgart-Bad Cannstatt 1997.

K. Stock, Annihilatio mundi. Johann Gerhards Eschatologie der Welt, München 1971.

E. Troeltsch, Vernunft und Offenbarung bei Johann Gerhard und Melanchthon. Untersuchung zur Geschichte der altprotestantischen Theologie, Göttingen 1891.

J. Wallmann, Der Theologiebegriff bei Johann Gerhard und Georg Calixt (BHTh 30), Tübingen 1961.

5. ›Religion‹ und ›Christentum‹ als Organisationszentren der Theologie

Im Gefolge der Aufklärung, die Kant als ›Zeitalter der Kritik‹ bezeichnete, verschärfte sich das Problem einer Begründung von Religion und Theologie. Die Inspirationslehre der altprotestantischen Orthodoxie wurde durch die historisch-kritische Methode ersetzt, und durch die negativen Erfahrungen in den Konfessionskriegen wurde das Bewusstsein, die eigene Religion sei die einzig wahre, endgültig erschüttert. Wichtige Strömungen innerhalb der Theologie reagierten auf diese Entwicklungen mit dem Versuch, die der christlichen Religion eigene Vernünftigkeit und Moralität unter Beweis zu stellen. Dazu suchten sie über konfessionelle Grenzen hinweg und mit Hilfe der Philosophie nach dem wahren Wesen von Religion und Christentum.

Der Wesensbegriff wurde dabei nicht statisch verstanden, sondern zielte auf eine Suchbewegung hin zum eigentlichen Kern der Religion bzw. zur inneren Mitte des Christentums. Unter der Hand löste die Bestimmung des Wesentlichen an Religion und Christentum die Schrift als autoritative Begründungsinstanz in der Theologie ab. F. Schleiermachers *Reden über die Religion* oder A. v. Harnacks Vorlesungen über *Das Wesen des Christentums* stehen als prominente Titel für die neuen Organisationszentren der Theologie ein. Zugleich wurde aber weiterhin die Auffassung vertreten, dass sich innerhalb der Religionsgeschichte die Überlegenheit der christlichen Religion gegenüber allen anderen wissenschaftlich aufweisen ließe. Das änderte sich erst mit dem Durchsetzen des Historismus, der Überzeugung von der historischen Standortgebundenheit und prinzipiellen Relativität jeder Erkenntnis. Im Werk von E. Troeltsch lässt sich das ganze Ausmaß der damit verbundenen Umwälzungen für die Theologie erkennen. Von einer wissenschaftlich vertretbaren Absolutheit des Christentums konnte jedenfalls keine Rede mehr sein.

Schleiermacher und Troeltsch verband jedoch das gemeinsame Interesse am Christentum als eigenständiger Kulturmacht in der Moderne. Die transzendentale Analyse des Gefühls schlechthinniger Abhängigkeit bei Schleiermacher wollte ebenso wie der Aufbau einer religiös gefärbten, euroamerikanischen Kultursynthese bei Troeltsch den Nachweis erbringen, dass die christliche Religion die unabdingbare Garantin für die Humanität menschlicher Kultur sei.

Christof Ellsiepen

Friedrich Schleiermacher:
Der christliche Glaube

1. Zur Person

Friedrich Daniel Ernst Schleiermacher (1768–1834) wuchs als Sohn des reformierten Predigers G. Schleyermacher in der Herrnhuter Brüdergemeine auf, deren pietistische Frömmigkeits- und Gemeinschaftskultur ihn prägte. Wie der Vater sollte er Pfarrer werden und besuchte Internatsschule und Predigerseminar der Brüdergemeine. Vorzeitig jedoch brach er die Ausbildung ab. Denn Zweifel an der Gottheit Christi und dessen stellvertretender Versöhnung plagten ihn. Von der dogmatischen Enge des Seminars kam er in die akademische Freiheit der Aufklärungsuniversität Halle, wo ihm F.A. Wolf die antike Philosophie nahe brachte. Im Selbststudium eignete er sich die Werke Kants an, und erhielt durch den Aufklärungsphilosophen J.A. Eberhard wichtige Motive. In der Folgezeit schlug er sich u.a. als Hauslehrer und Hilfsprediger durch. Die Begegnung mit der Philosophie Spinozas brachte ihm das gedankliche Rüstzeug für eine Grundlegung der Theologie nach der radikalen Kritik Kants an den sog. Gottesbeweisen. 1796 wurde Schleiermacher Prediger an der Charité in Berlin, verkehrte dort in den jüdischen Salons und begegnete dem Frühromantiker F. Schlegel, der bald zum Wohngenossen und wichtigsten Gesprächspartner wird. 1799 entstand seine Programmschrift *Über die Religion. Reden an die Gebildeten unter ihren Verächtern*. Darin vertrat er die Eigenständigkeit der religiösen Einstellung gegenüber Wissen und Ethik: Religion ist weder »Metaphysik noch Moral«, sondern »Sinn und Geschmak fürs Unendliche« (Schleiermacher 1984b, 212) und als solche eine »eigne Provinz im Gemüthe« (aaO, 204). Mit dem

Schlüsselbegriff von Religion als »Anschauen des Universums« (aaO, 213) vermeidet Schleiermacher die Engführung auf theistische Religionsvorstellungen und entwickelt eine Auffassung der Kirche als einer offenen Bewegung von gemeinschaftlicher religiöser Bildung und Kommunikation religiöser Individualität.

Die Ausarbeitung dieses Programms machte sich Schleiermacher als Theologieprofessor zur Aufgabe. Zunächst lehrte er in Halle (1804–06), dann an der neu gegründeten Universität zu Berlin (ab 1810), wo er als Akademiemitglied auch philosophische Vorlesungen hielt. Neben der ›Ethik‹, die er als allgemeine Kulturphilosophie konzipierte, ist hier seine Erkenntnis- und Wissenschaftstheorie (›Dialektik‹) hervorzuheben. Er deckte mit Ausnahme des Alten Testaments das gesamte Gebiet der Theologie ab. Schleiermacher gilt als Begründer der Praktischen Theologie und wichtiger Wegbereiter der Pädagogik.

2. Zum Werk

Den Ruf als ›Kirchenvater des 19. Jahrhunderts‹ brachte Schleiermacher seine Dogmatik ein, die er seit 1811 sechzehnmal las und als einzige theologische Vorlesung ausgearbeitet zum Druck brachte. Der formale Aufbau in Paragraphen und Erläuterung lässt die Vorlesungsform noch erkennen. Die erste Auflage erscheint 1820/21 (abgek. CG^1), die zweite, stark umgearbeitete und ergänzte Auflage 1830/31 (abgek. CG^2). Der vollständige Titel lautet: *Der christliche Glaube nach den Grundsätzen der evangelischen Kirche im Zusammenhange dargestellt*. Man spricht aber auch einfach von Schleiermachers *Glaubenslehre*. Stellen die *Reden* Schleiermachers Programmschrift eines neuen Religionsverständnisses dar, so ist die *Glaubenslehre* die reife Gestalt seiner Theorie des Christentums. Als Unionsdogmatik steht sie über dem Gegensatz von Lutheranern und Reformierten.

2.1 Theologischer Ansatz und Methode

Schleiermachers Auffassung von der Dogmatik und deren Methode lässt sich bereits anhand des Werktitels erläutern. Auf drei grundlegende Aspekte sei hingewiesen:

a) Bezug auf die evangelische Kirche

Entsprechend der Bestimmung, der christliche Glaube werde hier *nach den Grundsätzen der evangelischen Kirche* dargestellt, versteht Schleiermacher Theologie und Dogmatik als eine »positive Wissenschaft« (Schleiermacher 1998, 325), die sich auf die christliche bzw. näher hin auf die evangelische Kirche als ihren Gegenstand bezieht (CG^2 § 2.23f). Durch ihren Bezug auf eine geschichtliche Größe gehört die Dogmatik zu den historischen Disziplinen (Schleiermacher 1998, 357.363). Keineswegs ist es ihre Aufgabe, zeitlos gültige Glaubenswahrheiten zu begründen. Vielmehr geht es darum, die »in einer christlichen Kirchengesellschaft zu einer gegebenen Zeit geltende Lehre« (CG^2 § 19) darzustellen. Schleiermacher betont so den Bezug auf die Grundsätze der geschichtlich gegebenen Kirche als Basis der Dogmatik.

b) Wissenschaftlichkeit

Die Darstellung der Dogmatik soll *im Zusammenhange* erfolgen. Das Gebiet der Dogmatik ist weder durch Aneinanderreihung von Themen noch durch an Schlüsselbegriffen orientierte *loci* zu erfassen, vielmehr in einer ununterbrochenen Entwicklung aus Grundprinzipien (CG^2 § 20). Nur dann ergeben sich das Ganze und die Einheit des dogmatischen Gebiets, wenn der Zusammenhang der Sätze verständlich wird. Die Methode ist daher im eigentlichen Sinne systematisch. Ihre beiden Pole sind systematische Begriffsbildung und Bezug auf die geschichtliche Wirklichkeit: Dogmatische Sätze sollen einerseits das in der Kirche wahrnehmbare Glaubensleben möglichst präzise erschließen – das ist ihr »kirchlicher Werth« – und andererseits anschlussfähig sein im theologischen Gesamtzusammenhang – das ist ihr »wissenschaftlicher Werth« (CG^2 § 17).

c) Subjektivität des Glaubens

Entscheidend für Schleiermachers Dogmatik ist, dass er die christliche Religion als Phänomen des menschlichen Geisteslebens auffasst. Daraus folgt: Glaubenssätze sind keine objektiven Wahrheiten, die für sich selbst stehen würden. Sie sind nur dann aussagekräftig und in die dogmatische Darstellung aufzunehmen, wenn sie als Ausdruck christlich-religiöser Subjektivität darstellbar sind. Das Phänomen, auf das sich die Dogmatik in erster Linie bezieht, ist *der christliche Glaube* im Sinne der religiösen Einstellungen und Erfahrungen, wie sie unter Christen innerhalb der evangelischen Kirche vorkommen. Glaubenssätze versteht Schleiermacher daher als »Auffassungen der christlich frommen Gemüthszustände« (CG² § 15). Dem trägt die Bezeichnung des Werkes als *Glaubenslehre*, nicht als *Dogmatik* Rechnung (dazu vgl. Lange 2001, 82–87). Denn Schleiermacher bezieht sich als Grundlage nicht auf unwandelbare Dogmen, sondern auf den erfahrbaren und geschichtlich gegebenen Glauben in der evangelischen Kirche. In der Darstellung der Glaubenslehre zieht er – ohne inhaltliche Differenz – den Begriff der Frömmigkeit dem der Religion vor (CG² § 6 Zusatz; I,58f).

2.2 Das Wesen des Christentums (Einleitung)

Die methodische Rückbindung der Glaubenssätze an die christliche Subjektivität führt zu einer wichtigen Konsequenz für den Aufbau der Dogmatik: Vor der Entwicklung der Glaubenssätze in der materialen Dogmatik bietet Schleiermacher in der Einleitung eine strukturelle Beschreibung des ›christlich frommen Gemüths‹ als des von ihm behandelten Phänomens. Die Einleitung steht außerhalb der eigentlichen Dogmatik. Schleiermacher macht dies kenntlich, indem er in sog. ›Lehnsätzen‹ Erkenntnisse anderer Disziplinen in den Gang der Prolegomena einspeist. Drei dieser Lehnsätze seien hier genannt.

a) Der allgemeine Religionsbegriff

Den allgemeinen Begriff von Religion und einer Religionsgemeinschaft (»Kirche«, CG² § 3–6) entnimmt Schleiermacher seiner Philosophischen Ethik, welche er als allgemeine Kulturphilosophie entwickelt. »Kirche« – im Sinne von Religionsgemeinschaft – kommt dort als eine der wesentlichen menschlichen Vergemeinschaftungsformen neben Staat, Wirtschaft und Wissenschaft zu stehen. Die Gesamtheit des jeweiligen Handlungsgebiets wird konstituiert und reproduziert durch einen bestimmten Handlungstypus. Für die Erfassung der Vergemeinschaftungsform Kirche kommt es daher darauf an, die zugrunde liegende menschliche Handlung ihrem inneren Aufbau nach zu erfassen. Für die religiöse Vergemeinschaftung ist der Ausdruck einer inneren Zuständlichkeit des Menschen konstitutiv, weder dessen kognitive Erfassung noch dessen Außenwirkung: Die »Frömmigkeit, welche die Basis aller kirchlichen Gemeinschaften ausmacht, ist rein für sich betrachtet weder ein Wissen noch ein Thun, sondern eine Bestimmtheit des Gefühls oder des unmittelbaren Selbstbewußtseins.« (CG^2 § 3).

b) Religionswissenschaftliche Unterscheidungskriterien
Um verschiedene Religionsgemeinschaften voneinander abgrenzen zu können, entwickelt Schleiermacher Kriterien, die er der ›Religionsphilosophie‹ zuschreibt. Heute würden wir diese Aufgabe der allgemeinen vergleichenden Religionswissenschaft zuordnen (CG^2 § 7–10). Hier wird ein Modell geschichtlicher Entwicklungsstufen eingeführt (Fetischismus, Polytheismus, Monotheismus; CG^2 § 8) und eine Unterscheidung (›der Art nach‹) für die höchste Stufe: Letztere differenziert monotheistische Religionsgemeinschaften danach, dass in ihnen entweder Passivitätserfahrungen nur dann religiöse Valenz haben, wenn sie zum Handlungsimpuls werden (»teleologische Frömmigkeit«), oder umgekehrt das Bewusstsein menschlicher Aktivität religiös nur als Eingebundensein in den Weltzusammenhang erscheint (»ästhetische Frömmigkeit«, CG^2 § 9). All dies stellt aber noch kein Individuationsprinzip dar, um eine einzelne Religionsgemeinschaft auf den Begriff zu bringen. Es ergibt sich erst durch einen doppelten Bezug: Äußerlich durch den Bezug einer Religionsgemeinschaft auf ihren geschichtlichen Anfang, innerlich als »eigenthümliche Abänderung alles dessen, was in jeder ausgebildeten Glaubensweise derselben Art und Abstufung auch vorkommt« (CG^2 § 10). Die hier als inneres Individua-

tionsprinzip vorgestellte Auffassung von Individualität als Konstellation oder Mischung kann für Schleiermachers Denken nicht hoch genug eingeschätzt werden (vgl. Ellsiepen 2006, 157ff. 392ff). Er grenzt sich damit von Vorstellungen ab, raum-zeitliche Position oder Exklusivität von Merkmalen mache das Individuelle aus. Für ihn ist Individualität eine bestimmte »Regel der Verknüpfung« (CG^2 § 10.3; I,85) all dessen, was bei anderen auch vorkommt: »[J]eder Mensch hat alles das was der andere aber alles anders bestimmt« (CG^2 § 10). Nur dieser Begriff des Individuellen vermag das Einzelne zugleich als Teil eines Ganzen zu beschreiben.

c) Bestimmung des Wesens des Christentums

Vor diesem Hintergrund bildet ein Lehnsatz aus der Apologetik die Wesensdefinition des Christentums: »Das Christenthum ist eine der teleologischen Richtung der Frömmigkeit angehörige monotheistische Glaubensweise, und unterscheidet sich von andern solchen wesentlich dadurch, daß alles in derselben bezogen wird auf die durch Jesum von Nazareth vollbrachte Erlösung.« (CG^2 § 11).

Diese Wesensbestimmung und nicht der in CG^2 § 3–6 aufgestellte allgemeine Religionsbegriff ist das Konstruktionsprinzip der Dogmatik (Barth 2005, 80; Schröder 1996). Während die theologische Ethik (*Die Christliche Sitte*) das Christentum in *allen* Feldern des menschlichen Handelns darstellt, kommt es der Dogmatik zu, den Gehalt religiöser Kommunikation im Christentum auf den Begriff zu bringen (CG^2 § 15.16.26). Nur das, was als Ausdruck christlicher Religiosität darstellbar ist, kann Gegenstand der Dogmatik sein.

Das Erlösungsbewusstsein ist als Mitte und stetiger innerer Bezugspunkt das Wesen christlicher Frömmigkeit. In ihm wird die eigene religiöse Weiterentwicklung als nicht aus sich selbst hervorgebracht bewusst. Schleiermacher stellt hier die reformatorische Einsicht in den Mittelpunkt, dass das Werden des eigenen Glaubens im Glauben selbst als etwas Empfangenes gewertet wird.

2.3 Der Aufbau der materialen Dogmatik

Der Grundbeschreibung christlicher Frömmigkeit als Erlösungsbewusstsein entspricht der Aufbau der materialen Dogmatik. Sie muss zum einen beschreiben, wie sich im christlich-frommen Bewusstsein die beiden Pole von Erlösungsbewusstsein und Erlösungsbedürfnis, also des schon erlösten und des noch nicht von der Erlösung erfassten religiösen Lebens zueinander verhalten. Dies führt Schleiermacher im *Zweiten Teil* seiner Dogmatik als Darstellung des Bewusstseins der Sünde einerseits (CG^2 § 65–85) und des Bewusstseins der Gnade andererseits (CG^2 § 86–169) aus. Dem vorgeschaltet ist der *Erste Teil*, der die Grundbeschaffenheit des christlich-religiösen Bewusstseins abgesehen von dem Gegensatz von Sünde und Gnade betrachtet. Der Erste Teil enthält somit nicht die Darstellung des allgemeinen Religionsbegriffs, sondern die Beschreibung desjenigen Moments, das in jedem christlichen Bewusstsein vorkommt, sei es als sich verlebendigend im Bewusstsein der Gnade, sei es als zurückgeblieben oder gehemmt im Bewusstsein der Sünde. Der zweite Teil ist zur Darstellung des Wesentlichen christlicher Religion gleichermaßen auf den ersten angewiesen, wie der erste Teil ohne den zweiten unvollständig wäre. Denn sie verhalten sich zueinander wie Form und Inhalt. Christliche Religion kommt nur in der Form des Erlösungsbewusstseins vor. Dieses aber bezieht sich als Bewusstsein eines Mehr oder Weniger inhaltlich stets auf das religiöse Grundgefühl. Schleiermacher hat deshalb erwägen können, die Reihenfolge beider Teile umzukehren (vgl. Schleiermacher 1990, 341–345).

Was die interne Struktur der Darstellung in beiden Teilen betrifft, so geht Schleiermacher von einer Drei-Gliederung von Beschreibungen (a) menschlicher Lebenszustände, (b) göttlicher Eigenschaften und (c) Beschaffenheiten der Welt aus. Alle drei Perspektiven sind »Formen der Reflexion über die frommen Gemüthserregungen« (CG^2 § 31), für die alle drei Elemente – Mensch, Welt und Gott – konstitutiv sind. Auch die Beschreibung göttlicher Eigenschaften oder weltlicher Beschaffenheiten wird also an die Erfahrung gelebter christlicher Religiosität rückgebunden.

Aus den drei Perspektiven werden die herkömmlichen dogmatischen Begriffe expliziert. So führt Schleiermacher die Begriffe der Schöpfung und Erhaltung im *Ersten Teil* (CG² § 36–49) und den Begriff der Sünde im *Zweiten Teil* (CG² § 65–74) unter der Reflexionsform der Betrachtung menschlichen Bewusstseins aus; den Begriff der Gerechtigkeit Gottes unter der Reflexionsform der Betrachtung göttlicher Eigenschaften (CG² § 83f) und schließlich den Kirchenbegriff im *Zweiten Teil* unter der Reflexionsform der Betrachtung der Beschaffenheit der Welt (CG² § 113–163). Was nicht auf diese Weise der direkten Reflexion auf christliche Bewusstseinserfahrung dargestellt werden kann, steht außerhalb der materialen Dogmatik. Deshalb wird die Lehre von der Trinität in einem angehängten »Schluß« behandelt (CG² § 170–172). Sie stellt keine »unmittelbare Aussage über christliches Selbstbewußtsein, sondern nur eine Verknüpfung mehrerer solcher« (CG² § 170) dar.

Zur Verdeutlichung von Schleiermachers Ansatz sollen nun drei Themenfelder aus der Glaubenslehre herausgehoben werden: Innerhalb der Einleitung die Bestimmung der Religion als »Gefühl schlechthinniger Abhängigkeit« (2.4), innerhalb der materialen Dogmatik die Begriffe der Schöpfung und Erhaltung (2.5) und der Kirchenbegriff (2.6).

2.4 Der Begriff der Religion als Gefühl schlechthinniger Abhängigkeit

Die Interpretation des Begriffs der Religion als Gefühl schlechthinniger Abhängigkeit stellt eine Schlüsselfrage für das Verständnis der Glaubenslehre dar. In drei Einleitungsparagraphen (CG² § 3–5) fasst Schleiermacher in dichtester Form seine religionstheoretische Position zusammen.

a) *Der Ort der Frömmigkeit im Gefühl*

Die Grundbestimmung ist, Frömmigkeit sei ›Gefühl‹ – nicht im Sinne eines modernen Emotionsbegriffes, sondern in Abgrenzung von Wollen und Denken als präskriptivem und deskriptivem gegenständlichen Bewusstsein. Gefühl ist Selbstbewusstsein und zwar ein Innesein des eigenen inneren Zustands vor jeder vergegenständlichenden Bezugnahme auf sich selbst oder das Dazwischentreten reflexiver Akte. Deshalb wird das Gefühl als ›unmittelbares‹ Selbstbewusstsein bestimmt. Frömmigkeit könne nicht im Wissen bestehen, weil sonst »der beste Inhaber der christlichen Glaubenslehre auch immer zugleich der frömmste Christ« (CG² § 3; I,28) wäre. Auch könne sie nicht im Tun bestehen, weil »die Erfahrung lehrt, das neben dem vortrefflichsten auch das scheußlichste, neben dem gehaltreichsten auch das leerste und bedeutungsloseste als fromm und aus Frömmigkeit gethan wird.« (aaO, 29).

b) Die sinnliche Seite des Gefühls

Die Näherbestimmung des religiösen Gefühls als schlechthinniges, d.h. »absolutes« (CG² § 4; I,33) Abhängigkeitsgefühl setzt die Abgrenzung zu einem Gefühl relativer Abhängigkeit voraus. Die Unterscheidung beruht auf der Grundbestimmung von Gefühl als Zuständlichkeitsbewusstsein. Darin wird sich ein Subjekt seiner je aktuellen Bestimmtheit bewusst. Und diese unterliegt wie das menschliche Leben überhaupt dem ständigen Wechsel. Der Grund wechselnder Bestimmtheit kann nicht im Ich selbst liegen, das als Struktur von Subjektivität invariant ist. Vielmehr müssen wir – so Schleiermacher – die Veränderungen unseres unmittelbaren Selbstbewusstseins als hervorgerufen durch uns äußere, andere Dinge verstehen (»zurükkschieben«, CG² § 4; I,34), die uns mitbestimmen. Insofern werden wir uns in dieser Hinsicht als abhängig bewusst. Gleichwohl ist diese Abhängigkeit gerade nicht absolut, weil auch wir selbst tätig sind und immer auch auf die Dinge wirken, die uns mitbestimmen. Insofern haben wir neben dem Abhängigkeits- ein Freiheitsbewusstsein und beide – partielle Abhängigkeit und partielle Freiheit – zusammen genommen ergeben das Bewusstsein, in Wechselwirkungsbeziehungen zu stehen. Wird das uns von außen Mitbestimmende als Gesamtheit, d.h. als ›Welt‹ vorgestellt, so entspricht diesem Selbstbewusstsein von mannigfachen, ja unendlichen Wechselwirkungsbeziehungen das Bewusstsein, dass wir selbst ein Teil der Welt sind.

c) *Die religiöse Seite des Gefühls*

Die religiöse Seite des Gefühls macht sich nun daran fest, dass das eigene Tätigsein immer nur in der Verbindung mit einem Bestimmtwerden von außen erfahren wird. Das bedeutet, dass die eigene Freiheit als begrenzt erfahren wird und sich das Subjekt insgesamt als in einer höheren Abhängigkeit gebunden findet, die auch die selbsttätige, freie Seite mit umfasst. Dies ist kein einfaches Abhängigkeitsbewusstsein innerhalb einer Wechselwirkungsbeziehung, sondern das Gefühl absoluter, ›schlechthinniger‹ Abhängigkeit.

Zwei Interpretationsvarianten sind an dieser Stelle in der Forschung vertreten worden: Die eine – von K. Cramer (1985) – argumentiert konstitutionsidealistisch und sieht das Gefühl schlechthinniger Abhängigkeit als Bewusstsein der Sich-Vorgegebenheit freier menschlicher Bewusstseinstätigkeit. Demgegenüber hat U. Barth (2004) das Selbstverständnis des In-der-Welt-seins als Voraussetzung der religiösen Seite des Gefühls betont: Erst das Bewusstsein der Einheit der gesamten Sphäre der Wechselwirkung impliziert eine mich selbst als Teil der Welt umgreifende Abhängigkeitsbeziehung. Gottesbewusstsein geht als Selbstbewusstsein einher mit Weltbewusstsein und ist untrennbar mit diesem verbunden (vgl. CG^2 § 34; I,212). Das In-der-Welt-Sein bedeutet, sich als Teil des allgemeinen Naturzusammenhangs zu verstehen.

2.5 Die Lehre von der Schöpfung und Erhaltung

Dieses »fromme Naturgefühl im allgemeinen« zu beschreiben – »abgesehen von dem besonderen christlichen Gehalt, an dem es jedesmal haftet« (CG^2 § 34; I,215) – ist die Aufgabe des ersten Teils von Schleiermachers Glaubenslehre und bildet die Grundlage für seine Lehre von Schöpfung und Erhaltung, die beide streng zusammen gehören und aufeinander zurückweisen (CG^2 § 37f). Beide Begriffe sind als sprachlicher Ausdruck für das im christlichen Bewusstsein implizierte, schlechthinnige Abhängigkeitsgefühl zu entwickeln.

a) Die Lehre von der göttlichen Schöpfung der Welt
Die Vorstellung der Schöpfung steht auf einer anderen Ebene als wissenschaftliche Erklärungen für die Art und Weise des Entstehens der Welt. In Schleiermachers Sicht sind Glaube und (Natur-)Wissenschaft durchaus kompatibel. Die Schöpfungslehre ist freizuhalten von wissenschaftlichen Erkenntnissen und so zu entwickeln, dass sie die ›Wißbegierde‹ nicht hindert. Entwickelt man nun den Schöpfungsbegriff ganz aus dem religiösen Abhängigkeitsgefühl, so sind die zwei Bestimmungen leitend, dass nichts in der Welt von seiner Entstehung durch Gott ausgenommen und Gott nicht verendlicht und selbst unter die relativen Gegensätze gestellt werden darf (CG^2 § 40f). Das schließt Kreation als bloße Formung vorhandenen Materials ebenso aus wie überhaupt eine zeitliche Vorstellung des Schöpfungsvorgangs (z.B. die Frage nach dem Anfang der Welt oder nach einer Zeit vor der Schöpfung).

b) Die Lehre von der göttlichen Erhaltung der Welt
CG^2 § 46 ist der beste Kommentar zu dem, was Schleiermacher unter dem Begriff des schlechthinnigen Abhängigkeitsgefühls verstanden wissen will. Im Begriff der göttlichen Erhaltung der Welt ist ausgedrückt, wie im religiösen Selbstbewusstsein Gott und Welt aufeinander bezogen werden:

»Denn jenes Gefühl [sc. der schlechthinnigen Abhängigkeit] ist am vollständigsten, wenn wir uns in unserm Selbstbewußtsein mit der ganzen Welt identificiren, und uns auch so noch, gleichsam als diese [sc. Welt], nicht minder abhängig fühlen. Diese Identification kann uns aber nur in dem Maaß gelingen, als wir in Gedanken alles in der Erscheinung getrennte und vereinzelte verbinden, und mittelst dieser Verknüpfung alles als Eines sezen. In diesem AllEinen des endlichen Seins ist dann der vollkommenste und allgemeinste Naturzusammenhang gesezt, und wenn wir uns also als dieses [sc. All-Eine des endlichen Seins] schlechthin abhängig fühlen: so fällt beides, die vollkommenste Ueberzeugung, daß Alles in der Gesammtheit des Naturzusammenhanges vollständig bedingt und begründet ist, und die innere Gewißheit der schlechthinigen Abhängigkeit alles Endlichen von Gott vollkommen zusammen.« (CG^2 § 46; I,269).

Hierin ist ausgesprochen, dass jenes ›fromme Naturgefühl‹ das Bewusstsein, selbst Teil des Bedingungszusammenhangs der Natur zu sein, mit der Bezogenheit auf Gott als Ursache der Welt verbindet. Göttliche Erhaltung und Naturursächlichkeit sind »beide dasselbige [...] nur aus verschiedenen Gesichtspunkten angesehen« (CG² § 46; I,270).

Schleiermachers Bestimmung des Begriffs göttlicher Erhaltung grenzt sich nach zwei Seiten hin ab: Gegenüber dem Supranaturalismus, der ein göttliches Eingreifen als wunderhafte Durchbrechung des natürlichen Kausalzusammenhangs annimmt (CG² § 47), und gegenüber dem Pantheismus, der Gott und Welt identifiziert (CG² § 46; I,271). Das Problematische am Supranaturalismus ist, dass er »nicht gedacht werden kann ohne das höchste Wesen in die Sphäre der Beschränktheit herabzuziehen.« (CG² § 47; I,279). Gott müsste weltlichen, endlichen Charakter annehmen, um in den Kausalzusammenhang der Natur auf bestimmte Weise einzugreifen. Das Argument gegen beide Seiten ist die strenge Differenzierung und Korrelation von Gott und Welt, die im Erhaltungsbegriff liegt und weder eine identifizierende Vermischung, noch eine gänzliche Trennung zulässt. Die Stärke von Schleiermachers Begriff liegt darin, die religiöse Seite der Beziehung zur Natur auf den Begriff zu bringen, ohne einer Vergötterung der Natur Vorschub zu leisten.

2.6 Die polare Dynamik des religiösen Lebens

Diese Naturfrömmigkeit kann nun unabhängig davon bestehen, ob das eigene Leben gerade als gehemmt oder gefördert durch den Naturzusammenhang erlebt wird (CG² § 48). Dieser Satz geht zurück auf die Erfahrung, dass Übel und Güter, Leid und Freude beide mit religiöser Hingabe erlebt werden können.

a) Subjektivitätstheoretische Grundlage (CG² § 5)
Systematisch gesehen greift Schleiermacher hier auf eine Grundbestimmung der Religion in der Einleitung zurück, die wir oben noch nicht in Betracht gezogen haben, nämlich auf die Zuordnung von sinnlichem und religiösem Gefühl: »§.5. Das [im vorigen §, C.E.] beschriebene [Gefühl der schlechthinnigen Abhängigkeit, C.E.] bildet die höchste Stufe des menschlichen Selbstbewußtseins, welche jedoch in ihrem wirklichen Vorkommen von

der niederen [Stufe des sinnlichen Bewusstseins, C.E.] niemals getrennt ist, und durch die Verbindung mit derselben zu einer Einheit des Momentes auch Antheil bekommt an dem Gegensaz des angenehmen und unangenehmen.« (CG² § 5; I,40f). Zwei Thesen enthält dieser Satz: 1) Das religiöse Bewusstsein ist untrennbar von einem gleichzeitigen weltlich-sinnlichen Selbstbewusstsein. Anders gesagt: Religion hebt unser Weltverhältnis nicht auf, sondern eröffnet uns eine neue Sicht der Welt. Damit ist zugleich die Pluralität der Religion gegeben, weil sie sich mit den unterschiedlichsten weltlichen Gehalten verbinden kann. 2) Der polare Gegensatz von angenehmer Lebensförderung und unangenehmer Lebenshemmung durchzieht aufgrund dieser Gleichzeitigkeit von Weltverhältnis und Religion auch unser religiöses Leben, allerdings auf einer höheren Ebene. Denn religiöse Erhebung kann auch in tiefstem menschlichen Leid geschehen und andererseits kann einem mitten im sinnlichen Freudenzauber das Gewissen schlagen und eine religiöse Niedergeschlagenheit mit sich bringen. Religiös bewegt (erfreut bzw. niedergeschlagen) werden wir nicht durch sinnliche Bestimmungen, sondern durch das Auf und Ab unserer eigenen Religiosität (CG² § 5; I,48f).

b) Erlösungsbewusstsein
Aus dieser Grundstruktur wird das für das Christentum wesentliche innere Charakteristikum des Erlösungsbewusstseins erläutert. Das Bedürfnis nach Erlösung ergibt sich daraus, dass »für denjenigen, der einmal die Frömmigkeit anerkannt und als Forderung in sein Dasein aufgenommen hat, […] jeder Moment eines bloß sinnlichen Selbstbewußtseins ein mangelhafter und unvollkommener Zustand« (CG² § 5; I,46) ist. Erlösungsbewusstsein dagegen ist das Bewusstsein der »Leichtigkeit […], das Gottesbewußtsein in den Zusammenhang der wirklichen Lebensmomente einzuführen und darin festzuhalten« (CG² § 11; I,96). Dies gilt für jede Erlösungsreligion überhaupt. Als Spezifikum des Christentums kommt noch das äußere, geschichtliche Individuationskriterium hinzu, dass nämlich die Erlösung auf eine geschichtliche Wirkung Jesu von Nazareth zurückgeführt wird: Die »Beziehung auf die Erlösung ist nur deshalb in jedem christlichen frommen

Bewusstsein, weil der Anfänger der christlichen Gemeinschaft der Erlöser ist; und Jesus ist nur auf die Weise Stifter einer frommen Gemeinschaft, als die Glieder derselben sich der Erlösung durch ihn bewußt werden.« (CG² § 11; I,98).

2.7 Der Begriff der christlichen Kirche

In der Einleitung (CG² § 6) entwickelt Schleiermacher einen allgemeinen Begriff der Kirche als Religionsgemeinschaft und analysiert in einer geschichtsphilosophischen Betrachtung die gemeinschaftliche Seite auch des religiösen Gefühls. Als »wesentliches Element der menschlichen Natur« (CG² § 6; I,54) drängt es als Inneres auf Äußerung, welche für andere vernehmbar ihnen Anregung wird, selbst in einen Prozess der »lebendigen Nachbildung« (aaO, 55) einzutreten. Die ursprünglich absichtslose Äußerung hat somit eine »mittheilende und erregende Kraft« (aaO, 56) und die eigene Religiosität wird als angeregt oder »geweckt« (ebd.) durch die Mitteilung anderer bewusst. Für das religiöse Bewusstsein ist somit der Aspekt des Gemeinschaftlichen konstitutiv.

Christliche Gemeinschaft hat nach Schleiermacher immer einen Bezug auf die durch Jesus vollbrachte Erlösung, wie umgekehrt das Bewusstsein der Erlösung zugleich eine Teilhabe an der christlichen Gemeinschaft bedeutet (vgl. CG² § 14; I,115f). Ekklesiologie und Christologie sind aufs Engste miteinander verbunden und weisen aufeinander zurück. Der systematische Ort für die Lehre von der christlichen Kirche ist die Beschreibung des christlichen Erlösungsbewusstseins, also die *Zweite Seite* des *Zweiten Teils* der Dogmatik. Während das Erlösungsbewusstsein selbst und die damit zusammenhängende Beziehung zu Christus in der Perspektive des menschlichen Bewusstseins dargestellt werden, hat es der Begriff der Kirche mit den gemeinschaftlichen Bedingungen christlicher Religiosität zu tun und wird deshalb unter der Perspektive der ›Beschaffenheit der Welt‹ dargestellt.

a) Das Entstehen der christlichen Kirche – Grundbestimmungen (CG² § 115–125)

»Die christliche Kirche bildet sich durch das Zusammentreten der einzelnen Wiedergebohrnen zu einem geordneten Aufeinanderwirken und Miteinanderwirken.« (CG² § 115; II,239). Diese Bestimmung ist spezifisch protestantisch, insofern nicht die Zugehörigkeit zur Kirche die Beziehung zu Christus bedingt wie in der römisch-katholischen, sondern umgekehrt die Beziehung zu Christus die Zugehörigkeit zur Kirche ermöglicht (CG² § 24). Dass die Glieder der Kirche aufeinander wirken wollen, drückt die Funktion der Kirche als Raum der religiösen Begegnung und Kommunikation aus, der jeder zur eigenen Weiterbildung seiner Religiosität bedarf: »[W]ie keiner sich einer allseitigen und vollkommnen Auffassung Christi bewußt ist, jeder die der Andern als Ergänzung der seinigen ansieht, woraus eine gegenseitige mittheilende Darstellung hervorgeht« (CG² § 115; II,240).

Das Zusammenwirken der Kirchenmitglieder geschieht mit Blick auf die Förderung der religiösen Kommunikation nach ›innen‹ und nach ›außen‹. Zwar ist die Gemeinschaft Christi als das von Christus ausgehende »Gesammtleben« fließend und prinzipiell unbegrenzt, jedoch gestaltet sich menschliche Gemeinschaft in organischen Einheiten, die als Teil eines Ganzen durch Außenbeziehungen und eine bestimmte innere Struktur gekennzeichnet sind (vgl. CG² § 6; I,56f). So ist auch die christliche Kirche als »bestimmt begrenzte« (aaO, 53) Gemeinschaft dadurch gekennzeichnet, dass das Aufeinanderwirken und das Zusammenwirken zu gemeinsamen Zielen auf ›geordnete‹ Weise erfolgen sollen. Im Kirchenbegriff der Dogmatik reflektiert sich Schleiermachers Verständnis der Theologie als einer praxisorientierten Wissenschaft, deren Aufgabe in der Reflexion und Anleitung für eine angemessene Leitung der Kirche besteht (Schleiermacher 1998, 327.335) und die die Regeln für eine geordnete Gestaltung der Gemeinschaft an die Hand geben soll.

b) Das Bestehen der christlichen Kirche – Wesensmerkmale
(§ 126–156)

Die Kirche muss sich in ihrem Bestehen bewähren im Gegenüber zur ›Welt‹ – hier im Sinne der Gesamtheit der noch nicht vom christlichen Gesamtleben ergriffenen menschlichen Handlungssphäre (CG² § 113.3; II,232). Nur in dieser Gegenüberstellung zur – unerlösten – Welt weist die christliche Kirche ein Potential der Veränderlichkeit auf, ihrer inneren Konstitution nach bleibt sie sich stets gleich. Es ist wichtig, dass Schleiermacher das Gleichbleibende primär auf das innere Leben der Kirche bezieht. Unveränderlich ist die gemeinsame Beziehung zu Christus als Erlösungsbewusstsein und der »Gemeingeist« als das Bewusstsein eines inneren Antriebs, im Aufeinander- und Miteinanderwirken immer mehr Eines werden zu wollen (CG² § 121.126). Äußere Zeugnisse dieser wesentlichen Gemeinsamkeit sind das besondere Ansehen der Bibel als heiliger Schrift (CG² § 128–132), die Stellung des »Dienstes am göttlichen Wort« als der Verbreitung des christlichen Bewusstseins nach innen und außen durch Selbstmitteilung (§ 133–135), Taufe (§ 136–138) und Abendmahl (§ 139–142) als Vergewisserung der Aufnahme in die Lebensgemeinschaft Christi und Stärkung in derselben.

Das Wandelbare der Kirche macht sich an der Pluralität und Irrtumsfähigkeit der sichtbaren Kirche im Gegensatz zur Einheit und Untrüglichkeit der unsichtbaren Kirche fest (§ 148–156). Deshalb ist sie auf die stetige Reform als Annäherung an die in der christlichen Eschatologie aufgestellten Ideale der vollendeten Gemeinschaft der Kirche angewiesen (§ 157–163).

3. Zur Wirkung

Die Wirkungsgeschichte der Glaubenslehre auch nur annähernd zu bestimmen, würde eine eigene Untersuchung erfordern. Auf vier Punkte möchte ich an dieser Stelle hinweisen.

1. Schleiermacher hat die Wesensbestimmung des Christentums konsequent zur Mitte und zum Organisationsprinzip der Dogmatik gemacht. Gegenüber dem Offenbarungsprinzip der alt-

protestantischen Dogmatiken mit der Schlüsselstellung der Heiligen Schrift stellt seine Glaubenslehre ein neues Paradigma theologischer Rechenschaft dar. Schleiermacher gilt daher als Gründerfigur des Neuprotestantismus. Seine Dogmatik ist ein wichtiger Bezugspunkt der Entwürfe liberaler Theologie und des Kulturprotestantismus (A. Ritschl, R. Rothe, W. Hermann, E. Troeltsch) sowie religionstheoretischer Ansätze (R. Otto) geworden.

2. Schleiermachers Dogmatik steht für eine Versöhnung von Glaube und Wissenschaftlichkeit. »Soll der Knoten der Geschichte so auseinander gehen? das Christentum mit der Barbarei, und die Wissenschaft mit dem Unglauben?« (Schleiermacher 1990, 347). Seine Glaubenslehre ist der groß angelegte Versuch, die Anschlussfähigkeit von Dogmatik und Theologie im Spektrum der Wissenschaften zu gewährleisten.

3. Schleiermachers Glaubenslehre steht für eine religionstheoretische Grundlegung der Dogmatik und einen weiten Gottesbegriff. Er setzt konsequent beim religiösen Subjekt an und verankert seine Aussagen über Gott in der Korrelation zur menschlichen Erfahrung. Über Gott lässt sich nur etwas aussagen in der Reflexion auf die religiöse Erfahrung des Menschen. Dieser Ansatz ist nicht nur anschlussfähig an die heutige religionswissenschaftliche Debatte. Theologiegeschichtlich hat er als Abgrenzungsfolie die Positionierung der dialektischen Theologen (K. Barth u.a.) ermöglicht und diente als Leitfigur der seit den 1980er Jahren wieder geführten systematisch-theologischen Debatte um den Religionsbegriff (H.-J. Birkner, E. Herms, U. Barth). Zudem lässt die Pluralität und Diversität heutiger Gottesvorstellungen und die steigende Bedeutung religiöser Naturerfahrung Schleiermachers Ansatz weiterhin aktuell sein.

4. Schleiermachers Auffassung der Kirche als einer Mitteilungs- und Kommunikationsgemeinschaft hat in den verschiedensten Feldern gewirkt: Erstens ebnet sie den Weg für ein kulturphilosophisches Verständnis einer ausdifferenzierten Gesellschaft, worin Religionsgemeinschaften ihre spezifische Funktion haben. W. Dilthey knüpfte hierin an Schleiermacher an, die moderne Religionssoziologie führt diese Einsichten weiter. Schleiermachers Kirchenbegriff votiert zweitens für eine Pluralität innerhalb der

Kirche, die als Gestalt fortschreitender Individualisierung von der Einheit des Kommunikationswillens umspannt wird. Drittens hat seine Grundeinsicht, dass individuelles religiöses Leben durch die Teilnahme an der Gemeinschaft geweckt und in seiner Entwicklung gefördert wird, religiöse Bildung zum neuen Leitbegriff kirchlicher Tätigkeit werden lassen und der (Religions-)Pädagogik (K.E. Nipkow) wie der Praktischen Theologie als Ganzer (D. Rössler, W. Gräb) entscheidende Impulse gegeben.

Insgesamt trägt der Rückbezug auf Schleiermachers Ansatz dazu bei, Funktion und Stellung der christlichen Religion in der modernen Gesellschaft in einer Theorie des Christentums angemessen und praxisorientiert beschreiben zu können.

4. Literaturhinweise

Zitierte Quellen:

F.D.E. Schleiermacher, Der christliche Glaube (1821/22), KGA I/7.1–2, hg. v. H. Peiter, Berlin 1980 (abgek. CG^1).

F.D.E. Schleiermacher, Der christliche Glaube, Zweite Auflage (1830/31), KGA I/13.1–2, hg. v. R. Schäfer, Berlin 2003 (abgek. CG^2).

Zum Einstieg empfohlen:

»Lehrstück von der göttlichen Erhaltung« (CG^2 § 46–49; Schleiermacher 2003, 264–299).

Weiterführende Literatur:

Birkner 1994 [Einf.!]; Barth 2005 [Einf.!]; Grove 2004; Hirsch 1984; Nowak 2001; Schröder 1996.

5. Verwendete Literatur

U. *Barth,* Die subjektivitätstheoretischen Prämissen der ›Glaubenslehre‹. Eine Replik auf K. Cramers Schleiermacher-Studie (2001), in: Ders., Aufgeklärter Protestantismus, Tübingen 2004, 329–351.

–: Friedrich Schleiermacher (1768–1834), in: F.W. Graf (Hg.), Klassiker der Theologie, Bd. 2, München 2005, 58–88.

H.-J. Birkner, Friedrich Schleiermacher, in: M. Greschat (Hg.), Gestalten der Kirchengeschichte, Bd. 9.1, Stuttgart ²1994, 87–115.

K. Cramer, Die subjektivitätstheoretischen Prämissen von Schleiermachers Bestimmung des religiösen Bewußtseins, in: D. Lange (Hg.), Friedrich Schleiermacher 1768–1834. Theologe – Philosoph – Pädagoge, Göttingen 1985, 129–162.

C. Ellsiepen, Anschauung des Universums und Scientia Intuitiva. Die spinozistischen Grundlagen von Schleiermachers früher Religionstheorie, Berlin 2006.

P. Grove, Deutungen des Subjekts. Schleiermachers Philosophie der Religion, Berlin 2004, 531ff.

E. Hirsch, Kap. 51: Schleiermachers Philosophie und Theologie in ihrer Reifezeit, in: Ders., Geschichte der neuern evangelischen Theologie, Bd. 5, Gütersloh 1984, 281–364.

D. Lange, Glaubenslehre, 2 Bde, Tübingen 2001.

K. Nowak, Schleiermacher. Leben, Werk und Wirkung, Göttingen 2001.

F.D.E. Schleiermacher, Marginalien u. Anhang, KGA I/7.3, hg. v. U. Barth, Berlin 1984 (= Schleiermacher 1984a).

–: Über die Religion. Reden an die Gebildeten unter ihren Verächtern (1799), in: Ders., Schriften aus der Berliner Zeit 1796–99, KGA I/2, hg. v. G. Meckenstock, Berlin 1984, 185–326 (=Schleiermacher 1984b).

–: Kurze Darstellung des theologischen Studiums (1811/1830), in: Ders., Universitätsschriften, KGA I/6, hg. v. D. Schmid, Berlin 1998, 243–446.

–: Sendschreiben an Lücke über seine Glaubenslehre (1829), in: Ders., Theologisch-dogmatische Abhandlungen und Gelegenheitsschriften, KGA I/10, hg. v. H.-F. Traulsen, Berlin 1990, 307–394.

M. Schröder, Die kritische Identität des neuzeitlichen Christentums, Tübingen 1996.

Kerstin Greifenstein

Ernst Troeltsch: Die Absolutheit des Christentums

1. Zur Person

Ernst Peter Wilhelm Troeltsch wurde am 17. Februar 1865 in Haunstetten bei Augsburg geboren und wuchs in bildungsbürgerlichen Verhältnissen auf. Der glänzenden ›Absolutorial-Prüfung‹ 1883 folgte ein einjähriger Militärdienst. Zum Wintersemester 1884/85 konnte Troeltsch das Studium der Theologie an der Universität Erlangen aufnehmen. In dieses erste Studienjahr fiel auch die Begegnung mit W. Bousset, mit dem Troeltsch eine bleibende Freundschaft verband. Nach zwei Semestern in Berlin gewann er die theologisch prägendsten Eindrücke während seiner Göttinger Studienzeit, etwa durch B. Duhms alttestamentliche Vorlesung über Religionsgeschichte und durch die dominierende Lehrergestalt A. Ritschls. 1888 beendete Troeltsch das Studium, wurde noch im selben Jahr in München für den geistlichen Dienst ordiniert und 1891 von der Göttinger theologischen Fakultät aufgrund der Lizentiatenarbeit *Vernunft und Offenbarung bei Johann Gerhard und Melanchthon* (Troeltsch 1891) promoviert. Ein damit verschränktes Verfahren ermöglichte zugleich die Habilitation.

Ein locker befreundeter Kreis Göttinger Habilitanden, der sich über die Fachdisziplinengrenzen hinweg auf den engen Schulterschluss der religionsgeschichtlichen Methodik verstand, wurde auch anerkennend als die ›Kleine Göttinger Fakultät‹ bezeichnet. Sie gilt als die Wiege der Religionsgeschichtlichen Schule und Ernst Troeltsch als deren Systematiker. Mit 27 Jahren wurde Troeltsch in die Bonner theologische Fakultät berufen und schon 1894 erfolgte der Wechsel auf eine ordentliche Professur nach Heidelberg.

Obwohl Troeltschs umgängliches Temperament zur Verständigung neigte, fand er sich dort zu Beginn seiner über 20-jährigen Lehrtätigkeit zunächst fachlich und persönlich isoliert. Die akademische Lage verbesserte sich durch die Berufung jüngerer Kollegen, durch den wechselseitigen Austausch und die hochproduktive »Fachmenschenfreundschaft« (Graf 1988) mit M. Weber sowie durch eine Vielzahl anregender Kontakte außerhalb der theologischen Fakultät, die sich im ›Eranos-Kreis‹ zu einer intellektuell-kreativen Atmosphäre verdichteten (Treiber 2005). Neben der Absolutheitsschrift (abgek. AdC) von 1902/1912, die als ›Schlüsseltext‹ – so Troeltsch – »Kern und Ausgangspunkt meiner wissenschaftlichen Arbeit enthält« (Troeltsch 2002, 105), gingen aus der Heidelberger Zeit *Die Soziallehren der christlichen Kirchen und Gruppen* (Troeltsch 1912) als Hauptwerk hervor.

Auf Adolf v. Harnacks hochschulpolitisches Betreiben konnte Troeltsch 1915 einem Ruf der philosophischen Fakultät in die Reichshauptstadt Berlin folgen. Neben den Arbeiten zur Geschichtsphilosophie engagierte er sich zunehmend in gesellschaftlichen und politischen Bereichen. So rief er in den ›Spektatorbriefen‹ (Claussen 1994) eine breite Leserschaft eindringlich auf, Restaurationswünsche einer nostalgisch verklärten Monarchie in der gegenwärtigen Situation als regressive Tendenzen zu erkennen und die eigene politische Verantwortung wahrzunehmen. Als Berliner Spitzenkandidat der neu gegründeten liberal-republikanischen DDP warb er nach Kriegsende für die junge Weimarer Demokratie und wurde bei einer Vielzahl weiterer Ämter Abgeordneter in der Verfassungsgebenden Preußischen Landesversammlung. Als Unterstaatssekretär im Preußischen Ministerium für Wissenschaft, Kunst und Volksbildung zeichnete er u.a. für die Neugliederung des Verhältnisses von Staat und Kirche verantwortlich. Das geschichtsphilosophische Berliner Hauptwerk *Der Historismus und seine Probleme* (Troeltsch 2008) blieb mit Abschluss des ersten Bandes Fragment (zur Biographie Drescher 1991).

Die ungeheure öffentliche Resonanz, die Ernst Troeltschs früher Tod am 1. Februar 1923 auslöste, fand in den Nachrufen einen eindrucksvollen Widerhall (vgl. Graf 2002).

2. Zum Werk

2.1 Verortungen

2.1.1 Die theologiegeschichtliche Verortung der AdC im Horizont der Moderne

In der Geschichte der protestantischen Theologie markiert Troeltschs Werk einen entschlossenen Schritt zur Modernisierung. Dies kommt vor allem darin zum Ausdruck, dass er die konsequente methodische Öffnung der Theologie gegenüber den modernen Geschichtswissenschaften forderte. Die Durchsetzung einer »restlos historischen Anschauung aller menschlichen Dinge« (AdC, 112) und der Verzicht auf die dogmatische Festsetzung von Offenbarungswahrheiten bedeutete nach seiner Auffassung, dass die Theologie als eine positive Wissenschaft ihren Ausgang von der Geschichte und dem Vergleich mit den geschichtlichen positiven Religionen zu nehmen habe. Die methodische Umstellung von der dogmatischen Methode eines ›exklusiven Supranaturalismus‹ auf eine wissenschaftlich allgemeingültige, geschichtliche Wahrnehmung der Religion, ihrer Glaubensgehalte und ihrer Absolutheitsansprüche stellt die Theologie zunächst unter dieselben methodischen Bedingungen wie alle anderen Kulturwissenschaften. Ihr Zugang zur Kulturhermeneutik zeichnet sich allerdings darin aus, dass sie den Bezug menschlicher Lebensvollzüge auf (Letzt-)Begründung in den Gestalten der Kultur expliziert und aufzeigt, dass religiöse Ideen und Grundhaltungen der Menschen in der Geschichte bis in die Gegenwart hinein prägend geworden sind.

Mit den Einsichten der Religionsgeschichtlichen Schule sucht Troeltsch nach einer angemessenen systematisch-theologischen Verortung des Christentums unter den Religionen und in der modernen Kultur. Damit stellt er auch die Frage nach dem historisch Besonderen des Christentums im Vergleich zu den anderen Religionen. Diese Frage kann als Teil einer historischen Selbstvergewisserung des christlichen Glaubens aufgefasst werden. Dass sie von Troeltsch im Horizont der Moderne als einer unhintergehbar pluralistischen Kultur gestellt wird, zeigt, dass er den Anspruch auf Absolutheit im Sinne einer relativen Höchstgeltung des Christentums verstehen möchte. Seine Thematisierung der Absolutheit kommt damit einer kurz gefassten Wesensbestimmung des Christentums unter den Bedingungen des modernen Religionspluralismus gleich. Die methodische Umstellung der Theologie auf die historische Methode zieht also eine konsequente systematische Umbildung nach sich: Als Theorie der Religion nimmt das theologische Denken vom Boden der Historie seinen Ausgang und entfaltet eine der Moderne angemessene Deutung des christlichen Glaubens.

Wie eng die Modernisierung des theologischen Denkens mit der konkreten Lebenswirklichkeit Troeltschs verbunden war, lässt sich exemplarisch an seiner Amerikareise dokumentieren. Zusammen mit Weber war er 1904 als Referent zum Wissenschaftskongress nach St. Louis geladen. Bei der Ankunft in New York trafen beide Heidelberger Intellektuelle auf beeindruckende Phänomene moderner Massenkultur, die sich mit der scheinbar unaufhaltsamen Eigendynamik moderner ›Zweckrationalität‹ den Weg in die Zukunft bahnten und sich in verstörender Gleichzeitigkeit mit dem Modus modernen Lebens befanden, der in den Wissenschaftskreisen des romantisch anmutenden ›Weltdorfs‹ Heidelberg gepflegt wurde (vgl. Rollmann 2001).

2.1.2 Die systematische Verortung der AdC im Gesamtwerk

Der Absolutheitsschrift kommt eine hermeneutische Schlüsselfunktion für das Gesamtwerk Troeltschs zu. »Das Buch ist der Keim alles Weiteren«, schreibt dieser retrospektiv. Es beantwortet »die Frage nach dem Rechte der ausschließlichen und absoluten Geltungsforderung des Christentums« (Troeltsch 1925, 9). Der Blick in das Gesamtwerk Troeltschs zeigt jedoch, dass die Frage nach der Absolutheit keineswegs erst in der AdC zum ersten Mal gestellt und beantwortet wird. Wie noch gezeigt wird, ist diese Frage bereits mit der Umstellung der Theologie auf die historische Methode und damit vor der Arbeit an der Absolutheitsschrift beantwortet, und zwar indem die Absolutheit des Christentums entschieden verneint wird.

Die Preisgabe der Absolutheit des Christentums deckt die Problematik, wie aus Religionen als historischen, relativen Größen in der Geschichte geltende Normen für die Gegenwart gewonnen werden können, als eigentliches Thema der AdC erst auf. In der AdC ist damit dasjenige Problem angelegt, das die Grundlage für die beiden Hauptthemenkreise von Troeltschs Wirken, die Religionssoziologie und die Geschichtsphilosophie, bildet.

So schließen sich an die AdC werkchronologisch die Protestantismusstudien an, die nach der Bedeutung des Protestantismus für die Entstehung der Moderne fragen, sowie die Arbeit an den *Soziallehren*, denen es um eine für konfessionelle Unterschiede sensible Beschreibung der religiösen Bindungskräfte und ihren sozialen Ausdruck in konkreten historischen Institutionen geht. Troeltschs soziologische Untersuchungen antworten damit im nachidealistischen Zeitalter auf Hegels Frage, wie der Geist in der Geschichte wirke, und stellen eine differenzierte Alternative zu Webers tragischer Geschichtsauffassung dar, die den Geist (des asketischen Protestantismus) im »stahlharte[n] Gehäuse« (Weber 1969, 188) des modernen Kapitalismus gefangen sieht. Weber wie Troeltsch gelten heute als Klassiker der Religionssoziologie.

Die geschichtsphilosophischen Annahmen, von denen in der AdC ausgegangen wird, und die Troeltsch auch mehrfach an systematisch bedeutenden Punkten des Textes markiert, führen schon in der überarbeiteten 2. Auflage zu einer intensivierten Suche nach tragfähigen Konzepten einer Geschichtsphilosophie (vgl. die Aufnahme aktueller Literatur in der Anm. in AdC, 168f u.ö.). Zwanzig Jahre nach Erscheinen der Erstauflage der AdC setzt *Der Historismus und seine Probleme* (Troeltsch 2008) die in der Absolutheitsschrift grundgelegte »restlos historische Anschauung der menschlichen Dinge« (AdC, 112) ins Verhältnis zu den dramatischen Veränderungen durch Weltkrieg und Revolution und sucht »mitten im Sturm der Neubildung der Welt [...] die Möglichkeiten weiteren Werdens« (Troeltsch 2008, 173). Aus der umfassenden Krise, in die u.a. die grundsätzliche »Historisierung unseres ganzen Wissens und Empfindens der geistigen Welt« (Troeltsch 2002, 437) geführt hat, beziehen die Anfänge der Dialektischen Theologie im 20. Jh. ihre Durchschlagskraft gegen das Paradigma der Geschichte in der Theologie. Troeltsch dagegen stellt die Frage nach der Normativität und gegenwärtigen Verbindlichkeit historisch gewachsener religiöser Lebensformen neu und entwirft ein Programm zum Aufbau einer ›europäischen Kultursynthese‹ (Troeltsch 2008, 1008 ff).

Den Vorwurf, er löse mittels der historischen Methode alle christlichen Normen und Wertmaßstäbe im Strom einer alles relativierenden Geschichte auf, hat Troeltsch zeitlebens als Missverständnis zurückgewiesen. Auch werkchronologisch lässt sich sein Ringen um geschichtstranszendente Werte dokumentieren. So zeichnet sich das Gesamtwerk nicht nur durch ein weit über ›genuin‹ theologische Fragen hinausreichendes Themenspektrum aus, sondern auch durch eine innere Kohärenz der Werkentwicklung, die von der Absolutheitsschrift ihren Ausgang nimmt (vgl. zum systematischen Zusammenhang des Werkes Rendtorff 2002).

2.2 Form und Stil der Darstellung

Die Absolutheit des Christentums und die Religionsgeschichte ist die überarbeitete Fassung des Vortrags, den Troeltsch am 3. Oktober 1901 auf der ›Versammlung der Freunde der Christlichen Welt‹ in Mühlacker gehalten hat. Die Vortragsform wurde aufgelöst und der Text in fünf, in der 2. Auflage in sechs Kapiteln vorgelegt. Die 2. Auflage ist keineswegs »lediglich stilistisch« (AdC, 88) bearbeitet, wie Troeltsch angibt, sondern lässt seine Weiterarbeit in Richtung einer Religionstheorie erkennen und zeigt zudem ein weitaus stärkeres Interesse an geschichtsphilosophischen Problemen (Pautler/Rendtorff 1998, 40–47).

Stilistische Signalwirkung hat der Wechsel vom wissenschaftlich-diskursiven Sprachduktus zu einem fast homiletischen Stil im fünften Kapitel (AdC, 202) und »wieder zurück zur eigentlich wissenschaftlichen Untersuchung und Sprache« (aaO, 211) im sechsten Kapitel. Auf diesen Wechsel des ›Tons‹ weist Troeltsch beide Male explizit hin. Markiert wird damit die praktische Ausrichtung seines Anliegens, die Höchstgeltung des Christentum als »dasjenige Gefühl der Absolutheit« (aaO, 209) sprachlich zu kommunizieren, »dessen wir bedürfen und das überhaupt für uns erreichbar ist« (ebd.). Im Rahmen einer Selbstvergewisserung des christlichen Glaubens wird auf diese Weise die religiöse, emotional grundierte Sprachhaltung des Glaubens zunächst affirmierend eingenommen, um im Anschluss wissenssoziologisch eingeholt zu werden, indem sie sich nämlich als ›naive Absolutheit‹ erkennt. So ist auf der Sprachebene konsequent dargestellt, dass im Akt der (Selbst-)Beobachtung des Glaubens der eigene Standpunkt bereits ein anderer ist als der der religiösen Unmittelbarkeit und religiöse Unmittelbarkeit somit sprachlich reflektiert wird.

2.3 Inhaltliche Grundzüge der AdC

Mit der Etablierung der historischen Methodik in der Theologie kommt dem ersten Kapitel der AdC programmatische Bedeutung zu. In ihm wird nicht nur eine schlichte Intensivierung der herkömmlichen Perspektive auf Geschichte vorgenommen, sondern es wird die Erfahrung historischer Relativität ins Zentrum des Verständnisses von Geschichte gestellt. Die Erfahrung historischer Relativität ist durch die Erkenntnis geprägt, dass der eigene Standpunkt einer unter vielen historisch möglichen ist und deshalb für die Beurteilung historischer Erscheinungen keinen *apriorischen,* allgemein gültigen Maßstab abgibt. Ein solcher Maßstab muss vielmehr aus dem »stets neu erstrebten Gesamtbild« (AdC, 115) des als offen konzipierten geschichtlichen Prozesses erst gewonnen werden. Denn dieser Prozess bildet die Voraussetzung für alles Urteilen über Normen, Ideale und Wertmaßstäbe. Damit führt Troeltsch bei aller zugestandenen Lückenhaftigkeit ›die Geschichte‹ als Gesamtzusammenhang, als Bedingung der Möglichkeit historisch vergleichender Erkenntnis ein. Zugleich zeigt er jedoch auf, dass dieser Gesamtzusammenhang je abhängig vom Standpunkt der Gegenwart, von dem aus er in den Blick genommen wird, eine andere Gestalt annehmen kann. Er ist also durch eine prinzipielle Relativität gekennzeichnet.

Nach einer Kritik an Hegel und Schleiermacher im zweiten Kapitel stellt sich Troeltsch die Frage, wie inmitten der Relativität aller Werte und Normen überhaupt Normativität im Sinne allgemeiner Gültigkeit von Glaubensinhalten beansprucht werden kann. Liest man die Absolutheitsschrift unter religionsphilosophischem Aspekt als Suche nach einem komparatistisch zu ermittelnden und pragmatisch handhabbaren Allgemeinbegriff von Religion, der die Orientierungsmöglichkeit an verbindlichen Werten, an Normativität inmitten der modernen Pluralität der Religionen gewährleistet, so ist das dritte Kapitel das systematisch-konzeptionelle Organisationszentrum der AdC. Entscheidend ist dabei Troeltschs Neubestimmung eines konstruktiven Relativitätsbegriffs:

»[Relativität in der Geschichte] bedeutet [...], daß alle geschichtlichen Erscheinungen in der Einwirkung eines näher oder entfernter wirkenden Gesamtzusammenhangs besondere, individuelle Bildungen sind, daß daher von jeder aus der Blick auf einen breiteren Zusammenhang und damit schließlich auf das Ganze sich eröffnet, daß erst ihre Zusammenschau im Ganzen eine Beurteilung und Bewertung ermöglicht. Er schließt aber in keiner Weise aus, daß in diesen individuellen Bildungen Werte von gemeinsamer Grundrichtung und der Fähigkeit der Auseinandersetzung mit einander auftreten, die in dieser Auseinandersetzung eine letzte, durch innere Wahrheit und Notwendigkeit begründete Entscheidung hervorbringen. Nur kann in keinem Moment der Geschichte ein solcher Wert frei von den Besonderheiten der momentanen Lage sein, und auch jede Urteilsbildung und Zusammenfassung dieser Werte selbst gibt es nur in einer durch den Moment bedingten Gestalt. Der absolute, wandellose, durch nichts temporär bedingte Wert liegt überhaupt nicht in der Geschichte, sondern in dem Jenseits der Geschichte, das nur der Ahnung und dem Glauben zugänglich ist. Die Geschichte schließt die Normen nicht aus, sondern ihr wesentlichstes Werk ist gerade die Hervorbringung der Normen und der Kampf um Zusammenfassung dieser Normen. Aber diese Normen und ihre Vereinheitlichung selbst bleiben immer etwas Individuelles und temporär Bedingtes in jedem Moment ihrer Wirksamkeit, immer ein von der Lage mitgeformtes Streben nach einem vorschwebenden, noch nicht fertig verwirklichten, noch nicht absolut gewordenen Ziel.« (aaO, 170f.)

Nach Troeltsch ist also das Absolute selbst in keiner religiösen Vorstellung dingfest zu machen, sondern liegt jenseits der Geschichte. Die Absolutheitsbezüge der verschiedenen historischen

Religionen können jedoch nur im Unendlichen, im Jenseits der Geschichte konvergieren. Dieser (mögliche) Konvergenzpunkt aber bleibt als ›Ziel‹ der Geschichte unseren Vorstellungen von Geschichte jenseitig.

Der Religionsvergleich wird im Folgenden strukturell ausgearbeitet, indem die zu vergleichenden wertebildenden Religionen (aaO, 172f) ausgewählt werden und die Möglichkeit einer historischen Persistenz von kulturell-religiösen Werten (aaO, 174f) sowie die Eigenart der religiösen Wertbildung durch die jeweils besonderen Absolutheitsbezüge (aaO, 175ff) diskutiert wird. Zuletzt kommt ein mögliches gemeinsames Ziel der Religionen in den Blick, das wesentlich durch seinen eschatologischen Charakter bestimmt bleibt (aaO, 180). Fragen einer Annäherung der Menschheitsgeschichte an dasselbe bleiben der Geschichtsphilosophie vorbehalten.

Für den Vergleich selbst kommen »nur einige wenige große Bildungen« (aaO, 173) der Religion in Frage. Das sind die drei monotheistischen Religionen Judentum, Christentum, Islam sowie die östlichen Religionen Brahmanismus und Buddhismus. Troeltsch ordnet Judentum und Islam den ›Gesetzesreligionen‹ (aaO, 193) zu. Bei den ›Erlösungsreligionen‹ differenziert er zwischen pantheistisch-naturhaften Formen des »brahmanischen Akosmismus und der [des] buddhistische[n] Quietismus« (aaO, 194) und dem Christentum als einzigem Typus der personalistischen Erlösungsreligion: Es ist »unter den großen Religionen die stärkste und gesammelste Offenbarung der personalistischen Religiosität« (aaO, 195).

Im Vergleich zeigt Troeltsch, dass im Christentum, so komplex es sich in seinen Elementen als historische Größe auch darstellt, der persönlichen Gottesbeziehung die größtmögliche Bedeutung zukommt. Aus ihr erwächst der wirkmächtige Gedanke der Persönlichkeit, mit dem es die gegenwärtige Kultur bis in das moderne Individualitätskonzept hinein geprägt hat. Der Idee der Persönlichkeit misst Troeltsch dabei eine Brückenfunktion zu. Denn das neuzeitlich-moderne Denken in den Strukturen von Personalität und Individualität ist auch verantwortlich zu machen für den hohen Stellenwert, den die ›persönliche Entscheidung‹ bei der Ermittlung eines Maßstabs im Religionsvergleich erhält. Der darin angelegte Zirkelschluss zwischen persönlichem Standpunkt und Maßstabbildung bleibt allerdings auf allgemeine Zustimmung angewiesen und steht damit zunächst unter Vorbehalt.

Die geradezu flüchtig skizzierte Durchführung des Religionsvergleichs im vierten Kapitel der AdC erbringt als materialen Ertrag eine schlichte Typologie der Absolutheitsbezüge der Religionen. Seine systematische Funktion ist erfüllt, insofern die Vergleichbarkeit der Religionen sich mit diesem Vergleich als möglich erwiesen hat. Denn damit ist in praktischer Hinsicht ein komparatistisch-pragmatischer Allgemeinbegriff von Religion etabliert.

Das fünfte Kapitel expliziert die Überführung der Absolutheit in die ›Höchstgeltung‹ des Christentums, versichert sich aber gleichzeitig der inneren Konstitution des Glaubens. Von den nochmals zusammengestellten ›Absolutheiten‹ ausgehend und unter Einsicht in den allgemeinen Zusammenhang des Wandels vom naiven zum wissenschaftlichen Weltbild (aaO, 214f) hält Troeltsch im sechsten Kapitel auch eine prinzipielle Ablösbarkeit (aaO, 211) der christlichen Religion von der historischen, kirchlichen Form für möglich. Denn auch die »schwierigsten Zukunftsentwickelungen« (aaO, 243f) verweisen auf eine offene Zukunft, die religiös ergriffen »der führenden Hand Gottes vertrauen« kann. Im überarbeiteten Schluss von 1912 genügt es Troeltsch, angesichts »unbekannte[r] Jahrhundert-Tausende [...], wenn wir die nächste Wegstrecke erleuchten können und hier wissen, was wir wollen und was wir sollen« (aaO, 243).

2.4 Der Absolutheitsbegriff und seine Verwendung in der AdC

Die Formel ›Absolutheit des Christentums‹ knüpft an die im deutschen Idealismus v.a. durch Hegel entwickelte Deutung des Christentums als ›absoluter Religion‹ an. Die Grundkonzeption, deren Gehalt sich in dieser Formel verdichtet, geht zunächst von einem allgemeinen Religionsbegriff aus, unter dem die einzelnen historischen Religionen in einer teleologisch angelegten religionsgeschichtlichen Entwicklung subsumiert werden können. Im stufenweisen Fortschrittsprozess laufen sie auf das Ziel der vollkommenen Verwirklichung dieses zugrunde gelegten Religionsbegriffs zu, nämlich einer Versöhnung von Gott und Mensch, wie sie durch den Geist im Christentum vollständig realisiert sei. Auf diese Weise kann die Vielzahl der positiven Religionen in den Blick genommen werden, ohne den Anspruch auf die Überlegenheit des Christentums und dessen religiös-kulturelle Deutungshoheit preiszugeben.

Wie Troeltschs Absolutheitsbegriff sich vor dem Hintergrund der Religionsgeschichtlichen Schule zu dieser wirkmächtigen Theoriefigur des 19.Jh.s verhält, zeigt die gedankliche Entwicklung im Vorfeld der Absolutheitsschrift: Ab 1895/1896 beginnt ein Prozess, im Zuge dessen sich Troeltsch sukzessive von der so verstandenen Absolutheitsformel löst. Mit der Kritik an der dialektisch-logischen Geschichtskonstruktion Hegels wird für ihn der Gedanke des Christentums als ›absoluter Religion‹ unhaltbar. Dennoch ist dem Christentum »in seinem Gottes- und Offenbarungsglauben die Kraft der absoluten Religion« (Troeltsch 1895/1896, 212) eigen. Über kompromissbemühte Positionen der zwischenzeitlich erschienenen Publikationen bewertet Troeltsch 1899 schließlich die »ganze Frage nach der Absolutheit [...] als dogmatische Quälerei, die für eine undogmatische Betrachtung wegfällt« (Troeltsch 1899, 510). Die im Absolutheitsbegriff enthaltene Problematik wird für ihn zum Indikator dafür, dass die Theologie sich über die Prinzipienfrage wissenschaftlicher Methodik neu verständigen muss. In seinem Aufsatz *Ueber historische und dogmatische Methode in der Theologie* (1898/1900) treten folglich substantielle Aussagen zur Absolutheitsthematik zugunsten einer prinzipiellen Diskussion der Methodenfrage zurück. Der Aufsatz bildet gedanklich »das Entrée zu den methodisch-inhaltlichen Ausführungen in der Absolutheitsschrift« (Pautler/Rendtorff 1998, 33). Der Absolutheitsbegriff wurde von Troeltsch damit bereits vor Erscheinen der AdC mit den Mitteln der historischen bzw. religionsgeschichtlichen Methode verabschiedet.

Wie also verwendet er den im Titel gleichwohl exponierten Begriff der Absolutheit in der AdC? Im sechsten Kapitel differenziert er zwischen ›naiver Absolutheit‹ (ab AdC, 218 fast durchgängig) und ›natürlicher Absolutheit‹ auf der einen Seite und ›künstlicher‹

(aaO, 231.234f.237f.240), ›apologetischer‹ (aaO, 229.231.235.240), ›supranaturaler‹ (aaO, 232) oder ›rationaler Absolutheit‹ (aaO, 233f.237) auf der anderen Seite. So ist durchgängig von ›Absolutheit‹ in einem uneigentlichen Sinn die Rede. Denn der Sache nach ist jeweils ›nur noch‹ von unmittelbarer Religiosität, Glaubensgewissheit oder von »exclusive[m] Supranaturalismus« (aaO, 126) die Rede. Den eigentlichen Vollsinn von Absolutheit kann nur »die *evolutionistische Absolutheit*, die [...] den Ausdruck ›Absolutheit‹ [...] geprägt hat« (aaO, 237) semantisch abdecken.

›Absolutheit‹ in Gestalt der sog. »evolutionistischen Apologetik« (aaO, 126) Hegels, lehnt Troeltsch für das Christentum dezidiert ab, und zwar aufgrund der umfassend diagnostizierten »Gebrechen der Grundbegriffe [...] an allen vier Hauptpunkten« (aaO, 141): Am Wesensbegriff (aaO, 141), seiner absoluten historischen Realisierung (aaO, 141), einer Identifikation derselben mit dem Christentum (aaO, 144) und v.a. der Inanspruchnahme des Entwicklungsbegriffs als dialektisch-kausale Geschichtslogik teleologischer Ausrichtung (aaO, 147), die jene »beirrenden Stufenkonstruktionen« (aaO, 149) und historischen »Durchgangsstufe[n]« (aaO, 149) erzeuge. Insofern gilt: »Die Konstruktion des Christentums als der absoluten Religion ist von historischer Denkweise aus und mit historischen Mitteln unmöglich« (aaO, 137).

›Naive‹ und ›natürliche Absolutheit‹ ist und bleibt allen lebendigen Religionen im Zustand der Unmittelbarkeit eigen. Alle anderen Behauptungen von Absolutheit sind dagegen als wissenschaftlich-apologetische Verteidigungsformen der Religion zu betrachten, die sich dort ausbilden, wo die unmittelbare Gültigkeit von Religion in Frage gestellt ist. Allein im Christentum sieht Troeltsch in der spezifischen Ausbildung der ›naiven Absolutheit‹ (aaO, 119ff) des christlichen Glaubens ein Strukturmoment der Religion entwickelt (aaO, 195–197), das ohne wissenschaftliche Beweisbarkeit, aber unter ›allgemein‹ zustimmungsfähiger persönlicher Überzeugung als normativ anerkannt werden kann (aaO, 197f). In der christlichen Form aber ist die »›Absolutheit‹, die sich so ergibt, [...] nichts anderes als die Höchstgeltung und die Gewißheit, in die Richtung auf die vollkommene Wahrheit sich eingestellt zu haben« (aaO, 200). Damit ist der Begriff ›Absolutheit‹ in den der »Höchstgeltung« (ebd.) des Christentums überführt.

2.5 Die ›Zusammenbestehbarkeit‹ von Wissenschaft und Religion

Nochmals anders lässt sich die AdC lesen, wenn die grundsätzliche Spannung zwischen ›Wissenschaft‹ und ›Leben‹, d.h. zwischen einer historisch relativierenden Betrachtungsweise der Religion und dem praktischen Vollzug gelebter Religion in den Blick genommen wird. Die Vermittlungsprobleme zwischen ›Wissenschaft‹ und ›Leben‹ dürfen als epochentypisch für die Periode zwischen etwa 1870 und 1930 gelten. Vor diesem Hintergrund ist auch das hohe Problembewusstsein der AdC für die Ambivalenz eines unhintergehbar historischen Bewusstseins, das im Verhältnis zur vitalen Lebenskraft der unmittelbaren Glaubensvollzüge steht, zu betrachten. Hier zeigt sich das methodische Potential der Absolutheitsschrift, welche diese Ambivalenz bearbeiten will. Die Trennung von Wissenschaft und (gelebter) Religion, durch die in der Moderne Normativität gewonnen und gesichert wird, ist das grundlegende, wenn nicht das eigentliche Problem der AdC. Von der Verhältnisbestimmung von Wissenschaft und Religion her gewinnt der Religionsvergleich Troeltschs deshalb noch eine andere Bedeutung.

Wer angesichts der Verunsicherung durch die moderne Pluralität zur ›naiven Absolutheit‹ der Religion zurückkehren möchte, unterläuft die in Troeltschs Bestimmung der Absolutheit angelegte methodische Komplexität, die sich auf den allgemeinen Ermöglichungsgrund der Gewissheit bezieht, die »in Richtung und Lebensbewegung auf das Absolute« (aaO, 209) steht. Im Religionsvergleich wird diese Ausrichtung auf Absolutheit mit der Gewinnung eines ›Maßstabes‹ gewährleistet, der im Vergleich der Religionen die Form eines Allgemeinbegriffs der Religion annimmt. Die praktische Rückkehr zu einer ›naiven Absolutheit‹ bleibt demgegenüber im unmittelbaren Kampf um diesen Maßstab befangen und kann gerade deshalb keine Verbindlichkeit und Normativität beanspruchen.

Religion in der Moderne, und d.h. für Troeltsch Religion unter den Anfechtungen moderner Wissenschaft, muss in der Lage sein, ein Bewusstsein um die Gültigkeit ihrer Wahrheitsansprüche in ihre konkrete historische Selbstbeschreibung aufzunehmen. Sie kann damit die beschriebene Spannung von Wissenschaft und Religion zumindest teilweise abarbeiten.

Darin gründet Troeltschs Intention, das Christentum in eine modernitätsfähige Bildungsreligion zu überführen. Die AdC ist – so verstanden – eine »paradigmatische Anleitung zum Vollzug eines modernitätskonformen Christentums, [...] zum Vollzug eines Christentums als Bildungsreligion« (Pfleiderer 2004, 288). Sie skizziert das grundlagentheoretische Kurzprogramm einer Religionsphilosophie, die den historischen ›Ort‹ jeder Wesensbestimmung des christlichen Glaubens reflektiert und zugleich am normativen Charakter christlicher Religion für die Gegenwart festhält.

3. Zur Wirkung

Im 20. Jh. formulierte die Dialektische Theologie einen programmatischen Bruch mit dem historischen Paradigma, das für Troeltsch im Zentrum seiner theologischen Überlegungen stand. Spätestens nach dem 1. Weltkrieg sah die junge Generation der um 1886 geborenen Theologen (K. Barth, R. Bultmann, F. Gogarten u.a.) die Theologie des 19. Jh.s von Schleiermacher bis Troeltsch als gescheitert an. Troeltsch wurde zum Begründer eines Bewusstseins der Theologie für die moderne historische Problematik gemacht, das es nun zu überwinden galt.

Nach weit verbreiteter »›Troeltsch-Vergessenheit‹« (vgl. Apfelbacher 1978, 5.32) wurde das Werk Troeltschs erst im Zuge des neuen geschichtstheologischen Interesses der 1960er Jahre wieder stärker wahrgenommen (v.a. bei T. Rendtorff und W. Pannenberg). Eine Wirkung in der deutschsprachigen akademischen Theologie konnte sich auch auf Umwegen über das sog. »Troeltsch revival« (Adams 1974) in den USA sowie durch die verstärkte Wahrnehmung Troeltschs in den kulturwissenschaftlichen Nachbardisziplinen entfalten. Die wissenschaftliche Reputation Troeltschs verdankt sich zudem in wesentlichen Teilen der 1981 gegründeten Ernst-Troeltsch-Gesellschaft.

Jenseits der theologischen Fachgrenzen wurden hauptsächlich Troeltschs Arbeiten zur Religionssoziologie und Geschichtsphilosophie rezipiert; für die Forschung zur Weimarer Republik sind v. a. die politischen und gesellschaftskritischen Texte relevant. In der Religionswissenschaft wird die Absolutheitsschrift Troeltschs gern zu den historischen Gründungsdokumenten des Faches gezählt. Gegenüber einer auf den materialen Ertrag aus Troeltschs Religionsvergleich fokussierten Rezeption konnte hier ohne Zweifel ein sehr viel differenzierteres Bild erarbeitet werden. Die methodische Stärke der AdC erweist sich gegenüber der Behauptung, religionswissenschaftliche Beschreibungen seien ›wertfrei‹ und ›objektiv‹. Mit ihrer kritischen Betrachtung des eigenen Standpunktes, ihrer Reflexion auf die komparatistische Maßstabgewinnung und ihrem reflektierten Umgang mit der Normativität von religionstheoretischen Wertungen besteht die Leistung der AdC vor allem darin, die Frage nach der Verbindlichkeit in der Situation des religiösen Pluralismus wissenschaftlich reflektiert zu stellen und methodisch kontrolliert zu durchdenken. In der postmodernen Situation eines radikalisierten religiösen Pluralismus gilt dies »gerade deshalb, weil wir in der Gegenwart besonders intensiv die destruktiven Kräfte religiösen Glaubens erlebt und erlitten haben. Der 11. September 2001 ist auch ein zentrales Datum der modernen Religionsgeschichte« (Graf 2004, 21). Eine programmatische Abstinenz von (religiöser) Normativität überlässt die Religion in der Postmoderne dem Kampf ›naiver‹ und ›apologetischer‹ Absolutheiten und schwächt damit die Regulierungsmechanismen eines gelebten Pluralismus.

4. Literaturhinweise

Zitierte Quelle:
E. Troeltsch, Die Absolutheit des Christentums und die Religionsgeschichte (1902/1912) mit den Thesen von 1901 und handschriftlichen Zusätzen, KGA 5, hg. v. T. Rendtorff in Zusammenarbeit mit S. Pautler, Berlin 1998 (abgek. AdC).

Zum Einstieg empfohlen:
AdC, 165–190.

Weiterführende Literatur:
Drescher 1991; Pautler/Rendtorff 1998; Voigt 2003; Bernhardt/Pfleiderer 2004.

5. Verwendete Literatur

J.L. Adams, Why the Troeltsch Revival? Reasons for the Renewed Interest in the Thought of the Great German Theologian Ernst Troeltsch, in: The Unitarian Universalist Christian 29 (1974), 4–15.

K.-E. Apfelbacher, Frömmigkeit und Wissenschaft. Ernst Troeltsch und sein theologisches Programm, München 1978.

R. Beinhold/G. Pfleiderer (Hg.), Christlicher Wahrheitsanspruch – historische Relativität. Auseinandersetzungen mit Ernst Troeltschs Absolutheitsschrift im Kontext heutiger Religionstheologie, Zürich 2004.

J.H. Claussen (Hg.), Die Fehlgeburt einer Republik. Spektator in Berlin 1918 bis 1922. Zusammengestellt und mit einem Nachwort versehen von J.H. Claussen, Frankfurt a.M. 1994.

H.-G. Drescher, Ernst Troeltsch. Leben und Werk, Göttingen 1991.

F.W. Graf, Fachmenschenfreundschaft. Bemerkungen zu ›Max Weber und Ernst Troeltsch‹, in: W.J. Mommsen/W. Schwentker (Hg.), Max Weber und seine Zeitgenossen, Göttingen 1988, 313–336.

–: Polymorphes Gedächtnis. Zur Einführung in die Troeltsch-Nekrologie, in: Ernst Troeltsch in Nachrufen (Troeltsch-Studien 12), hg. v. F.W. Graf u. Mitarb. v. C. Nees, Gütersloh 2002, 21–173.

–: Die historische Dauerreflexion der (Post-)Moderne und die Geltungsansprüche der Christentümer, in: R. Beinhold/G. Pfleiderer (Hg.), Christlicher Wahrheitsanspruch – historische Relativität. Auseinandersetzungen mit Ernst Troeltschs Absolutheitsschrift im Kontext heutiger Religionstheologie, Zürich 2004, 15–45.

S. *Pautler/T. Rendtorff,* Einleitung, in: E. Troeltsch, Die Absolutheit des Christentums und die Religionsgeschichte (1902/1912) mit den Thesen von 1901 und handschriftlichen Zusätzen, KGA 5, hg. v. T. Rendtorff in Zusammenarbeit mit S. Pautler, Berlin 1998, 1–50.

G. *Pfleiderer,* Glaubensgewissheit im Zeitalter der Wissensgesellschaft. Die individualitätstheoretische Religionstheorie der Absolutheitsschrift von Ernst Troeltsch, in: R. Beinhold/G. Pfleiderer (Hg.), Christlicher Wahrheitsanspruch – historische Relativität. Auseinandersetzungen mit Ernst Troeltschs Absolutheitsschrift im Kontext heutiger Religionstheologie, Zürich 2004, 281–330.

T. *Rendtorff,* Art. Troeltsch, Ernst (1865–1923), TRE 34, Berlin 2002, 130–143.

H. *Rollmann,* Ernst Troeltsch in Amerika. Die Reise zum Weltkongreß in St. Louis (1904), in: H. Renz (Hg.), Ernst Troeltsch zwischen Heidelberg und Berlin (Troeltsch-Studien 2), Gütersloh 2001, 88–117.

H. *Treiber,* Der ›Eranos‹ – Das Glanzstück im Heidelberger Mythenkranz?, in: F.W. Graf/W. Schluchter (Hg.), Asketischer Protestantismus und der Geist des modernen Kapitalismus, Tübingen 2005, 75–154.

E. *Troeltsch,* Vernunft und Offenbarung bei Johann Gerhard und Melanchthon. Inaugural-Dissertation zur Erlangung der Licentiatenwürde, Göttingen 1891.

–: Die Selbständigkeit der Religion, in: ZThK 5 (1895), 361–436; ZThK 6 (1896), 71–110.167–218.

–: Religionsphilosophie und prinzipielle Methode, in: Theologischer Jahresbericht 18 (1899), 485–536.

–: Die Soziallehren der christlichen Kirchen und Gruppen, GS I, Tübingen 1912.

–: Zur religiösen Lage, Religionsphilosophie und Ethik, GS II, Tübingen ²1922.

–: Meine Bücher (1922), in: Ders., Aufsätze zur Geistesgeschichte und Religionssoziologie, GS IV, hg. v. H. Baron, Tübingen 1925, 3–18.

–: Die Krisis des Historismus (1922), in: Ders., Schriften zur Politik und Kulturphilosophie (1918–1923), KGA 15, hg. v. G. Hübinger, Berlin 2002, 437–455.

–: Die Stellung des Christentums unter den Weltreligionen, in: Ders., Fünf Vorträge zu Religion und Geschichtsphilosophie für England und Schottland: Der Historismus und seine Überwindung (1924)/Christian Thought. Its History and Application (1923), KGA 17, hg. v. G. Hübinger, Berlin 2006, 105–118.

–: Der Historismus und seine Probleme. Erstes Buch: Das logische Problem der Geschichtsphilosophie (1922), KGA 16/1,2, hg. v. F.W. Graf, Berlin 2008.

F. Voigt (Hg.), Ernst Troeltsch Lesebuch. Ausgewählte Texte, Tübingen 2003.

M. Weber, Die protestantische Ethik I. Eine Aufsatzsammlung, hg. v. J. Winckelmann, München ²1969.

6. Die Eigenständigkeit der Theologie: Reich-Gottes-Gedanke und Christologie

Als Paulus in 1Kor 1,23 festhielt, dass der gekreuzigte Christus den Juden ein Ärgernis und den Griechen eine Torheit ist, intonierte er ein Thema, das die Theologie bis in die Gegenwart hinein beschäftigt: die Frage nach ihrer Eigenständigkeit. Gegenüber früheren Zeiten verschärfte sich diese Frage in der Neuzeit aufgrund von drei Faktoren, die einander auf vielfältige Art beeinflussten. Erstens verlor die Religion im Gefolge der Konfessionskriege des 17. Jh.s und im Zuge der Ausdifferenzierung der modernen Gesellschaft ihre das gesamte öffentliche Leben beherrschende Stellung. Die enge Verbindung von Staat und Religion begann sich aufzulösen und die Religion wurde zur Privatsache erklärt. Zweitens setzte sich im allgemeinen Lebensgefühl und in der Philosophie das anthropozentrische Wirklichkeitsverständnis durch, das die Konzentration auf menschliche Erfahrung als Zugang zur Wirklichkeit überhaupt verstand. Damit ging einher, dass sich die philosophische Vernunft in umfassendem Maße von ihrer Gebundenheit an ein ihr durch Offenbarung vorgegebenes Zeichensystem wie die Bibel emanzipierte. Stattdessen beharrte sie auf der Autonomie ihrer Begründung wie ihrer Vollzüge. Die Theologie wurde nur insofern als legitim anerkannt, als sie dem entspricht, was in der Vernunft bereits angelegt ist. Da die gelebte Religion und die Theologie dieser neuen Situation oftmals nicht entsprechen zu können schienen, kam es, drittens, zu massiven Schüben von Entkirchlichung. Besonders im 20. Jh. wurden zudem im Kommunismus und im Nationalsozialismus solche Bewegungen geschichtsmächtig, die auf radikal antichristlichen oder atheistischen Ideologien des 19. Jh.s gründeten und die Kirche und Theologie massiv bedrängten.

6. Die Eigenständigkeit der Theologie

A. Ritschl und K. Barth ist es gemeinsam, dass sie in dieser Situation die Eigenständigkeit der Theologie nicht durch Apologetik, sondern durch Konzentration auf das Eigenste der Theologie zu sichern suchten. Ritschl sah dies im Gedanken des Reiches Gottes gegeben. Die Christen als von Gott eingesetzte Mitarbeiter am Reich Gottes sind *in* der, aber nicht *von* der Welt; und in einer dem Reich-Gottes-Gedanken angemessenen Theologie verbinden sich Dogmatik und Ethik auf engste Weise. Barth betont entschieden, dass nur Gott selbst angemessen von Gott reden kann und Theologie daher von Gottes Selbstoffenbarung in Jesus Christus her zu denken hat. In ihm findet sie auch den Maßstab, um in der gefallenen Welt christlich zu handeln.

Matthias Neugebauer

Albrecht Ritschl:
Unterricht in der christlichen Religion

1. Zur Person

Albrecht Benjamin Ritschl wurde am 25. März 1822 in Berlin geboren und starb am 20. März 1889 in Göttingen. Sein Elternhaus – der Vater, Dr. theol. h.c. Georg C.B. Ritschl, war ab 1827 Bischof und Generalsuperintendent in Pommern – gab ihm eine unbefangene Kirchlichkeit, ein affirmatives Verhältnis zur Kirchenunion und einen positiv-evangelischen Standpunkt mit auf den Weg (vgl. Ritschl 1892, 6ff).

Nach dem Abitur in Stettin begann Ritschl 1839 das Studium der Theologie in Bonn, wo er zunächst den schriftgemäßen Supranaturalismus C.I. Nitzschs adaptierte. Diese Position wurde jedoch schon bald hinterfragt durch eine Konfrontation mit dem ultraorthodox-konfessionalistischen Supranaturalismus des Berliner Theologen E.W. Hengstenberg. In das Zentrum des gedanklichen Ringens rückte v.a. die Versöhnungslehre. Wichtig wurde für Ritschl dabei, das Versöhnungsparadigma konsequent in Korrelation zur Ethik zu entfalten; Versöhnung und Sittlichkeit also in ihrer wechselseitigen Interdependenz zu thematisieren und darüber hinaus die Unabdingbarkeit jenes Wechselverhältnisses wissenschaftlich zu prüfen und lebenspraktisch nachzuweisen. In diesen Kontext gehört das berühmt gewordene Bild der Ellipse mit den zwei Brennpunkten, durch das Ritschl seine spezifische Sicht des Christentums veranschaulicht hat. Der eine Brennpunkt der Ellipse ist die lehrmäßige und sakramentale Repräsentation der »Kraft der Erlösung Christi« und der andere die sittliche Praxis des »gegenwärtige[n] Reich[es] Gottes« (*Rechtfertigung und Versöhnung* [abgek. RuV] III[1], 6). Insofern Ritschl im Zuge seiner lehrmäßigen und sittlichen Aufarbeitung des Christlichen v.a. die ethische Dimension des Reich-Gottes-Gedankens neu akzentuiert, kann seine Theologie als Reich-Gottes-Theologie angesehen werden. Im *Unterricht in der christlichen Religion* (abgek. UcR) heißt es in den Einleitungsparagraphen entsprechend programmatisch:

»Das Reich Gottes ist das von Gott gewährleistete höchste Gut der durch Gottes Offenbarung in Christus gestifteten Gemeinde; allein es ist als das höchste Gut nur gemeint, indem es zugleich als das sittliche Ideal gilt, zu dessen Verwirklichung die Glieder der Gemeinde durch eine bestimmte Handlungsweise sich untereinander verbinden. Jener Sinn des Begriffes wird deutlich durch die in ihm zugleich ausgedrückte Aufgabe. [...] Das gerechte Handeln, in welchem die Glieder der Gemeinde Christi an der Hervorbringung des Reiches Gottes teilnehmen, hat sein allgemeines Gesetz und seinen persönlichen Beweggrund in der Liebe zu Gott und zu dem Nächsten. [...] Zugleich ist das Reich Gottes das höchste Gut für diejenigen, welche in ihm vereinigt sind, sofern es die Lösung der in allen Religionen gestellten oder angedeuteten Frage darbietet, wie der Mensch, welcher sich als Teil der Welt und zugleich in der Anlage zu geistiger Persönlichkeit erkennt, den hierauf gegründeten Anspruch auf Herrschaft über die Welt gegen die Beschränkungen durch sie durchsetzen kann.« (UcR³, § 5, 13; § 6, 14f, § 8, 18)

Um diesen Ansatz zu bewähren, hat Ritschl verschiedenste Einflüsse auf sich wirken lassen. Zunächst – seit 1852 war er außerordentlicher und seit 1859 ordentlicher Professor in Bonn – arbeitete er als Dogmengeschichtler und stand im Bann der Hegelschen Geschichtstheologie im Gefolge der Tübinger Schule F.Ch. Baurs.

Als sich Ritschl dann ab 1870 (seit 1864 war er ordentlicher Professor in Göttingen) mit der 1. Auflage von RuV dem theologischen Publikum als systematischer Theologe vorstellt, ist ein Rückgang auf die Philosophie Kants unverkennbar. Wie Ritschl im ersten Band der Erstauflage von RuV festhält, ist es in seinen Augen nun Kant, der »noch jetzt [...] nach dem unaufhörlichen Wechsel theologischer Richtungen für die richtige Würdigung der Grundidee des Christenthums den unverrückbaren Maaßstab« (RuV¹ I, 408) darstellt. Dies begründet sich darin, dass es – seiner Meinung nach – Kant gelungen sei, »die allgemeingültigen Voraussetzungen des Gedankens von Versöhnung in dem Bewußtsein von sittlicher Freiheit und sittlicher Schuld auf kritische, d.h. wissenschaftlich nothwendige Weise« (ebd.) festzustellen. In erster Linie denkt Ritschl hier an die Teleologiekonzeption Kants, wie sie in der dritten Kritik entwickelt wurde und in der das Reich Gottes als ethisch-religiöse Totalitätsidee die Konvergenz von sittlicher Erkenntnis *und* Praxis garantiert.

Mit der 3. Auflage von RuV ist abermals eine theologische Neuorientierung Ritschls wahrnehmbar: Lotze wird nun der primäre philosophische Bezugspunkt. Vor allem der von Kant postulierte regulative Charakter des Reich-Gottes-Gedankens wird mithilfe Lotzescher Überlegungen kritisiert. Das Reich Gottes als sittliche Praxis kann nicht allein – wie bei Kant – im Status des Regulativen verbleiben (also allein die Regelhaftigkeit sittlicher Erkenntnis betreffen), sondern soll als *reale* Praxis erfassbar sein. Lotzes Theorie der Werturteile und des Werterlebens wird dabei von Ritschl kreativ zu einer Theorie des religiösen Werturteils ausgeformt, die es ihm erlaubt, die Wirklichkeit der handelnden Teilnahme am Reich Gottes auszuformulieren. Die Praxis des Reiches Gottes versichert dem ethisch tätigen Agenten einen Wert, mit dem es sich in einer komplexen und angefochtenen Kultur behaupten kann. Dass das Reich Gottes eine teleologische Idee repräsentiert, daran hat Ritschl in Übereinstimmung mit Kant nie gezweifelt.

Jeweils im unmittelbaren Vorfeld der zweiten (1882/83) und dritten (1888) Auflage von RuV hat Ritschl auch eine neue Auflage vom UcR besorgt (1882 und 1886), den er 1875 erstpublizierte. Die Auflagen des UcR spiegeln je auf ihre Weise die von Ritschl vertretene Gestalt wissenschaftlicher Theologie wider. Allerdings stehen die fundamentaltheologischen Voraussetzungen im UcR im Hintergrund, weil der UcR nicht wissenschaftliche Theologie, sondern im strengen Sinne *Unterricht* sein will.

2. Zum Werk

2.1 Zur Verortung des Werkes

Ritschl artikuliert seine theologischen Einsichten in der Zeit des Übergangs von der Dominanz einer idealistischen resp. spätidealistischen Weltanschauung hin zur Vorherrschaft eines naturwissenschaftlichen Weltbildes. Zugleich meldet er sich in einer Situation disparater und z.T. widersprechender theologischer Antworten zu Wort. Angesichts dieser Situation versucht er, kreativ im kritischen Dialog mit den divergierenden Tendenzen seiner Zeit, christliche Ideale und Grundinhalte zu behaupten. In dieser Hinsicht ist Ritschl – wie auch einer seiner berühmtesten Schüler, W. Herrmann, geurteilt hat – als der »kraftvollste Vertreter der Vermittlungstheologie« (Herrmann 1907, 19) anzusprechen. Als solcher steht er am Anfang eines theologischen Aufbruches, der die kulturelle Prägekraft eines ethisch tätigen Christentums unter Beweis stellen wollte.

Ritschl ist dabei Begründer einer ganzen theologischen Strömung, die nicht nur das Bewusstsein der Krise geschärft, sondern auch zu deren zeitspezifischen Bearbeitung außerordentlich wirkmächtige Impulse freigesetzt hat. Die zentrale theologische Einsicht, die er gewonnen hat, war eine Reetablierung der sittlichen Implikationen und Prägekräfte des christlichen Glaubens angesichts der Gefahr von dessen dogmatischer Verkürzung. Von Reetablierung ist zu sprechen, weil Ritschl der Überzeugung war, dass bereits in der reformatorischen Theologie das Verhältnis von Lehre und Praxis in einer der ursprünglichen Intention des Christentums entsprechenden Weise verhandelt wurde. Dabei ist es Ritschl zufolge in erster Linie die Lutherische Orthodoxie gewesen, die die von Luther und Melanchthon adäquat intendierte Sittlichkeitsdimension des christlichen Glaubens zugunsten einer dogmatischen Engführung seiner selbst preisgegeben hat (zu Ritschls Verhältnis zur Reformation vgl. Barth 2004, 129ff). Dieser Fehler rächt sich eklatant zu einer Zeit, in der gerade die dogmatischen Entwicklungen des Christentums immer weniger selbstverständlich werden. Insofern besteht der von Ritschl beanspruchte innovative Zug seines theologischen Denkens darin, das angezeigte Ineinander von dogmatischer und sittlicher Repräsentation des christlichen Glaubens als Inbegriff des Besonderen und Eigentümlichen des christlichen Glaubens in der spezifischen Krisensituation kraftvoll auszusprechen, verständlich zu vermitteln und v.a. in seiner Ganzheit und in seinem Zusammenhang darzustellen. Ritschl war dabei der Überzeugung, dass insbesondere der UcR für den gelungenen Versuch steht, das Spezifische und Wirkmächtige des christlichen Glaubens konzentriert zu vermitteln und ebenso ganzheitlich wie zusammenhängend zur Darstellung zu bringen, kurz: das Wesen des Christentums im Ineinander von *positiven Inhalten* und *sittlichen Implikationen* adäquat aufzubereiten.

Dieser Aufgabe kann im Modus »der herkömmlichen Dogmatik« (UcR[1], Vorrede, 4) nur schwer nachgekommen werden. Indem sich die Dogmatik an den verschiedenen Einzellehrstücken und ihren wechselnden Interpretationen abarbeitet, fehlt ihr der Ganzheit wie Einheit ermöglichende Bezugspunkt. Sie atomisiert sich in eine »lockere Verbindung einzelner Lehren« (UcR[1], Vorrede, 3). Ritschl geht es im UcR dagegen um eine Gesamtperspektive, die ihre Einheit dadurch verbürgt, dass sie von der Einheit stiftenden christlichen Zentralvision einer »Vereinigung der Menschheit zum Reiche Gottes« (UcR[123], § 13, 25) ausgeht. Diese erprobt »die im Reiche Gottes vorgezeichnete sittliche Solidarität des menschlichen Geschlechtes« (UcR[1], § 18, 31) und gründet sich positiv in der »solidarischen Einheit mit Gott, welche Jesus [...] von sich behauptet« (UcR[123], § 22, 36). In dieser durch den sittlich-religiösen »Endzweck des Reiches Gottes« (UcR[123], § 24, 38) verbürgten Einheitsperspektive erkennt Ritschl seine innovative »Abweichung von den überlieferten Mustern der Theologie« (UcR[1], Vorrede, 3f).

Markant wie konsequent ist dabei das souveräne Übergehen zeitgenössischer Theologien. Weder von den verschiedenen Gestalten der Erweckungstheologie (A. Tholuck, A. Neander und J. Müller), der biblischen Theologie (J.T. Beck, M. Kähler und A. Schlatter), der klassischen Vermittlungstheologie (C.I. Nietzsch und R. Rothe) noch der konfessionellen Theologie (E.W. Hengstenberg) oder der spekulativen Theologie (K. Daub und Ph.

Marheinecke) lassen sich ausgeprägte Spuren finden. In dieses Vorgehen reiht sich eine überbietende Behandlung Schleiermachers ein. Im UcR ist es formal zunächst wieder der bewusst nicht akademisch fokussierte Zugang, mit dem sich Ritschl von vergleichbaren Anläufen Schleiermachers, wie dessen *Kurze[r] Darstellung* abhebt. Der UcR will eben nicht universitär, sondern programmatisch katechetisch sein.

Es ist aber auch eine systematische These Schleiermachers, die sich für Ritschls Zugang wenigstens als sperrig erweist. Diese betrifft das Verhältnis von Religion und Sittlichkeit, von Glaube und Tat. Bereits in seinen »Reden« hatte Schleiermacher betont, dass die »Frömmigkeit [...] ein von der Sittlichkeit Verschiedenes« (Schleiermacher 1995, 32) ist. Noch in der zweiten Auflage der Glaubenslehre von 1830 meint Ritschl diese These bestätigt zu finden, wie ein Zitat der Schleiermacherschen Christentumsdefinition am Beginn von RV III (4,9) klarmacht: Für Schleiermacher ist im Glauben zunächst »*alles* bezogen [...] auf die durch Jesus vollbrachte Erlösung« (RV III[1]3, [4] 9; vgl. Schleiermacher 1960, § 11, 74, Hervorh. v. Verf.]). Ritschls Kritik an Schleiermacher hängt sich an einer Betonung des Wortes ›alles‹ auf. Eine Darstellung des christlichen Glaubens kann diesem nicht gerecht werden, wenn *alles* zunächst allein auf die Erlösung bezogen wird, um dann als sittliche Aktivität wieder *alles* auf einen Zweck zu beziehen. Glauben (im Sinne Schleiermachers: Gottesbewusstsein) muss nicht erst in Taten (im Sinne Schleiermachers: Handlungsbewusstsein) *übergehen*, sondern *ist* es bereits immer schon. *Der Glaube hat keine sittlichen Implikationen, er ist per se sittliches Implikat*: Wo Glaube ist, da ist auch die praktische Realisierung des Reiches Gottes. Und so heißt es konsequent im UcR, dass das Reich Gottes nicht nur der »allgemeine Zweck der durch Gottes Offenbarung in Christus gestifteten Gemeinde« ist, sondern immer auch schon »das gemeinschaftliche Produkt derselben, indem deren Glieder sich durch eine bestimmte gegenseitige Handlungsweise untereinander verbinden« (UcR[1] § 5, 13).

Bei Ritschl lassen sich neben Schleiermacher eine Reihe weiterer gründlicher Auseinandersetzungen mit Positionen der theologischen Tradition finden: Von den biblischen und apostolischen

Albrecht Ritschl: Unterricht in der christlichen Religion

Quellen angefangen über die reformatorische und römische Tradition bis hinein in das Zeitalter von Pietismus und Aufklärung. Wer allein die Anmerkungen des UcR zur Kenntnis nimmt, vermag etwas vom ungeheuren Wissensfundus Ritschls zu erahnen. Was hier festgehalten werden soll, ist, dass der UcR als Ritschls *summa theologiae catechetica* erkennbar wird, als der innovative Versuch, in bewusstem Rückgang auf die Tradition eines Katechismus angesichts theologischer Entwicklungen, moderner Verwerfungen wie Auseinandersetzungen eine Brücke zu schlagen, um den Glauben lebensfördernd gerade an die Jugend zu vermitteln.

2.2 Formale Dimensionen des Werkes

An die Jugend wendet sich der UcR. In der Vorrede zur 1. Auflage stellt Ritschl den von ihm beabsichtigten Zweck seines Buches klar: Er habe seinen Abriss »zum Gebrauch in der obersten Klasse der evangelischen Gymnasien bestimmt« (UcR[1], Vorrede, 3). Wichtiger als die Angabe des Zielpublikums, das – wie Ritschl dann im Vorwort zur 2. Auflage eingesteht – schwierig erreichbar war, ist die damit einhergehende Klassifikation des Werkes. Denn es will im strengen Sinne »Religionsunterricht und nicht Theologie« (UcR[1], Vorrede, 3) sein. Der UcR ist in dem Sinne *nicht* Theologie, weil er weder den dogmatischen Stoff wissenschaftlich wie in RuV bearbeitet noch die inneren Voraussetzungen und Methoden der Arbeit im Einzelnen rechtfertigt, wie es Ritschl sonst und insbesondere mit Blick auf die Erkenntnistheorie einfordert (vgl. Ritschl 1887, 40). Unterricht soll der UcR insofern sein, als er in der Organisation und Präsentation des Eigentümlichen der christlichen Religion eine »vollständige Gesamtanschauung vom Christentum« (UcR[1], Vorrede, 3) herausarbeitet. Gesamtanschauung meint dabei exakt eine ethisch unverkürzte Darstellung der Grundinhalte des christlichen Glaubens: Eine Gesamtanschauung des Christentums, die sich nicht im blutleeren dogmatischen Unterrichtsstoff verliert, sondern dessen Tatkraft als lebendige Gemeinde von Anfang an konzentriert mit bedenkt.

Folgerichtig findet dieses Unternehmen seinen Ausgangspunkt in »der mit Gott versöhnten Gemeinde« (UcR[1], Vorrede, 3). Das heißt, das Spezifische der christlichen Religion als Glaubenspraxis kann nur erschlossen werden, wenn zunächst die in der vitalen mit Gott versöhnten Gemeinde präsente »besondere Offenbarung« (UcR[1] § 1, 9) expliziert wird. Allerdings hat dies nicht in abstrahierender oder gleichsam archäologischer Hinsicht zu passieren, sondern in einer dynamischen Verbindung von historisch erhebbarem Inhalt und dessen Wirklichkeit in Dogmatik und Praxis lebendiger Kirchlichkeit. Originärer Offenbarungsgehalt und dessen soziale Repräsentation in der gelebten Religion bilden so das positive Fundament des Unterrichtsstoffes.

Oft missverstanden im Rahmen dieser Ausgangsexposition des UcR ist die Folgethese, dass das »Christentum von dem Anspruch erfüllt [ist], die vollkommene Religion über den anderen Arten und Stufen derselben zu sein« (UcR[123] § 2, 9). Für das Verständnis dieser Aussage ist es zentral, dass Ritschl nicht von *Absolutheit*, sondern von *Vollkommenheit* redet; gemeint ist eine Vollkommenheit der Erkenntnis Gottes. Diesen Anspruch sieht er in einer Interpretation der Trinität begründet, die in folgender Schlusskette mündet: Vollkommene Erkenntnis Gottes ereignet sich in dem Geist, in dem Gott sich selbst erkennt. Jesus als der Sohn Gottes beansprucht für sich eine vollkommene Erkenntnis Gottes (vgl. auch UcR[1] § 55, 75). Und die Gemeinde repräsentiert diese vollkommene Gotteserkenntnis. Von daher ist es für Ritschl nur konsequent, von der christlichen Religion als derjenigen mit dem Anspruch vollkommener Gotteserkenntnis zu sprechen. Diese vorsichtige Diktion ist ernst zu nehmen, da der Anspruch auf Vollkommenheit keineswegs ein universaler ist. Er ist vielmehr restringiert durch die Binnenperspektive der und die Lokalisierung in der christlichen Gemeinde. Dort aber ist er als Spezifikum des christlichen Glaubens überaus ernst zu nehmen.

Zur Bestimmung des Christlichen orientiert sich Ritschl zunächst – im Anschluss an das reformatorische *sola scriptura* – an den biblischen Büchern. Dabei haben die neutestamentlichen Schriften klar den Primat. Das Alte Testament ist demgegenüber »unumgängliche[s] Hilfsmittel des Verständnisses« (UcR[123], § 3,

10). Ein sachgemäßes Verständnis des Standpunkts der christlichen Gemeinde ermöglichen v.a. die Evangelien als Ausdruck des originären Offenbarungsgehaltes und dann auch die Briefliteratur als Inbegriff von dessen religiös-sozialer Repräsentation. Entsprechend finden sich in der Entwicklung des UcR primär neutestamentliche Belege.

Damit ist unter der Hand ein Überblick über die ersten vier Paragraphen des UcR gegeben, die weniger als Prolegomena, sondern vielmehr als ›Elliptomena‹ angesprochen werden sollten. Mit dem Kunstwort ›Elliptomena‹ soll ausgedrückt werden, dass Ritschl im UcR eben nicht (wie in der klassischen Dogmatik) zunächst ausführliche Voraussetzungs- und Methodenreflexionen anstellt, sondern sich im Sinne des Bildes der Ellipse auf die für ihn wesentliche Brennpunkte konzentriert. Sie stehen als Programm für den ambitionierten Anspruch, das Ganze des christlichen Glaubens in seinem Ineinander von sozialer Repräsentation und Offenbarungspositivität, von glaubender Originalität und glaubwürdiger Lebenspraxis kompakt zugänglich zu machen. Methodisch muss Ritschl freilich im UcR systematische und methodische Kompromisse eingehen. Treu bleibt er seinem Anspruch, indem er durch alle Auflagen hindurch mit einer praktischen Visionierung und Akzentuierung des Reiches Gottes einsetzt, die dann dessen positive Quellen und Aktualisierungsdimensionen durchdenkt. Als Grundschema wird durchgehalten: »Die Lehre vom Reich Gottes«, »die Lehre von der Versöhnung durch Christus«, »die Lehre vom christlichen Leben« und »die Lehre von der gemeinschaftlichen Gottesverehrung«.

2.3 Grundzüge des Inhalts

Glauben und Lebenspraxis gehören für Ritschl untrennbar zusammen. Die Glaubenspraxis der Religion erfüllt dabei eine konkrete und für den Vollzug des menschlichen Lebens unabdingbare Funktion: »In der Religion handelt es sich um die Regelung der Stellung zur Welt« (UcR[123], § 18, 30; vgl. auch UcR[23], § 8, 36 und UcR[123], § 23, 37). Dahinter steht Ritschls religionstheoretische Grundeinsicht, dass jedes menschliche Leben in der Spannung von Selbst und Welt, von in geistiger Selbstexplikation angelegter Selbständigkeit und der Unselbständigkeit naturhafter Selbstauslegung, von Geist und Natur resp. Freiheit und Abhängigkeit steht. Menschliches Leben ist immer beides: geistiges und natürliches Leben. Als geistiges (freies, selbständiges) Leben vollzieht es sich immer in einer »beschränkenden Verflechtung [...] mit der Natur oder der Welt« (UcR[123], § 59, 81) und als natürliches (bedingtes, unselbständiges) Leben fühlt es eine »Bestimmung zur geistigen Herrschaft über die Welt« (UcR[1], § 53, 71). ›Welt‹ wird im UcR definiert als der »Zusammenhang alles natürlichen, natürlich bedingten und geteilten Daseins« (UcR[123], § 8, 17f). Ritschl stellt aber umgehend fest, dass diese Herrschaft über die Welt nicht im Sinne der Ausübung positiver Rechte gemeint ist. Dies wäre katholisch (vgl. UcR[1], § 53, Anm. c), 72; in der 2. und 3. Auflage spricht er von »der Anlage zu geistiger Persönlichkeit« [UcR[23], § 8, 18]).

Die Leistung der Religion besteht genau darin, am Orte des humanen Lebensvollzugs diese »geistige Herrschaft über die Welt [...] oder die christliche Freiheit« (UcR[23], § 45, 73) herzustellen und zu sichern. Eine so näher bestimmte Glaubenspraxis – und das ist ebenfalls ein innovatives Moment der Theologie Ritschls – hat dabei den Status einer »Deutung« (UcR[1], § 60 = 51[23], 82): »Alle Religion ist Deutung des in welchem Umfang auch immer erkannten Weltlaufes« (Ritschl 1881, 7; vgl. dazu Barth 2003, 10). Gemeint ist erstens Deutung als »religiöse Betrachtung der Welt«, die »alle Naturereignisse [in] Verfügung Gottes« (UcR[123], § 17, 29) darstellt und zweitens eine Deutung des Selbst, das sich »als sittliche Person« (UcR[23], § 6, 15) auslegen kann. Durch letzteres erhält »die einzelne Person den Wert eines Ganzen, welcher dem Werte der ganzen Welt [...] überlegen ist« (UcR[1], § 59, = § 50[23], 80).

Bezugs- und Ausgangspunkt dieser Selbst und Welt deutenden Glaubenspraxis ist im Christentum das Reich Gottes. Seiner Darstellung dient der erste Teil des UcR. In den ersten Paragraphen (§§ 5–10) definiert Ritschl das Reich Gottes als das »von Gott gewährleistete höchste Gut der durch seine Offenbarung in Christus gestifteten Gemeinde« (UcR[23], § 5, 13). Das Reich Gottes ist als das höchste Gut der leitende Zweck des christlichen Glaubens. Es gründet sich in der positiven Offenbarung durch Jesus Christus.

Gemäß der oben benannten Einheit von Glauben und Praxis und dem unhintergehbaren Standpunkt in der Gemeinde ist das Reich Gottes jedoch nicht allein als Glaubensgut zu fixieren. Vielmehr wird es vollständig nur erschlossen, wenn es als präsenter Glaubensinhalt der Gemeinde und als sittliches »Produkt« (UcR[1], § 5, 13) resp. als »Verwirklichung« (UcR[23], § 5, 13) thematisch wird. Insofern ist das Reich Gottes die »geistige und sittliche Aufgabe der in der christlichen Gemeinde versammelten Menschheit« (UcR[123], § 8, 17). Sein Prinzip ist die »Liebe zu Gott und zu dem Nächsten«, seine Praxis »[d]as gerechte Handeln« (UcR[123], § 6, 14f).

Den so präzisierten Reich-Gottes-Gedanken grenzt Ritschl in vier Hinsichten ab: Vom alttestamentlichen Gedanken der Königsherrschaft Gottes – letzterer ist partikular, das Reich Gottes universal (§ 7); von sittlichen Gemeinschaften wie Ehe, Familie etc. – sie sind natürlich und weltlich bedingt, das Reich Gottes übernatürlich und überweltlich (§ 8); von der Kirche – sie ist sichtbar, das Reich Gottes unsichtbar (§ 9; freilich sieht Ritschl, dass »die durch die Liebe hervorgebrachten Handlungen […] sinnlich wahrnehmbar sind« [UcR[123] § 9, 18]); und vom klassischen Hellenismus – er zeitigt zwar universale Tendenzen, ist aber darin nicht konsequent (§ 10).

Die folgenden Abschnitte des ersten Teils (§§ 11–19; 20–24) präzisieren den der Exposition des Reich-Gottes-Gedankens entsprechenden Gottesbegriff (»Der vollständige christliche Begriff von Gott ist die Liebe« (UcR[1] § 11, 21; Vgl. UcR[23], § 12, 23) und die Bedeutung Jesu für den Endzweck des Reiches Gottes, die darin besteht, dass er als das »Urbild der zum Reiche Gottes zu verbindenden Menschheit […] die Liebe Gottes gegen die Genossen des Reiches Gottes […] vermittelt« (UcR[123], § 22, 36).

Der zweite Teil des UcR (Die Lehre von der Versöhnung durch Christus) setzt mit der oben berührten Voraussetzung ein, dass der Mensch als geistiges Wesen immer auch mit der Welt verflochten ist. Welt meint nun konkreter dasjenige »Gefüge menschlicher Geselligkeit, welches […] im Widerspruch mit dem im Christentum erkannten Guten begriffen ist« (UcR[123], § 34, 51). Das macht darauf aufmerksam, dass das Reich Gottes zwar praktische Realität in der Gemeinde ist, aber ob der Weltverwobenheit immer erst im Werden begriffen ist (§ 35). Ritschl entwickelt im Folgenden eine Theorie des Bösen und der Sünde. Vom Bösen spricht er (in Übereinstimmung mit Kant), wenn der menschliche Wille allein durch natürliche Triebe regiert wird (v.a. der »Trieb schrankenlosen Gebrauchs der Freiheit« [UcR[1], § 37 = UcR[23], § 28, 54]). Im Lichte des Gutes des Reiches Gottes wird dies als Sünde gedeutet, weil diese »Willenäußerungen [...] die bestimmungsmäßige Verbindung der Menschen zum Reiche Gottes durchkreuzen« (UcR[1,2,3], § 36, 53). Die Sünde hat den Effekt, dass sie ein »Gefühl der Schuld und der Getrenntheit von Gott« (UcR[1], § 43 = UcR[23], § 34, 60) hervorruft. Die Verflochtenheit mit der Welt zieht im Lichte der religiösen Kategorie des Reiches Gottes eine »widersprechende Selbstbeurteilung« (ebd.) resp. Selbstdeutung nach sich: einerseits sich in seiner Bestimmtheit zum Reiche Gottes auszulegen und andererseits im Verfehlen dieser Bestimmung.

Dieser Widerspruch wird im UcR entschärft durch die Erlösung, die Ritschl in den §§ 43–54[1] (= §§ 35–45[23]) ausführt. Erlösung bedeutet konsequent die »Vergebung der Sünden oder die Verzeihung, durch welche die von Gott trennende [...] Schuld der Sünde aufgehoben wird« (UcR[1], § 44 = UcR[23], § 35, 61). Diese Sündenvergebung – Ritschl spricht im Folgenden auch von Rechtfertigung – verdankt sich (gut lutherisch) allein dem freien Gnadenurteil Gottes. Dieses ist frei, weil es nicht auf Vorleistungen des Sünders zählt, sondern allein auf dessen Glauben und Gottvertrauen (§ 45[1] = § 36[23]). Glaube und Gottvertrauen stehen dabei für eine im Bewusstsein der Vergebung vollzogene geistliche und praktische Aneignung des Reiches Gottes; einen Vorgang, den Ritschl mit einer doppelten Adaption vergleichen kann: Die Adaption des Sünders durch Gott und die Adaption des Zweckes Gottes durch den Sünder. Die begriffliche Konzeptualisierung Gottes als Liebe konkretisiert sich in der Vorstellung Gottes als liebender Vater.

Anknüpfung findet die Versöhnung des Sünders mit Gott im *Berufsgehorsam* Christi (§§ 47–54[1] = §§ 38–45[23]). Dieser findet seinen Höhepunkt im Lebensopfer Jesu und wird von Ritschl in der Dreiheit von prophetischem, priesterlichem und königlichem Amt Christi entwickelt. Wichtig sind v.a. das priesterliche und das königliche Amt. Der Wert des Lebens Jesu besteht eben nicht primär in der Prophetie resp. Verkündung des Gottesreiches. Vielmehr ist wiederum die Einheit von Verkündigung und Praxis wichtig. Letztere sieht Ritschl bei Jesus insofern urbildlich vorgebildet, als dass die Botschaft Jesu seinem Wirken entspricht.

Jesus wird dabei nur verständlich, wenn er konsequent nicht allein vor einem apokalyptischen oder hellenischen, sondern insgesamt vor dem Hintergrund eines sich durchhaltenden Zentrums der Frömmigkeitspraxis aufgefasst wird. Dies ist für Ritschl die Opfertheologie und -praxis. Deren geistig nachhaltige und ethisch weiterführende Stärke liegt darin, dass sie Zugang zu Gott schaffen will. Insofern ruft Ritschl die Opfermetaphorik der johanneischen Theologie und v.a. des Hebräerbriefs auf (§ 50^1 = § 41^{23}, 68 [Anm. a)]).

Das Opfer verschafft Zugang zu Gott. Das Opfer, für das Christus steht, ist nach Ritschl durchaus dem alttestamentlichen Opfergedanken vergleichbar. Insofern Jesus sich selbst freiwillig in die »Fügung« (UcR^1, § 50 = § 41^{23}, 67f [u. Anm. c)]) des Reiches Gottes geschickt hat, erweist er sich als Priester, der gleichsam sich selbst opfert. Zudem ist er König, denn er hat dieses Opfer nicht nur »für sich, sondern […] in der Absicht geleistet, die Menschen in dieselbe Stellung zu Gott als Vater, die er einnimmt, zu versetzen« (UcR^1, § 51 = § 42^{23}, 68f). Sein Opfer ist die »Schließung des neuen Bundes« (UcR^1, § 50 = § 41^{23}, 68f) und verschafft so über den Widerstand der menschlichen Sünde hinweg Zugang zu Gott.

Das Lebensopfer Jesu ist gleichzeitig höchster Inbegriff der »Überwindung der Welt« (UcR^1, § 53 = § 44^{23}, 71), weil er in diesem Opfer seine Verhaftungen mit der Welt hinter sich lässt. Und da sein Opfer im Dienste des Zweckes des Reiches Gottes stand, ist diese Überwindung der Welt Ausdruck der Herrschaft über die Welt im Sinne des vorausgesetzten Religionsbegriffs. Im Glauben kann die Gemeinde an dieser teilnehmen und wird so selbst in die »christliche[ ] Freiheit […] und Herrschaft über die Welt« (UcR^1, § 54 = § 45^{23}, 73) versetzt.

Diese Versetzung ist exakt zu verstehen als eine religiöse Deutungsleistung. Denn in der glaubenden Anerkennung und Aneignung des Reiches Gottes über die Sünde hinweg wird eine neue Beurteilung von Selbst und Welt möglich. Das Selbst hat den Wert eines Kindes Gottes und die Welt ist eine »zu unserem Heile geleitete Welt« (UcR¹, § 60 = § 51²³, 82). Ihr Zentrum findet diese Einstellung im vertrauenden Glauben an die väterliche Vorsehung Gottes (vgl. v. Scheliha 1998, 213–274. bes. 247–274).

Damit ist der dritte Teil des UcR erreicht: »Die Lehre von dem christlichen Leben« expliziert die praktische Seite der Teilnahme am Reich Gottes. War die Sünde Folge der selbstsüchtigen Triebe, so geht es bei der Arbeit am Reich Gottes nicht um deren Eliminierung, sondern um deren »Veredelung und Reinigung« (UcR¹, § 58 = § 49²³, 79). Der Standpunkt des Glaubens als Glaube an die väterliche Vorsehung Gottes ist eine Zuversicht, die im Perspektivenwechsel religiöser Deutung bestimmte handlungsrelevante Konsequenzen zeitigt. Ritschl unterscheidet dabei zwischen Tugenden und Pflichten und bezieht beide zugleich eng aufeinander (vgl. UcR¹²³, § 64, 88). Tugenden betreffen primär das Verhältnis des Menschen zu sich selbst und Pflichten in erster Linie das zu anderen Menschen.

Von Tugenden spricht Ritschl genauer, wenn im Glauben »der Wille die in der individuellen Anlage enthaltenen Triebe dem guten Endzweck unterordnet« (UcR¹²³, § 65, 88). Sie betreffen den Charakter resp. die Gesinnung und umfassen Selbstbeherrschung, Gewissenhaftigkeit, Weisheit, Besonnenheit, Entschlossenheit, Beharrlichkeit, Güte, Dankbarkeit und Gerechtigkeit. Ritschl betont: »Diese Tafel der Tugenden ist vollständig« (UcR¹²³, § 65, 89). Ihr Inbegriff ist die christliche Haltung von Demut und Geduld.

Pflichten hingegen regulieren, in welchen konkreten Fällen aus dem christlichen Charakter und seinen Tugenden heraus zu handeln ist. Sie betreffen das Handeln im »besonderen sittlichen Berufe« (UcR¹²³, § 70, 93). Freilich sieht Ritschl klar, dass an dieser Stelle eine erschöpfende Systematik nicht möglich ist, ja dass sogar einander diametral entgegenstehende Pflichturteile bei verschiedenen Personen und Berufen möglich sind. Allerdings ist Ritschl der Überzeugung, dass sich ob der gemeinsamen Aufgabe des Reiches Gottes und der jeweiligen Besonderheit des Berufs der größte Teil der Pflichten deutlich fixieren lässt. Diese klaren Fälle nennt er Berufs- oder ordentliche Liebespflichten. Handelt es sich hingegen um eine Handlung außerhalb spezifischer Berufssituationen, spricht Ritschl von einer »außerordentlichen Liebespflicht« (UcR[123], § 70, 94). In diesem Fall hat die Teilnahme am Reiche Gottes in *Analogie* mit der ordentlichen Berufspflicht zu erfolgen. Das heißt, der christlich handelnde Agent hat die besonderen Umstände seiner Handlungssituation so zu deuten, dass sie wie die ordentlichen Berufspflichten zur Aktualisierung der Tugenden anhalten.

Der Ausführung der ordentlichen und außerordentlichen Pflichten stellt Ritschl *Grundsätze* zur Seite, die »die Entscheidung über das pflichtmäßige Handeln erleichtern« (UcR[123], § 72, 96): *Achtung* der anderen Personen, *Unterstützung* ihrer Zwecke und *Nachsicht* mit ihren Mängeln. Die *Achtung* lässt sich in Bescheidenheit und Aufrichtigkeit ausdifferenzieren, die *Unterstützung* in Rechtlichkeit, Dienstfertigkeit, Wohltätigkeit und Wahrhaftigkeit und die *Nachsicht* in Verträglichkeit und Versöhnlichkeit.

Mit diesem Aufriss war Ritschl der Meinung, das Ganze des christlich tätigen Lebens erfasst zu haben. Sein störungsfreier Verlauf führt konsequent zur christlichen Vollkommenheit, die »durch das Gefühl der Seligkeit notwendig begleitet« (UcR[123], § 76, 101) wird.

Der letzte Teil des UcR betrifft schließlich »Die Lehre von der gemeinschaftlichen Gottesverehrung«. Hier reflektiert Ritschl die kultischen Dimensionen der christlichen Glaubenspraxis in den Momenten des *Gebets* (§§ 78–80), der *Evangeliumsverkündigung* (§§ 82 u. 87), von *Taufe und Abendmahl* (§§ 83 u. 88f) und der *Kirchenordnung* (§§ 84–86).

3. Zur Wirkung

Ritschl gilt nach Schleiermacher als der bedeutendste Theologe des 19. Jh.s. Sein Hauptwerk ist RuV, der UcR dessen katechetischer Extrakt. Der UcR wurde dabei entgegen der Intention Ritschls allerdings primär akademisch und nicht in pädagogischer Hinsicht diskutiert. In der Wahrnehmung war Ritschl dabei ein äußerst kontrovers diskutierter Denker. R. Seeberg hat die gesamtprotestantische Stimmungslage im letzten Quartal des 19. Jh.s mit einer schlechtweg treffenden Sentenz umrissen: »Für oder wider Ritschl!« (Seeberg 1903, 298). Auf der einen Seite standen die konservativ-lutherischen und konfessionellen Theologen (F.H.R. von Frank, Ch.E. Luthardt, H. Weiß), die einer veränderten Theorielandschaft zum Trotz die von Ritschl ausgehenden Modernisierungsimpulse als unzulässige Verzerrung des christlichen Glaubens erachteten und von daher dessen Theologie z.T. mit Nachdruck anathematisiert haben. Deren wesentliche Defizite erkannten sie in einer Rationalisierung der Theologie, dem Ausschluss aller Metaphysik aus der Theologie, einer daraus resultierenden Verkürzung der Dogmatik, die ihrerseits, durch die Hervorhebung der Sittlichkeitsdimension des christlichen Glaubens, eine moralische Entwertung des Christentums nach sich ziehe (vgl. dazu Neugebauer 2002, 5–18).

Auf der anderen Seite gab es eine Riege junger Theologen (A. v. Harnack, W. Herrmann, J. Kaftan), die Ritschls theologische Einsichten dankbar aufgriffen und in teils selbständiger Form weiterentwickelten. Über diese Vermittlung ist Ritschl zum Mitbegründer des Kulturprotestantismus geworden, der bis zum 1. Weltkrieg die beherrschende theologische Richtung in Deutschland darstellte. Nach 1918 lässt Ritschls Wirkung spürbar nach und endet mit dem Tod des großen Hallenser Ritschlianers F. Kattenbusch 1935.

Als nach 1918 die Dialektische Theologie an Boden gewann und nach dem 2. Weltkrieg in Gestalt der Theologie K. Barths v.a. im deutschsprachigen Raum bestimmend wurde, ist im Zuge von Untersuchungen bezüglich ihrer Genese auch Ritschl wieder entdeckt worden. In dieser Beziehung ist auch von einer Ritschl-Renaissance gesprochen worden, insofern sich ab Ende der 1950er Jahre eine ganze Riege von Autoren intensiv wieder mit der Theologie Ritschls auseinander gesetzt haben (R. Schäfer, J. Richmond). Hier wurde Ritschl aber z.T. einseitig als Offenbarungspositivist interpretiert.

Auch wenn sich gegenwärtig kein theologischer Entwurf zentral auf ihn bezieht, so spielen zentrale Momente von Ritschls Denken in gegenwärtigen Diskussionen eine wichtige Rolle: Seine Bestimmung von Glauben und Sittlichkeit, sein Eintrag des Deutungs- und des Wertbegriffs in die theologische Debatte, sein spezifischer Rückgang auf die Theologie der Reformatoren, sein Verhältnis zur Metaphysik und Offenbarung, sein Kirchenverständnis und seine Situation im Kulturprotestantismus. Wünschenswert wäre eine zeitgemäße Edition seiner Hauptwerke, die einen Zugang zu den produktiven Impulsen seines Denkens als Bestimmung und Gestaltung christlicher Frömmigkeit in seinem bibel- wie dogmengeschichtlich informierten und kulturell ambitionierten wie kritischem Gestaltungswillen erleichtert.

4. Literaturhinweise

Zitierte Quelle:

A. Ritschl, Unterricht in der christlichen Religion. Studienausgabe nach der 1. Auflage von 1875 nebst den Abweichungen der 2. und 3. Auflage, eingel. u. hg. v. Ch. Axt-Piscalar, Tübingen 2002 (abgek. UcR).

Zum Einstieg empfohlen:

UcR §§ 1, 3, 5f, 11, 22f, 27 und 59f (=50f [2. u. 3. Auflage]).

Weiterführende Literatur:

Axt-Piscalar 2002, IX-XL; Korsch 1989; Kuhlmann 1992; Neugebauer 2002; Scheliha 1999.

5. Verwendete Literatur:

Ch. Axt-Piscalar, Einleitung der Herausgeberin, in: A. Ritschl, Unterricht in der christlichen Religion. Studienausgabe nach der 1. Auflage von 1875 nebst den Abweichungen der 2. und 3. Auflage, eingel. u. hg. v. Ch. Axt-Piscalar, Tübingen 2002, IX–XL.

U. Barth, Was ist Religion? Sinndeutung zwischen Erfahrung und Letztbegründung, in: Ders., Religion in der Moderne, Tübingen 2003, 3–27.

–: Das gebrochene Verhältnis zur Reformation. Beobachtungen zum Protestantismusverständnis Albrecht Ritschls, in: Ders., Aufgeklärter Protestantismus, Tübingen 2004, 125–146.

W. Herrmann, Die Lage und Aufgabe der evangelischen Dogmatik in der Gegenwart, in: ZThK 17 (1907), 1–33.

D. Korsch, Glaubensgewißheit und Selbstbewußtsein. Vier systematische Variationen über Gesetz und Evangelium, Tübingen 1989.

H. *Kuhlmann,* Die theologische Ethik Albrecht Ritschls, München 1992.

H. *Lotze,* Mikrokosmus. Ideen zur Naturgeschichte und Geschichte der Menschheit. Versuch einer Anthropologie, Bd. III, Leipzig 1880.

M. *Neugebauer,* Lotze und Ritschl. Reich-Gottes-Theologie zwischen nachidealistischer Philosophie und neuzeitlichem Positivismus, Frankfurt a.M. 2002.

A. *Ritschl,* Theologie und Metaphysik. Zur Verständigung und Abwehr, Bonn (1881) ²1887.

–: Die christliche Lehre von der Rechtfertigung und Versöhnung. Bd. I. Die Geschichte der Lehre. Bonn 1870, ²1882. Bd. II. Der biblische Stoff der Lehre. Bonn 1874, ²1882, ³1889. Bd. III. Die positive Entwicklung der Lehre. Bonn 1874, ²1883, ³1888 (= RuV).

O. *Ritschl,* Albrecht Ritschls Leben. Dargestellt von O. Ritschl, 2 Bde. Freiburg i.Br. 1892–96.

A. v. *Scheliha,* Der Glaube an die göttliche Vorsehung. Eine religionssoziologische, geschichtsphilosophische und theologiegeschichtliche Untersuchung, Stuttgart 1999.

F.D.E. *Schleiermacher,* Der christliche Glaube nach den Grundsätzen der evangelischen Kirche im Zusammenhange dargestellt. Auf Grund der zweiten Auflage und kritischer Püfung des Textes neu herausgegeben und mit einer Einleitung, Erläuterungen und Register versehen von M. Redeker, Berlin 1960.

–: Über die Religion. Reden an die Gebildeten unter ihren Verächtern, (2.-) 4. Auflage, in: Ders., Kritische Gesamtausgabe, Abt. I: Schriften und Entwürfe, Bd. 12, hg. v. G. Meckenstock, Berlin 1995, 1–321.

R. *Seeberg,* Die Kirche Deutschlands im neunzehnten Jahrhundert. Eine Einführung in die religiösen, theologischen und kirchlichen Fragen der Gegenwart, Leipzig ⁴1903.

Matthias D. Wüthrich

Karl Barth: Die Kirchliche Dogmatik

1. Zur Person

Karl Barth gilt als »der bedeutendste evangelische Theologe seit Schleiermacher« (Jüngel 1980, 251). Er wurde am 10. Mai 1886 in Basel geboren. Sein Vater wurde später Theologieprofessor für Kirchengeschichte und Neues Testament in Bern, so dass er in Bern aufgewachsen ist. Von 1904–1908 hat er in Bern, Berlin, Tübingen und Marburg Theologie studiert. In der Zeit in Berlin übte A. v. Harnack großen Einfluss auf Barth aus; sein eigentlicher theologischer Lehrer aber war der Marburger W. Hermann. 1908/09 war Barth Redaktionsgehilfe in Marburg für die Zeitschrift *Die Christliche Welt*. 1909–1911 war er Hilfsprediger in Genf. Dort lernte er auch seine spätere Ehefrau N. Hoffmann (1893–1976) kennen, mit der er eine Tochter und vier Söhne hatte. 1911–1921 war Barth reformierter Pfarrer im aargauischen Safenwil (CH). In diese Zeit fiel der Ausbruch des 1. Weltkrieges. Dass sich dabei viele seiner liberalen theologischen Lehrer mit der Kriegspolitik Kaiser Wilhelms II. identifizierten, schockierte Barth. Ob ihres ethischen Versagens gerieten für ihn die Grundlagen der damaligen Theologie ins Wanken. Seine Zweifel an der liberalen Theologie ließen ihn ganz neu nach der Möglichkeit eines Redens von Gott fragen. Vor diesem Hintergrund begann er, die Bibel – insbesondere den Römerbrief – mit anderen Augen zu lesen. Er versuchte, kritisch »durch das Historische *hindurch* zu sehen in den Geist der Bibel« (Barth 1985, 3). Im Zuge dieses neuen Lesens entstand eine erste Auslegung des *Römerbriefes* (erschienen 1918 [datiert auf 1919]) und bald darauf in 2. Auflage eine völlig neu überarbeitete zweite Auslegung (1922). Schon die erste führte 1921 zu einem Ruf auf eine Honorarprofessur nach Göttingen. Die zweite Auslegung des Römerbriefes entfaltete daraufhin eine enorme Wirkung; sie wurde zum Grundtext der sog. dialektischen Theologie. Zu dieser theologischen Bewegung zählten neben Barth auch E. Brunner, R. Bultmann, F. Gogarten, E. Thurneysen. Ab 1925–1929 lehrte Barth als Professor in Münster und von 1930 an in Bonn. Hier schrieb er den ersten Band seines Hauptwerkes, *Die Kirchliche Dogmatik* (abgek. KD [erschienen 1932–1967]). Darin wurden die Gegensätze zu den bisherigen Mitstreitern der sog. dialektischen Theologie unübersehbar. 1933 wurde deren Organ, die Zeitschrift *Zwischen den Zeiten* eingestellt. Die politische Lage spitze sich immer mehr zu. 1933 warnte Barth in seiner Kampfschrift *Theologische Existenz heute!* vor einer Anpassung an den NS-Staat. Die in 37.000 Exemplaren gedruckte Schrift sandte er auch an Hitler. Barths Verweigerung des uneingeschränkten Eides auf den ›Führer‹ führte zu einem Dienststrafverfahren, bis er 1935 schließlich in den Ruhestand versetzt wurde. Kurz danach wurde er auf einen außerplanmäßigen Lehrstuhl an die Universität Basel berufen. Hier lehrte Barth von 1935 bis zu seiner Emeritierung 1962. Aus den Vorlesungen, die er gehalten hat, ist über die Jahre hin der Text der KD entstanden. Karl Barth starb am 10. Dezember 1968 in Basel.

2. Zum Werk

2.1 Kontext und Denkansatz

2.1.1 Christologische Konzentration und die Barmer Theologische Erklärung

Am 31. Mai 1934 wurde in Barmen auf der 1. Synode von den Abgeordneten der Bekennenden Kirche die *Barmer Theologische Erklärung* verabschiedet. Sie ist ein Bekenntnis des Widerstandes gegen die Nazifizierung der evangelischen Kirche durch die *Deutschen Christen*, ein Erzeugnis des Kirchenkampfes, der seit 1932 in Deutschland aufbrach. Die Erklärung richtet sich v.a. gegen die heilsgeschichtliche Deutung der Machtergreifung Hitlers von 1933, gegen die Einführung des Führerprinzips in der Kirche und die Instrumentalisierung der Kirche durch den totalitären Staat. Mit ihr wurde erstmals seit dem 16. Jh. ein gemeinsames Bekenntnis zwischen den evangelischen Konfessionen möglich. Der Text wurde von Th. Breit, H. Asmussen und Barth vorbereitet, entstammt aber wesentlich der Feder Barths (Busch [5]1995, 258).

Der theologische Denkansatz der KD lässt sich anhand der *Barmer Theologischen Erklärung* erschließen. Das gilt insbesondere für ihre erste These (Barmen I), die das sachliche Konzentrat und die Voraussetzung der folgenden fünf Thesen bildet und folgendes bekennt:

»*Jesus Christus, wie er uns in der Heiligen Schrift bezeugt wird, ist das eine Wort Gottes, das wir zu hören, dem wir im Leben und im Sterben zu vertrauen und zu gehorchen haben.*

Wir verwerfen die falsche Lehre, als könne und müsse die Kirche als Quelle ihrer Verkündigung außer und neben diesem einen Worte Gottes auch noch andere Ereignisse und Mächte, Gestalten und Wahrheiten als Gottes Offenbarung anerkennen.« (Barth 1984, 2f).

Vier sachlich verbundene Aspekte dieser Aussagen von Barmen I sind im Blick auf die KD hervorzuheben:

1. In Barmen I zeigt sich das für die gesamte KD entscheidende Charakteristikum, ihre »*christologische Konzentration*« (Barth 1961, 186; Hervorh. M.W.). Barth hat rückblickend auf den Punkt gebracht, was das für die KD bedeutet: »[I]ch hatte [...] zu lernen, dass die christliche Lehre ausschließlich und folgerichtig und in allen ihren Aussagen direkt und indirekt Lehre von Jesus Christus als von dem uns gesagten lebendigen Wort Gottes sein muss« (Barth 1961, 185), »[m]eine Aufgabe war, alles vorher Gesagte noch einmal ganz anders, nämlich jetzt als eine Theologie der Gnade Gottes in Jesus Christus durchzudenken und auszusprechen« (Barth 1961, 186).

2. In ihrer Konzentration auf Jesus Christus vollzieht Barmen I eine christologische Präzisierung des 1. Gebots des Dekaloges. Allein in der Offenbarung in Jesus Christus hat man es mit dem Gott zu tun, der im Alten und Neuen Testament bezeugt ist. Gegen das 1. Gebot verstießen nach Barth v.a. die Deutschen Christen, die »in den politischen Ereignissen des Jahres 1933 und insbesondere in der Gestalt des Gottesgesandten Adolf Hitler eine Quelle besonde-

rer, neuer Offenbarung Gottes« erkennen (KD II/1, 194). Die theologische Umsetzung des 1. Gebotes gehört zu den im Hintergrund stets wirksamen Grundmotiven der KD (z.B. KD IV/3, 113).

3. In Barmen I zeigt sich auch ein erkenntnistheoretischer Grundsatz, der wiederum Barths gesamte KD bestimmt: Allein Jesus Christus ist die Offenbarung Gottes. In ihm allein hat Gott geredet *(deus dixit)* und in ihm allein gibt sich Gott zu erkennen. Es gibt keine anderen Vermittlungsinstanzen und religiöse Medien, die dem Menschen als solchem und von sich aus eine Erkenntnis Gottes möglich machen: »Gott wird nur durch Gott erkannt.« (KD II/1, 200). Man kann diese Aussage als Anwendung der reformatorischen Rechtfertigungslehre auf die Gotteserkenntnis deuten. Gotteserkenntnis erfolgt *sola gratia*, indem sich Gott – durch Bibel und Verkündigung – je neu gnädig offenbart. Gotteserkenntnis ist kein Werk des Menschen, es gibt nichts am oder im Menschen, wodurch er sie bewerkstelligen könnte. Darum setzt Barth in seiner KD exklusiv offenbarungstheologisch beim Wort Gottes ein – also nicht etwa beim glaubenden Menschen, sondern bei *Gott selbst* in seiner Offenbarung in Jesus Christus.

4. Barth hat in Barmen I »das erste Dokument einer bekenntnismäßigen Auseinandersetzung der evangelischen Kirche mit dem Problem der natürlichen Theologie« gesehen (KD II/1, 194). Als natürliche Theologie bezeichnet er sämtliche theologischen Unternehmungen, die Gottes Offenbarung – *neben* derjenigen in Jesus Christus – auch noch in der Vernunft, im Gewissen, im Gefühl, in der Geschichte, in der Natur, in der Kultur oder in einem spezifischen Verständnis des dem Evangelium vorangestellten Gesetzes proklamieren. Natürliche Theologie domestiziert Gott, sie vermittelt ihn mit der Welt, sie ist darum »im Raume der Kirche sehr schlicht der Prozess der *Verbürgerlichung* des Evangeliums« (KD II/1, 157). *Natürliche Theologie* bildet also bei Barth gleichsam die *negative Kehrseite der christologischen Konzentration*. Entsprechend durchzieht ihre Ablehnung in verschiedener Gestalt die ganze KD. Dabei ist für Barth klar gewesen, dass auch seine Theologie nie der abgründigen Gefahr enthoben war, natürliche Theologie zu treiben. Barths Umgang mit dem Problem der natürlichen Theologie gehört – neben der christologischen Kon-

zentration – zu den Punkten, die an der KD am heftigsten kritisiert wurden.

2.1.2 Barmen I in der KD

Wie eng sich der Denkansatz der KD an Barmen I anschließt, zeigt sich auch darin, dass Barth diesen Text darin zweimal zitiert und kommentiert. Das erste Mal kommt Barmen in KD II/1, § 26, zur Sprache, wo Barth im Rahmen der Gotteslehre auf die Möglichkeit der Erkenntnis Gottes zu sprechen kommt und den Paragraphen mit einer theologiegeschichtlichen Kontextualisierung von Barmen I schließt (KD II/1, 194–200). Gegen Ende der KD wird Barmen I (ohne Verwerfungsteil) ein zweites Mal explizit zitiert und sogar als Leitsatz dem ausführlichen § 69 in KD IV/3 vorangestellt. In diesem Paragraphen handelt Barth vom prophetischen Amt Jesu Christi. Aufsehen erregt hat dabei insbesondere die sog. ›Lichterlehre‹ (KD IV/3, 122–188) in § 69. Barth spricht hier von wahren Worten echter Prophetie auch außerhalb der Kirchenmauern, von Gleichnissen des Himmelreiches in der Profanität und er spricht nicht nur vom Licht Jesu Christi, sondern auch von Lichtern in der Schöpfung. Hat Barth hier seine christologische Konzentration aufgegeben und Zugeständnisse an eine natürliche Theologie gemacht? Dieser Frage kann entgegnet werden, dass Barth jene Worte und Lichter stets an das eine Licht und Wort, Jesus Christus, zurückbindet (z.B. in KD IV/3, 131.137f.171ff). Er hat mit seiner Lichterlehre die theologischen Tore zur profanen und faktisch auch zur religiösen Welt aufgestoßen. Die Lichterlehre ist als ein Versuch zu lesen, den Ansatz von Barmen I unter veränderten theologischen Problemkonstellationen zu bewähren.

Die beiden erwähnten Zitate zeigen exemplarisch, dass sich die in Barmen I zum Ausdruck gebrachte christologische Konzentration bis zum Ende der KD durchhält und sie bestimmt. E. Jüngel ist darum zuzustimmen, wenn er meint, man könne die *Barmer Theologische Erklärung* als »Grundtext der Theologie Barths« (Jüngel 1980, 263) lesen.

2.2 Inhalt und Aufbau

2.2.1 Formale Hinweise zum Aufbau

Das Monumentalwerk KD besteht aus 13 Bänden (KD I/1 bis IV/4), die insgesamt fast 9000 Seiten zählen. Die KD ist folgendermaßen gegliedert:

KD I/1 und I/2: Die Lehre vom Wort Gottes
(Prolegomena zur KD)
KD II/1 und II/2: Die Lehre von Gott
KD III/1 bis III/4: Die Lehre von der Schöpfung
KD IV/1 bis IV/4: Die Lehre von der Versöhnung
(unvollendet)

Ähnlich wie Schleiermachers Glaubenslehre sind auch Barths Bände der KD durch kapitelweise angeordnete Paragraphen gegliedert, an deren Anfang jeweils ein Leitsatz steht, der den folgenden Inhalt konzentriert zusammenfasst.

2.2.2 Die Prolegomena der KD (KD I)

Die KD beginnt mit folgendem Leitsatz: »Dogmatik ist als theologische Disziplin die wissenschaftliche Selbstprüfung der christlichen Kirche hinsichtlich des Inhalts der ihr eigentümlichen Rede von Gott.« (KD I/1, 1) Wir heben die charakteristischen Elemente dieser Definition hervor und skizzieren die Argumentation in KD I/1 und I/2, die sich daran anschließt.

1. Das Subjekt der Dogmatik ist nicht etwa ein Theologieprofessor, der Dogmatik betreibt, sondern die *Kirche*. Formal ganz ähnlich wie Schleiermacher in seiner Glaubenslehre § 2 (Schleiermacher 1960, 10) versteht Barth Dogmatik als eine »Funktion der Kirche« (KD I/1, 1). Während dieser Bezug in den früheren Dogmatiken Barths noch nicht im Titel auftaucht (vgl. *Unterricht in der christlichen Religion* [1924–1926]; *Die christliche Dogmatik im Entwurf* [1927]), erscheint er nun im Titel: Die *Kirchliche* Dogmatik. Barth hat diesen Bezug schon im Vorwort von KD I/1 kurz erläutert: »Dogmatik ist keine ›freie‹, sondern eine an den Raum der Kirche gebundene, da und nur da mögliche und sinnvolle Wissenschaft.« Barth hat den durchaus kritischen Kirchenbezug nicht nur theologisch bedacht, sondern zeitlebens praktiziert.

Barmen I steht exemplarisch für die von Barth intendierte und praktizierte Verbindung von theologischer Lehre und kirchlichem Bekennen.

2. Dogmatik ist nicht nur eine Funktion der Kirche, sie ist auch deren Erzeugnis. Die Kirche bringt die Dogmatik allererst hervor und zwar zum Zwecke ihrer kritischen Selbstprüfung.

Was die Kirche zur Kirche macht, ist aber nicht das menschliche Reden von Gott, sondern die Verkündigung (in Predigt und Sakrament), sofern sie den Anspruch erhebt und von der Erwartung umgeben ist, dass sie selbst Wort Gottes ist, also Gott in ihr und durch sie redet. Verkündigung ist aber trotz dieses Anspruches ein menschliches Unternehmen. Sie bedarf deshalb der steten kritischen Prüfung – eben durch die Dogmatik. Dogmatik hat also die Aufgabe der Selbstprüfung der Kirche im Blick darauf, ob ihre Verkündigung auch wirklich Wort Gottes ist.

3. Zur Durchführung jener Selbstprüfung braucht die Dogmatik aber ihrerseits ein Kriterium, und dieses Kriterium ist – wiederum das Wort Gottes. Es ist das Kriterium, das zur Selbstprüfung der Kirche dient, es ist aber auch das Kriterium, anhand dessen sich die Dogmatik selbst bemessen lassen muss. Will die Dogmatik ihrer Aufgabe nachkommen, dann muss sie folgerichtig zuerst vom Wort Gottes handeln. Die Prolegomena der KD tragen darum den Titel »Die Lehre vom Wort Gottes« und sie beginnen mit dem 1. Kapitel »Das Wort Gottes als Kriterium der Dogmatik« (§ 3 – § 7).

4. Das eine Wort Gottes ergeht in *dreifacher Gestalt*, als verkündigtes, geschriebenes und geoffenbartes Wort. Dabei stehen Verkündigung, (Heilige) Schrift und Offenbarung in einem komplexen Beziehungsgefüge, in dessen Zentrum die Offenbarung steht. Sie begegnet dem Menschen immer indirekt, in der doppelten Mittelbarkeit von Schrift und Verkündigung. Weder die Schrift noch die Verkündigung sind aber *als solche* schon Wort Gottes. Sie sind nur Wort Gottes, sofern sich in ihnen das Wort Gottes offenbart. Sie sind es nur im Ereignis des Sprechens Gottes selber, sofern sie es *werden*! Barth arbeitet sich hier an der neuzeitlichen Krise des protestantischen Schriftprinzips ab, indem er die Autorität der Schrift in das Ereignis des Wortes Gottes hinein verlagert und wieder betont dem Kontext der Verkündigung zuordnet.

5. Von der dreifachen Gestalt des Wortes Gottes her präzisiert sich noch einmal die Aufgabe der Dogmatik: Sie prüft, ob die Verkündung der Kirche wirklich Verkündigung gemäß der in der Schrift bezeugten Offenbarung des Wortes Gottes ist. Dazu muss sie sich selbst in den Raum der Kirche stellen und sich durch deren Verkündigung vom in der Schrift offenbarten Wort Gottes so beanspruchen lassen, dass es ihr selbst zum Kriterium wird. Anhand dieser komplexen zirkulären Verweisstruktur wird einsichtig, wie Barth schon von Anbeginn der KD darum bemüht ist, im dogmatischen Denken die Vorgängigkeit und Unverfügbarkeit des Wortes Gottes gegenüber Dogmatik und Kirche zu sichern.

6. Die Lehre von der dreifachen Gestalt des Wortes Gottes prägt den ganzen Aufbau und Inhalt der Prolegomena. Nachdem die Lehre im 1. Kapitel in KD I/1, § 4 entwickelt wird, handelt das bis in KD I/2 hineinreichende 2. Kapitel von der Offenbarung Gottes (§§ 8–18), das 3. Kapitel von der heiligen Schrift (§§ 19–21) und das 4. Kapitel von der Verkündigung der Kirche (§§ 22–24). Bemerkenswert ist, dass Barth die Lehre von der dreifachen Gestalt des Wortes Gottes als »die einzige Analogie zu der Lehre [...] von der *Dreieinigkeit Gottes*« (KD I/1, 124f) versteht und darum bereits in den Prolegomena (§§ 9–12) eine Trinitätslehre entfaltet. Diese charakteristische Stellung ist gegenüber der dogmatischen Tradition auffällig und ungewohnt (vgl. KD I/1, 316f). Die materiale Dogmatik beginnt schon in den Prolegomena.

2.2.3 Denk- und Darstellungsform

Seit dem 1951 erschienenen Buch über Barth von H.U. v. Balthasar hält die Diskussion über die der Barthschen Theologie innewohnende Denkform an und spielt auch in die Frage der Periodisierung seines theologischen Weges hinein. Ist es der Aktualismus, die Analogie, die Dialektik, ein spezifischer Bibelbezug, die Prävenienz des Ontischen vor dem Noetischen, die Denkbewegung vom Besonderen zum Allgemeinen, von der Wirklichkeit zur Möglichkeit, ist es das Idealistische, Dramatische oder Prophetische, was Barths Denkform kennzeichnet?

Die KD präsentiert ein vielschichtiges Repertoire an Denkformen (Hunsinger 1993; Wüthrich 2006, 281–313). Es soll hier nun auf eine dieser Denkformen kurz eingegangen werden, auf den *Aktualismus*. Barth verwendet in seiner KD immer wieder Begriffe, die eine besondere Bewegung Gottes in sich selbst, hin auf die Welt und in der Welt ausdrücken. Dazu gehören Begriffe wie Akt, Ereignis, Geschichte, Geschehen, Begegnung, Tat, Handeln – und auch der Begriff ›*Wirk*lichkeit‹. Die Offenbarung Jesu Christi, die Inspiration der Schrift, der Glaube, die Kirche u.a. werden als Ereignis gedeutet. Auch der Mensch, ja der ganze beziehungsreiche Kosmos hat nach Barth keinen in sich ruhenden Selbststand. Er hat sein Sein allein in dem auf ihn bezogenen Akt Gottes. Doch auch Gott selbst ist reines Geschehen, sein Sein ›ist‹ in der Tat. Barth versteht darum Gott, Welt und Mensch dynamisch. Alles ist Akt. Selbst das Böse, das von Barth sog. ›Nichtige‹ in der Welt, ›ist‹ auf ganz andere, unmögliche Weise ebenfalls dynamisch.

Darum kann auch die Theologie nur so von Gott reden, dass es ihr von Gott selbst gegeben wird, eine Gottes Wort entsprechende, analoge Antwort zu *werden*. Die Selbstbewegung des theologischen Gegenstandes verleiht dem theologischen Denken seine (nicht systematisierbare) *Bewegtheit*. Es verwundert darum nicht, dass es in der KD immer wieder zu sachlichen Verschiebungen und Selbstkorrekturen kommt. »Das Barthsche Denken war innerhalb seiner konstanten Leitmotivik in einem ständigen Umbau begriffen« (Beintker 1998, 1139). Der Aktualismus der theologischen Rede schlägt sich in einer entsprechenden *Darstellungsform* nieder. Immer wieder sind Textpassagen in konfessorischem oder predigtartigem Ton gehalten oder haben stark narrative und dramatische Züge (die KD wurde auch schon als Drama interpretiert: Pietz 1998).

2.2.4 Aufbau und Inhalt der materialen Dogmatik
Im Folgenden sollen die materialdogmatischen Teile der KD in ihren Grundzügen dargestellt werden.

a) Die Gotteslehre (KD II)
KD II/1 bietet eine Gotteslehre im engeren Sinne. Zuerst wird im 5. Kapitel von der *Erkenntnis Gottes* gehandelt (§§ 25–27). Barth

entfaltet hier den bereits erwähnten, alle Gottesbeweise negierenden Grundsatz, dass Gott nur durch Gott erkannt wird. Dabei ist gegenüber gewissen Tendenzen in der Rede vom *Deus absconditus* bei M. Luther bemerkenswert, dass Barth die Verborgenheit Gottes allein im Kontext der Offenbarung ansiedelt: Gott ist der in seiner Offenbarung Verborgene. Es gibt keine dunkle Verborgenheit Gottes hinter oder neben seiner Offenbarung (KD II/1, 236, vgl. 608f). Einer solchen Annahme ist Barth dadurch entgegengetreten, dass er die Trinitätslehre bereits in den Prolegomena entfaltet hat (s.o. 2.2.2). Damit hat er von Beginn an markiert, dass die Gotteslehre vollständig offenbarungstheologisch bestimmt sein muss.

Die Frage nach der Erkenntnis Gottes führt zu der nach der *Wirklichkeit Gottes* (6. Kapitel, §§ 28–31). Barth versteht Gottes Sein als »Sein in der Tat«, nämlich »in der Tat seiner Offenbarung« für den Menschen (KD II/1, 288). Gottes Sein wird vor diesem Hintergrund entfaltet als das Sein des in Freiheit Liebenden. Die dialektische Anordnung von Liebe und Freiheit bestimmt auch die Lehre von den Eigenschaften – oder wie Barth sagt: den »Vollkommenheiten« – Gottes. Barth unterscheidet Vollkommenheiten göttlichen Liebens und göttlicher Freiheit. Dabei treten die Vollkommenheiten nicht zum Sein Gottes hinzu, vielmehr *ist* Gott seine Vollkommenheiten je ganz.

Das Sein Gottes als des in Freiheit Liebenden konkretisiert sich in *KD II/2*. Hier wird im ersten Teil (7. Kapitel, §§ 32–35) die Lehre von Gottes Gnadenwahl bzw. die Erwählungslehre entfaltet. Sie ist »die Summe des *Evangeliums*. Sie ist Inbegriff der frohen Botschaft, die Jesus Christus heißt« (KD II/2, 9). Nach Barth ist die göttliche Prädestination die Erwählung Jesu Christi. Dieser Hauptsatz wird von ihm auf der Basis der Zweinaturenlehre weiter entfaltet: Jesus Christus ist *erwählender Gott* und zugleich *erwählter Mensch*. Er ist erwählender Gott – das bedeutet: Jesus Christus ist nicht nur das Objekt der gnädigen Wahl Gottes, sondern er selbst ist als Gottes Sohn (und in Gemeinschaft mit dem Vater und dem Sohn) das Subjekt dieser Wahl. Es gehört darum von Anfang an zur Selbstbestimmung des in Freiheit liebenden Gottes, der auf diese Weise gnädig Wählende zu sein. Es gibt keinen absoluten, undurchdringlich dunklen, willkürlichen Ratschluss Gottes zum Heil oder Unheil, denn es gibt »keinen vom Willen Jesu Christi verschiedenen Willen Gottes« (KD II/2, 124). Gottes *decretum absolutum* ist durch das christologisch bestimmte *decretum concretum* zu ersetzen. Jesus Christus ist zugleich der erwählte Mensch – das bedeutet: Er allein ist der von Gott Erwählte, *in ihm* aber sind alle Menschen erwählt. Er ist »als erwählter Mensch der in seiner *eigenen* Menschheit sie Alle erwählende *Gott*« (KD II/2, 125). In Jesus Christus ist allerdings nicht zuerst der Einzelne, sondern die Gemeinde in ihrer untrennbar zusammengehörenden Doppelgestalt von Israel und Kirche erwählt. Auch Barth kennt zwar eine doppelte Prädestination, doch sie bekommt vor dem skizzierten Hintergrund eine ganz andere Gestalt: »[I]n der Erwählung Jesu Christi […] hat Gott dem Menschen das Erste, die Erwählung, die Seligkeit und das Leben, sich selber aber das Zweite, die Verwerfung, die Verdammnis und den Tod zugedacht« (KD II/2, 177, Herv. gelöscht M.W.). Auf die Frage, ob er damit eine Allerlösungslehre vertrete, hat Barth geantwortet: »Ich lehre sie nicht, aber auch nicht nicht« (Jüngel 1980, 263).

Barth hat mit seiner Erwählungslehre die gesamte Tradition des Prädestinationsgedankens auf kreative Weise transformiert. In der Erwählungslehre wird besonders deutlich, dass er die lutherische Reihenfolge von Gesetz und Evangelium umkehrt. Er beginnt mit dem Zuspruch der Erwählung in Jesus Christus als der Summe des Evangeliums. Zugleich hat das Evangelium aber »immer auch die Form des Gesetzes« (KD II/2, 11), bzw. des Gebotes. Man kann das Evangelium von Gottes Gnadenwahl nicht hören, ohne davon in Anspruch genommen zu werden. Deswegen entfaltet Barth im 8. Kapitel der Gotteslehre unter dem Titel »Gottes Gebot« eine Grundlegung der Ethik (§ § 36–39). Hier zeigt sich ein weiteres Charakteristikum der KD: Sie integriert in die Lehren von Gott, Schöpfung und Versöhnung jeweils einen Ethikteil und setzt damit die in den Prolegomena geäußerte Einsicht um, »dass die Dogmatik selbst Ethik sein muss und dass die Ethik nur Dogmatik sein kann« (KD I/2, 890).

Der Umfang der Schöpfungs- und Versöhnungslehre ist jeweils um einiges größer als der von Prolegomena und Gotteslehre, so dass eine kapitelweise fortlaufende Darstellung nicht mehr möglich ist. Aus Platzgründen wird auf eine Wiedergabe des Inhaltes der *Schöpfungslehre* zugunsten einer etwas ausführlicheren Darstellung der Versöhnungslehre verzichtet. Festzuhalten ist lediglich, dass Barth seine christologische Konzentration auch im Blick auf seine breite Auslegung von Gen 1/2 (KD III/1), seine analogisch strukturierte Anthropologie (KD III/2), seine Vorsehungslehre (KD III/3) wie auch seine materiale Ethik (KD III/4) bewährt und weiterdenkt.

b) Die Lehre von der Versöhnung (KD IV)
Mit der Versöhnungslehre ist die sachliche Mitte der KD erreicht. In ihrem Zentrum steht die Erkenntnis Jesu Christi. Barths christologische Konzentration durchformt sämtliche *loci* der KD. Hat er die Christologie in KD I/2, § 15 *in nuce* und in KD II/2 in ihren wesentlichen Zügen dargestellt, so wird sie nun in der Versöhnungslehre material breit entfaltet und bildet gleichzeitig das sachliche wie formale Strukturprinzip ihrer Architektur. Nachdem Barth in früheren Jahren stets die Souveränität und Gottheit Gottes betonte, findet in der Versöhnungslehre vermittels der Erkenntnis Jesu Christi eine ›theanthropologische‹ Vertiefung dieses Gedankens statt, die deutlich macht, dass die Gottheit Gottes seine Menschlichkeit einschließt. In diesen Zusammenhang gehört das vielzitierte Votum Barths, dass es »zwar eine Gottlosigkeit des Menschen [...] aber laut des Wortes von der Versöhnung keine Menschenlosigkeit Gottes« gibt (KD IV/3, 133).

Die Architektur der Versöhnungslehre ist kunstvoll komponiert. Es ist für das Verständnis von diesem umfangreichen Corpus hilfreich, sich bei der Lektüre einzelner Passagen stets ihren Ort im Gesamtaufbau zu vergegenwärtigen. Es ist hier nicht möglich, dieses nachzuzeichnen, Barth selbst gibt aber in KD IV/1, § 58 eine Übersicht über Architektur und Inhalt von KD IV/1 bis KD IV/3 (eine tabellarische Zusammenfassung bietet auch Jüngel 1980, 265). Im Folgenden können lediglich die Grundentscheidungen in der Christologie kurz referiert und deren Folgen für die gesamte Architektur der Versöhnungslehre angedeutet werden. (Wichtig dafür sind Barths Angaben in KD IV/1, 117f.135–137. 139f.145–148.151.165.)

1. Traditionell umfasst die Christologie eine Lehre von der *Person* Christi, die neben der Inkarnation das Verhältnis von Gottheit und Menschheit Christi *(vere Deus vere homo)* zum Inhalt hat, eine Lehre von seinem *Werk*, in der (seit Calvin) das dreifache Amt Christi – Christus als Priester, König und Prophet *(munus sacerdotale, regale et propheticum)* – zur Sprache kommt und eine Lehre von den *zwei Ständen* Christi, dem seiner Erniedrigung *(status exinanitionis)* und seiner Erhöhung *(status exaltationis)*. Barth hat in dieser Aufspaltung in drei Lehreinheiten eine ungebührliche Abstraktion insbesondere zwischen dem Sein und Tun bzw. Werk Jesu Christi gesehen, die nicht dem Neuen Testament entspricht. Er baut darum die ganze Christologie um: Jesus Christus ist, was er tut und wirkt, sein Sein ist ein Sein in der Tat. Deswegen ordnet er die zwei Stände chiastisch den zwei Naturen Christi zu und lässt die Lehren von Person und Ständen sich gegenseitig auslegen: Jesus Christus ist wahrer, versöhnender Gott (»Herr«) in seiner Erniedrigung und wahrer versöhnter Mensch (»Knecht«) in seiner Erhöhung. Aus dem ursprünglichen ›Stand‹ wird nun eine Geschichte: Der Weg des Sohnes Gottes in die Niedrigkeit, in die Fremde – KD IV/1 trägt darum den Titel: »Jesus Christus, der Herr als Knecht« – und sodann die Heimkehr des Menschensohnes durch seine Erhöhung – KD IV/2 trägt darum den Titel: »Jesus Christus, der Knecht als Herr«. Jesus Christus ist aber als Gott und Mensch einer und darum müssen diese zwei Aspekte der Versöhnungsgeschichte in ihrer Einheit gesehen werden. Das wird dort möglich, wo Jesus Christus die Wahrheit der in ihm geschehenen Versöhnung bezeugt. KD IV/3 trägt darum den Titel: »Jesus Christus, der wahrhaftige Zeuge«. Es gibt also drei Gestalten der Christologie, zwei komplementäre und eine diese Komplementarität zu einer Einheit integrierende Gestalt. Jede bringt einen besonderen Aspekt nicht nur des Seins, sondern auch des Tuns und Wirkens Jesu Christi als des Versöhners zum Ausdruck: KD IV/1 sein Wirken als Hohepriester, KD IV/2 sein Wirken als König und KD IV/3 sein Wirken als Prophet. Das traditio-

nelle dreifache Amt Christi wirkt also strukturbildend für die dreifache Gestalt der Christologie. In der engen Verschränkung von Ämter-, Zweinaturen- und Ständelehre werden Abstraktionen in der Christologie inhaltlich und strukturell vermieden.

2. Jesu Christi Sein und Tun bzw. Wirken darf wiederum nicht davon abstrahiert werden, dass er *für uns* ist und wirkt. Genau diese Abstraktion wirft Barth der theologischen Tradition vor. Sie habe die Soteriologie, Pneumatologie, Ekklesiologie und auf andere Weise auch die Hamartiologie in relativer Selbständigkeit zur Christologie zur Sprache gebracht und umgekehrt die Christologie als davon abgesonderten *locus* verstanden. Demgegenüber entfaltet Barth all die genannten Lehrstücke in Hinsicht auf die ihnen vorangestellte dreigestaltige Christologie (KD IV/1: der Herr als Knecht, KD IV/2: der Knecht als Herr, KD IV/3: der wahrhaftige Zeuge). Daraus ergibt sich eine Dreigestalt auch all dieser Lehrstücke. Aus jener vorlaufenden dreifachen Erkenntnis Jesu Christi ergibt sich

»die Erkenntnis von des Menschen *Sünde*: (1) seines Hochmuts, (2) seiner Trägheit, (3) seiner Lüge – die Erkenntnis des Geschehens, in welchem sich seine Versöhnung *vollzieht*: (1) seiner Rechtfertigung, (2) seiner Heiligung, (3) seiner Berufung – die Erkenntnis des Werkes des *Heiligen Geistes*: in der (1) Sammlung, (2) Auferbauung, (3) Sendung der *Gemeinde* und des Seins der *Christen* in Jesus Christus (1) im Glauben, (2) in der Liebe, (3) in der Hoffnung« (KD IV/1, 83).

Damit wird deutlich, dass die Christologie die Versöhnungslehre nicht nur sachlich grundlegt, sondern auch strukturbildend auf die Hamartiologie, Soteriologie, Pneumatologie und Ekklesiologie einwirkt. Auf der Basis der drei Gestalten der Christologie wird die ganze Versöhnungslehre in drei sich verschränkenden Gestalten vorgetragen und christologisch zentriert. Das traditionelle Fortschreiten dogmatischer Rechenschaftsablage entlang einzelner heilsgeschichtlich angeordneter *loci* wird auf diese Weise durchbrochen. An seine Stelle tritt eine *sich um das Gravitationszentrum der Christologie herum bildende, konzentrische Neukonfiguration der materialen Dogmatik.*

Den Band KD IV/4 mit dem Titel »Das christliche Leben« konnte Barth nicht mehr vollenden. Er wäre als Ethik konzipiert gewesen und hätte – sich in die Dreigestalt einfügend – die Versöhnungslehre abschließen sollen. 1967 erschien noch zu Barths Lebzeiten ein erster Teil davon unter dem Titel »Die Taufe als Begründung des christlichen Lebens« (in dem er gegen die Kindertaufe votiert!). Ein weiterer Teilband ist *postum* in der *Karl Barth Gesamtausgabe* erschienen (Barth ²1979). Er widmet sich dem Vaterunsergebet als (Anweisung zum) Vollzug des christlichen Lebens. Geplant gewesen wäre im Rahmen von KD IV/4 zudem eine Abhandlung über das Abendmahl als Erneuerung des christlichen Lebens. Die an die Versöhnungslehre anschließende »Lehre von der Erlösung« (KD V), die Eschatologie, konnte Barth nicht mehr in Angriff nehmen. Die KD ist also trotz ihres beträchtlichen Umfanges ein *opus imperfectum* geblieben.

3. Zur Wirkung

Barth hat die Theologie des 20. Jh.s grundlegend verändert. Im deutschsprachigen Raum hat er zudem nicht nur die akademische Theologie, sondern das kirchliche und politisch-kulturelle Selbstverständnis und Erscheinungsbild des Protestantismus wesentlich mitgeprägt. Diese Wirkung setzte schon früh ein. Entscheidend hierfür war die 2. Fassung des Römerbriefes (1922). Barths Wirkung zu Lebzeiten ist sicher nicht ausschließlich seinem dogmatischen Schrifttum geschuldet. Selbst seine nicht wenigen Gegner attestierten ihm eine gewisse religiöse Genialität, die er – verbunden mit einer enormen Schaffenskraft – in unzähligen Vorträgen, Briefen, Interviews, Kampfschriften, Predigten zur Geltung brachte. Barth war freilich auch ein unbequemer, streitbarer Theologe, an dessen Person sich die Geister schieden und scheiden mussten. Das kommt beispielhaft in einem Brief vom 20. Dezember 1940 zum Ausdruck, in dem Brunner an Thurneysen über Barth schreibt: »Ich kann es mir gar nicht anders denken, als dass du den unheimlichen Bann, den dieser Mann über seine Leute legt, im tiefsten deines Herzens als ein Unrecht spüren musst« (Barth 2000, 476).

Auch die Wirkung der KD kann – zumindest zu Lebzeiten Barths – nicht vom Wirkfeld seiner Person gelöst werden. Es ist vielleicht kein Zufall, dass die oft in antipodischer Lagerbildung (Barth versus Bultmann) festgefahrene protestantische Barthrezeption durch Forschungsbeiträge römisch-katholischer Theologen wie G. Söhngen, H.U. von Balthasar, H. Bouillard und H. Küng neuen Schwung erhielt. Daneben gab es durchaus auch auf evangelischer Seite konstruktiv-kritische und weiterführende Beiträge etwa von G.C. Berkouwer, G. Gloege, H. Gollwitzer, H.J. Iwand, W. Kreck, H. Vogel, E. Wolf und O. Weber.

In den sechziger Jahren beginnt dann eine neue, ganz unterschiedliche theologische Profile ausbildende Generation, sich der von Barth selbst abgewiesenen Fragestellungen anzunehmen, von ihm hinterlassene Probleme aufzuarbeiten oder Präzisierungen vorzunehmen. Zu ihr gehören J. Moltmann, F.W. Marquard, E. Jüngel, W. Pannenberg und T. Rendtorff. Barth wird nun v.a. gesellschaftspolitisch-eschatologisch, sozialistisch und israeltheologisch *theo*logisch-hermeneutisch, geschichtstheologisch und neuzeittheoretisch kritisch weitergedacht. Die Palette der Themen differenziert sich in den folgenden Jahren noch weiter aus mit spezifischeren Untersuchungen etwa zur Gotteslehre, Schöpfungslehre, Anthropologie und Sündenlehre, Versöhnungslehre und Ethik. Das Erscheinen der (bereits über vierzig Bände zählenden) *Karl Barth Gesamtausgabe* ab 1971 macht eine Fülle von Quellen zugänglich, die die Erschließung der KD präzisieren helfen.

Mittlerweile ist die Forschungsliteratur zu Barths Theologie (nicht nur zur KD) so heterogen, dass sie schwer zu überblicken und auf einen Nenner zu bringen ist. Das gilt nicht nur für die Themenvielfalt, sondern auch für die *methodischen Zugänge,* vor deren Hintergrund Barth interpretiert wird. Barth wird z.B. systemtheoretisch, erkenntnistheoretisch, hermeneutisch, subjektivitätstheoretisch, kulturtheoretisch, phänomenologisch, kultursemiotisch, sprachphilosophisch, dekonstruktivistisch, rhetorisch, theologisch-narrativ bzw. postliberal, literaturwissenschaftlich, gendertheoretisch, befreiungstheologisch etc. gelesen (vgl. Pfleiderer 2005, 235–237). Die Heterogenität spiegelt sich auch in der Verschiedenheit der lebensweltlichtheologischen *Interessenhorizonte*, in denen die Auslegungen stattfinden.

Vor allem in den USA wird die Barthforschung zurzeit stark befördert (Princeton Theological Seminary). Dabei wird auch das im deutschsprachigen Raum gepflegte und im englischsprachigen Raum dominante Missverständnis, Barth sei ein ›neoorthodoxer‹ Theologe, widerlegt (vgl. McCormack 1995, 23–26). Im deutschsprachigen Bereich scheint der Akzent der Barthforschung gegenwärtig stärker auf der Rezeptionsgeschichte zu liegen (Leiner/Trowitzsch 2008), während der kritisch-konstruktiven Weiterarbeit an den material-dogmatischen Grundentscheidungen der KD weniger Aufmerksamkeit geschenkt wird.

G. Gloege hat die KD noch während ihrer Entstehung als »eines der größten Werke der modernen Geisteswissenschaft und vielleicht die bedeutendste systematisch-theologische Denkleistung im 20. Jahrhundert« (Gloege 1957, 895) bezeichnet und dürfte damit wohl recht behalten haben.

4. Literaturhinweise

Zitierte Quelle:
K. Barth, Die Kirchliche Dogmatik, I/1–IV/4, Zürich 1932–1967 (abgek. KD).

Zum Einstieg empfohlen:
Barths Erwählungslehre (KD II/2, insbes. § § 32–35, dabei v.a. S. 101–157).

Weiterführende Literatur:
Frey 1994; Jüngel 1980; Weber 1967.

5. Verwendete Literatur

H.U. von Balthasar, Karl Barth. Darstellung und Deutung seiner Theologie, Einsiedeln ⁴1976 (¹1951).
K. Barth, Karl Barth – Emil Brunner. Briefwechsel 1916–1966 (GA V), hg. v. E. Busch, Zürich 2000.

–: Das christliche Leben, Die Kirchliche Dogmatik IV/4, Fragmente aus dem Nachlass (GA II), hg. v. H.-A. Drewes/E. Jüngel, Zürich ²1979.

–: How My Mind Has Changed, in: Ders., »Der Götze wackelt«. Zeitkritische Aufsätze, Reden und Briefe von 1930 bis 1960, hg. v. K. Kupisch, Berlin 1961, 181–209.

–: Die Kirchliche Dogmatik, I/1–IV/4, Zürich 1932–1967.

–: Der Römerbrief (erste Fassung) 1919 (GA II), hg. v. H. Schmidt, Zürich 1985.

–: Texte zur Theologischen Erklärung, Mit einer Einleitung von E. Jüngel und einem Editionsbericht hg. v. M. Rohkrämer, Zürich 1984.

M. Beintker, Art. Karl Barth, RGG⁴ 1, Tübingen 1998, 1138–1141.

E. Busch, Karl Barths Lebenslauf. Nach seinen Briefen und autobiographischen Texten, Gütersloh 1995 (¹1975).

Ch. Frey, Die Theologie Karl Barths. Eine Einführung, Waltrop 1994.

G. Gloege, Art. Karl Barth, RGG³ 1, Tübingen 1957, 894–898.

G. Hunsinger, How to Read Karl Barth. The Shape of his Theology, New York 1993.

E. Jüngel, Art. Karl Barth, TRE 5, Berlin 1980, 251–268.

M. Leiner/M. Trowitzsch (Hg.), Karl Barth als europäisches Ereignis, Göttingen 2008.

B.L. McCormack, Karl Barth's Critically Realistic Dialectical Theology. Its Genesis and Development 1909–1936, Oxford 1995.

G. Pfleiderer, ›Inkulturationsdialektik‹. Ein Rekonstruktionsvorschlag zur modernitätstheoretischen Barthinterpretation, in: M. Beintker, u.a. (Hg.), Karl Barth in Deutschland (1921–1935). Aufbruch – Klärung – Widerstand, Beiträge zum Internationalen Symposion vom 1.–4. Mai 2003 in der Johannes a Lasco Bibliothek Emden, Zürich 2005, 223–244.

H.-W. Pietz, Das Drama des Bundes. Die dramatische Denkform in Karl Barths Kirchlicher Dogmatik (NBST 12), Neukirchen-Vluyn 1998.

F.D.E. Schleiermacher, Der christliche Glaube nach den Grundsätzen der evangelischen Kirche im Zusammenhange dargestellt, Bd. 1, aufgrund der 2. Aufl. neu hg. v. M. Redeker, Berlin ⁷1960.

O. Weber, Karl Barths Kirchliche Dogmatik. Ein einführender Bericht zu den Bänden I/1 bis IV/3,2, Neukirchen-Vluyn 1967.

M.D. Wüthrich, Gott und das Nichtige. Eine Untersuchung zur Rede vom Nichtigen ausgehend von § 50 der Kirchlichen Dogmatik Karl Barths, Zürich 2006.

7. Theologische Apologetik: Wahrheit und Geschichte im System

Seit ihren Anfängen wohnt christlicher Theologie eine apologetische Dimension inne, d.h. sie versucht, die Wahrheit des christlichen Glaubens mit Hilfe der Vernunft im Gegenüber zu anderen Wahrheitspositionen zu verteidigen. Mit dieser Einstellung ist unweigerlich eine Öffnung gegenüber nichtchristlichen Positionen verbunden, und zwar insofern, als dass sie zumindest als kritikwürdig erachtet werden. Andernfalls würde eine Verteidigung keinen Sinn machen. Nicht überall wird Theologie jedoch so programmatisch auf ihre apologetische Haltung hin entworfen wie bei P. Tillich. Dessen Methode der Korrelation verbindet die Entfaltung der Wahrheit des christlichen Glaubens mit den intellektuellen Fragestellungen seiner Zeit. Philosophisches Fragen und theologisches Antworten verweisen wechselseitig so aufeinander, dass die Fragen nicht nur die Antworten provozieren, sondern ebenso die Antworten die Fragen überhaupt erst richtig formuliert sein lassen.

Theologische Apologetik setzt sich des Weiteren häufig mit religionskritischen Stimmen auseinander, die der Religion jede Rationalität absprechen. Allerdings ist diese starke Bestreitung heute weithin der Ansicht gewichen, dass der Glaube eine subjektive Befindlichkeit darstelle, die allein der Privatsphäre der Individuen zugehört. Damit wird jedoch nicht minder der universale Wahrheitsanspruch religiöser Gewissheiten bestritten, um den es den meisten Theologien geht. Indem nun die christlichen Glaubensinhalte als mit den übrigen Wissensbeständen kompatibel dargestellt werden, wird versucht, ihren Allgemeinheitsanspruch einzulösen. Dazu ist aber erforderlich, dass auch die Gesamtheit der

Wissensbestände in einem einheitlichen Verweisungszusammenhang (System) beschreibbar ist. Universalität und Systemcharakter fordern sich gegenseitig und führen zu einem Überbietungsanspruch, wie ihn viele in der Theologie W. Pannenbergs vertreten sehen. Weil nur das Ganze das Wahre sein kann, kann die Verifikation theologischer Aussagen allein durch den Nachweis ihrer Kohärenz und Korrespondenz mit der Wirklichkeit als Ganzer gelingen. Zur Wahrheit gehört bei Pannenberg stets auch die Geschichte ihrer Erkenntnis. Weil in der Geschichte Wahrheitserkenntnis nur bruchstückhaft stattfindet, wird erst vom Ende der Geschichte her die Wahrheit, mithin: Gott selbst, offenbar.

Petr Gallus

Paul Tillich: Systematische Theologie I–III

1. Zur Person

Paul Johannes Oskar Tillich wurde am 20. August 1886 geboren. Er studierte evangelische Theologie und interessierte sich auch stark für Philosophie. Einen großen Einfluss auf sein Denken hatten der Theologe M. Kähler und die Schriften von F.W.J. Schelling. Schelling galten auch seine beiden Dissertationen: die philosophische (1910; vgl. Tillich 1998) und die theologische (1912; vgl. Tillich 1989). Schellings Denken beeinflusste Tillich seitdem zeitlebens.

Der erste Weltkrieg bedeutete für Tillich den tiefsten Einschnitt in seinem Leben. Das Erlebnis der Unmittelbarkeit des Todes setzte seinem bisherigen Idealismus klare Grenzen. Sein Denken erhielt nun stark existentialistische Züge.

Ab 1919 entwickelte Tillich relativ zügig die Grundentscheidungen und -strukturen seiner Theologie, die er ohne größere Veränderungen und mit nur wenigen Akzentverschiebungen bis zu seinem Tode aufrecht erhielt. Er dozierte zunächst als Privatdozent in Berlin, 1924 ging er als außerordentlicher Professor nach Marburg, wo er in Kontakt mit dem Denken M. Heideggers kam. Bereits 1925 wechselte Tillich nach Dresden, dann nach Halle und ab 1929 wirkte er als Professor für Philosophie in Frankfurt.

1933 wurde Tillich als Professor suspendiert und entlassen. Er nahm das Angebot von Kollegen aus den USA an, als Gastdozent und später als Gastprofessor am Union Theological Seminary in New York zu lehren. Dies war für ihn ein zweiter tiefer Einschnitt: vom berühmten deutschen Professor zum eher unbekannten amerikanischen Professor, der jetzt sein ganzes deutsches Denken ins Englische übersetzen musste. In den USA wurde er allmählich vor allem durch seine Predigten bekannt, die später auf Deutsch in drei Bänden als *Religiöse Reden* erschienen. Bis zu den 50er Jahren schrieb Tillich (abgesehen von seinen frühen Qualifikationsarbeiten) praktisch nur kürzere Studien und Aufsätze. Nur wenige seiner Texte hatten mehr als 100 Seiten, alle wurden aber sehr schnell berühmt: *The Courage to Be* (1952), *Love, Power and Justice* (1954), *Dynamics of Faith* (1957) und die umfassende *Systematische Theologie I–III* (1951–1963, [abgek. STh I–III]), zunächst auf Englisch und dann auch auf Deutsch erschienen. Tillich bemerkte einmal, dass sie zwar ursprünglich englisch verfasst, aber wohl stets auf Deutsch gedacht worden sei. Seit 1959 erscheinen die *Gesammelten Werke*. Tillich, inzwischen ein weltberühmter Theologe, wechselte 1955 nach Harvard, 1962 schließlich nach Chicago, wo er am 22. Oktober 1965 starb.

2. Zum Werk

2.1 Zur Verortung des Werkes

Die *Systematische Theologie* ist das umfangreichste und systematischste Werk Paul Tillichs: die Frucht seines reifen und späten Denkens. Sie entsteht in einer Zeit, in der in Deutschland die Theologie K. Barths weitgehend den Ton angibt. Tillichs *Systematische Theologie* wird hingegen in den USA geschrieben. Er, Tillich, der stark von der deutschen idealistischen Theologie und Philosophie herkommt, wurde also genötigt, sein deutsches Denken ins Englische zu übersetzen und entsprechende Äquivalente zu finden. Materiell bearbeitet er in der STh den ganzen Umfang der klassischen Dogmatik, aber der herkömmliche dogmatische Stoff wird aus einer neuen Perspektive erfasst. Tillich bietet zuerst in jedem der fünf Teile eine anthropologische Analyse der menschlichen Existenz, der dann die theologische Verarbeitung der in ihr vorgefundenen Fragen folgt. Das ist eine stringente Folge seiner Methode, welche die Gesamtstruktur des Werkes bestimmt: die Methode der Korrelation.

2.2 Zum Aufbau: Die Korrelationsmethode

»Das folgende System ist ein Versuch, mit Hilfe der ›Methode der Korrelation‹ Botschaft und Situation zu vereinigen. Es sucht die Fragen, die in der Situation enthalten sind, mit den Antworten, die in der Botschaft enthalten sind, in Korrelation zu bringen. Es leitet die Antworten nicht aus den Fragen ab, noch gibt es Antworten, die nichts mit der Frage zu tun haben. Es setzt Fragen und Antworten, Situation und Botschaft, menschliche Existenz und göttliche Selbstoffenbarung in Korrelation. Zweifellos ist solch eine Methode kein Instrument, das willkürlich gehandhabt werden könnte. Sie ist weder ein Trick noch ein mechanischer Kunstgriff. Sie ist selbst eine theologische Aussage und wie alle theologischen Aussagen nur möglich mit Leidenschaft und Mut zum Wagnis. Und letztlich ist sie ein Teil des Systems selbst, das sich auf sie gründet. System und Methode gehören zusammen und müssen miteinander beurteilt werden« (STh I, 15).

Die Korrelationsmethode ist eine *theologische* Methode, laut Tillich sogar so alt wie die Theologie selbst (STh II, 22). Sie vereinigt menschliche Situation und christliche Botschaft. Das sind für Tillich zwei faktisch unhintergehbare und aufeinander nicht reduzierbare Perspektiven der *einen* Wirklichkeit. Der Mensch fragt nach seiner eigenen Bestimmung. Von ihr ist er aber entfremdet, d.h. er kann sich die Antwort nicht selbst geben. Die entfremdete *Existenz* des Menschen (also die aktuelle, korrumpierte Wirklichkeit, nach dem Fall) ist selbst die Frage nach ihrer ursprünglichen Bestimmung, nach der von Gott beabsichtigten *Essenz*, nach der ursprünglichen Gestalt der göttlichen Schöpfung, wie sie vor dem Fall war und wie sie wieder werden soll. »Der Mensch *ist* die Frage nach sich selbst, noch ehe er irgendeine Frage gestellt hat« (STh I, 76). Die Antwort kann nur von Gott kommen, der »das Sein-Selbst« ist, an dem alles Seiende – sei es als Existenz oder als Essenz – partizipiert und der jenseits von Essenz und Existenz steht. Die Antwort kommt ›in‹, ›mit‹ und ›durch‹ die Offenbarung. Tillich ist überzeugt, dass die Offenbarung eine Antwort auf jede menschliche existentielle Frage bringt. Die Methode der Korrelation soll dann die Frage herausarbeiten und mit einer entsprechend formulierten Antwort der Offenbarung vermitteln.

Sowohl die Frage als auch die Antwort müssen konkret und immer wieder neu herausgearbeitet werden. Dafür sorgen bei Tillich zwei unterschiedliche Disziplinen: Die *Philosophie* analysiert die Existenz ›von unten‹. Sie erstellt die Diagnose des menschlichen Daseins und arbeitet dadurch die existentiellen Fragen heraus. Die *Theologie* dagegen soll die Antwort von Seiten der Offenbarung herausstellen, weil die Philosophie auf die letzten Fragen keine Antwort geben kann. Um aber die Frage herauszuarbeiten, muss auch der Theologe zuerst ein Philosoph werden bzw. als Philosoph arbeiten:

»Der Unterschied zwischen einem Philosophen, der kein Theologe ist, und einem Theologen, der bei der Existenzanalyse als Philosoph arbeitet, besteht nur darin, das der erste eine Analyse zu geben versucht, die Teil einer größeren philosophischen Arbeit sein soll, während der zweite die Ergebnisse seiner Analyse mit den aus dem christlichen Glauben abgeleiteten theologischen Begriffen in Beziehung zu setzen versucht. Dadurch wird aber die philosophische Arbeit des Theologen keineswegs heteronom. Als Theologe entscheidet er nicht, was philosophische Wahrheit ist, und als Philosoph enthält er sich der Meinung über die theologische Wahrheit. Aber er kann nicht umhin, die menschliche Existenz und Existenz überhaupt in einer Weise zu sehen, daß die christlichen Symbole ihm sinnvoll und verständlich erscheinen. Seine Augen sind teilweise auf das gerichtet, was ihn unbedingt angeht, wie das auch bei jedem Philosophen der Fall ist. Trotzdem ist sein Sehakt autonom, denn er wird nur von dem Gegenstand bestimmt, der ihm in seiner Erfahrung gegeben ist. Wenn er etwas sieht, erwartet er nicht, es im Lichte seiner theologischen Antwort zu sehen. Er hält an dem fest, was er gesehen hat, und formuliert seine theologische Antwort neu. Er ist sicher, daß nichts von dem, was er sieht, den Kern seiner Antwort verändern könnte, denn dieser Kern ist der *logos* des Seins, wie er in Jesus als dem Christus sich kundgetan hat. Wenn dies nicht seine Voraussetzung wäre, müßte er entweder seine philosophische Integrität oder sein theologisches Anliegen opfern« (STh I, 78).

Ebenso wie der Theologe bei der Formulierung der Frage ein Philosoph wird, wird umgekehrt der Philosoph in dem Moment ein Theologe, in dem er versucht, die Antwort zu formulieren: »Versucht der Philosoph, sie [sc. die letzten Fragen] zu beantworten (und jeder schöpferische Philosoph hat das versucht), wird er ein Theologe« (Tillich 1962, 28). Die Grenzlinie zwischen einem Philosophen und einem Theologen verläuft also nicht zwischen zwei Personen, sondern zwischen zwei in der Fragestellung und Ausrichtung unterschiedlichen Denkweisen. Tillich erhebt den Anspruch, dass jeder, der die Wirklichkeit ganz denken will, beide Perspektiven einnehmen und formulieren muss.

Frage und Antwort sind in dieser Verbundenheit voneinander unabhängig und abhängig zugleich. Die Antwort ist von der Frage unabhängig, weil sie von jenseits der Existenz kommt und sich nicht aus der Frage extrahieren lässt. Daher bringt sie eine neue, überraschende und unerwartete Perspektive. Die Frage ist nicht die Quelle der Antwort. Doch die Antwort wird in die Existenz als Antwort auf eine konkrete Frage gesprochen. Sie ist zwar materialiter unabhängig, aber formal, eben als die Antwort auf diese Frage, von der Frage abhängig. Diese Abhängigkeit gilt aber auch in der anderen Richtung. So wie der Mensch immer schon Frage ist, gibt Gott auch immer schon die Antwort. Die Frage wird also zugleich von der Antwort präformiert, sie wird auf Gott gerichtet (vgl. STh II, 22).

Die zwei Schritte der Korrelationsmethode sind also *de facto* Teil eines Dreischrittes. Frage und Antwort liegt nämlich ein unverfügbarer erster Schritt zugrunde, der die große Klammer des ganzen bildet: Gott selbst. Die Korrelationsmethode ist daher eine strikt theologische Methode, weil in ihr immer schon von Gott her gedacht wird. Am Anfang steht die Tatsache, dass alles Seiende mit allen Fragen von Gott herkommt und von ihm als dem Sein-Selbst getragen wird. Dieser Einheitspunkt liegt jedoch auf einer völlig anderen Ebene, weil er überhaupt erst die Möglichkeit schafft, dass die Antwort bei aller Diskontinuität zwischen ihr und der Frage auf die Frage selbst bezogen werden kann. Diese Einsicht ist der stets mit zu bedenkende Hintergrund von Tillichs Ansatz.

Die Korrelationsmethode bestimmt auch den Aufbau und die Gesamtstruktur seiner STh. In allen fünf Teilen wird deshalb die Situation mit der Botschaft konfrontiert und aufeinander bezogen. Jeder Teil besteht aus zwei großen Abschnitten: I. *Vernunft und Offenbarung*, II. *Sein und Gott* (Bd. I), III. *Die Existenz und der Christus* (Bd. II), IV. *Das Leben und der Geist*, V. *Die Geschichte und das Reich Gottes* (Bd. III).

2.3 Die inhaltlichen Grundlinien

Zunächst legt Tillich die formalen und materialen Normen sowie die Quellen der Systematischen Theologie dar. Sie tragen sein gesamtes System. Jede Theologie kennt nach ihm zwei formale Kriterien, die bestimmen, unter welchen Bedingungen ein Satz als ein theologischer zu verstehen ist: 1. »Der Gegenstand der Theologie ist das, was uns unbedingt angeht« (STh I, 19 f); 2. »Das, was uns unbedingt angeht, ist das, was über unser Sein und Nichtsein entscheidet« (STh I, 21). Beide Formulierungen bleiben mit Absicht inhaltlich offen. Die inhaltliche Bestimmung der theologischen Aussagen schöpft sich aus den Quellen der systematischen Theologie. Davon kennt Tillich drei, die sich immer weiter öffnen und eine »beinahe unbegrenzte Fülle« zeigen: »Bibel, Kirchengeschichte, Geschichte der Religion und Kultur« (STh I, 51). Die Bibel ist für den systematischen Theologen die grundlegende, jedoch nicht die einzige Quelle. Sowohl den formalen Kriterien als auch den Quellen vorgeordnet ist die materiale Norm, wie sie aus Bibel und Tradition als den Medien der christlichen Botschaft zu entnehmen ist und die Tillich in die Formulierung fasst: Das »Neue Sein in Jesus als dem Christus« (STh I, 62). Diese aus der Bibel entnommene Norm, deren Inhalt wiederum die biblische Botschaft selbst darstellt, ist als solche zugleich das Kriterium aller anderen untergeordneten Kriterien und auch der menschlichen Erfahrung (STh I, 65). Die Entfaltung dessen, was diese Norm heißt, bildet den Inhalt von Tillichs STh.

2.3.1 Vernunft und Offenbarung

Die Darlegung der Systematischen Theologie startet mit der ontologischen Fragestellung. Tillich fragt radikal nach dem ›Was‹ der menschlichen Existenz und der Offenbarung Gottes, nach der unverzichtbaren Basis des Menschen und seiner Beziehung zu Gott: Er fragt nach dem Sein. Alles Sein kommt von Gott, der das Sein-Selbst ist. Deshalb partizipiert alles Sein an derselben Struktur des einen *logos* in der Gestalt der subjektiven und der objektiven Vernunft. Die subjektive Vernunft ist die Struktur des Geistes, die objektive Vernunft ist die rationale Struktur der Wirklichkeit. Daher kann die individuelle Vernunft die Wirklichkeit erkennen – und daher kann sie auch Gott selbst als deren gemeinsamer Grund erkennen. Durch diese Verfasstheit weist die Vernunft auf etwas hin, was sie übersteigt, auf ihren Grund, der jenseits der subjektiven und objektiven Vernunft liegt. Das ist die existentielle Frage, auf welche die Antwort jedoch von jenseits kommen muss, da der Vernunft ihr eigener Grund in den Bedingungen der Existenz verborgen bleibt. Es gilt aber: Die Vernunft selbst stellt die Frage nach der Offenbarung. Und die Vernunft weiß, dass ihr Grund etwas anderes als sie selbst ist.

In der Offenbarung kommt es zum »Sichtbarwerden des Seinsgrundes für die menschliche Erkenntnis« (STh I, 114), der aber in der Offenbarung seinen geheimnisvollen Charakter nicht verliert. Der Seinsgrund offenbart sich durch alltägliche Erfahrungen, führt die Vernunft aber über sie selbst hinaus. Hier stellt die Vernunft in einem »ontologischen Schock« (STh I, 137) fest, dass sie auch nicht sein könnte, dass sie selbst also endlich ist. Das Mysterium des Seinsgrundes erscheint zuerst negativ als Abgrund und erst dann positiv als Grund, nämlich als die Macht, die das drohende Nichtsein überwindet, als etwas, was uns unbedingt angeht. So kommt Tillich zu seiner Definition der Offenbarung: »Offenbarung ist die Manifestation dessen, was uns unbedingt angeht« (STh I, 134), weil sie uns den Grund unseres eigenen Seins enthüllt. Dies geschieht immer in einer konkreten Situation für eine konkrete Person. Als solche hat sie zwei Seiten: Eine objektive und eine subjektive. Subjektiv wird die menschliche Vernunft ergriffen und kommt dadurch in ›Ekstase‹. Der Ekstase entspricht ›von oben‹ das Wunder, welches Tillich als ein »zeichengebendes Ereignis« versteht (STh I, 139). Das Wunder geschieht immer durch ein Medium, das zum Symbol wird und über sich selbst hinaus auf etwas anderes hinweist. Ein Symbol – im Unterschied zu bloßen Zeichen – weist nicht nur über sich selbst hinaus, sondern partizipiert zugleich an dem Symbolisierten. Dabei muss die Offenbarung strikt als Offenbarung verstanden werden, auch wenn sie als Offenbarung durch dasjenige Medium mit bedingt ist, durch das sie sich ausdrückt. Beide Seiten sind notwendig. Da der Mensch keine andere Möglichkeit hat, als das Unendliche mit endlichen Symbolen zu erfassen, sind eben diese heranzuziehen. Dabei kann jede Wirklichkeit und jedes Wort der Alltagssprache zum Medium der Offenbarung werden. Wird es dazu, so weist es über sich hinaus und partizipiert an der Wirklichkeit und Mächtigkeit des Symbolisierten. Ein Symbol wird nur dadurch wahr, dass es an der Wirklichkeit und also an der Mächtigkeit des Unbedingten selber partizipiert. Zugleich bleibt es aber ein Ausschnitt der endlichen Wirklichkeit. Wegen der dargelegten Partizipationsstruktur haben Symbole in Tillichs Augen keine mindere, sondern eine höhere Aussagekraft als nicht-symbolische Zeichen; und die religiöse Sprache ist laut Tillich immer symbolisch und analog (STh I, 158).

Das gilt selbst für die letztgültige und normgebende Offenbarung, für *Jesus als den Christus* (STh I, 159). Damit berühren wir Fragen der Christologie, in welcher der Christus als der Inhalt der Offenbarung, der Mensch Jesus von Nazareth als das Medium, als der Träger der Offenbarung verstanden wird (deshalb nicht einfach: Jesus Christus, sondern: Jesus *als* der Christus). »Der Gegenstand von Frömmigkeit und Theologie ist Jesus als der Christus und nur als der Christus. Und er ist der Christus als der, der alles, was *nur* ›Jesus‹ in ihm ist, zum Opfer bringt. Der entscheidende Zug seines Bildes ist die ständige Selbstpreisgabe des Jesus, der Jesus ist, an den Jesus, der Christus ist« (STh I, 161). Jesus als der Christus ist die letztgültige Offenbarung, weil sich hier das Medium um des Inhaltes willen selbst ganz verneint, ohne sich selbst jedoch ganz zu verlieren und ohne die Einheit mit Gott aufgegeben zu haben. Das Kreuz als das tiefste Paradox ist der zentrale Punkt der Geschichte und ideales Symbol. Dieser objektiven Seite muss auch eine subjektive entsprechen, die den Christus als Christus versteht, und das ist die Kirche. »Christus ist nicht der Christus ohne die Kirche, und die Kirche ist nicht die Kirche ohne den Christus. Die letztgültige Offenbarung ist wie jede Offenbarung korrelativ« (STh I, 163).

2.3.2 Sein und Gott

Die ontologische Grundfrage lautet: Warum ist überhaupt etwas, warum ist nicht nichts? »Das Denken muß mit dem Sein beginnen; es kann nicht hinter das Sein zurückgehen, wie die Form der Frage selber zeigt« (STh I, 194). Das Sein ist unhintergehbar, deshalb fragt Tillich nach einem solchen Sein, das auch der Drohung des Nichtseins standhalten kann. Dieses Sein ist Gott als das Sein-Selbst. Die Antwort auf die menschliche Frage nach dem Sein, die der Mensch selber ist, ist demnach Gott selbst.

Das menschliche Sein befindet sich in einem stetigen Zusammenspiel von Individuation und Partizipation, Freiheit und Schicksal, Dynamik und Form. Die Existenz steht selbst zwischen Sein und Nichtsein. Sie ist endliches Sein, bedroht vom Tod. Zwischen dem Sein und Nichtsein herrscht jedoch kein Gleichgewicht: Auch das Nichtsein *ist* in gewisser Weise, auch das Nichtsein partizipiert am Sein. Das Sein ist das Erste und Ursprünglichste, der Träger von allem, was in Vergangenheit, Gegenwart und Zukunft war, ist und sein wird. Das Sein hat damit ontologische Priorität.

Das Rückgrat von Tillichs System bildet die Unterscheidung von *Essenz* als der idealen Gestalt jeder Wirklichkeit und *Existenz* als der verwirklichten, aktuellen, entfremdeten Wirklichkeit. Wenn der Mensch nach dem fragt, was die Antwort auf seine existentielle Frage ist, hätte es keinen Sinn, nach der Existenz Gottes zu fragen, weil *Gott* kein Teil der Existenz ist, da er *jenseits von Essenz und Existenz* steht. Daher erscheinen alle Gottesbeweise, die eben Gottes Existenz beweisen wollen, als von Anfang an unmöglich und absurd. Gott *existiert* nicht, Gott *ist*. Doch sind die Gottesbeweise nicht ganz überflüssig, da sie ein Ausdruck der ewigen menschlichen Frage nach Gott sind. Als Frage nach Gott sind sie berechtigt. Die Antwort vermögen sie aber nicht zu geben.

Weil Gott der Name für das ist, was den Menschen unbedingt angeht, kann er als die grundlegende Antwort auf die menschliche Frage nach dem Sein gelten. Dadurch wird Gott aber noch auf keine Weise bestimmt. Was den Menschen unbedingt angeht, kann sich unter Menschen stark voneinander unterscheiden. Als Antwort auf die menschliche Frage hat der Name ›Gott‹ bei Tillich freilich einen klaren Inhalt: Gott ist das Sein-Selbst, oder »die unendliche Seinsmächtigkeit in allem und über allem« (STh I, 273), ein qualitativ unterschiedliches Seiendes, weil er die Quelle alles Seienden ist. Gott als Sein-Selbst kann dem Nichtsein nicht verfallen, er verliert sich selbst nie. Gottes Sein kann nie Existenz werden. In diesem Sinne existiert Gott nicht und kann auch nicht existieren, weil er nicht aufhören kann, Gott zu sein. Gott ist unendlich und steht *jenseits* von Essenz und Existenz. Zugleich ist aber Gott als Grund der Wirklichkeit auch ihre Struktur: Alles, was ist, hat auf endliche Weise das Sein von Gott. Gott ist also der Welt gegenüber transzendent und immanent zugleich: Er transzendiert unendlich alles Endliche und partizipiert zugleich an allem Endlichen durch seine Seinsmächtigkeit, ohne die es kein Sein gäbe. Die Struktur der ganzen Wirklichkeit ist also die Partizipationsstruktur am Sein Gottes. Das ist Tillichs ontologische Grundfigur, die ihm auch erlaubt, in diesem Sinne die *analogia entis* zu rehabilitieren.

An diesem Punkt formuliert Tillich auch den einzigen theologischen Satz, der nicht symbolisch ist: Gott ist das Sein-Selbst. Alle anderen theologischen Aussagen bleiben symbolisch.

2.3.3 Die Existenz und der Christus
Am Übergang vom zweiten zum dritten Teil der STh steht die Schöpfungslehre, eng verknüpft mit der Hamartiologie. Alles Seiende ist Gottes Schöpfung und ist mit Gott eng verbunden, weil die Schöpfung Gottes Leben ist. Die Schöpfung ist Gottes Freiheit und Gottes Schicksal zugleich. Gott schafft sich selbst in Ewigkeit (STh I, 291) und dadurch entsteht auch alle Wirklichkeit, deren Struktur Gott selbst ist. Die Schöpfung unterscheidet sich aber von Gott grundsätzlich: Sie trägt zum einen das Nichtsein in sich und birgt darüber hinaus noch eine Möglichkeit, die Tillich »das Tragische« nennt (STh I, 293). Das ist die Möglichkeit der Entfremdung, der Sünde. Mit der Verwirklichung der Geschöpflichkeit alles Geschaffenen, das sich in der Schöpfung von Gott trennt – also aus Gott herkommt, aber nicht in Gott bleibt, sondern seine Freiheit verwirklicht – wird aber auch diese Möglichkeit unausweichlich zur Wirklichkeit. Schöpfung und Fall fallen ineins. Die zur endlichen Freiheit bestimmte Schöpfung realisiert sich als

Existenz. In diesem schicksalhaften Schritt verwirklicht sich paradoxerweise die menschliche Freiheit. Mit dem Abschluss des Schöpfungsaktes beginnt die Geschichte des Falls. Den paradiesischen, vorzeitlichen und vorgeschichtlichen Zustand des Menschen bezeichnet Tillich als »träumende Unschuld« (STh II, 40). Er ist die reine Potentialität der Schöpfung, die noch nicht aktuell wurde. Sobald sich der Mensch selbst verwirklicht, indem er sich entscheidet, die reine Potentialität zu verlassen und das wirkliche Leben zu realisieren, trennt er sich von Gott, fällt aus der Essenz in die Existenz. So ist der Fall in jeder Wirklichkeit wirklich, er ist eine »universale Qualität des endlichen Seins« (STh II, 43). Tillich besteht jedoch darauf, dass dieser »Übergang von der Essenz zur Existenz« (STh II, 47), wie er den Fall lieber nennt, keine Notwendigkeit, sondern einen Sprung darstellt, dass also die Existenz aus der Essenz nicht abgeleitet werden kann (STh II, 52). Der Mensch in der Existenz ist von seiner ursprünglichen Bestimmung entfremdet (jedoch nicht abgeschnitten!). Und die Entfremdung ist Tillichs Ausdruck für Sünde. Die Sünde gehört also nicht zur Schöpfung, ist aber mit ihrer vollen Realisierung fest verknüpft. In diesem Zustand stellt sich die Frage nach der Erlösung, nach dem Neuen Sein.

Der Weg dahin wird nicht durch Selbsterlösung erreicht, sondern nur durch etwas, was jenseits der Geschichte liegt und ihr Ziel darstellt. Das nennt Tillich das Neue Sein und dieses ist sein zentraler soteriologischer Begriff. Der Repräsentant des Neuen Seins, d.h. der Repräsentant Gottes gegenüber dem Menschen, ist Jesus als der Christus. Er verwirklicht in seinem personhaften Leben »das Bild wesenhaften Menschseins unter den Bedingungen der Existenz […], ohne von ihnen überwältigt zu werden«, also die »wesenhafte[] Gott-Mensch-Einheit in der Existenz« (STh II, 104; Herv. i. O. gelöscht). Dies ist jedoch nicht so zu verstehen, dass Gott selbst Mensch geworden wäre. Das wäre für Tillich eine sinnlose Aussage. Nicht Gott, sondern der *logos* als eines der göttlichen Prinzipien wurde Mensch (STh II, 104f). Jesus als der Christus ist die Offenbarung des Neuen Seins: Er verwirklicht die Essenz unter den Bedingungen der Existenz, und dadurch wird die Kluft zwischen Essenz und Existenz überwunden.

Die Teilnahme an Christus heißt dann also, wie Christus zu sein (STh II, 133), das Neue Sein im eigenen Sein transparent sein zu lassen. Das ist jedoch – genauso wie Jesus als der Christus – ein Werk des göttlichen Geistes. Es geht bei Tillich letztlich nicht um die Person Jesu, in der sich Christus manifestiert, sondern um die Macht, die sich in dieser Person manifestiert. Es ist die Macht des ungebrochenen Seins, des göttlichen Lebens.

Mit dieser Christologie weicht Tillich von den altchristlichen Bekenntnissen von Nizäa und Chalkedon ab: Die Rede von der Menschwerdung Gottes sowie die Rede von der zweifachen Natur Jesu Christi bleiben für ihn unverständlich. Den Intentionen seiner Symboltheorie treu bleibend nähert er sich einem adoptianischen Standpunkt an (STh II, 162): Nicht Gott als Person, sondern der *logos* als eines der göttlichen Prinzipien wurde Mensch. Gott bleibt jenseits von Essenz und Existenz. Er ist nicht und wird auch nicht zur Person. Die Erlösung wird von einem Prinzip bzw. von der Macht Gottes in der Gestalt einer menschlichen Person gebracht. Die auf Gott bezogenen personalen Kategorien, die Tillich im biblischen Zeugnis konsequent symbolisch versteht, bleiben in seinem ontologischen System als stark interpretationsbedürftig am Rande.

Jesus als der Christus ist die universale Antwort auf die Frage nach dem Neuen Sein, er ist die universale Erlösung aus der Entfremdung. Die Offenbarung Gottes in Jesus als dem Christus bringt zugleich die Erlösung. Wo Jesus als der Christus aufgenommen wird, da wird der Mensch verwandelt, da wird er neue Kreatur. Wo Jesus als der Christus erfahren wird, da wird der Mensch von Gott versöhnt. Die Versöhnung und Erlösung ist Gottes Werk allein (STh II, 187). Es geschieht durch das Werk des göttlichen Geistes im Menschen in drei Schritten: als Wiedergeburt, Rechtfertigung und Heiligung. Dadurch kommt es zur Teilnahme des Menschen am Neuen Sein. So entstehen Glaube und Liebe, in denen die Einheit von Essenz und Existenz erneuert wird.

2.3.4 Das Leben und der Geist

Geist als Einheit von Seins-Macht und Seins-Sinn erfährt der Mensch auch in seinem existentiellen Leben. Der Geist ist eine sehr umfassende Dimension des Lebens, die zusammen mit der Vernunftstruktur im Menschen schöpferisch wirkt. Jedes menschliche Leben spielt sich mitten in Zweideutigkeiten ab, zwischen zwei Polen der Integration und Desintegration des eigenen Selbst, wie sie in Phänomenen wie Gesundheit und Krankheit, Freiheit und Endlichkeit, Person und Gemeinschaft oder Leben und Tod zum Ausdruck kommen. Die Zweideutigkeit wurzelt in der Trennung von Essenz und Existenz, also im Konflikt von dem, was sein sollte, und dem, was aktuell ist. Die Existenz selbst kann der Zweideutigkeit des Lebens nicht entrinnen. Sie kann die Trennung nicht selbst überwinden, fragt aber nach dem unzweideutigen Leben. Damit fragt sie nach der Gegenwart des göttlichen Geistes.

Der göttliche Geist ist im menschlichen Geist präsent, wobei das »in« als »über sich hinaus« des menschlichen Geistes zu verstehen ist (STh III, 135). Der menschliche Geist wird vom göttlichen ergriffen und gerät in Ekstase. In der Pneumatologie konzentriert sich somit Tillichs Soteriologie: Hier entwickelt Tillich konkret das, wofür er durch die Behandlung von Offenbarung, Ekstase und Wunder den Boden bereitete. Er widmet sich dem grundlegenden Geschehen, wie die göttliche Antwort auf die existentielle Frage überhaupt vom Menschen aufgenommen wird. Hier gilt der Grundsatz: »[N]ur Geist kann Geist erkennen« (STh III, 177), Gott kann nur aus Gott erkannt werden. Der göttliche Geist, der den Menschen ergreift, ist Gott selbst. Das soteriologische Geschehen verdankt sich allein der Gnade Gottes.

Das Ziel des Werkes des göttlichen Geistes ist »die transzendente Einheit und die Teilnahme an ihr« (STh III, 153). In der transzendenten Einheit wird die Kluft zwischen Essenz und Existenz wieder geschlossen. Das geschieht im Glauben und in der Liebe, die der göttliche Geist im Menschen wirkt und in denen sich die transzendente Einheit manifestiert. In den Bedingungen der Existenz kann die Einheit jedoch nur fragmentarisch und antizipatorisch verwirklicht werden. Es ist ein Prozess, der in den Bedingungen der Existenz nie zur Vollendung kommt.

Der göttliche Geist manifestiert sich auch in der Geschichte: vor allem in Jesus als dem Christus und dann in der Geistgemeinschaft. Es gibt Geistgemeinschaften im latenten Stadium, in denen – im Unterschied zum manifesten Stadium, wo man die Geistgemeinschaft Kirche nennen kann – die transzendente Einheit noch nicht manifest wird. Geistgemeinschaft ist eine Gemeinschaft des Glaubens und der Liebe, in der trotz der Mannigfaltigkeit der Einzelnen und ihrer Glaubensweisen die Einheit herrscht und nicht zum Zerfall führt.

Der Einzelne kommt in die Kirche durch den Glauben, dessen zentrales Ereignis die Rechtfertigung ist. Tillich hält somit an der reformatorischen Lehre von der Rechtfertigung durch Gnade im Glauben fest, die er in seine Begrifflichkeit übersetzt: »Wir sind von Gott angenommen, obwohl wir nach den Kriterien des Gesetzes unannehmbar sind […]. Wir sind aufgefordert anzunehmen, daß wir angenommen sind« (STh III, 258). Die Rechtfertigung geschieht ohne Werke, aus der reinen Gnade Gottes. Selbst die Annahme des Angenommenseins ist eine Gabe der Gnade. Gottes Geist siegt über die menschliche Entfremdung, über die Zweideutigkeiten des Lebens in allen seinen Dimensionen, in der Religion, in der Moral sowie in der Kultur. Diesen soteriologischen Prozess, in dem der unbedingte Geist das Bedingte überwindet und es somit korrigiert und richtet, nennt Tillich »das protestantische Prinzip« (STh III, 281). Im Blick ›von unten‹, den Tillich in seinen früheren Schriften stark unterstreicht (vgl. Tillich 1970), dient dieses Prinzip als die Mahnung, die Symbole vom Symbolisierten zu unterscheiden, sich also nicht auf die konkrete Form des jeweiligen Symbols, sondern auf dessen Inhalt festzulegen.

2.3.5 Geschichte und Reich Gottes

In direkter Anknüpfung an Teil IV widmet sich Tillich den Zweideutigkeiten des Lebens in ihrer geschichtlichen Dimension als der umfassendsten Dimension von allen. Es werden hier Fragen der Macht und der Herrschaft in der Geschichte thematisiert sowie die nach dem Sinn der Geschichte überhaupt. Sie alle erwecken für Tillich die Frage nach dem Reich Gottes. Denn das Symbol des Reiches Gottes ist genauso umfassend wie die Dimension der Geschichte.

Im Symbol des Ewigen Lebens wird dann die Antwort auf die Zweideutigkeiten des Lebens in seiner ganzen Universalität gegeben.

Unter dem Reich Gottes versteht Tillich eine eschatologische Größe, die zugleich immanent und transzendent ist. Er übernimmt die Konzeption der Heilsgeschichte als eines Teils der Universalgeschichte. In der Mitte der Heilsgeschichte steht die Offenbarung in Jesus als dem Christus, in der sich die Geschichte »ihrer selbst und ihres Sinnes bewußt wird« (STh III, 419). Die Repräsentanten des Reiches Gottes in der Geschichte sind die Kirchen. Doch diese Repräsentation ist selbst wieder zweideutig, da die Kirchen das Reich Gottes zugleich offenbaren und verhüllen. Reich Gottes meint also das Ende und Ziel der Geschichte, in dem sich Vergangenheit, Gegenwart und Zukunft im »Ewigen Jetzt« verdichten (STh III, 447). In ihm geschieht der Übergang vom Zeitlichen zum Ewigen, indem sich die Geschichte als Ewiges Leben erfüllt. An diesem Übergang lokalisiert Tillich auch das Jüngste Gericht, in dem alles, was an Gottes Leben partizipiert, überdauert. »Nichts, was ist, kann, insofern es ist, von der Ewigkeit ausgeschlossen sein; aber es kann ausgeschlossen sein, insofern es mit Nichtsein gemischt und noch nicht von ihm befreit ist« (STh III, 451). Was überdauert, wird zur »ewige[n] Erinnerung«, aus der jedoch das Negative ausgeschlossen wird: Das Nichtsein wird entfallen (STh III, 452). Dadurch wird die Entfremdung der Existenz von der Essenz definitiv überwunden: Es kommt zur »Essentifikation« des Zeitlichen (STh III, 453), wie Tillich im Anschluss an Schelling formuliert. Alles kehrt demnach geläutert wieder zu Gott zurück. Durch die zeitlichen geschichtlichen Prozesse kommt zu Gott aber mehr zurück, als am Anfang war. Das Leben Gottes, in das alles einmündet, wird zugleich um die Geschehnisse in der Geschichte angereichert. Die Essentifikation ist eine »schöpferische[] Synthese der essentiellen Natur eines Wesens mit dem, was es in seiner zeitlichen Existenz daraus gemacht hat« (ebd.). Die Zweideutigkeiten des Lebens werden also definitiv überwunden, das Positive eines jeden, »selbst eines äußerst unerfüllten Lebens« wird in die Ewigkeit erhoben (STh III, 460). Nichts kann ganz verloren gehen, weil alles, was ist, am Sein partizipiert. »Da Sein als Sein gut ist […], kann nichts, was ist, vollständig böse werden« (STh III, 461).

Essentifikation versteht Tillich als universale Partizipation am göttlichen Leben. Was er also infolge seines Partizipationsdenkens in seiner Eschatologie vertritt, kann als »eschtologische[r] Pan-entheismus« verstanden werden, da in der eschatologischen Erfüllung Gott alles in allem (vgl. 1 Kor 15,28) sein wird (STh III, 475).

3. Zur Wirkung

Tillich hat keine Schule gebildet. Trotzdem zählt er zu den großen evangelischen Theologen des 20. Jh.s. In der theologischen Diskussion kehren vor allem zwei Facetten seines Denkens immer wieder: Die Korrelationsmethode und (in Anknüpfung an heute viel diskutierte hermeneutische und semiotische Entwürfe) seine Symboltheorie, die vor allem in der Religionspädagogik ihren Widerhall fand. Als bleibende Einsicht setzte sich durch, dass Symbole keine bloßen Zeichen, sondern Repräsentanten sind, welche die Teilhabe am Transzendenten ermöglichen.

Interessant sind die Parallelen von Tillichs Ansatz zu K. Rahner aufgrund der gemeinsamen Beeinflussung durch das Denken Heideggers und des starken Interesses an der Beziehung von Theologie und Philosophie. Das zeigt sich vor allem in der Anthropologie, die bei beiden zuerst als philosophische Anthropologie entfaltet wird.

Tillich wird nicht selten von neuprotestantisch orientierten Theologen rezipiert. Er wird dann subjektivitätstheoretisch gedeutet (vgl. Danz 2000): Aufgrund seines Ansatzes ›von unten‹ beim Menschen und aufgrund der breiten Analyse der Existenz wird Tillichs Theologie als Selbstaufklärungsprozess der endlichen Freiheit verstanden. Diese Deutung konzentriert sich jedoch vor allem auf Tillichs frühe Werke und auf seine Schriften zur Theologie der Kultur und der Religionen.

An Tillichs Fragestellung knüpft auch W. Pannenberg an, für den die theologiegeschichtlichen Bemühungen einer Begründung menschlicher Subjektivität in Gott und darin die Suche nach der Neubegründung der Theologie auf allgemeingültiger Wahrheit im Werk Tillichs gipfeln. Pannenberg hat genauso stark wie Tillich die menschliche Frage nach Gott vor Augen, er identifiziert jedoch die menschliche Frage nicht mit dem Menschen als solchem.

Die US-amerikanische Rezeption entwickelte auf unterschiedliche Weise vor allem die Korrelationsmethode weiter (moderne ›revisionistische‹ Konzepte: L.B Gilkey, D. Tracy). Tillichs Symbolauffassung beeinflusste aber auch Theologen anderer Richtungen (Th.J.J. Altizer, R.P. Scharlemann).

4. Literaturhinweise

Zitierte Quelle:
P. Tillich, Systematische Theologie I–III, Berlin/New York Bd. I/II ^{8}1987, Bd. III ^{4}1987 (abgek. STh).

Zum Einstieg empfohlen:
»Das Wesen der Systematischen Theologie« (STh I, 15–37).

Weiterführende Literatur:
Rhein 1957; Track 1975; Fischer u.a. 1989; Schüßler/Sturm 2007.

5. Verwendete Literatur:

Th.J.J. Altizer, History as Apocalypse, Albany, NY 1985.
Ch. Danz, Religion als Freiheitsbewußtsein. Eine Studie zur Theologie als Theorie der Konstitutionsbedingungen individueller Subjektivität bei Paul Tillich, Berlin 2000.
H. Fischer (Hg.), Paul Tillich. Studien zu einer Theologie der Moderne, Frankfurt a.M. 1989.
P. Gallus, Der Mensch zwischen Himmel und Erde. Der Glaubensbegriff bei Paul Tillich und Karl Barth, Leipzig 2007.
L.B. Gilkey, Gilkey on Tillich, Eugene, OR 2000.
Ch. Rhein, Paul Tillich. Philosoph und Theologe. Eine Einführung in sein Denken, Stuttgart 1957.
R.P. Scharlemann, The Reason of Following, Christology and the Ecstatic I, Chicago 1991.
W. Schüßler/E. Sturm, Paul Tillich. Leben – Werk – Wirkung, Darmstadt 2007.

P. Tillich, Gesammelte Werke (GW), 14 Bde., Stuttgart 1959–1983.

–: Die protestantische Ära (1948), in: Ders., Der Protestantismus als Kritik und Gestaltung. Schriften zur Theologie I, GW VII, hg. v. R. Albrecht, Stuttgart 1962, 11–28.

–: Rechtfertigung und Zweifel (1924), in: Ders., Offenbarung und Glaube. Schriften zur Theologie II, GW VIII, hg. v. R. Albrecht, Stuttgart 1970, 85–100.

–: Ergänzungs- und Nachlassbände, bislang 15 Bände, Stuttgart 1971ff.

–: Mystik und Schuldbewußtsein in Schellings philosophischer Entwicklung (1912), in: Ders., Philosophical Writings/Philosophische Schriften, Mainworks/Hauptwerke Bd. 1, hg. v. G. Wenz, Berlin 1989, 21–112.

–: Die religionsgeschichtliche Konstruktion in Schellings positiver Philosophie, ihre Voraussetzungen und Prinzipien (1910), GW/Ergänzungsband 9, in: Ders., Frühe Werke, hg. v. G. Hummel, Berlin 1998, 156–272.

–: Ausgewählte Texte, hg. v. Ch. Danz u.a., Berlin 2008.

J. Track, Der theologische Ansatz Paul Tillichs. Eine wissenschaftstheoretische Untersuchung seiner ›Systematischen Theologie‹, Göttingen 1975.

D. Tracy, The Analogical Imagination. Christian Theology and the Culture of Pluralism, New York 1981.

Rebekka A. Klein

Wolfhart Pannenberg: Systematische Theologie I–III

1. Zur Person

Wolfhart Pannenberg wurde am 2. Oktober 1928 in Stettin in Ostpreußen geboren und studierte Ev. Theologie in Berlin, Göttingen, Basel und Heidelberg. Während seiner Studienzeit begegnete er u.a. K. Barth in Basel sowie in Heidelberg G. von Rad und E. Schlink, dessen Assistent er später wurde. 1953 wurde Pannenberg in Heidelberg mit einer Arbeit zur Prädestinationslehre Duns Scotus' promoviert (Pannenberg 1954). 1955 folgte seine Habilitationsschrift *Analogie und Offenbarung* (Pannenberg 2007), die sich mit der Bedeutung des analogisierenden Denkens für die Gotteserkenntnis auseinandersetzte. Anschließend hatte Pannenberg während seiner Zeit als akademischer Lehrer drei Lehrstühle für Systematische Theologie inne: 1958–61 an der Kirchlichen Hochschule Wuppertal; 1961–1968 an der Universität Mainz; 1968–1994 an der Universität München. Während seiner akademischen Karriere wirkte er u.a. als Gastprofessor in den Vereinigten Staaten (Chicago, Harvard und Claremont) und bekleidete zahlreiche Ehrenämter (Näheres hierzu: Wenz 2003, 9–14). Das Interesse am ökumenischen Dialog hat Pannenberg institutionell durch die Gründung des Instituts für Fundamentaltheologie und Ökumene an der Universität München befördert. Aus seiner akademischen Arbeit ist ein äußerst umfangreiches Gesamtwerk hervorgegangen (eine vollständige Bibliographie bietet Burkhardt-Patzina u.a. 2008).

Bereits in seinen frühen Arbeiten befasste sich Pannenberg intensiv mit theologie- und dogmengeschichtlichen Fragestellungen – insbesondere der scholastischen Theologie. Für diese waren methodische Fragen der Argumentation und Beweisführung im Hinblick auf die Behandlung theologischer Lehrstücke zentral. Eine besondere Sensibilität für wissenschaftliche Methodenfragen ist auch für Pannenbergs eigenen Entwurf in vielfacher Hinsicht prägend geworden. So hat er im Dialog zwischen Theologie und Naturwissenschaft in methodischer Hinsicht der philosophischen Metareflexion einen Primat zugesprochen (vgl. Pannenberg 2001). Des Weiteren hat er in seiner Darstellung des Verhältnisses von *Wissenschaftstheorie und Theologie* (Pannenberg 1973) den Versuch unternommen, die Wissenschaftlichkeit der Theologie ausgehend von der zeitgenössischen Wissenschaftstheorie (K. Popper, R. Carnap u.a.) zu rechtfertigen. Die Theologie bezeichnete er dort als eine »Wissenschaft von Gott« (aaO, 299–348). Um die Aussagen und Behauptungen, welche die Theologie im Hinblick auf ihren Gegenstand trifft, in wissenschaftstheoretischer Hinsicht überprüfen zu können, sind nach Pannenberg ›Gott‹ als Gegenstand der Theologie und die theologischen Aussagen über ihn voneinander zu unterscheiden. Als Kriterium der kritischen Überprüfbarkeit theologischer Aussagen schlägt er im Anschluss an Schleiermacher ein indirektes Verfahren vor, das die Wissenschaftlichkeit der Theologie erweisen soll: »Behauptungen über göttliche Wirklichkeit [...] lassen sich überprüfen an ihren Implikationen für das Verständnis der endlichen Wirklichkeit, sofern nämlich Gott als *die alles bestimmende Wirklichkeit* Gegenstand der Behauptung ist.« (aaO, 335 [Herv. i. O.]). Als die alles bestimmende Wirklichkeit muss Gott in aller endlichen (menschlichen) Wirklichkeit *mit gesetzt* sein. Dies zu erweisen, ist Aufgabe der Theologie, insofern sie tatsächlich von Gottes Wirklichkeit sprechen will.

Neben dem Interesse daran, das theologische Denken durch philosophische, historische und wissenschaftstheoretische Reflexionen zu schulen, bildeten vor allem ›Anthropologie‹ (v.a. Pannenberg 1983) und ›Christologie‹ (Pannenberg 1964; 1967; 1980) den Gegenstand von Pannenbergs systematisch-theologischen Studien. Im Nachdenken über ihre wechselseitige Bezogenheit stellte sich ihm erneut das Grundproblem einer Verhältnisbestimmung von endlicher (menschlicher) und göttlicher Wirklichkeit im theologischen Denken. Die Forschung hat gezeigt, dass er hier methodisch zu mehr als einer Lösung dieses Problems gekommen ist.

Heute zählt Wolfhart Pannenberg zu den bekanntesten deutschsprachigen Theologen der Gegenwart. Leitmotiv seines Denkens ist die Überzeugung von der *Einheit* und *Universalität* der Wahrheit des christlichen Glaubens, die für ihn in der theologischen Explikation des christlichen Gottesgedankens ihren adäquaten Ausdruck findet (»Gott ist das umfassende und einzige Thema der Theologie wie des Glaubens«, STh I, 69). Im Anschluss an diese Grundüberzeugung hat Pannenberg im Dialog der evangelischen und katholischen Kirche stets die Position vertreten, dass eine Einigung der Kirchen in der Einheit des Glaubens und des Bekenntnisses das Hauptziel der ökumenischen Bewegung sein müsse (vgl. Pannenberg 1982, 122–123). Seine Theologie hat insbesondere im Gespräch zwischen Theologie und Naturwissenschaft und im ökumenischen Dialog eine internationale Wirkung entfaltet. Sie ist im Hinblick auf ihr Verständnis theologischer Rationalität und ihr wissenschaftliches Methodenbewusstsein jedoch nicht unumstritten geblieben. Dies lässt sich insbesondere an Pannenbergs dogmatischem Hauptentwurf, der *Systematischen Theologie*, verdeutlichen.

2. Zum Werk

2.1 Ansatz bei einer allgemeinen Hermeneutik geschichtlichen Sinnverstehens

Mit seiner dreibändigen *Systematischen Theologie* (STh I–III), die in den Jahren 1988–1993 erschien, hat Pannenberg eine umfangreiche dogmatische Systemkonzeption vorgelegt. Ihr theologisches Profil lässt sich bereits auf sein frühes Forschungsprogramm *Offenbarung als Geschichte* aus dem Jahre 1961 zurückführen (zur Kritik: Geyer 1962, bes. 97.101–102; Replik von Pannenberg in der 2. Auflage von *Offenbarung als Geschichte* [²1961, 147]). In der STh möchte Pannenberg die Wahrheit des christlichen Glaubens im Rahmen einer Hermeneutik universaler, geschichtlicher Sinnerfahrung rechtfertigen. Er setzt also eine allgemeine Theorie des Verstehens voraus, die strukturell die allgemeine Einsichtigkeit aller theologischen Gehalte sicher stellen soll.

In *Offenbarung als Geschichte*, das Pannenberg gemeinsam mit R. Rendtorff, U. Wilckens und T. Rendtorff herausgegeben hat, wird das Grundziel der STh bereits als Programm entfaltet. Dieses beruht auf der These, dass Gottes Offenbarung im Anschluss an das Zeugnis der Schrift nur *im Ganzen* des Geschichtshandelns Gottes und nicht etwa in Gottes Wort, Gottes Name oder in einer einzelnen Tat Gottes bezogen ist. In diesem Insistieren auf Gottes Präsenz im Ganzen der Wirklichkeit zeigt sich bereits der große Einfluss, den die Geistphilosophie G.W.F. Hegels hier und im Folgenden auf Pannenbergs Denken ausgeübt hat. Hegels Überzeugung ist, dass ein Begriff der Wirklichkeit (›Wirklichkeit‹) nur in Form ihrer Totalität, nämlich als universeller Gesamtzusammenhang einzelner Ereignisse gebildet werden kann. Diese Überzeugung hat Pannenberg dahingehend beeinflusst, dass er den Gottesgedanken nicht nur als ein Implikat der ganzen Wirklichkeit, sondern präziser als ihre Totalität zu bestimmen sucht. Pannenbergs Festhalten an einem Gott der Geschichte enthält des Weiteren eine Abgrenzung zur zeitgenössischen Wort-Gottes-Theologie und zur sog. Bultmann-Schule. Der ersten warf er vor, dass sie mit ihrer Fokussierung auf das Christusgeschehen als Wort Gottes den Glauben auf ein Sprachereignis reduzieren wolle. Der zweiten warf er vor, dass sie mit ihrem Entmythologisierungsprogramm einem antihistorischen Subjektivismus des Glaubens das Wort rede. Gegenüber beiden betonte er, dass das Christusgeschehen keineswegs *allein* sprachlich bezeugt ist, sondern ebenso sehr als ein historisch bezogtes Geschichtshandeln Gottes verstanden werden müsse (vgl. STh I, 249f.263f). In seiner Einführung zu *Offenbarung als Geschichte* benennt er allerdings bereits das Problem eines solchen geschichtstheologischen Ansatzes:

»Eine einzelne Tat Gottes, ein einzelnes Geschehen kann zwar indirekt ein Licht auf seinen Urheber werfen, aber nicht volle Offenbarung des Einen Gottes sein. Die Geschichte als Ganze ist uns nicht als abgeschlossen überschaubar. Doch selbst wenn das der Fall wäre, scheint in der Grenzlosigkeit der Universalgeschichte und ihres unablässigen Fortgangs kein einzelnes Geschehen von absoluter Bedeutung möglich zu sein, wie es der christliche Glaube im Geschick Jesu Christi vorfindet.« (Pannenberg ²1961, 20).

Der Ansatz bei der Geschichte als Ganzes steht demnach in Widerspruch zu der Exklusivität, die der christliche Glaube für das Christusgeschehen beansprucht. Dennoch kann die Geschichte nach Pannenberg als Bezugspunkt der vom Menschen zu verstehenden Selbstoffenbarung Gottes fungieren, und zwar, indem ihr Fortgang eschatologisch gedeutet wird. Seine ›Lösung‹ der genannten Aporie der Geschichte, die keine Absolutheit einzelner Ereignisse und somit auch keine direkte Offenbarung Gottes kennt, lautet daher: Gottes Offenbarung steht nicht am Anfang, sondern am Ende der Geschichte. Sie steht daher noch aus und ist nur *indirekt* durch die *Totalität* der Geschichte als eines final zu deutenden Gesamtzusammenhangs der Ereignisse bezeugt. Geschichte wird damit zur Universalgeschichte. Ihre eschatologische Wahrheit ist *für uns* proleptisch (= vorgreifend) im Ereignis der Auferweckung Jesu Christi zugänglich. Denn in diesem Ereignis hat sich das Ende der Geschichte vorweg ereignet (vgl. STh II, 393).

Das Ereignis der Auferweckung ist somit Teil der geschichtlichen Wirklichkeit und darin für das historische Verstehen greifbar. Zugleich ist es diesem Verstehen aber transzendent, indem es sich im Fortgang der Geschichte nicht einfach in die Abfolge der Ereignisse einreiht, sondern sich durch seinen Bezug auf das Ende der Geschichte heraushebt und darin einen Gesamtzusammenhang der Geschichte konstituiert. Pannenberg betont zwar, dass sein Begriff der Geschichte eine Auffassung der Wirklichkeit impliziert, die diese als einmaligen Prozess mit (noch) offenem Ausgang versteht, da die Geschichte *noch nicht* zum Ende gekommen ist (vgl. STh III, 636f). Für seine Konzeption von Universalgeschichte ist es aber zentral, dass im Geschichtsprozess die Zukunft nicht unbestimmt bleibt, sondern im Ereignis der Auferweckung bereits Wirklichkeit geworden ist.

Dieses Geschichtsverständnis hat auch Konsequenzen für Pannenbergs Auffassung von theologischer Hermeneutik. Anders als eine Hermeneutik, die primär beim Verstehen der Schrift, der Intention ihrer Autoren oder der Rezeption ihrer Sache einsetzt, gebührt bei Pannenberg der Reflexion auf die Wirklichkeit dieser Sache, die dem Leser wie dem Autor des Textes bereits *vorgegeben* ist, der Vorrang: ›Wirklich‹ im Sinne eines theologischen Begriffs der Wirklichkeit ist die Sache der Schrift insofern, als sie ein historisches *Faktum* ist, das im Verstehen erst *im Zusammenhang* mit anderen Ereignissen seine Bedeutung gewinnt. Pannenberg nennt dies die »innere Logik« unseres geschichtlichen Sinnbewusstseins (STh III, 636): In jeder einzelnen Erfahrung ist vom historischen Verstehen stets das Ganze der Geschichte mit zu setzen, um die Bedeutung dieser einzelnen Erfahrung zu verstehen. Ein Nicht-Verstehen, einen Bezug auf sinnlose Wirklichkeit gibt es in Pannenbergs Theorie der Hermeneutik dagegen nicht. Die Geschichte ist vielmehr Grundform von Wirklichkeit überhaupt. Sie ist damit nicht nur *Horizont* des menschlichen Verstehens (unbestimmte Grenze und Einheitsgrund aller Verstehensbemühungen) oder eine im Verstehen wirksame *Ganzheit* (bloßer Einheitsgesichtspunkt in der Vielzahl der Ereignisse), sondern sie bezeichnet theologisch gesehen die *Totalität* der Wirklichkeit, d.h. die Einheit der Wirklichkeit in Bezug auf eine singuläre Größe, nämlich die Wahrheit Gottes. Die Wahrheit Gottes ist singulär, weil der Bezug auf sie für den Menschen eine *integrierende Funktion* im Hinblick auf die Erfassung des Ganzen der Wirklichkeit und seiner konkreten Teile (Einzelereignisse) hat.

Die Integration der Wirklichkeitsauffassung in einem theologischen Geschichtsbegriff gewinnt nun in ausgezeichneter Weise Relevanz für die von Pannenberg vorausgesetzte *Geschichtlichkeit* aller menschlichen Erfahrung. ›Geschichtlichkeit‹ meint »die Relativität aller Erfahrung auf den geschichtlichen Ort, an dem sie gewonnen wird« (STh I, 64). Sie zeigt sich einerseits im *zeitlichen Abstand* der Gegenwart von der Vergangenheit und andererseits in der *Kontextbezogenheit* jedes verstehenden Zugangs zur Wirklichkeit (vgl. Pannenberg 1967, 11–21). Um zu zeigen, inwiefern zeitlicher Abstand und Kontext überwunden werden können, bringt Pannenberg seinen Ansatz bei der Universalgeschichte mit Gadamers Kategorie der ›Horizontverschmelzung‹ in Zusammenhang (z.B. aaO, 17; vgl. Peters 1973). Die Möglichkeit einer Überbrückung des zeitlichen Abstands zur Vergangenheit wird von ihm allerdings theologisch begründet. Die von Gott in der Geschichte *indirekt* offenbarte Wahrheit und Wirklichkeit bildet die konstitutive Vollzugsbedingung *allen* Sinnverstehens. Der dogmatische Entwurf Pannenbergs belegt repräsentativ das Grundanliegen, ausgehend von einer allgemeinen Hermeneutik geschichtlichen Sinnverstehens den Sachgehalt des Dogmas als eine universell verständliche Wahrheit der Geschichte zu erweisen.

2.2 Methodische Prämissen der STh

Wie bereits gezeigt, zeichnet es Pannenbergs theologischen Ansatz aus, dass er die christliche Lehre im historischen, und nicht im engeren Sinne dogmatischem Profil darstellen möchte. Fundiert ist sein Verständnis des historischen Profils in der soeben nachgezeichneten Hermeneutik geschichtlicher Erfahrung. Dennoch wendet er sich bezeichnenderweise *nicht* gegen die Bezeichnung seiner *Systematischen Theologie* als Dogmatik (vgl. STh I, 7–8). Er sieht es vielmehr für die Dogmatik überhaupt als unerlässlich an, dass die dogmatischen Begriffe in einer systematischen Darstellung nicht einfach gesetzt werden, sondern von ihrem geschichtlichen Ort her durch historische *und* systematische Reflexion gleichermaßen ihre Plausibilität gewinnen. Als Kriterien seiner Ausarbeitung und Darstellung der christlichen Lehre nennt er deshalb: (historische) »Genauigkeit«, »Differenziertheit« und »Objektivität« (aaO, 7). Das letzte Kriterium ist allerdings nicht nur im Sinne der intersubjektiven Nachvollziehbarkeit und Überprüfbarkeit systematisch-theologischer Argumente zu verstehen, sondern ebenso im Sinne ihrer Behandlung als Aussagen über ein Faktum der Geschichte.

Die entscheidende *methodische Prämisse* der STh ist die Annahme, dass Wahrheit auch in der Dogmatik nicht vorausgesetzt werden darf, sondern (zunächst) strittig bleibt. Ihre (theoretische) Verifikation im Rahmen einer systematischen Rekonstruktion des christlichen Gottesgedankens kann deshalb nie abschließend geleistet werden. Alle theologischen Aussagen sollen aus diesem Grund den Status von Hypothesen haben. Dies trifft nach Pannenberg auch dann zu, wenn der Einwand zur Kenntnis genommen wird, dass die Aussagen des Glaubens assertorischen Charakter tragen: Was in ihnen affirmativ über die Wirklichkeit *behauptet* wird, kann erst durch Gottes endgültige Offenbarung in der Welt am Ende der Geschichte *positiv eingelöst* werden. Pannenberg geht hier davon aus, dass Glaubensüberzeugungen zunächst Behauptungen (im Sinne von unreflektierten Aussagen) sind, die ›an sich‹ noch kein Wahrheits*urteil*, aber doch eine Wahrheits*intention* erkennen lassen. Gegenüber den Glaubensaussagen sind theologische Aussagen reflektierte Behauptungen, die auf Wahrheitsurteile gründen. Pannenberg unterscheidet also zwischen Aussagen auf der Ebene der Theologie und des Glaubens. Beide sind Behauptungen, die so rezipiert werden sollten, dass das, was in ihnen behauptet wird, in Differenz zur Wahrheit Gottes als ihrem letzten Maßstab tritt (vgl. STh I, 68–69).

Obwohl Pannenberg sich streng am Wissenschaftsideal der empirischen Wissenschaften und ihrer strikten Trennung zwischen Hypothese und Faktum orientiert, ist gezeigt worden, dass sich sein methodisches Vorgehen in STh I–III eher als begriffs- und problemgeschichtlich differenzierende Analyse denn als historische Überprüfung der Grundgehalte des Dogmas verstehen lässt (vgl. Ringleben 1998, 337). Zudem lassen sich *Prämissen* der Argumentation Pannenbergs in der STh benennen, die lediglich vorausgesetzt, aber nicht als Hypothesen selbst noch einmal überprüft werden. So geht Pannenberg davon aus, dass der christliche Gottesgedanke sich

(i) auf den Gott der Bibel bezieht, der sich als die alles bestimmende Wirklichkeit (1Kor 15,28) in seiner *Positivität* im Geschichtshandeln zu erkennen gibt;

(ii) auf die Wirklichkeit der Welt bezieht, indem er sie zum Ort der Entscheidung über die ›Gottheit‹ Gottes (*Realität* Gottes) werden lässt;

(iii) auf die Wirklichkeit des Menschen bezieht, indem er sie zum Ort eines *konkreten* und *unmittelbaren* Handelns Gottes (in Jesus Christus) gemacht hat und sie durch seinen Geist dauerhaft an seiner Wahrheit teilhaben lässt.

Aus den von ihm in Anspruch genommenen Prämissen über den christlichen Gottesgedanken werden für die Entfaltung der

Gotteslehre methodisch folgende *Schlussfolgerungen* gezogen. Pannenberg behauptet, dass sich der christliche Gottesgedanke

(i) wahrheitstheoretisch nur als *Universalität* der Wirklichkeit (›einzig und umfassend‹) auffassen lässt;

(ii) trinitätstheologisch nur in der *Identität* von immanenter und ökonomischer Trinität und ihrer funktionalen Rückbindung an den Offenbarungsgedanken auffassen lässt;

(iii) christologisch nur in der *Methodendifferenz* eines ›von unten‹ (historisch) und eines ›von oben‹ (inkarnationstheologisch) konzipierten Verständnisses der Person Jesu auffassen lässt;

(iv) pneumatologisch nur in der *Vermittlung* von Ewigkeit und Zeitlichkeit der Welt, nämlich als gegenwärtige Teilhabe des Menschen an der eschatologischen Heilszukunft und -vollendung auffassen lässt.

Diese Prämissen und ihre Schlussfolgerungen werden von Pannenberg in der STh in eine umfassende Darstellung der historischen Entwicklung der einzelnen dogmatischen Topoi integriert. Begründung erfahren sie vor allem durch historische Rekonstruktionen. Der von Pannenberg selbst begrüßten Strittigkeit des Wahrheitsanspruchs der christlichen Lehre (vgl. STh I, 59) lässt sich in der Lektüre seines Werks daher vor allem durch eine kritische Prüfung der von ihm miteinander verbundenen theologiegeschichtlichen und systematischen Argumente entsprechen.

2.3 Zum Inhalt der STh

Das ausgezeichnete *Thema* der STh I–III ist die Frage nach der Wahrheit des christlichen Dogmas, die nicht vorausgesetzt werden darf. Beantwortet wird diese Frage durch die Entfaltung des Gottesgedankens als »ontologische[n] Ort der Einheit der Wahrheit«, wie Pannenberg im Anschluss an Augustin formuliert (STh I, 63). Der Gottesgedanke, den die dogmatische Theologie in allen ihren Teilen zu explizieren hat (vgl. aaO, 482–483), ist insofern ›ontologisch‹ als sich mit ihm die Wahrheit *alles* Seienden benennen lässt, für die er als Grund fungiert (vgl. dazu kritisch Glimpel 2007, 84–115). Des Weiteren ist Gott der ›Ort‹ der Wahrheit, insofern er selbst zwar nicht endlich ist, als Gott der Geschichte aber die Kontingenz der geschichtlichen Ereignisse umschließt (vgl. STh I, 419ff. 438f.452). Seine Wirklichkeit tritt nicht in einen Gegensatz zur Zeitlichkeit, sondern lässt »Raum für ein Werden in Gott selbst« (aaO, 472f), dessen Ausdruck die eschatologische Welterneuerung ist. Theologisch lässt sich daher mit dem Gottesgedanken sowohl die geschichtliche Bestimmtheit der menschlichen Erfahrung von Wahrheit als auch ihre Kontingenz bearbeiten.

Das zentrale Argumentationsanliegen der STh Pannenbergs ist demnach die Darstellung des Zusammenhangs von Gottesgedanke und (menschlichem) Wirklichkeitsverständnis, wie es in der Auffassung von Geschichte vorliegt. Band I der STh klärt dabei in erster Linie die Grundzüge des Gottesgedankens in seiner wahrheitstheoretischen Funktion für das Wirklichkeitsverständnis der Theologie. Er entfaltet zudem eine eigenständige Trinitätstheologie, indem er das Verhältnis von immanenter und ökonomischer Trinität systematisch als Einheit neu zur Geltung bringt. Band II wendet sich der Frage zu, wie der Gottesgedanke schöpfungstheologisch und soteriologisch zu entfalten ist. Er entwickelt eine theologische Anthropologie, welche das Verhältnis von Fundamentalanthropologie und Christologie grundlegend neu bedenkt. Band III erörtert die Bedeutung des Gottesgedankens für ein pneumatologisch begründetes Verständnis der Einheit der christlichen Kirche. Er entwirft eine Pneumatologie, welche die Vollendung der Schöpfung zur Teilhabe an der Wirklichkeit Gottes ins Zentrum stellt.

In der Rezeption der STh ist insbesondere Pannenbergs Fassung des theologischen Geistbegriffs innerhalb und außerhalb der Theologie aufgegriffen geworden. Er soll deshalb hier kurz dargestellt werden. In seinen trinitätstheologischen Überlegungen zum Gottesgedanken wendet Pannenberg sich gegen einen Geistbegriff, der den Geist als *ewige* Gemeinschaft der trinitarischen Relationen bestimmt (vgl. STh I, 343). Diese im Anschluss an Augustin bestimmend gewordene Fassung des Geistbegriffs wird von Pannenberg kritisiert, da sie dem Offenbarungsgedanken widerspricht. Pannenberg sieht den Offenbarungsgedanken im engen Zusammenhang von immanenter und ökonomischer Trinität begründet und möchte deshalb keine Gotteslehre entfalten, die von den offenbarungstheologischen Überlegungen unabhängig ist (vgl. aaO, 563). Dies wird auch an seiner Pneumatologie deutlich. Es scheint zwar so, als sei die Pneumatologie der Christologie in seiner Argumentation konzeptionell nachgeordnet; sie ist aber für das Verständnis eines Gottesgedankens, der göttliche und menschliche Wirklichkeit in ein Verhältnis der Implikation setzen möchte, ebenfalls von zentraler Bedeutung.

Pannenberg betont zunächst in seinen trinitätstheologischen Überlegungen, dass die innertrinitarische Selbstunterscheidung des Geistes von Vater und Sohn eine andere Art der Unterscheidung ist als die des Sohnes vom Vater (vgl. aaO, 349). Nur in der Unterscheidung des Sohnes vom Vater ist der Vater alleiniger Gott. Der Geist dagegen steht für die Gegenseitigkeit der trinitarischen Relationen (vgl. aaO, 344). Er ist das Medium ihrer Gemeinschaft. Er wird demnach vor allem in seiner *vermittelnden Funktion* wirksam. Sein gemeinschaftsstiftendes Werk findet sich analog auch im Verhältnis von Gott und Mensch wieder, denn »die Christen [sind] durch den Empfang des Geistes und sein Wirken in ihnen in das Sohnesverhältnis aufgenommen« (ebd.). Gerade durch den Tod Jesu wird dem Wirken des Geistes auch im Menschen Raum gegeben (vgl. STh II, 497).

In Band II der STh expliziert Pannenberg die in der Entfaltung des Geistwirkens im Menschen beanspruchte Vermittlung von Gottesgedanke und menschlicher Wirklichkeit, indem er den physikalischen Feldbegriff aufgreift und durch ihn das Wirken des göttlichen Geistes in der Welt verständlich macht. Damit zeigt er, inwiefern die Trinitätstheologie zugleich ein theologisches Wirklichkeitsverständnis informieren kann. Pannenberg greift den Feldbegriff aus der Physik auf, ohne die Unterschiede zwischen physikalischen und theologischen Feldtheorien zu leugnen. Beide sind auf dieselbe Wirklichkeit bezogen und lassen sich historisch auf dieselbe philosophische Wurzel zurückführen (vgl. aaO, 103). Dies macht es möglich, sich auf das Feld als vierdimensionales Kontinuum der Raumzeit in theologischer Perspektive als göttliches Kraftfeld zu beziehen (vgl. aaO, 111–112 sowie 117f). Ein Kontinuum der Zeit ist konstitutiv für die Annahme einer Dauer der Zeitfolge von Vergangenheit, Gegenwart und Zukunft.

In ihm kommt zudem die relative Gleichzeitigkeit des Raumes in Bezug auf die Zeitfolge zum Ausdruck. Unter der Prämisse der Irreversibilität der Zeit konstituiert die Dauer der Zeitfolge ein eigenständiges Wirklichkeitskontinuum. Pannenberg erweitert dieses Wirklichkeitskontinuum nun theologisch um eine Vorstellung von Zukunft, die physikalisch dem thermodynamischen Prinzip der Entropievermehrung (Erhöhung des Raumvolumens durch Wärmeübertragung) entspricht (vgl. aaO, 118). Zukunft ist dann die »in der schöpferischen Dynamik des göttlichen Geistes sich manifestierende Macht der Zukunft« (aaO, 124), die in der Gegenwart bereits final wirksam ist. Diese Macht ist nicht nur Ursprung der Dauer der Zeit, sondern auch Ursprung der Kontingenz jedes Einzelgeschehens. Sie bezeichnet theologisch den Eintritt der Ewigkeit Gottes in die Zeit.

2.4 Fundament und System: Anthropologie und Theologie im Wechselverhältnis?

Besondere Beachtung hat neben der wahrheitstheoretischen Grundlegung und ihrer trinitätstheologischen Zuspitzung vor allem die *christologische Methode* der STh gefunden (vgl. STh II, 316–336).

Pannenberg selbst benennt in STh II die Methodendifferenz zwischen einer *Christologie ›von unten‹*, die beim historischen Jesus ansetzt, und einer *Christologie ›von oben‹*, die ausgehend von der Inkarnation, der Sendung des präexistenten Gottessohnes in die Welt das christliche Verständnis der Person Jesu begründet. Wichtig ist ihm, dass sich beide Ansätze der Christologie ergänzen, wobei der ›von unten‹, d.h. fundamental ansetzenden Christologie lediglich ein methodischer und der ›von oben‹, d.h. systematisch ansetzenden Christologie dagegen der sachliche Primat zukomme (aaO, 327). Um beide Begründungsansätze für christologische Aussagen miteinander zu verbinden, ist von einem inneren Zusammenhang zwischen beiden Perspektiven auszugehen. Der historische Ort und die inkarnationstheologische Deutung des Lebens und Sterbens Jesu bedingen sich wechselseitig. Dies hatte Pannenberg ursprünglich mit der Eindeutigkeit des historischen ›Faktums‹ der Auferweckung begründet.

In STh II modifiziert er seine Aussagen zur Geschichtlichkeit der Auferweckung Jesu aus den 1960er Jahren dahingehend, dass er nun die Mehrdeutigkeit der zeitgenössischen Interpretationen des Auferweckungsgeschehens zugesteht. Angesichts des leeren Grabes und der Erscheinungen Jesu vor seinen Jüngern konnte eine Identifikation dieser Ereignisse *als* Auferweckung des gekreuzigten Gottessohnes von den Jüngern erst im Nachhinein, durch die Reflexion auf den Sachgehalt dieser Ereignisse geleistet werden. Erst in der *christlichen* Bestimmtheit (Osterbotschaft) dessen, was historisch erfahren wurde, lässt Pannenberg nun seine zentrale Aussage gelten: »Das Faktum der Auferstehung Jesu und dieser sein [christologischer] Bedeutungsgehalt lassen sich nicht voneinander trennen« (aaO, 386). Wichtig für ein Verständnis dieser Aussagen ist auch seine Differenzierung zwischen dem impliziten Bedeutungsgehalt und der expliziten Interpretation in den christologischen Bekenntnissen des Urchristentums. Zwischen beiden vermittelt die ›Totalität der Wirklichkeit‹, die als Handeln Gottes in der Geschichte theologisch bestimmt ist. Fakten- und Deutungsebene stehen damit nach Pannenberg in einem *inneren* Zusammenhang, der implizit und explizit geschichtliches Verstehen ermöglicht. Deshalb hebt er hervor, dass die alte Frage einer Übereinstimmung des urchristlichen Bekenntnisses mit dem Messiasbewusstsein Jesu innerhalb der Christologie zu einer »untergeordneten Frage« geworden sei (aaO, 321).

Eine weitere Eigenart der christologischen Methode Pannenbergs betrifft das Verhältnis der Theologie zur Anthropologie. Im Anschluss an seine Begründung des methodischen Primats der Christologie ›von unten‹ wirft Pannenberg selbst die Frage auf, inwiefern letztere mit ihrem Ansatz der Gefahr ausgesetzt sei, »eine allgemeine, noch nicht vom Gott der Christusoffenbarung her konzipierte Anthropologie zur Grundlage ihrer Interpretation des Auftretens […] Jesu zu machen« (aaO, 329). Um diese Gefahr zu vermeiden, ist von einem hermeneutischen Zirkel zwischen Anthropologie und Christologie auszugehen. Allerdings darf dieser nicht einfach die Struktur einer »zirkulären Wechselbedingtheit«

haben (ebd.), da damit nur das anthropologisch vorausgesetzt werden würde, was im Anschluss theologisch bestätigt werden soll. Weiterführend ist dagegen der Verweis auf das in der biblischen Rede von der Gottebenbildlichkeit des Menschen in Anschlag gebrachte Verständnis des hermeneutischen Zirkels. Gottebenbildlichkeit wird von Pannenberg als »Wechselbedingung von Gottesvorstellung und Selbstverständnis des Menschen« (ebd.) gefasst. Die theologische Anthropologie hat deshalb ihre Aussagen über den Menschen und seine Wirklichkeit nicht nur für den Christen, sondern für jeden Menschen (auch Atheisten und Agnostiker) gültig sein zu lassen. In der Auferweckung Jesu Christi ist dieser Anspruch Wirklichkeit geworden. Allerdings muss er auch methodisch von der Theologie eingelöst werden. Hier zeigt sich nun die besondere Stärke von Pannenbergs *strukturell dynamischer* christologischer Methode. Sie beschreibt eine wechselseitige Transformationsbewegung zwischen (allgemeiner) Anthropologie und Theologie am Ort der Christologie. Pannenberg selbst beschreibt seine Methode als eine »schrittweise Aufhebung« (ebd.) der mit der allgemeinen Anthropologie verbundenen Restriktionen der christlichen Auffassung vom Menschen. Durch diese ›Aufhebung‹ sei es möglich, methodisch von einer allgemeinen Anthropologie auszugehen, ohne in ihr ›immer schon‹ die theologischen Sachverhalte vorauszusetzen. Erst durch die wechselseitige Transformation wird die Anthropologie in ihrer systematisch-theologischen Bedeutsamkeit für die Christologie bewusst gemacht. Die allgemeine Anthropologie stellt also nicht das neutrale Fundament der theologischen Anthropologie dar, sondern ist ein Teil ihrer in sich differenzierten Einheit. Die Transformation der Anthropologie in Christologie vollzieht sich bei Pannenberg stets in der Reziprozität von ›Aufhebung‹ und ›Erhaltung‹ (›sublation‹ und ›preservation‹; Shults 1999, 203–212).

3. Zur Wirkung

Neben der theologischen Wirkung lässt sich im Fall von Pannenbergs STh I–III auch nach einer interdisziplinären und interkonfessionellen Wirkungsgeschichte des Werks fragen.

Pannenbergs Ansatz bei einer Theologie der Geschichte hat – was auf den ersten Blick verwunderlich erscheinen mag – kaum Reaktionen von Seiten der Geschichtswissenschaften provoziert. Seine geschichtstheoretischen Thesen sind vor allem theologisch evaluiert und kritisiert worden. Dabei stand die Frage im Mittelpunkt des Interesses, ob seine Version einer ›Theologie der Geschichte‹ sich tatsächlich dem biblischen Gottesbild verdankt oder sich nicht vielmehr einer »nachidealistischen Vergeschichtlichung des Denkens« (Geyer 1962, 93) – einem Grundthema der Moderne – verpflichtet weiß. Letzteres ist in der Rezeption der STh auch zur Behauptung ausgeweitet worden, dass Pannenbergs STh ein Verständnis von Wahrheit und Rationalität vertrete, das unter den Bedingungen der Post- oder Spätmoderne nicht mehr gerechtfertigt sei. Dies zeige sich insbesondere darin, dass die Methode theologischer Rationalität, die Pannenberg vorschlägt, den interdisziplinären Dialog, den sie anstrebt, selbst unmöglich mache (vgl. Stewart 2000; dem widerspricht Shults 2001). Pannenberg unterziehe die wissenschaftlichen Erkenntnisse, die er diskutiert, lediglich einer philosophischen Kritik, lasse aber keine ›echte‹ Kontaktaufnahme zwischen Theologie und Wissenschaft zu, die eine wechselseitige Transformation von Einsichten zur Folge hätte (vgl. Stewart 2000, 5). Zudem sei er sich der sozialen und pragmatischen Bedingtheit von Wissen nicht bewusst und setze es mit einer kontextfreien Logik des Denkens gleich (vgl. aaO, 4).

Anders als seine Geschichtstheologie haben Pannenbergs Beiträge zu einer ›Theologie der Natur‹, die sich auf drei Themen (i. Pneumatologische Deutung des Feldbegriffs in der Physik; ii. Betonung der Kontingenz der Schöpfung; iii. Ontologischer Primat der Zukunft für das Wirklichkeitsverständnis) konzentrieren, bereits relativ früh ein interdisziplinäres Echo hervorgerufen (vgl. die Diskussion in Albright/Haugen 1997). Exemplarisch kann hier vor allem die Kontroverse mit dem Physiker und Theologen J. Polkinghorne genannt werden (vgl. Pannenberg 2001; Polkinghorne 1999; 2001). Polkinghorne kritisierte vor allem Pannenbergs unspezifische Verwendung des Feldbegriffs (und anderer physikalischer Begriffe), mit dem er die in der Physik angenommene Materialität des Feldes ›spiritualisiere‹ und damit keiner der gegenwärtig vertretenen physikalischen Theorien wirklich gerecht werde. Pannenberg hat dem entgegnet, dass er primär einen (wissenschafts-)philosophischen und keinen im engeren Sinne physikalischen Begriff des Feldes vorausgesetzt habe.

Zuletzt lässt sich noch auf eine interkonfessionelle Wirkung der STh Pannenbergs eingehen. Insbesondere von Seiten der römisch-katholischen Theologie hat Pannenbergs Konzeption wiederholt große Aufmerksamkeit erfahren (vgl. Koch 1988; Greiner 1988; Gläßer 1991; Kendel 1999; u.a.) und ist u.a. mit der Theologie K. Rahners verglichen worden (vgl. Springhorn 2001). In der katholischen Rezeption dominiert die zustimmende Haltung gegenüber dem Versuch, Theologie und Philosophie vom Gottesgedanken her in ein Verhältnis zu setzen. Nur vereinzelt sind kritische Stimmen zu hören, welche die Berechtigung einer theologisch-philosophischen ›Metakritik‹, wie Pannenberg sie am wissenschaftlichen Wirklichkeitsverständnis übt, kritisch beurteilen (siehe insbesondere Gläßer 1991, 81–90.135–137): Kann die Theologie tatsächlich für die ›Wirklichkeit schlechthin‹ zuständig sein und ist die Wirklichkeit des Glaubens mit dieser stets *eindeutig* zu verbinden?

Die Vielzahl der konstruktiven und kritischen Reaktionen auf Pannenbergs STh zeigt, dass er einen theologischen Entwurf geschaffen hat, der zur differenzierten Auseinandersetzung einlädt und diese auch ermöglicht. J.B. Cobb, Jr. hat über Pannenbergs STh gesagt, dass sie die wohl großartigste systematisch-theologische Gesamtdarstellung seiner Generation darstelle (zu finden auf dem Einband von STh III). Festzuhalten ist in jedem Fall, dass eine systematische Zusammenstellung und Durcharbeitung der dogmatischen Themen der christlichen Theologie mit einer solchen historischen Tiefenschärfe bislang nicht wiederholt worden ist.

4. Literaturhinweise

Zitierte Quelle:
W. Pannenberg, Systematische Theologie Bde. I–III, Göttingen 1988/ 1991/1993 (abgek. STh).

Zum Einstieg empfohlen:
»Die Wahrheit des Dogmas« (STh I,18–26); »Die Wahrheit der christlichen Lehre als Thema der systematischen Theologie« (Sth I, 58–72); »Die Methode der Christologie« (STh II, 316–336).

Weiterführende Literatur:
Wenz 2003 (Lit!); Ringleben 1998; Schwöbel 1996.

5. Verwendete Literatur

C.R. Albright/J. Haugen (Hgg.), Beginning with the End: God, Science, and Wolfhart Pannenberg, Chicago 1997.
P. Burkhardt-Patzina u.a., Bibliographie der Veröffentlichungen von Wolfhart Pannenberg 1953–2008, in: KuD 54 (2008), 159–236.
H.-G. Geyer, Geschichte als theologisches Problem. Bemerkungen zu W. Pannenbergs Geschichtstheologie, in: EvTh 22 (1962), 92–104.
A. Gläßer, Verweigerte Partnerschaft? Anthropologische, konfessionelle und ökumenische Aspekte der Theologie Wolfhart Pannenbergs (Eichstätter Studien 31), Regensburg 1991.
Ch. Glimpel, Gottesgedanke und autonome Vernunft. Eine kritisch-konstruktive Auseinandersetzung mit den philosophischen Grundlagen der Theologie Wolfhart Pannenbergs, Göttingen 2007.
S. Greiner, Die Theologie Wolfhart Pannenbergs, Würzburg 1988.
A. Kendel, Geschichte, Antizipation und Auferstehung. Theologische und texttheoretische Untersuchung zu W. Pannenbergs Verständnis von Wirklichkeit, Frankfurt a.M. 1999.
K. Koch, Der Gott der Geschichte. Theologie der Geschichte bei Wolfhart Pannenberg als Paradigma einer Philosophischen Theologie in ökumenischer Perspektive, Mainz 1988.
W. Pannenberg, Die Prädestinationslehre des Duns Scotus im Zusammenhang der scholastischen Lehrentwicklung (FKDG 4), Göttingen 1954.
–: Ders. (Hg.), Offenbarung als Geschichte, Göttingen ²1961.
–: Grundzüge der Christologie, Gütersloh 1964.
–: Grundfragen systematischer Theologie, Bd. 1-2, Göttingen 1967/1980.

–: Wissenschaftstheorie und Theologie, Frankfurt a.M. 1973.
–: Eine geistliche Erneuerung der Ökumene tut not, in: K. Fröhlich (Hg.), Ökumene. Möglichkeiten und Grenzen heute, Tübingen 1982, 112–123.
–: Anthropologie in theologischer Perspektive, Göttingen 1983.
–: God as Spririt – and Natural Science, in: Zygon 36 (2001), 783–794.
–: Analogie und Offenbarung. Eine kritische Untersuchung zur Geschichte des Analogiebegriffs in der Lehre von der Gotteserkenntnis, Göttingen 2007.
T. Peters, Method and Truth. An Inquiry into the Philosophical Hermeneutics of Hans Georg Gadamer, and the Theology of History of Wolfhart Pannenberg, Chicago 1973.
J. Polkinghorne, Wolfhart Pannenberg's Engagement with the Natural Sciences, in: Zygon 34 (1999), 151–158.
–: Fields and Theology: A Response to Wolfhart Pannenberg, in: Zygon 36 (2001), 795–797.
J. Ringleben, Rezension Pannenbergs Systematische Theologie, in: ThR 63 (1998), 337–350.
Ch. Schwöbel, Rational Theology in a Trinitarian Perspective: Wolfhart Pannenbergs Systematic Theology, in: JThS 43 (1996), 498–527.
Shults, F. LeRon, The Postfoundationalist Task of Theology: Wolfhart Pannenberg and the New Theological Rationality, Grand Rapids, Mich. 1999.
–: Theology, Science, and Relationality: Interdisciplinary Reciprocity in the Work of Wolfhart Pannenberg, in: Zygon 36 (2001), 809–825.
H. Springhorn, Immanenz Gottes und Transzendenz der Welt. Eine Analyse zur systematischen Theologie Karl Rahners und Wolfhart Pannenbergs, Hamburg 2001.
J. Stewart, Reconstructing Science and Theology in Postmodernity: Pannenberg, Ethics and the Human Sciences, Aldershot, U.K. 2000.
G. Wenz, Wolfhart Pannenbergs Systematische Theologie. Ein einführender Bericht, Göttingen 2003.

8. Hermeneutik als konsequente Exegese

Obwohl die Theologie sich nachweislich seit ihren Anfängen mit Verstehensproblemen beschäftigt hat, wurde die Hermeneutik erst im 20. Jh. durch die Bewegung der hermeneutischen Theologie zu *der* theologischen Grundlagenwissenschaft gemacht. Dies hängt damit zusammen, dass das Problem des Verstehens erst in diesem Jahrhundert als philosophisches Problem erkannt wurde und die Hermeneutik den Status einer philosophischen Theorie erhielt. Seit M. Heidegger und H.-G. Gadamer war sie nicht mehr nur Methodologie des Verstehens und mit einer konkreten Bearbeitung spezifischer Verstehensprobleme (Verstehen von ›etwas‹) verbunden, sondern errang einen fundamentaleren Sinn: Hermeneutik wurde zur Grundlagentheorie des menschlichen Selbstverstehens.

In der Theologie wurde die philosophische Einsicht, dass Verstehen die Grundbefindlichkeit des Menschen in der Welt ist, aufgenommen und zur Präzisierung der Selbstreflexion des Glaubens eingesetzt. Dabei wurde nicht nur der Glaube als ein Verstehen Gottes gefasst, sondern das Verstehen dieses glaubenden Verstehens zum theologischen Grundproblem gemacht. Die Hermeneutik erhielt damit den fundamentaltheologischen Rang. Das heißt, in ihr wurden nicht nur die methodischen Interpretationsprobleme der einzelnen theologischen Disziplinen bearbeitet (›theologische Hermeneutik‹), sondern der hermeneutische Charakter aller Theologie (›hermeneutische Theologie‹). Die Worte ›Hermeneutik‹ und ›Theologie‹ wurden damit, so G. Ebeling, zu einer Tautologie – insofern nämlich die Sache der Theologie, der Glaube, selbst als eine Weise des Verstehens aufgefasst wurde.

Bei R. Bultmann wurden durch diesen neuen Begriff von Theologie *als* Hermeneutik Dogmatik und Exegese in ein neues Ver-

8. Hermeneutik als konsequente Exegese

hältnis gesetzt. Hermeneutik wurde zur ›konsequenten Exegese‹, insofern nur über die Beziehung des Glaubens zu seinem Gegenstand geklärt werden kann, was die Schrift in Wahrheit aussagt. Für die biblische Theologie bedeutete dies, dass sie ihrer historisch-exegetischen Aufgabe gerade darin nachkommen konnte, dass sie sich auf die Existenz und das Selbstverständnis des gegenwärtigen Menschen ausrichtete. Bei E. Jüngel wurde das Anliegen der hermeneutischen Theologie fortgeführt, indem die Existenz des Menschen vor Gott als sein Angesprochensein durch das Heilsereignis gefasst wurde. Das Sprachereignis des Wortes Gottes, d.h. der Primat der Selbstauslegung Gottes vor einer Fremdauslegung wurde damit zum Grundparadigma des (rechten) theologischen Verstehens gemacht.

Christian Polke

Rudolf Bultmann:
Glauben und Verstehen I–IV

1. Zur Person

Rudolf Karl Bultmann wurde am 20. August 1884 in Wiefelstede (Oldenburg) in ein evangelisches Pfarrhaus geboren. Gemeinsam mit dem ein Jahr älteren K. Jaspers besuchte er in Oldenburg das humanistische Gymnasium, wo er 1903 das Abitur ablegte. Er studierte in Tübingen, Berlin und Marburg. Dort wurde er u.a. geprägt durch den bedeutenden Dogmenhistoriker A. v. Harnack und durch H. Gunkel, einen Alttestamentler und einflussreichen Psalmenforscher. In Marburg wurde der Systematische Theologe W. Herrmann sein Lehrer. In seinem eigenen Fach, dem Neuen Testament, wurde er stark von A. Jülicher und J. Weiß beeinflusst. 1910 wurde Bultmann mit der Arbeit *Der Stil der paulinischen Predigt und die kynisch-stoische Diatribe* promoviert. 1912 erfolgte dann die Habilitation über *Die Exegese des Theodor von Mopsuestia*. Danach war Bultmann zunächst Privatdozent in Marburg, ab 1916 außerordentlicher Professor in Breslau, 1920 erfolgte ein erster Ruf nach Gießen. Schließlich lehrte er ab 1921 bis zu seiner Emeritierung im Jahre 1951 Neues Testament in Marburg. Am 30. Juli 1976 verstarb Bultmann an seiner alten Wirkungsstätte.

So unaufgeregt sein äußerer Lebenslauf erscheint, so aufregend waren doch die Zeiten, in denen er aktiv das Geschehen in Theologie und Kirche beeinflusste. Dabei ist nicht nur an die teils heftig ausgetragene Debatte um sein Entmythologisierungsprogramm in den 50er Jahren zu denken. Bultmann gehörte mit H. v. Soden 1933 zu den Verfassern des Marburger Gutachtens, das sich gegen die Einführung des Arierparagraphen in das kirchliche Pfarrerdienstgesetz wandte. Während der Zeit des Nationalsozialismus unterstütze er so weit es ging die Bekennende Kirche, nicht zuletzt durch die vermehrte Übernahme von Predigttätigkeiten, und das, obwohl er nie ordiniert worden war. Der 1941 der Erstausgabe des berühmten Entmythologisierungsaufsatzes *Neues Testament und Mythologie* (Bultmann 1985) beigefügte Essay *Zur Frage der natürlichen Offenbarung* (vgl. GuV II, 79–104) kann als indirekte Auseinandersetzung mit dem Nationalsozialismus gelesen werden.

Anders als Barth und Gogarten, seine Mitstreiter im Kreis der Dialektischen Theologen, hat sich Bultmann nie vom Erbe der liberalen Theologie, d.h. ihrer historisch-kritischen Philologie und religionsgeschichtlichen Methodik getrennt. Das konnte er schon aufgrund seines Selbstverständnisses als Exeget nicht. Barths trinitätstheologischen Ansatz in der *Kirchlichen Dogmatik* empfand er als zu spekulativ. Bultmann bemühte sich stets, im Kontakt mit dem Denken und Lebensgefühl seiner Zeitgenossen zu bleiben. Seine Nähe zur Existenzphilosophie M. Heideggers und seine zeitlebens nie verhehlte Bewunderung für Kierkegaard und Shakespeare rühren von daher. Bei diesen Autoren spürte er das Verlangen, die Tiefen der menschlichen Existenz auszuloten. An ihnen zeigte sich ihm zugleich, warum das Bemühen, Sinn ins eigene Leben zu bringen, von vornherein scheitern muss: Der Mensch vermag seine Zukunft von sich aus nicht zu sichern. Deshalb verwundert es kaum, dass der tiefste Einfluss auf Bultmanns Werk von M. Luther ausging, wie ausgerechnet der Streit um die Entmythologisierung noch einmal zeigte: Für Bultmann bedeutete der Versuch, die Wahrheit der biblischen Texte auf historischem Wege zu beweisen, nämlich nichts anderes als eine falsche Absicherung des Glaubens durch ›gute Werke‹ auf dem Gebiet des theoretischen Erkennens. Dem *sola fide* der Reformation kann allein die konsequente Zurückweisung dieses Bemühens entsprechen (vgl. GuV IV, 188).

Bultmanns wissenschaftliches Werk erstreckt sich über alle Gebiete der neutestamentlichen Theologie. Berühmt wurde er mit der Untersuchung zur *Geschichte der synoptischen Tradition* (1921), die bis heute als Klassiker der formgeschichtlichen Methode gilt. Daneben sind sein Jesusbuch (1926), der Kommentar zum Johannes-Evangelium (1941) und seine religionsgeschichtliche Abhandlung *Das Urchristentum im Rahmen der antiken Religionen* (1949) zu erwähnen. Kurz nach seiner Emeritierung legte er gleichsam als Summe seiner Bemühungen seine *Theologie des Neuen Testaments* (Bultmann 1984b) vor, der es um die Verbindung von exegetischer Methodik und theologischer Hermeneutik geht. 1956 hielt er die Gifford-Lectures, die unter dem Titel *Geschichte und Eschatologie* (1957) erschienen sind. Bultmann blieb bis in die 60er Jahre hinein literarisch aktiv und beteiligte sich an der theologischen Diskussion, die längst neue Wege beschritt (zur Biographie vgl. Hammann 2009).

2. Zum Werk

2.1 Glauben und Verstehen als Theologieprogramm Rudolf Bultmanns

Bultmann war in erster Linie Exeget und hat sich auch als solcher verstanden. Das hat ihn freilich nicht daran gehindert, in einer Vielzahl von Publikationen, vornehmlich in Aufsätzen in systematisch-theologischer Weise Theologie zu treiben. In einem *postum* veröffentlichten Aufsatz mit dem Titel *Theologie als Wissenschaft* (Bultmann 1984a) beschreibt er das Verhältnis von neutestamentlicher und systematischer Theologie: Beide haben »die begriffliche Explikation des christlichen Selbstverständnisses [...], wie es sich im Glauben für den Glauben bezeugt« (aaO, 464) zu leisten. Während dies in der neutestamentlichen Theologie durch eine gegenwartsbezogene Interpretation der urchristlichen Schriften geschieht, wird die systematische Theologie zur konsequenten Exegese (vgl. Jüngel 1990, 22), die von der Gegenwart des christlichen Glaubens ausgeht und ihn als übereinstimmend mit dem im Neuen Testament Bezeugten darstellt.

Die vier Bände von *Glauben und Verstehen* (abgek. GuV I–IV) bilden das literarische Produkt des Grenzgängers der Disziplinen. Schon der Titel ist für Bultmanns gesamte Arbeit charakteristisch, bringt er doch sein Verständnis theologischen Arbeitens auf den Punkt: Mit dem Glauben an Gott ist eine neue Weise des Sich-selbst-Verstehens mitgegeben. Die Theologie lässt sich entsprechend nicht nur als Selbstauslegung des Glaubens, sondern zugleich als Hermeneutik dieses neuen Existenzverständnisses begreifen.

Bereits in seinem frühen Aufsatz *Welchen Sinn hat es, von Gott zu reden?* (GuV I, 26–37), geschrieben in den 1920er Jahren unter Rückgriff auf Denkmuster der Dialektischen Theologie, notiert Bultmann dazu:

»Es ist uns also von unserer Existenz nur ein Doppeltes klar: 1. das wir die Sorge und Verantwortung für sie haben; denn sie bedeutet ja: tua res agitur; 2. das sie absolut unsicher ist und wir sie nicht sichern können; denn dazu müssten wir außerhalb ihrer stehen und Gott selbst sein. Wir können nicht über unsere Existenz reden, da wir nicht über Gott reden können; und wir können nicht über Gott reden, da wir nicht über unsere Existenz reden können. Wir könnten nur eins mit dem anderen. Könnten wir aus Gott von Gott reden, so könnten wir auch von unserer Existenz reden, und umgekehrt. Jedenfalls müsste ein Reden von Gott, wenn es möglich wäre, zugleich ein Reden von uns sein. So bleibt das richtig: wenn gefragt, wie ein Reden von Gott möglich sein kann, so muß geantwortet werden: nur als ein Reden von uns.« (aaO, 33)

Der spezifisch neuzeitliche bzw. moderne Anspruch dieser Theologie zeigt sich darin, dass sie von Gott nicht redet, als stünde er als Objekt unserer Erkenntnis gegenüber oder wäre ein völlig von uns unabhängiger Sachverhalt. Dass Gottes- und Selbsterkenntnis nicht voneinander getrennt werden können, wussten freilich schon die Reformatoren. Bei Bultmann verbinden sich lutherisch-reformatorische und liberal-theologische Traditionen, ohne jedoch Gott als den eigentlichen Gegenstand der *Theo*-logie zugunsten von ›Religion‹ zu verabschieden. Weil es in der Theologie um Gott in seiner Offenbarung geht, diese aber nur im Glauben empfangen, erkannt und verstanden werden kann, bilden die Pole von *Gott*, *Glauben* und *Verstehen* den *Grund*, den *Gegenstand* und den *Modus* theologischen Denkens. An ihnen bemisst sich im Folgenden die Auswahl der besprochenen Texte. Die dichten Abhandlungen aus Bultmanns Feder verarbeiten in konzentrierter Weise exegetisches Material und sind von der Auffassung geleitet, dass der christliche

Glaube im Kern einfach ist. Allein, »daß auch das Begreifen einfacher Dinge Schwierigkeiten machen kann«, liegt mitunter daran, dass wir das »einfache Sehen verlernt haben und zu sehr mit Voraussetzungen belastet sind« (Bultmann 1983, 14f).

2.2 Entmythologisierung und das Problem der Hermeneutik

Ähnlich wie K. Barth, der nach dem 1. Weltkrieg mit seinem Römerbriefkommentar die bisherige Theologie vor eine neue Agenda stellte, übte Bultmann mit seinem bereits 1941 in Alpirsbach vor Pfarrern gehaltenen Vortrag *Neues Testament und Mythologie* (vgl. Bultmann 1985) nach dem 2. Weltkrieg prägenden Einfluss auf eine ganze Generation von Theologen aus. Obgleich dieser Aufsatz nicht in *GuV* aufgenommen wurde, widmen sich doch gleich mehrere Aufsätze darin (z.B. GuV IV, 128–127.141–189) seinem Anliegen. Worum geht es?

Für Bultmann lag das grundsätzliche Problem darin, dass biblische Texte für moderne Menschen nicht mehr verständlich sind. Das hängt zunächst mit dem gegenüber der Neuzeit völlig differenten Weltbild der biblischen Autoren zusammen. Plakativ ausgedrückt: »Man kann nicht elektrisches Licht und Radioapparat benutzen, in Krankheitsfällen moderne medizinische und klinische Mittel in Anspruch nehmen und gleichzeitig an die Geister- und Wunderwelt des Neuen Testaments glauben« (Bultmann 1985, 16). In der mythologischen Vorstellungswelt der neutestamentlichen Schriften liegt das größte Verstehenshindernis für den gegenwärtigen Leser. »Mythen geben der transzendenten Wirklichkeit eine immanente weltliche Objektivität. Der Mythos objektiviert das Jenseitige zum Diesseitigen.« (GuV IV, 146).

Nun könnte man das Problem dadurch lösen wollen, dass man entweder die abständigen Elemente aus dem mythologischen Weltbild streicht oder aber versucht, den heutigen Menschen erneut für die Welt des biblischen Mythos zu sensibilisieren. Beides ist nach Bultmann zum Scheitern verurteilt, weil übersehen wird, dass der Mensch das an Wissenschaft und Technik orientierte Weltbild der Moderne nicht einfach austauschen kann. Solange er Teil dieser Kultur ist, partizipiert er an dem Weltbild, das er übernommen hat. Was allein möglich bleibt, ist zu fragen, ob die von den biblischen Schriftstellern gemeinte ›Sache‹ der Texte in deren mythologischen Vorstellungswelten restlos aufgeht; oder ob nicht vielmehr der Mythos selbst nur das Medium ist, mittels dessen etwas ihn Übersteigendes ausgedrückt wird, das auch heute noch von Belang ist. Kurzum: Ist der Mythos nur zeitgenössisches Gewand für eine dahinter stehende Sache? Nur wenn man diese Frage bejaht, steht der Weg zur Entmythologisierung offen. Diese ist nach Bultmann keine Eliminierung des Mythos, sondern dessen *existentiale Interpretation*. Mit diesem Ausdruck bezieht sich Bultmann auf die Philosophie Heideggers, der in seinem Werk *Sein und Zeit* die menschliche Existenz als Dasein begriff, das in seinem ›In-der-Welt-Sein‹ stets auf Bedeutsamkeit aus ist und sich im auslegenden Verstehen seiner selbst ansichtig wird. Verstehen ist nach Heidegger ein Existenzial, d.h. eine Grundkategorie der menschlichen Existenz als solcher. Das immer schon vorgängige Verstehen des Menschen meint den Modus der Erschlossenheit seines Daseins für sich selbst (vgl. Heidegger 1960, 142ff [§ 31], 148ff [§ 32]). Ohne diese Grundannahme kann demnach nicht verstanden werden, warum der Mensch sich überhaupt seiner Existenz bewusst ist und nach dem Sinn seines Daseins fragen kann.

Die existentiale Interpretation führt somit zum *Problem der Hermeneutik* (vgl. GuV II, 211–235). Mit dem Philosophen W. Dilthey definiert Bultmann Hermeneutik als »Kunstlehre des Verstehens schriftlich fixierter Lebensäußerungen« (aaO, 211). Das Problem, mit dem sich die Hermeneutik befasst, bezieht sich ganz grundsätzlich auf das »Verstehen von Geschichte überhaupt« (aaO, 212) und dessen Möglichkeitsbedingungen. Geschichte aber ist uns nur in den Zeugnissen gegeben, die uns überliefert sind. Zur Arbeit des Hermeneutikers gehört deswegen zentral die Kunst der Interpretation von Texten. Im Anschluss an Überlegungen, die schon Schleiermacher in seiner *Hermeneutik* (Schleiermacher 1999, 77ff) vorgetragen hat, unterscheidet Bultmann zwei notwendige Arbeitsschritte auf dem Weg zum Verstehen: Die philologisch-grammatische Auslegung und die psychologisch-divinatorische Auslegung. Während erstere sich darum bemühen muss, in die Sprachwelt und grammatische Struktur eines Textes vorzudringen, ihn aus seinen historischen Kontexten heraus verständlich zu machen, geht es der zweiten darum, das jeweilige Werk »als Lebensmoment eines bestimmten Menschen« (GuV II, 214) zu erfassen und dadurch den Nachvollzug der Interpretation in der jeweiligen Lebensgegenwart des Lesers zu ermöglichen. Dieser zuletzt beschriebene Vorgang setzt voraus, dass alle individuellen und kulturellen Eigenarten von Menschen und Gemeinschaften durch die Geschichte hindurch nicht so gravierend voneinander abweichen, dass es keine Verständigungsbasis mehr gibt, und unklar ist, *worüber* eigentlich geredet wird. Es bedarf einer wesentlichen »*Verwandtschaft zwischen Autor und Ausleger* als die Bedingung der Möglichkeit des Verstehens« (aaO, 217). Hinzu kommt, dass die Hermeneutik als Kunst des Verstehens sich auf ganz unterschiedliche Wissensgebiete der menschlichen Welt beziehen lässt. Es gibt nicht nur natur- und geisteswissenschaftliche bzw. ästhetische oder moralische Perspektiven, sondern auch entsprechend unterschiedliche Gattungen von Texten. Beides muss die Hermeneutik berücksichtigen. Ein und dieselbe Quelle kann aus unterschiedlichem Interesse befragt werden: Ein Paulusbrief bspw. lässt sich unter dem Gesichtspunkt des Historikers anders betrachten als bei der Lektüre zur Vorbereitung einer Predigt. Wichtig ist für Bultmann, dass jede Interpretation »ein *Lebensverhältnis zu den Sachen* voraus[setzt], die im Text – direkt oder indirekt – zu Worte kommen.« (aaO, 218f). Für jedes Verstehen benötigen wir also ein gewisses vorgängiges Verstehen von diesem Sachgebiet. Dies nennt Bultmann ›Vorverständnis‹. Ohne es kann Verstehen nicht gelingen. Damit wird aber nicht die Vorurteilslosigkeit aufgegeben, an der gerade dem historisch-kritischen Exegeten Bultmann viel liegt. Ein Vorverständnis zu haben bedeutet zwar, sich dem Text mit spezifischen Anliegen und Fragen zu nähern, zugleich schließt es jedoch die Bereitschaft ein, sich in diesem Verständnis vom Text korrigieren zu lassen.

Fragt man nach der Eigenart religiöser Texte bzw. der spezifischen Fragerichtung, des »*Woraufhin der Befragung*« (aaO, 227) durch den Theologen, dann erhält man folgende Auskunft: »Im menschlichen Dasein ist ein existentielles Wissen um Gott lebendig als die Frage nach ›Glück‹, nach ›Heil‹, nach dem Sinn von Welt und Geschichte, als die Frage nach der Eigentlichkeit des je eigenen Seins« (aaO, 232). Dies gilt ebenso für Werke der Dichtung und der Philosophie. Der Begriff der ›Eigentlichkeit‹ ist aus der Sprache des Existentialismus entlehnt. Kierkegaard, einer der Ahnherren dieser philosophischen Richtung, hat in seiner Schrift *Die Krankheit zum Tode* (1849) die menschliche Existenz als eine beschrieben, die ständig schwankt zwischen dem »Verzweifelt-man-selbst-Sein-Wollen« und dem »Verzweifelt-nicht-man-selbst-Sein-Wollen« (vgl. Kierkegaard 2008, 48ff, 68ff). In dieser Bewegung des Uneigentlich-Bleibens des Menschen manifestieren sich das Bewusstsein der Sünde und die Angewiesenheit des Menschen auf Gott. Nur der Glaube befreit demnach zur Eigentlichkeit der menschlichen Existenz.

Vor diesem Hintergrund geht der Exeget als Theologe an die Auslegung der biblischen Schriften und ihres Verständnisses der menschlichen Existenz vor Gott. Nicht um Offenbarungswissen, aber auch nicht um expressive Äußerung religiöser Erlebnisse geht es ihm, sondern um die Freilegung des Lebensbezugs der »Frage nach der Wahrheit der menschlichen Existenz« (GuV II, 233) im hier und heute. Bringt man die Schrift so zum Reden, dann redet sie machtvoll und lebendig ihre Hörer und Leser an. Allerdings benötigt man dazu die Regeln der grammatikalisch-philologischen Interpretation: Ohne historisch-kritische Methode geht es nicht. In diesem Sinne bleibt der Theologe in seinem Verstehen auf die Exegese angewiesen.

Weil es in den biblischen Texten um die Auslegung eines spezifischen Existenzverständnisses geht, erweist sich für Bultmann die Nähe von christlichem Glauben und Existenzphilosophie als folgerichtig: »Existenzphilosophie versucht zu zeigen, was existieren heißt. [...] Indem die Existenzphilosophie die Frage nach meiner eigenen Existenz nicht beantwortet, legt sie meine eigene Existenz in meine persönliche Verantwortung, und indem sie das tut, macht sie mich offen für das Wort der Bibel« (GuV IV, 170). Übersetzt man dies in heutige Terminologie, so könnte man sagen: Die Analyse der Grundstrukturen menschlicher Existenz bedeutet noch keine Beantwortung der Sinnfrage des je konkreten menschlichen Lebens als Individuum. Aber ohne die Freilegung solcher Strukturen kann die Sinnfrage als solche nicht wirklich verstanden und entsprechend keine möglichen Antworten gefunden werden. In diesen Rahmen muss sich auch die Rede von Gott stellen, will sie denn Sinn machen.

2.3 Welchen Sinn hat es, von Gott zu reden?

Wenn es dem Neuen Testament und mit ihm der Theologie durch die Jahrhunderte hindurch um das Verstehen des Menschen vor Gott ging, dann ist zu klären, was eigentlich mit dem Begriff ›Gott‹ gemeint sein soll. Genau darin kritisierte die Dialektische Theologie ihre liberalen Väter, dass sie als Theologen nicht mehr von Gott, sondern lediglich in überhöhtem Ton vom Menschen geredet haben. Dagegen bedeutet Gott doch »die radikale Verneinung und Aufhebung des Menschen« (GuV I, 2). Dann aber wird fraglich, wie sich der Mensch als Mensch noch im Glauben vor Gott verstehen kann und soll. Angesichts der Krise des metaphysischen Gottesgedankens wie der Krise der menschlichen Existenz, die in den 1920er Jahren eine ganze Generation bestimmte, muss sich eine solche Theologie fragen lassen, welchen Sinn es hat, von Gott zu reden.

Bultmanns gleichnamiger Aufsatz (vgl. dazu Ebeling 1969) widmet sich dieser Frage. Anders als in der Tradition geht es ihm nicht um eine prinzipielle Bestimmung von Glauben und Wissen oder um eine Erkenntnistheorie des Glaubens. Ihm geht es um die Klärung des hermeneutischen Grundproblems, wie wir von Gott reden können, sofern wir es denn müssen. Bultmann nähert sich diesem Thema nicht von einem agnostischen Standpunkt. Vielmehr redet er als glaubender Mensch und als Theologe. Da er dadurch von seinem Gegenstand – nämlich Gott – ähnlich betroffen ist wie ein Liebender von der Liebe zu seinem geliebten Gegenüber, kann dieses Reden nicht einfach in abstrakt objektivierender Weise geschehen. Für Bultmann ist eine solche Rede ›über‹ Gott als einem Objekt, das dem menschlichen Subjekt abstrakt gegenübersteht, so problematisch, dass er sie als Sünde kennzeichnen kann. Die abstrakt-metaphysische Redeweise teilt nach ihm mit dem Mythos demnach das Missverständnis eines Denkens, das meint, das Jenseitige in Kategorien des Diesseits darstellen und Gott gegenüber einen unabhängigen Standpunkt einnehmen zu können. Folglich kann nur eine Rede, die sich schon immer aus Gott versteht, von Gott als dem eigentlichen Subjekt aller Wirklichkeit reden. Bultmann hat hierfür eine besonders griffige Formel, wenn er Gott »die Alles bestimmende Wirklichkeit« (GuV I, 26) nennt. Die Bestimmung des Gottesgedankens erscheint auf den ersten Blick wenig biblisch und zutiefst der metaphysischen Tradition verhaftet. Dieser Eindruck würde aber nur dann zutreffen, wenn man den Duktus und die inhaltliche Fokussierung von Bultmanns Ausführungen übersieht, nämlich die Frage, *wie* sinnvoll von Gott geredet werden kann.

Wenn aber gilt, dass von Gott nur dann recht geredet wird, wenn einerseits beachtet wird, dass unsere Existenz immer schon von ihm umgriffen ist, und andererseits gilt, dass man auch dann gerade nicht von sich selbst und seinen persönlichen Erlebnissen, sondern eben von Gott reden soll, steht man vor einem Dilemma: Denn auch von unserer eigenen Existenz können wir nicht eigentlich reden, ohne sie zu objektivieren und partiell in Distanz zu uns selbst zu treten. Ähnlich steht es mit Gott. Man soll *von* Gott reden, kann es im Eigentlichen aber nicht, und verbleibt darum zugleich in diesem Sollen in der Sünde. Bultmanns zweite Charakterisierung des Gottesbegriffes als »dem ganz Anderen« (aaO, 30) zielt auf diese Grundeinsicht in die »tatsächliche Situation des Menschen als die des Sünders« (ebd.). Wie sehr Bultmann an dieser Stelle die Dialektik des theologischen Verstehens betont, zeigt der Vergleich mit ganz ähnlichen Ausführungen K. Barths in dem Aufsatz *Das Wort Gottes als Aufgabe der Theologie* (1922). Dort heißt es: »*Wir sollen als Theologen von Gott reden. Wir sind aber Menschen und können als solche nicht von Gott reden. Wir sollen Beides,* unser Sollen und unser Nicht-Können, *wissen und eben damit Gott die Ehre geben*« (Barth 1990, 151; Herv. i. O).

Das glaubensgemäße Reden von Gott ist nun weder in eine theoretische Weltanschauung transformierbar, die Gott verobjektiviert, noch dürfen wir uns einem mystischen Schweigen über die göttliche Wirklichkeit hingeben, denn »die einzige Antwort auf die Frage, ob und wann wir von Gott reden können« lautet: »[W]enn wir *müssen*.« (GuV I, 34). Zu diesem *Müssen* werden wir im Glauben gedrängt. Die Auflösung dieser aporetischen Situation des Menschen im Bezug auf die Gottesrede geschieht nach Bultmann im Glauben, als freie Tat des Gehorsams gegenüber Gottes Wort. Wie aber ist dies vorzustellen?

Bultmann greift hier auf die Theologie seines Lehrers W. Herrmann zurück, wenn er jetzt prinzipiell und nicht mehr nur vergleichend festhält: »Von Gott können wir nur sagen, was er an uns tut.« (Herrmann 1967, 314). Allerdings, und das ist jetzt entscheidend, interpretiert Bultmann diese Aussage über das Handeln Gottes durch die Konzentration auf das Wort Gottes als Anrede an den Menschen. Das Wort Gottes wird zum eigentlichen Handeln Gottes an der Existenz des Menschen. Der Sinn dieses Wortes liegt in der Rechtfertigung, die »uns aus Sündern zu Gerechten macht« (GuV I, 36). Dieses Geschehen meint hier das Geschenk einer Freiheit, die uns dazu befähigt, *aus* Gott zu reden und zu handeln. Nur so macht es aus der Perspektive des Glaubens Sinn, von Gott zu reden. Ohne das Vertrauen auf die Rechtfertigung wäre jedes Reden *über* Gott lediglich *Sünde*, ohne Glauben schließlich die Rede von Gott sinnlos.

Im Gegensatz zu seinem zeitweiligen Mitstreiter K. Barth stellt sich für Bultmann allerdings weiterhin das Problem der natürlichen Theologie, und zwar aus drei Gründen (vgl. aaO, 295): Erstens wird auch außerhalb des Christentums offenkundig von Gott geredet (Phänomen der *Religion*); zweitens beansprucht auch die Philosophie, insbesondere diejenige Heideggers, das Dasein des Menschen verstehen und entschlüsseln zu können (Phänomen der *Philosophie*); drittens kann die christliche Verkündigung (Kerygma) vom Menschen verstanden werden, ihr Inhalt ist sogar den Ungläubigen zugänglich (Tatsache des *Verstehens*). An dieser Stelle kehrt das Problem des Vorverständnisses für jedes menschliche Verstehen wieder. Weil der Glaube an Gott eines Vorverständnisses bedarf, das sich in der Frage nach Gott im Menschen (unabhängig vom Glauben) zur Sprache bringen lässt, ist zumindest ein Vorbegriff dessen, was unter Gott verstanden werden kann, notwendig.

So wie nun nach Luther Gott und Glaube (vgl. BSLK, 560) zusammengehören, so untrennbar sind für Bultmann das Verständnis von Gott und menschlicher Existenz. Das gilt schon für das natürliche Wissen des Menschen um Gott, das »zunächst ein Wissen des Menschen um sich selbst, um seine Begrenztheit« (GuV II, 86) ist und in Gott die Macht erkennt, diese Begrenztheit zu durchbrechen. Konkret wird dies dadurch, dass der Mensch in seiner Ohnmacht nach dem allmächtigen Gott, in seinem Gefordertsein durch das Gewissen nach Gott dem Richter und in seiner Endlichkeit nach Gott dem Ewigen fragt bzw. diesen Gott aus sich selbst heraus sucht. Freilich – so das Urteil aus der Sicht des christlichen Glaubens – ohne Erfolg. Der Mensch, und d.h. die außerchristlichen Religionen ebenso wie die Philosophie und andere Kulturmächte, landen nur bei Illusionen. Weder kommt man in der Natur oder in der Geschichte der Allmacht Gottes nahe; noch vermag die strenge Stimme des Gewissens über die menschliche Unfähigkeit zur Liebe hinwegzutäuschen.

Das bedeutet freilich nicht, dass der christliche Glaube das in der Frage nach Gott ausgedrückte Wissen einfach negiert. Seine Neuartigkeit besteht vielmehr in der Behauptung des ›Dass‹ der Rettung des Menschen. Der Glaube redet vom Eschaton (der Ewigkeit) in der Geschichte, welches Jesus Christus selbst ist, in dem »Gott seine Gnade schenkt und uns und die Welt verwandelt.« (GuV II, 94). Bultmanns Skepsis gegenüber dem historischen Jesus entspringt genau an diesem Punkt. Er fürchtet, dass durch das suggestive Nachforschen, wie es denn eigentlich wirklich gewesen sei, das soteriologische ›Dass‹ des Gekommenseins verwässert wird. Sinn und Exklusivität des christlichen Glaubens liegen demnach im Bekenntnis, »das in Jesus Christus Gott die Welt mit sich versöhnt hat, dass er Gottes Wort ist, das in der Predigt dieses Wortes die Stunde der Entscheidung da ist« (GuV I, 267): Eine Entscheidung, die vom Menschen fordert, sich von der Uneigentlichkeit seiner Existenz in die Eigentlichkeit hinüber führen zu lassen, und damit in die eschatologische Existenz des Glaubenden, der von Angst und Sorge um sich selbst zur Nächstenliebe befreit ist. In diesem Sinne ist der Glaube ein Neu-Verstehen, welches aber das primäre Wissen um Gott und sich selbst immer schon mit sich führt. Darin liegen die Bedeutung und die Grenze der natürlichen Theologie. In der Sprache Luthers gesagt: Dies ist die Rolle des Gesetzes in seinem eigentlichen Gebrauch für das Evangelium.

2.4 Offenbarung und Glaube: Grund und Gegenstand der Theologie

»Theologie ist also Wissenschaft von Gott, indem sie Wissenschaft vom Glauben ist, und umgekehrt.« (Bultmann 1984c, 31) – In diesem Satz lässt sich Bultmanns Verständnis von Theologie konzise bündeln. Man kann sich die volle Bedeutung dieser prägnanten Formulierung daran verdeutlichen, welche anderen Optionen dadurch ausgeschlossen werden. Bultmanns Gegner sind der theologische Liberalismus und die Orthodoxie. Beiden Richtungen wirft er vor, untheologisch zu sein, weil sie entweder den Glauben auf den Glaubensakt (*fides qua creditur*) oder aber auf den Glaubensinhalt (*fides quae creditur*) reduzieren und nicht die unabdingbare Einheit beider Momente zu denken fähig sind. Noch einmal in seinen eigenen Worten: »Was Gott ist, kann nicht verstanden werden, wenn nicht verstanden wird, was Glaube ist, und umgekehrt.« (ebd.)

Zum Gegenstand der Theologie kann Gott bzw. der christliche Glaube nur dadurch werden, dass er sich im Geschehen der Offenbarung ereignet. Die Erschlossenheit des Daseins im Akt der Offenbarung konstituiert das gläubige Verstehen des Menschen, welches die Theologie auszulegen vermag. Darum ist die Offenbarung der Grund des Glaubens wie der Theologie. In der Offenbarung Gottes in Jesus Christus ereignet sich die »Tat der göttlichen Liebe« (GuV III, 31), die den Menschen bedingungslos annimmt. Darum wird mit ihr zugleich ein Neu-Verstehen des Menschen als nunmehr gerechtfertigter Sünder vollzogen. So vermittelt Offenbarung »kein weltanschauliches Wissen, sondern *sie redet an. Daß der Mensch in ihr sich selbst verstehen lernt, bedeutet, das er je sein Jetzt, den Augenblick, als einen durch die Verkündigung qualifizierten verstehen lernt.*« (aaO, 30). Der Glaube ist als geschichtliche Tat des ganzen Menschen die gehorsam vertrauende Antwort auf das Hören dieser Anrede (*Kerygma*). Der Begriff der ›Tat‹ wird bei Bultmann wohlfeil vom ›Werk‹ unterschieden, weil jene anders als dieses nicht eine vom Menschen abtrennbare und durch ihn bewerkstelligte Handlung ist, sondern im Handeln Gottes begründet liegt. Insofern kommt dem Glauben ebenso wie der Offenbarung der Charakter des Ereignishaften zu. Er ist mehr eine praktische Einstellung zur Offenheit für die Zukunft als ein theoretisches Erkennen. Jetzt dürfte hinreichend klar sein, warum sich für Bultmann weder die Rede vom Handeln Gottes noch von der personalen Existenz des Menschen entmythologisieren lassen (vgl. GuV IV, 173ff).

So sehr die Offenbarung nun der Grund des Glaubens und die Theologie Wissenschaft vom Glauben ist, so eindeutig müssen die einzelnen theologischen Sätze und Gedanken davon unterschieden werden. Theologie als wissenschaftliches Unternehmen expliziert die »Gedanken, in denen sich das glaubende Verstehen von Gott, Welt und Mensch entfaltet« (Bultmann 1984b, 586). Sie stellt die Selbstauslegung des Glaubens hinsichtlich seines Selbstverständnisses dar. Theologie geht es demnach um die »begriffliche Explikation des in der Offenbarung begründeten Wissens des Glaubens um sich selbst« (GuV III, 33). Als dieses begrifflich entfaltbare Wissen steht es in einer geschichtlichen Entwicklung. Daran partizipieren die Schriften des Neuen Testaments ebenso wie z.B. der Gottesgedanke selbst (vgl. GuV IV, 113–127). Dabei sollte die Theologie in ihrer Arbeitsweise so verfahren, dass »sie *das Phänomen selbst zur Geltung kommen* und sich von ihm die Betrachtungsweise vorschreiben lässt.« (Bultmann 1984c, 199). Diese Formulierung verrät die Nähe zu Heideggers Verständnis von positiver Wissenschaft, das dadurch charakterisiert ist, dass »überhaupt schon ein irgendwie enthülltes Seiendes in einem gewissen Umfang vorfindlich ist als mögliches Thema theoretischer Vergegenständlichung und Befragung« (Heidegger 1996, 50). Für Bultmann wie für Heidegger ist dieses Vorliegende im Falle der Theologie der Glaube als »eine Existenzweise des menschlichen Daseins« (aaO, 52).

Glauben und Verstehen sind demnach die beiden Pole der Theologie und sind in mehrfacher Weise aufeinander beziehbar:

Einerseits ist der Glaube selbst schon ein Verstehen, ein Neu-Verstehen: »[I]ch verstehe Gott, indem ich mich selbst neu verstehe« (Bultmann 1984c, 185). Das Sich-bestimmen-Lassen des Menschen durch das im Glauben Erkannte verändert die Qualität seiner Existenz. Der ganze Mensch wird in die Wahrheit seiner eigentlichen Existenz durch die Gewissheit des Glaubens gebracht. Mit dem Beharren reformatorischer Theologie auf dem Zugleich von *extra nos* und *in nobis* des Heilsgeschehens wird hier ernst gemacht. Allerdings ist zu Recht von verschiedener Seite eine mangelnde Bestimmtheit des *extra nos* moniert worden: Bultmann gerät in die Gefahr eines inhaltsarmen Aktualismus. *Andererseits* kann der theologische Verstehensprozess nur dann gelingen, wenn er dem Glauben gegenübertritt. Theologie hat nämlich auf die Sachgemäßheit der Begriffe zu achten, mit welchen das Verständnis der gläubigen Existenz ausgedrückt wird. Dadurch wird freilich ein *Objektivierungsvorgang* eingesetzt, den Bultmann an anderer Stelle als Sünde bezeichnet. Nur weil der Glaube selbst stets Rechtfertigungsglaube ist, kann Theologie als »sündiges Unternehmen« (aaO, 167) dennoch geboten und vollzogen werden.

3. Zur Wirkung

Rudolf Bultmann selbst hat keine Schule begründet. Zwar kann man in der Literatur öfters von einer Bultmannschule lesen, doch trifft dies nur im übertragenen Sinne zu. In den 50er und 60er Jahren des 20. Jh.s wurde mit dieser Kennzeichnung häufig nicht mehr als eine Gegenposition zur dominierenden Schule K. Barths benannt.

Was den Einfluss seiner Theologie betrifft, so kann man zwei Stränge unterscheiden. Sie spiegeln die Stellung von Bultmanns Werk zwischen exegetischer und systematischer Theologie wider: Auf der einen Seite stehen Exegeten wie E. Käsemann, E. Fuchs und H. Braun, auf der anderen Seite Systematiker wie G. Ebeling und E. Jüngel. Allen genannten Theologen ging und geht es um eine Weiterentwicklung des Programms einer *Hermeneutischen*

Theologie, die aber gewisse Engführungen (siehe dazu Jüngel 1990, 68ff) zu vermeiden sucht.

So ist mit dem Namen von Käsemann die Rehabilitierung der theologischen Legitimität der Frage nach dem historischen Jesus verbunden. Das Problem, wie aus dem Verkündiger der Verkündigte wurde und wie dabei die Identität des erhöhten mit dem irdischen Herrn gedacht werden kann, bleibt theologisch unabweisbar (vgl. Käsemann 1960, 212ff). Eine Radikalisierung des Entmythologisierungsprogramms wird bei Braun durchgeführt, indem er Gott als das Implikat der Mitmenschlichkeit, als das »Woher je meines Gehaltenseins und meines Handelns« (Braun 1962, 298) versteht.

Zu einer evangelischen Fundamentaltheologie wird die theologische Sprachlehre bei Ebeling ausgebaut. In ihr geht es darum, den in die Sprachkrise gekommenen christlichen Glauben mit der Welterfahrung zu vermitteln. Sprache ist der umfassende Horizont, in welchem diese Vermittlung stattfinden kann: »Die Sprache des Glaubens ist also der Dialog des Glaubens mit der Welt.« (Ebeling 1971, 232). In eine ähnliche Richtung gehen die Ausführungen von Fuchs, wenn er in seiner *Marburger Hermeneutik* schreibt, dass die »*Fraglichkeit* der Existenz, von welcher Heidegger und Bultmann ausgingen [...] sich in das Phänomen der *Sprachlichkeit* der Existenz verwandelt« (Fuchs 1968, 53) hat. Schließlich kommt Jüngel das Verdienst zu, den Graben zwischen Barth und Bultmann produktiv überwunden zu haben. In seiner Studie über *Gottes Sein ist im Werden* gelingt ihm der Nachweis, dass beide Theologen in ihrer Theologie nichts anderes wollten, als dem »Gegenständlich-Sein Gottes in seiner Offenbarung« (Jüngel 1986, 72) nachzudenken. Während Barth allerdings auch noch die Möglichkeit der Offenbarung als in Gottes innertrinitarischem Sein begründet denkt, verbietet sich Bultmann diese Frage. In jüngster Zeit mehren sich schließlich Bemühungen, dem liberalen Ansinnen im Werk Rudolf Bultmanns, insbesondere in seinen frühen Schriften der 20er Jahre, wieder stärkere Beachtung zu schenken. Dies geschieht u.a. in D. Korschs Versuch, eine Dialektische Theologie als Hermeneutik von Religion zu entwerfen (vgl. Korsch 2005, 174–191).

Insgesamt zeigt die Wirkungsgeschichte Bultmanns, dass weniger seine eigenen Positionen als bestimmte Sachanliegen rezipiert wurden. Das entspricht in eigentümlicher Weise einem Grundzug der Persönlichkeit des Autors: Gänzlich hinter seinem Werk zurücktreten zu wollen.

4. Literaturhinweise

Zitierte Quelle:
R. Bultmann, Glauben und Verstehen I–IV, Tübingen 1933/1952/1960/1965 (abgek. GuV I–IV).

Zum Einstieg empfohlen:
»Welchen Sinn hat es, von Gott zu reden?« (GuV I, 26–37); »Das Problem der Hermeneutik« (GuV II, 211–235); »Jesus Christus und die Mythologie« (GuV IV, 141–189).

Weiterführende Literatur:
Schmithals 1968; Jüngel 1990; Hammann 2009.

5. Verwendete Literatur

K. Barth, Das Wort Gottes als Aufgabe der Theologie (1922), in: Ders., Gesamtausgabe III.19: Vorträge und kleinere Arbeiten 1922–1925, hg. v. H. Finze, Zürich 1990, 144–175.
H. Braun, Vom Verstehen des Neuen Testaments (1957), in: Ders., Gesammelte Studien zum Neuen Testament und seiner Umwelt, Tübingen 1962, 283–298.
Die Bekenntnisschriften der evangelisch-lutherischen Kirche, hg. im Gedenkjahr der Augsburgischen Konfession 1930, Göttingen ^{12}1998 (= BSLK).
R. Bultmann, Jesus (UTB 1272), Tübingen 1983.
–: Theologie als Wissenschaft, in: ZThK 81 (1984), 447–469 (= Bultmann 1984a).
–: Theologie des Neuen Testaments, Tübingen ^{9}1984 (= Bultmann 1984b).
–: Theologische Enzyklopädie, hg. v. E. Jüngel/K.W. Müller, Tübingen 1984 (= Bultmann 1984c).

–: Neues Testament und Mythologie. Das Problem der Entmythologisierung der neutestamentlichen Verkündigung, hg. v. E. Jüngel, München 1984.

–: Neues Testament und christliche Existenz, hg. v. A. Lindemann, Tübingen 2005.

G. *Ebeling*, Zum Verständnis von R. Bultmanns Aufsatz: »Welchen Sinn hat es, von Gott zu reden?«, in: Ders., Wort und Glaube II. Beiträge zur Fundamentaltheologie und zur Lehre von Gott, Tübingen 1969, 343–371.

–: Einführung in die theologische Sprachlehre, Tübingen 1971.

E. *Fuchs*, Marburger Hermeneutik, Tübingen 1968.

K. *Hammann*, Rudolf Bultmann. Eine Biographie, Tübingen 2009.

M. *Heidegger*, Sein und Zeit (1926), Tübingen ^{9}1960.

–: Phänomenologie und Theologie (1927), in: Ders., Wegmarken, Frankfurt a.M. ^{3}1996, 45–78.

W. *Herrmann*, Die Wirklichkeit Gottes (1914), in: Ders., Schriften zur Grundlegung der Theologie, Teil 2, hg. v. P. Fischer-Appelt, München 1967, 290–317.

E. *Jüngel*, Gottes Sein ist im Werden. Verantwortliche Rede vom Sein Gottes bei Karl Barth. Eine Paraphrase, Tübingen ^{4}1966.

–: Glauben und Verstehen. Zum Theologieprogramm Rudolf Bultmanns, in: Ders., Wertlose Wahrheit. Theologische Erörterungen III, Tübingen 1990, 16–77.

E. *Käsemann*, Das Problem des historischen Jesus (1954), in: Ders., Exegetische Versuche und Besinnungen, Bd. 1, Tübingen 1960, 187–214.

S. *Kierkegaard*, Die Krankheit zum Tode (Sonderausgabe von PhB 470), übers. v. H. Rochol, Hamburg 2008.

D. *Korsch*, Religionsbegriff und Gottesglaube. Dialektische Theologie als Hermeneutik der Religion, Tübingen 2005.

F.D.E. *Schleiermacher*, Hermeneutik und Kritik (stw 211), hg. u. eingel. v. M. Frank, Frankfurt a.M. ^{7}1999.

W. *Schmithals*, Die Theologie Rudolf Bultmanns, Tübingen ^{2}1968.

–: Art. Bultmann, Rudolf, TRE VII, Berlin 1981, 387–396.

Malte D. Krüger

Eberhard Jüngel: Gott als Geheimnis der Welt

1. Zur Person

Eberhard Jüngel wurde am 5. Dezember 1934 in Magdeburg geboren. In der sozialistischen DDR erlebte er die Kirche als den Ort, an dem man frei die Wahrheit hören und sagen konnte. Aufgrund seiner regimekritischen Einstellung wurde er unmittelbar vor dem Abitur von der Schule ausgeschlossen. Das Abitur machte Eberhard Jüngel an einem kirchlichen Gymnasium nach und studierte zunächst an der Kirchlichen Hochschule in Naumburg. Dann führte ihn sein Weg nach Berlin. Dort waren besonders E. Fuchs und H. Vogel seine Lehrer. Seine Studien setzte Jüngel in Zürich bei G. Ebeling und in Basel bei K. Barth fort. In Freiburg hörte er M. Heidegger. Im Jahr 1961 wurde Eberhard Jüngel in Berlin von E. Fuchs promoviert. Ein Jahr später erfolgte dort die Habilitation und die Berufung zum Dozenten – zunächst für Neues Testament, dann für Systematische Theologie. Die auch politisch eindrückliche Zeit als Dozent am Sprachkonvikt in Ost-Berlin prägte Eberhard Jüngel. Im Jahr 1966 erhielt er einen Ruf nach Zürich, den er annahm, und 1969 nach Tübingen. Dort hatte Eberhard Jüngel bis zu seiner Emeritierung 2003 den Lehrstuhl für Systematische Theologie und Religionsphilosophie inne und war Direktor des Instituts für Hermeneutik. Von 1987 bis 2005 leitete er als Ephorus das traditionsreiche Evangelische Stift in Tübingen und stand von 2003 bis 2006 in Heidelberg der Forschungsstätte der Evangelischen Studiengemeinschaft (FEST) vor. Renommierte Gast- und Stiftungsprofessuren in Halle-Wittenberg, Berlin und Heidelberg zeugen von Eberhard Jüngels akademischen Ruf. Ferner gehört er dem Orden *Pour le mérite* für Wissenschaften und Künste an und ist Ehrendomprediger am Berliner

Dom. Er ist Mitglied etlicher (inter-)nationaler Akademien der Wissenschaften, Träger von Ehrendoktoraten und hohen Auszeichnungen.

Vor dem Hintergrund dieser Tätigkeiten ist ein vielschichtiges Werk entstanden. Es enthält neben populären Predigtbänden einschlägige Arbeiten zur Philosophie und vor allem zur Theologie. Letztere lassen sich der Exegese, Dogmatik und Ethik zuordnen. Eine besondere Gruppe von Schriften sind die Studien zu den Theologien M. Luthers, K. Barths und R. Bultmanns. Das Hauptwerk ist jedoch unstrittig: *Gott als Geheimnis der Welt. Zur Begründung der Theologie des Gekreuzigten im Streit zwischen Theismus und Atheismus* (abgek. *GGW*). Es ist im Jahr 1977 erstmals erschienen, mehrfach aufgelegt und vielfach übersetzt worden (vgl. Dvorak 1999, 15–32; Großhans 2004).

2. Zum Werk

2.1 Zum Kontext des Werkes

Mit seinem Hauptwerk *Gott als Geheimnis der Welt* will Eberhard Jüngel den Gottesgedanken theologisch neu begründen. Denn als das Buch 1977 erstmals herauskommt, befindet sich die Theologie in einer Grundlagenkrise. Zwar hatte die hermeneutische Worttheologie von E. Fuchs und G. Ebeling den alten Gegensatz von barthianischer Christozentrik und lutherischer Unterscheidung zwischen Gesetz und Evangelium weitestgehend überwunden. Doch inzwischen galt innerhalb der Theologie der theologische Ansatz selbst als fragwürdig. Die Theologie soll sich, so der Anspruch, nicht theologisch begründen. So fordert auf der einen Seite ein theologischer Liberalismus – inspiriert durch die Schleiermacher-Renaissance und Hegel-Rezeption seit den 1960er Jahren – die philosophische Begründung des Gottesgedankens. Auf der anderen Seite kann aus der barthianischen Ablehnung der lutherischen Zweireichelehre ein religiöser Sozialismus hervorgehen. Er wird verstärkt durch die 68er-Bewegung und sieht in der politischen Umgestaltung der bestehenden Verhältnisse das Kriterium des

Christlichen. Als Gegenbewegung dazu kommt in den 1970er Jahren eine religiös uneindeutige Mystik auf, die aber eindeutig auf das private Wohl zielt. Im Hintergrund dieser gesamten Entwicklung steht grundsätzlich die Zersetzung des traditionellen und christlich weit verbreiteten Theismus. So wird es im 20. Jh. für die Theologie zu einem Problem, Gott für allmächtig und unveränderlich zu halten. Auch die Erfahrungen mit den Totalitarismen des 20. Jh.s stehen hinter dieser Überzeugung. Ferner sieht die zeitgenössische Philosophie der Phänomenologie vom Gedanken des Absoluten ab. Mit der Zersetzung des theistischen Gottesgedankens kommt eine Entwicklung an ihr Ziel, die mit Hegel begonnen hatte. Im 20. Jh. vermag diese Entwicklung besonders in den USA, aber auch in Deutschland – prominent etwa bei D. Sölle – zu einer Gott-ist-tot-Theologie zu führen. In ihrem Gefolge wird der Gottesgedanken ganz zugunsten des Menschen und seiner politischen Praxis beziehungsweise theoretischen Selbstdurchsichtigkeit ersetzt. Mit dem Ende der traditionell theistischen Metaphysik scheint sich so der Gottesgedanke konsequenterweise auch in der Theologie in den neuzeitlichen Atheismus aufzulösen (vgl. zu dieser Deutung der Theologie des 20. Jh.s: Kleffmann 2009).

Diese Krise der Theologie begreift Eberhard Jüngel als Chance, Gott radikal christlich und genuin theologisch zu begründen: Der christliche Glaube an Gott muss nicht mit Hilfe einer politisch-praktischen oder intellektuell-theoretischen Werkgerechtigkeit vom Menschen sichergestellt werden. Der christliche Glaube verdankt sich nämlich keiner menschlichen Theorie oder Praxis, sondern einem Ereignis – dem Ereignis, dass Gott sich mit dem gekreuzigten Jesus von Nazareth identifiziert hat. Insofern ist die diesem Ereignis nachdenkende Dogmatik konsequente Exegese. Diese Grundthese Eberhard Jüngels hängt eng mit seinen wichtigsten Studien außerhalb des Hauptwerks zusammen. Sie verraten meines Erachtens schon die (a) hermeneutische, (b) offenbarungstheologische und (c) kreuzestheologische Prägung, die sich im Hauptwerk verdichtet und Eberhard Jüngel als Nachfolger von R. Bultmann, K. Barth und M. Luther ausweist.

(a) Die hermeneutische Ausrichtung in der Prägung Rudolf Bultmanns zeigt grundlegend die Dissertation *Paulus und Jesus. Eine*

Untersuchung zur Präzisierung der Frage nach dem Ursprung der Christologie (Jüngel 2004). Danach stimmen die paulinische Rechtfertigungslehre und die Verkündigung Jesu überein. Strikt historisch-kritisch macht Eberhard Jüngel plausibel: Nicht nur bei Paulus, sondern schon bei Jesus kommt Gottes Selbstoffenbarung definitiv zur Sprache. So redet der historische Jesus in seinen Gleichnissen keinem Gott das Wort, der inmitten noch so großer Ähnlichkeit mit dem Menschen diesem Menschen immer noch unähnlicher wäre. Vielmehr bringt sich nach dem Neuen Testament in diesen Gleichnissen Gott sprichwörtlich selbst zur Sprache: Jesu Gleichnisse sind keine äußeren Bilder für einen unnahbaren Gott, sondern Sprachereignisse, in denen Gott selbst zum Menschen kommt. Inhalt und Form lassen sich in diesem Fall nicht trennen. Die wirkmächtige Studie *Metaphorische Wahrheit. Erwägungen zur theologischen Relevanz der Metapher als Beitrag zur Hermeneutik einer narrativen Theologie* (vgl. Jüngel 1980c) vertieft dies: Metaphorische Aussagen sind keine uneigentliche Rede, sondern haben innerhalb der Sprache eine besondere Funktion. Metaphern bilden nicht die vorhandene Wirklichkeit ab. Sie können in der alten Wirklichkeit die Augen für neue Möglichkeiten öffnen. Metaphern vermögen der Wirklichkeit ein Mehr an Sein zuzusprechen. Insofern ist auch der christliche Glaube metaphorisch: In ihm kommt Gott als das lebendige Wort zur Welt, das von sich aus den Menschen anspricht und dem Menschen neue Möglichkeiten zuspielt.

(b) Die damit verbundene Offenbarungstheologie wird in der viel beachteten Studie deutlich *Gottes Sein ist im Werden. Verantwortliche Rede vom Sein Gottes bei Karl Barth. Eine Paraphrase* (Jüngel 1986). Im Hintergrund steht der Streit zwischen H. Gollwitzer, der ein vom Menschen unabhängiges An-sich-sein Gottes verteidigt, und H. Braun, der Gott als eine Form der Mitmenschlichkeit ansieht. Dagegen stellt Jüngel im Anschluss an K. Barths Trinitätslehre heraus: Gottes Freiheit kann nicht gegen Gottes Liebe ausgespielt werden, Gottes An-sich-sein und Für-uns-sein gehören zusammen. Denn Gott bestimmt sich in seinem An-sich-sein zum Für-uns-sein in Jesus Christus. So entspricht Gottes Menschlichkeit seiner Gottheit, wie sie der Glauben erkennt. Besonders der Entstehung dieser Einsicht Barths gelten die *Barth-Studien* (Jüngel 1982). Aber auch bei Luther kann Jüngel die offenbarungstheologische Zuspitzung herausstreichen. Dies geschieht in der Studie *Quae supra nos, nihil ad nos. Eine Kurzformel der Lehre vom verborgenen Gott – im Anschluß an Luther interpretiert* (Jüngel 1980d). Grundlegend ist danach die präzise Selbstverbergung Gottes in Jesus Christus: Gott wird als Mensch offenbar. Mit dieser Selbstbestimmung Gottes in Jesus Christus ist eine weitere Verborgenheit Gottes mit gesetzt. Dies ist die Verborgenheit, aus der Gott mit seiner Selbstbestimmung in Jesus Christus heraustritt. Diese zweite Verborgenheit stellt als die Unbestimmtheit Gottes den Horizont seiner Selbstbestimmung dar und kommt nur insofern in den Blick: Wer Gott jenseits seiner Selbstoffenbarung in Jesus Christus sucht, greift ins Leere. Entsprechend lehnt Jüngel gegenüber W. Pannenberg eine natürliche Theologie ab. Dies wird in den Beiträgen *Das Dilemma der natürlichen Theologie und die Wahrheit ihres Problems. Überlegungen für ein Gespräch mit Wolfhart Pannenberg* (Jüngel 1980a) und *Gott – um seiner selbst willen interessant. Plädoyer für eine natürlichere Theologie* (Jüngel 1980b) deutlich: Wer unabhängig von Gottes Offenbarung den Gottesbezug des Menschen beweisen will, erklärt Gott für den Menschen als selbstverständlich. Dies aber ist nach Jüngel ein Widerspruch: Entweder ist Gott selbstverständlich – und dann ist ein Beweis überflüssig. Oder Gott versteht sich nicht von selbst – und ein Beweis seiner Selbstverständlichkeit wäre widersinnig: Der Denkweg (des Beweises) würde das Anliegen (der Selbstverständlichkeit) unterlaufen. Daher ist von Gottes Selbstoffenbarung auszugehen: Dies ist die *natürlichere* Theologie, insofern sie ohne Beweis mit Gottes Selbstverständlichkeit ernst macht.

(c) Eng damit ist eine Kreuzestheologie verknüpft. Sie wird deutlich in dem Aufsatz *Vom Tod des lebendigen Gottes. Ein Plakat* (Jüngel 2000): Indem sich Gott mit dem Gekreuzigten identifiziert, ist die Rede vom Tod Gottes christologisch gerechtfertigt. Damit geht eine Vorstellung von Gott zugrunde, die in den Bahnen der traditionell theistischen Metaphysik die Leidensunfähigkeit und Unveränderlichkeit Gottes betont. Was der Tod als Gottesphänomen anthropologisch bedeutet, zeigt das Buch *Tod* (Jüngel 1973): Es stellt der metaphysischen Vorstellung von der unsterblichen Seele den Auferstehungsglauben der Bibel gegenüber. *Das Evangelium von der Rechtfertigung des Gottlosen als Zentrum des christlichen Glaubens. Eine theologische Studie in ökumenischer Absicht* (Jüngel 2006) stellt angesichts des damals aktuellen ökumenischen und innerprotestantischen Streits um die Rechtfertigungslehre klar: Indem Gott sich mit dem Gekreuzigten identifiziert, rechtfertigt er den Gottlosen und schließt so jede Werkgerechtigkeit aus.

2.2 Zum Aufbau des Werkes

Eberhard Jüngels Hauptwerk *Gott als Geheimnis der Welt* hat einen eindeutigen Aufbau. Die einzelnen Teile sind der Erkenntnis nach in abnehmender Reihenfolge und der Sache nach in zunehmender Reihenfolge angeordnet: Das erkenntnistheoretisch Entscheidende wird anfangs verhandelt, während das sachlich Wichtigste am Ende steht. Dies macht es notwendig, manchmal etwas zur Erklärung vorwegzunehmen, was sachlich erst später entfaltet wird. Dieses Vorgehen kann getadelt werden: So meint von Lüpke, es sei Jüngel nicht gelungen, den Stoff seines Hauptwerks klar zu organisieren (vgl. Lüpke 1980, 404ff). Dieser Einwand übersieht aber, dass Jüngel als exzellenter Kenner des Aristoteles dessen Einsicht anwendet: Was zuerst und früher erkannt wird, muss nicht sachlich grundlegend sein. Vielmehr kann das, was später erkannt wird, sachlich vorgeordnet sein. Daher ist es verfehlt anzunehmen, die offenbarungstheologische Ausrichtung von *Gott als Geheimnis der Welt* werde wegen der erkenntnistheoretisch vorgeschalteten Einsichten problematisch (vgl. so: Dvorak 1999, 35ff). Vielmehr ist durch diese Anordnung der Vorwurf des Offenbarungspositivismus ausgeschlossen. Dieses Werk kann man nicht einfach mit scheinbar rationalem Überlegenheitsgefühl als reflexionsvergessen und insofern naiv abtun.

Entsprechend legt der erste Teil *A) Einleitung* vor allem dar, dass Gott im Sinn des neuzeitlichen Begründungsdenkens nicht notwendig ist. In dem Sinn ist Gott überflüssig und erscheint tot.

Dies führt zum zweiten Teil *B) Die Rede vom Tode Gottes als Ausdruck der Aporie des neuzeitlichen Gottesgedankens*: Der neuzeitliche Atheismus ist zu Ende gedachter Theismus. Denn der letzte Gedanke der theistischen Metaphysik und ihrer atheistischen Erben ist der Tod Gottes. Der Tod dieses leidensunfähigen und unveränderlichen Gottes ist theologisch richtig: Das Christentum bekennt einen gekreuzigten, leidenden und menschlichen Gott. Der dritte Teil *C) Zur Denkbarkeit Gottes* sieht den Tod Gottes in der neuzeitlichen Metaphysik darin begründet, dass diese Metaphysik den Gottesgedanken funktionalisiert. Sie erfasst Gott einseitig vom menschlichen Bewusstsein. Das menschliche Bewusstsein bestimmt zwar Gott als unbedingten Grund, widerspricht sich aber durch diese Bestimmung selbst. Denn in dem Fall ist Gott bedingt durch das menschliche Bewusstsein. Dagegen macht Jüngel im Gegensatz zum menschlichen Bewusstsein die Sprache beziehungsweise das Wort als das plausibel, aufgrund dessen Gott denkbar ist. Für die christliche Theologie ist dieses Wort das Evangelium Jesu Christi, so der vierte Teil *D) Zur Sagbarkeit Gottes*. Dies nötigt im fünften Teil *E) Zur Menschlichkeit Gottes* zu einer trinitätstheologischen Auslegung des christlichen Glaubens: Gott existiert nicht unveränderlich und leidensunfähig jenseits der Welt. Er ist die Liebe, die sich im gekreuzigten Jesus von Nazareth frei und vorbehaltlos auf den vergänglichen Menschen einlässt.

2.3 Zum Inhalt des Werkes

Der erste Teil *A) Einleitung* geht davon aus, dass nicht nur in den Wissenschaften die Rede von Gott eher peinlich berührt. Sie bringt auch die zeitgenössische Theologie in Verlegenheit: Gott gilt ihr weithin als undenkbar. So kann die Selbstabschaffung der theologischen Rede von Gott als das folgerichtige Geschäft der Theologie erscheinen. Dass die Theologie dabei ihren Bedeutungsverlust beklagt, ist jedoch nach Jüngel unverständlich: Eine Theologie, die letztlich an der Abschaffung ihres ›Gegenstandes‹ arbeitet, darf nicht erwarten, dass man sich ihr interessiert zuwendet. Demgegenüber geht es ihm darum, Gott neu denken zu lernen. Wenn man überhaupt von ›Gott‹ spricht, dann hat man es mit einem Wort zu tun. Ein Wort aber ist ein sprachliches Phänomen. Sprache bezeichnet grundsätzlich nicht nur eine Welt von Gegenständen. Sprache ist auch selbst eine kommunikative Wirklichkeit. Dies kann man sich leicht klar machen: Wenn ein Mensch einen anderen mit ›Du Hund‹ beschimpft, dann sagt der Beschimpfte in der Regel nicht nur ›Du hast mich falsch bezeichnet‹. Denn in diesem Sprachereignis teilt ein Mensch dem anderen nicht nur etwas neutral mit, sondern redet den anderen an und bezieht ihn ein. Der anredende Charakter des Wortes gehört mit zur Botschaft. Nicht nur bei Schimpfwörtern, Urteilssprüchen oder Liebeserklärungen ist dies so. Dies gilt auch von dem Wort ›Gott‹: Es bezeichnet nicht einen an sich sprachlosen Sachverhalt, sondern zeigt, dass Gott im Wort zu finden ist. Wenn man hingegen Gott mit der Neuzeit einseitig von dem menschlichen Bewusstsein aus erfasst, dann kommt mit dem Wort ›Gott‹ nur ein Gegenüber in den Blick, das der neuzeitliche Mensch nicht braucht. Denn dieser lebt, als ob es Gott nicht geben würde. Insofern ist Gott weltlich nicht notwendig. Diese Einsicht ist theologisch zu begrüßen. Denn die weltliche Nichtnotwendigkeit Gottes kann im Anschluss an die Spätphilosophie F.W.J. Schellings so verstanden werden, dass Gott mehr als notwendig ist: Gott lässt sich nicht als notwendiger Letztgrund der Welt fixieren und auf ein Moment des menschlichen Bewusstseins reduzieren. Gott ist mehr. Er ist mehr als notwendig. Gott ist frei. Andernfalls hat man es nicht mit Gott zu tun. Gott ergibt sich nicht aus dem Zusammenhang der Welt, sondern Gott kommt von Gott. Diese Freiheit Gottes ist für den christlichen Glauben jedoch keine Willkürherrschaft. Gottes Freiheit entscheidet sich für den christlichen Glauben am Menschen Jesus von Nazareth. Insofern hat sich Gott in aller Freiheit zu einem menschlichen Gott bestimmt. Für den christlichen Glauben widerspricht auch der menschliche Tod des gekreuzigten Jesus von Nazareth nicht Gottes Gottheit. Dieser schwierige Sachverhalt macht aufmerksam auf das Wort vom Tod Gottes.

Der zweite Teil sieht diese Rede vom Tod Gottes nicht nur als Ausdruck des christlichen Glaubens, sondern auch als Schlüssel zum neuzeitlichen Verständnis von Gott. In dem Sinn lautet die Überschrift präzise: *B) Die Rede vom Tode Gottes als Ausdruck der*

Aporie des neuzeitlichen Gottesgedankens. So kann die Rede vom Tod Gottes dazu anleiten, das Verhältnis von christlichem und neuzeitlichem Gottesverständnis zu bestimmen. Eberhard Jüngel orientiert sich beispielhaft an den Überlegungen D. Bonhoeffers und G.W.F. Hegels, die auch die zeitgenössische Gott-ist-tot-Theologie bestimmen. Danach hat Gott in der Welt des neuzeitlichen Menschen keinen Platz, wenn Gott mit der traditionellen Metaphysik als reine Wirklichkeit erfasst wird. Dieser Gott wird nämlich von dem neuzeitlichen Menschen aus der Welt gedrängt, der sich im Mittelpunkt der Welt sieht und die Wirklichkeit dieser Welt theoretisch und praktisch beherrscht. Mit D. Bonhoeffer kann diese Gottlosigkeit des neuzeitlichen Menschen theologisch gedeutet werden: Am Kreuz Jesu Christi wird ein Gott offenbar, der sich kreuzigen und so aus der Welt des Menschen drängen lässt. Dieser Gott erträgt den Tod und kann so auch im tiefsten Leiden der Welt anwesend sein. So wird der Tod zu etwas, was zu Gott selbst gehört. In der Konsequenz dieser Einsicht scheint es sogar möglich zu sein, dass Gott selbst tot ist. Genau dies ist das Grundgefühl des neuzeitlichen Menschen. Im Anschluss an die Theologie Luthers rückt die Philosophie Hegels diese Einsicht in den Mittelpunkt und vermittelt sie mit der christlichen Wahrheit vom Tod Gottes. Danach kann das Denken nicht die Negativität von Gott ausschließen. Vielmehr umgreift Gott als das wahrhaft Unendliche auch sein vermeintliches Gegenteil. So verneint sich Gott im Tod am Kreuz, um damit die Negation in sich dreifach aufzuheben – zu integrieren, zu überwinden und auf einer höheren Stufe geltend zu machen: Gott ist nun kein starres Sein mehr, das der Welt und ihren Leiden gegenüber verharrt, sondern Gott ist die wahre Ganzheit, die alles scheinbar Fremde und Feindliche in sich aufnimmt und versöhnt. So ist Gott die Liebe, die den Tod aushält. Allerdings weicht Eberhard Jüngel von der Lesart G.W.F. Hegels ab, wonach Gott sich mit Jesus von Nazareth am Kreuz identifiziert, um alle Menschen zu vergöttlichen. Gottes Menschlichkeit im Gekreuzigten zielt nach Jüngel nicht auf die Vergottung, sondern auf die Menschwerdung des Menschen: Im Gekreuzigten kann der Mensch erkennen, dass er nicht mehr als ein Mensch zu sein braucht. Gerade darin ist Gott bei ihm. Der

Mensch muss sich nicht vergotten, auch wenn er sich in der Neuzeit als Mittelpunkt der Welt annähernd allmächtig fühlen mag. Dass Jüngel an diesem Punkt mit Hegel bricht, geschieht wiederum unter Berufung auf die Spätphilosophie Schellings: Danach ist Gott als Gott undenkbar, wenn er nicht mehr vom menschlichen Bewusstsein und der Welt unterschieden werden kann.

Der dritte Teil ist überschrieben mit *C) Zur Denkbarkeit Gottes*. Dieser Teil wendet sich zunächst der Problematik des neuzeitlichen Gottesverständnisses zu. Entscheidend ist die neuzeitliche Selbstbegründung des Menschen bei Descartes. Danach kann der Mensch zwar an allem zweifeln, nicht aber an seinem Zweifeln selbst: Wer alles bezweifelt, kann nicht bezweifeln, dass er alles bezweifelt. In dem Sinn ist das ›Ich denke‹ des zweifelnden Menschen grundlegend und lässt sich selbst gegen den Zweifel wenden. Doch dies genügt nach Descartes nicht. Um seiner selbst über den Augenblick des jeweiligen Denkens hinaus gewiss zu sein, braucht das menschliche Ich die Vorstellung eines Gottes, der seinem Wesen nach allmächtig und vollkommen den Zusammenhang des Ganzen sichert. Doch weil die Existenz dieses Gottes bei Descartes durch das menschliche Ich garantiert wird, kommt es zu einem folgenschweren Widerspruch: Das unbedingte Wesen Gottes wird von dem menschlichen Ich dadurch zerstört, dass dieses Ich selbst die Existenz des göttlichen Wesens sichert. Insofern ist die zunehmende Zersetzung des metaphysischen Gottesverständnisses konsequent, wie sie bei J.G. Fichte und L. Feuerbach erfolgt und in F. Nietzsches Überzeugung vom Tod Gottes sich selbst durchsichtig wird. Der metaphysische Gott ist berechtigterweise den Tod des Atheismus gestorben. Die Vernunft ist daher vernünftig, wenn sie Gott nicht aufgrund der Selbstbegründung des menschlichen Denkens denkt. Vielmehr wird Gott nur dort als Gott gedacht, wo er so verstanden wird, wie er sich selbst zu denken gibt. Das Bedingtsein Gottes durch den Menschen ist insofern Gottes Selbstbedingung. Diese Einsicht spricht sich christlich im Gedanken der Offenbarung aus: Im Glauben an Jesus Christus erscheint Gott als Mensch, der von sich aus den Menschen anredet und den Menschen im Glauben existentiell einbezieht. Anstelle der Selbstbegründung des menschlichen Denkens tritt damit die Entsicherung des Glaubens. Mit Schelling ist gegen Hegel zu sagen: Gottes Existenz kann nicht durch die Vernunft gesichert werden, sondern ist der Vernunft in unvordenklicher Faktizität vorgegeben. Die Vernunft denkt dem Glauben nach, der Gottes Selbstoffenbarung entspricht. Die Vernunft des Menschen kann sich also nicht selbst Gott *aus*denken, aber sie kann Gott im Glauben *nach*denken. Im Glauben verzichtet der Mensch auf eine Begründung aus eigener Kraft. So nimmt der Glaube die Existenz Gottes in Jesus von Nazareth als Gottes Wesen wahr. Von daher ist Gott aus seiner Selbstbestimmung zum Menschen Jesus von Nazareth und dessen Kreuzestod zu verstehen. Der gekreuzigte Jesus von Nazareth bringt zur Sprache, wer Gott in Wahrheit ist. Insofern ist der Gekreuzigte das Wort Gottes, aufgrund dessen Gott denkbar wird: Gott ist keine reine Wirklichkeit frei von aller Möglichkeit, wie Aristoteles meint. Gott lässt sich auf die Nichtigkeit des Vergänglichen ein und wird in der Auferstehung des Gekreuzigten als schöpferisches Sein offenbar.

Der vierte Teil *D) Zur Sagbarkeit Gottes* thematisiert die Voraussetzung von Gottes Denkbarkeit. Wenn Gott nämlich aufgrund des Wortes vom Kreuz denkbar sein soll, dann muss Gott darin so offenbar geworden sein, dass angemessen von ihm geredet werden kann. Damit wendet sich Jüngel gegen die wirkmächtige Tradition der negativen Theologie im orthodoxen Osten und römisch-katholischen Westen. Nach dieser Tradition kann Gott in der Sprache dieser Welt immer nur unangemessen ausgesagt werden. So gilt etwa nach Dionysius Areopagita im Gefolge des Neuplatonismus das Göttliche als unsagbar. Und Th. v. Aquin bestimmt im Anschluss an das vierte Laterankonzil von 1215 mit der Lehre von der *analogia entis* Gott als denjenigen, der bei aller Ähnlichkeit mit der Welt dieser Welt immer noch unähnlicher ist. Die theologische Problematik dieses Verständnisses der Analogie wird durch ihre Auslegung bei I. Kant deutlich. Danach kann man zwar in Ähnlichkeit zu weltlichen Phänomenen von Gott reden, bringt damit aber am Ende allein Gott in seiner Unerkennbarkeit zur Sprache. Gegen diese Tradition macht Jüngel geltend: Die Wirklichkeit ist dem Menschen in der

Sprache erschlossen, so dass ein Dualismus zwischen Gottes Wirklichkeit und der Sprache der Welt wenig plausibel ist. Und der christliche Glaube bekennt, dass Gott in Jesus Christus als Mensch offenbar wurde. Daher kann Jüngel im Anschluss an Barth seine Lehre von der Analogie des Glaubens entwickeln: Kommt Gott in Jesu Gleichnissen weltlich zur Sprache, so wird Gott in Jesus von Nazareth als Gleichnis offenbar. Insofern ist Gott ein Geheimnis: Gott ist kein verschlossenes Rätsel jenseits der Welt, sondern Gott ist als Geheimnis der Welt das sprachlich gut verständliche und präzise mitteilbare Ereignis, dass Gott sich mit dem Menschen Jesus von Nazareth – auch und erst recht am Kreuz – identifiziert und so als menschlicher Gott zeigt. Aufgrund dieser Erfahrung kann der Glaube die Erfahrungen des Menschen noch einmal anders deuten, als es die Welt von sich aus tun würde. Mit dieser christologischen Bestimmung des sagbaren Geheimnisses der Welt wird die Forderung von Barth eingelöst, die Dimension des Geheimnisses im Protestantismus wiederzugewinnen. Im Vorwort fasst dies Jüngel pointiert zusammen:

»Eine ganze Dimension, nämlich die des *Geheimnisses* sei dem neueren Protestantismus – aber doch auch der ihm verwandten neueren Philosophie – abhanden gekommen, hat Karl Barth einst kritisch konstatiert. Zurückgewonnen werden kann sie allerdings nur aufgrund gemachter Erfahrungen mit Gott, die, wenn sie einmal gemacht worden sind, danach verlangen, als ›öffentlich Geheimnis‹ erzählt und ergriffen zu werden, was man sich eigentlich nicht erst von – dem die Natur betrachtenden – Goethe sagen lassen müßte. Die für den christlichen Glauben kennzeichnende Erfahrung, die es erlaubt, Gott als Geheimnis der Welt zu denken und zu erzählen, ist eine durch das *Wort vom Kreuz* ermöglichte Erfahrung mit der Erfahrung. Sie ist dadurch ausgezeichnet, das in ihr alle gemachten und noch zu machenden Erfahrungen des Wirklichen, ja des Erfahrens selbst noch einmal erfahren werden« (GGW, XIII).

Was es mit dieser Erfahrung der Welt im Licht des menschlichen Gottes auf sich hat, klärt besonders der fünfte Teil. Er steht unter der Überschrift *E) Zur Menschlichkeit Gottes*. Danach ist mit der Menschlichkeit Gottes eine zeitliche Bestimmung verbunden, die zu einer zeitlich bestimmten und erzählenden Form führt. Das Evangelium spricht nämlich als Erzählung des Glaubens so von

Jesus von Nazareth, dass sich Gott in ihm endgültig in der Welt zur Sprache gebracht hat. Dazu gehört Jesu Verkündigung von der Ankunft des Gottesreiches, sein Tod am Kreuz und die Botschaft seiner Auferweckung. Insofern die Kirche diese Erzählung von der Identifikation Gottes mit dem Menschen Jesus von Nazareth weitererzählt, tritt die Menschlichkeit Gottes immer wieder neu in die Welt ein. So ist die Kirche eine Erzählgemeinschaft, welche die Geschichte dieses einen Menschen als Wort Gottes tradiert und präsent hält. Dies setzt voraus: Jesus von Nazareth ist wirklich das sprachlich mitteilbare Gleichnis Gottes. Und in Jesus von Nazareth ist Gott im Vergleich zu seiner Unähnlichkeit mit dem Menschen dem Menschen noch ähnlicher geworden. Dieser Zusammenhang von Gottes Gegenwart in Jesus von Nazareth und darin seiner der ganzen Welt zugute kommenden Menschlichkeit führt zur Trinitätslehre. Denn indem sich Gott mit dem toten Jesus von Nazareth identifiziert, unterscheidet sich Gott von sich selbst: Er tritt sich in der Unterscheidung von unsichtbarem Vater und sichtbarem Sohn so gegenüber, dass er gleichwohl als Geist auf sich bezogen bleibt und nicht zugrunde geht. Material offenbart sich Gott im Christusereignis als die Einheit des Lebens und Todes, und zwar zugunsten des Lebens – wie die Auferweckung zeigt. Formal offenbart sich Gott im Christusereignis als Liebe: Im Vergleich zu seiner allzu berechtigen Selbstbezogenheit ist Gott derjenige, der zugunsten der Menschheit die noch größere Selbstlosigkeit ist. Der Glaube erfährt Gott in seiner Lebendigkeit und Liebe als die Gemeinschaft des gegenseitigen Andersseins von Vater, Sohn und Geist. Darin ist Gott eins. Das Christusereignis ist so auszulegen, dass Gottes Sein das Ereignis seines Zu-sich-selbst-Kommens ist: »Gott kommt von Gott« (Vater); »Gott kommt zu Gott« (Sohn) und »Gott kommt als Gott« (Geist). Dass Gott in seinem ewigen Sein geschichtlich ist und sich zur Geschichtlichkeit bestimmt, besagt für das geschichtliche Christusereignis: Gott kommt von Gott (Vater) zu Gott (Sohn) als Gott (Geist). Anders formuliert: Gottes Für-uns-sein entspricht seinem An-sich-sein. Dabei vollzieht der Heilige Geist diese in sich differenzierte Einheit Gottes in der Welt so, dass der Mensch in die Kraft dieses Geistes einbezogen wird. Dies geschieht im Glauben, der Gott immer interessanter findet, je mehr er von Gott erfährt. Dies aber macht Gott als Geheimnis der Welt aus: Gott ist kein verschlossenes Phänomen, sondern umso anziehender, je mehr man sich selbst auf ihn im Glauben verlässt.

3. Zur Wirkung

Eberhard Jüngel gehört mit seinem Hauptwerk zu den bedeutendsten Theologen der Gegenwart. So gilt er nicht nur zweifellos als »der profilierteste Sachverwalter der Theologie Barths in der Gegenwart« (Fischer 1992, 241), der den theologischen Gegensatz von K. Barth und R. Bultmann im Sinn eines »hermeneutischen Barthianismus« (Rohls 1997, 805) endgültig überwunden hat. Vielmehr sah man schon den jungen Jüngel, dessen Dissertation E. Käsemann für genial hielt, auf einer theologischen Höhe, auf der sich im katholischen Bereich K. Rahner bewegte (vgl. dazu die Belege: Dvorak 1999, 25. 32 mit Anm. 107). Bilanzierend kann festgehalten werden, »dass Jüngel mit seinem Programm der Gotteslehre gegenwärtig ›den theologisch gewaltigsten und zugleich rätselhaftesten Beitrag zur Frage nach Gott‹ geliefert hat« (Dvorak 1999, 31f). Die klar evangelische Ausrichtung macht Jüngel zum ökumenisch interessanten Gesprächspartner, der besonders in Rom als entscheidendes Gegenüber wahrgenommen wird. Die römisch-katholische Rezeption Jüngels ist beeindruckend (vgl. Dvorak 1999, 28ff; Kleffmann 2009). Gesprächspartner sind vor allem H. Küng, die Kardinäle Kasper, Lehmann und – besonders im Streit um die Rechtfertigungslehre im Jahr 1998 – auch Ratzinger. Dagegen nimmt sich die Wirkung von *Gott als Geheimnis der Welt* im evangelischen Bereich anders aus. Dies hängt nicht nur mit dem eigenwilligen Stil und der denkerischen Unerbittlichkeit Jüngels zusammen, die ganz der Logik des Evangeliums verpflichtet ist (vgl. so: Dvorak 1999, 25ff). Vielmehr ist seine Theologie auch »zu einer Hauptprojektionsfläche für die neoliberale Einforderung einer religionsphilosophischen Grundlegung der Dogmatik« (Kleffmann 2009) geworden. Diese Kritik bezieht sich vor allem auf den grundsätzlichen Ansatz einer Offenbarungstheologie.

Besonders mit W. Pannenberg hat sich Jüngel an diesem Punkt prägende Debatten geliefert (vgl. dazu mit Literaturhinweisen: Dvorak 1999, 190ff). Außerdem hat Jüngel keine Schulbildung betrieben, sondern selbständige Fortentwicklungen seiner theologischen Einsichten gefördert. Das hermeneutische Interesse tritt etwa bei H.-Ch. Askani besonders zutage und die offenbarungstheologische Prägung wird beispielhaft bei W. Krötke leitend. Auch die Ethik von J. Fischer verdankt Wesentliches Eberhard Jüngel, wie dessen Ansatz überhaupt auch die exegetischen Fächer beeinflusst. Eine pointierte Fortentwicklung von Jüngels Theologie, die aber auch deutlich über eine bloße Fortentwicklung hinausgeht und eine große intellektuelle Eigenständigkeit aufweist, stellt das Werk I.U. Dalferths dar, das den Brückenschlag zur Analytischen Philosophie des angelsächsischen Raums vollzieht, die Offenbarungstheologie mit der Semiotik verbindet und eine orientierungsphilosophische Wendung der hermeneutischen Theologie unternimmt.

Als akademischer Lehrer hat Eberhard Jüngel eine enorme Wirkung entfaltet. Seine philosophische Bildung, theologische Tiefe und meisterhafte Rhetorik machen ihn bis heute nicht nur zu einem geschätzten wie gefürchteten Diskussionspartner, sondern auch zu einem der geistreichsten und prominentesten Prediger: Für einen theologischen Theologen nicht das schlechteste Zeichen.

4. Literaturhinweise

Zitierte Quelle:
E. Jüngel, Gott als Geheimnis der Welt. Zur Begründung der Theologie des Gekreuzigten im Streit zwischen Theismus und Atheismus, Tübingen ⁴1982 (abgek. GGW).

Zum Einstieg empfohlen:
»Teil A. Einleitung« (GGW, 1–54).

Weiterführende Literatur:
Paulus 1990; Webster 1986; Schulz 1997, 506–580; Dvorak 1999; Kock 2001, 170–201; Kleffmann 2009

5. Verwendete Literatur:

R. *Dvorak*, Gott ist Liebe. Eine Studie zur Grundlegung der Trinitätslehre bei Eberhard Jüngel (BDS 31), Würzburg 1999.

H. *Fischer*, Systematische Theologie. Konzeptionen und Probleme im 20. Jahrhundert (UB 426), Stuttgart u.a. 1992.

H.-P. *Großhans*, Bibliographie Eberhard Jüngels, in: Denkwürdiges Geheimnis. Beiträge zur Gotteslehre, hg. v. I.U. Dalferth u.a., Tübingen 2004, 605–649.

E. *Jüngel,* Tod, Stuttgart ³1973.

–: Das Dilemma der natürlichen Theologie und die Wahrheit ihres Problems. Überlegungen für ein Gespräch mit Wolfhart Pannenberg (1975), in: Ders., Entsprechungen: Gott – Wahrheit – Mensch, Theologische Erörterungen (BEvTh 88), München 1980, 158–177 (= Jüngel 1980a).

–: Gott – um seiner selbst willen interessant. Plädoyer für eine natürlichere Theologie (1975), in: Ders., Entsprechungen: Gott – Wahrheit – Mensch, Theologische Erörterungen, (BEvTh 88), München 1980, 193–197 (= Jüngel 1980b).

–: Metaphorische Wahrheit. Erwägungen zur theologischen Relevanz der Metapher als Beitrag zur Hermeneutik einer narrativen Theologie (1974), in: Ders., Entsprechungen: Gott – Wahrheit – Mensch, Theologische Erörterungen (BEvTh 88), München 1980, 103–157 (= Jüngel 1980c).

–: Quae supra nos, nihil ad nos. Eine Kurzformel der Lehre vom verborgenen Gott – im Anschluß an Luther interpretiert (1972), in: Ders., Entsprechungen: Gott – Wahrheit – Mensch, Theologische Erörterungen (BEvTh 88), München 1980, 202–251 (= Jüngel 1980d).

–: Barth-Studien (ÖTh 9), Zürich 1982.

–: Gottes Sein ist im Werden. Verantwortliche Rede vom Sein Gottes bei Karl Barth. Eine Paraphrase, Tübingen ⁴1986.

–: Vom Tod des lebendigen Gottes. Ein Plakat (1968), in: Ders., Unterwegs zur Sache. Theologische Erörterungen I, Tübingen ³2000, 105–125.

–: Paulus und Jesus. Eine Untersuchung zur Präzisierung der Frage nach dem Ursprung der Christologie (HUTh 2), Tübingen ⁷2004.

–: Das Evangelium von der Rechtfertigung des Gottlosen als Zentrum des christlichen Glaubens. Eine theologische Studie in ökumenischer Absicht, Tübingen ⁵2006.

T. *Kleffmann*, Eberhard Jüngel: Gott als Geheimnis der Welt. Zur Begründung der Theologie des Gekreuzigten im Streit zwischen Theismus und Atheismus, ED Tübingen 1977, in: Christian Danz (Hg.), Kanon der Theologie. 45 Schlüsseltexte im Portrait, Darmstadt 2009, 310–318.

Ch. *Kock,* Natürliche Theologie. Ein evangelischer Streitbegriff, Neukirchen-Vluyn 2001.

E. *Paulus,* Liebe – das Geheimnis der Welt. Formale und materiale Aspekte der Theologie Eberhard Jüngels (BDS 7), Würzburg 1990.

J. *Rohls,* Protestantische Theologie der Neuzeit II. Das 20. Jahrhundert, Tübingen 1997.

M. *Schulz,* Sein und Trinität. Systematische Erörterungen zur Religionsphilosophie G.W.F. Hegels im ontologiegeschichtlichen Rückblick auf J. Duns Scotus und I. Kant und die Hegel-Rezeption in der Seinsauslegung und Trinitätstheologie bei W. Pannenberg, E. Jüngel und H.U. v. Balthasar (MThS.S 53), St. Ottilien 1997.

J. *von Lüpke,* Rezension zu: E. Jüngel, Gott als Geheimnis der Welt. Zur Begründung der Theologie des Gekreuzigten im Streit zwischen Theismus und Atheismus, Tübingen 1977, in: ThRv 76 (1980), 402–406.

J.B. *Webster,* Eberhard Jüngel. An Introduction to his Theology, Cambridge 1986.

9. Kontextuelle Theologie und Weltverantwortung der Christen

Christlicher Glaube erschöpft sich nicht in Lehre, sondern drängt von jeher auf eine veränderte Lebenspraxis. Zum Christsein gehört Verantwortung sowohl für den individuellen Nahbereich wie für den gesellschaftlichen Kontext. Von seinem Beginn an wohnte dem Christentum dabei auch eine globale, d.h. weltweite Dimension inne. Seit dem Aufbrechen der Einheit von Staat und Kirche im 19. Jh. und mit dem Aufkommen der sozialen Frage verschärfte sich das Problem, wie sich Kirche und Theologie zu den veränderten gesellschaftlichen Ausgangsbedingungen verhalten sollten. Im 20. Jh. entstanden hierzu Ansätze, die bewusst vom jeweiligen Kontext aus ihr Verständnis von Glauben und Christentum entwickelten. Sie betonten die Weltverantwortung als Thema der Theologie, die mit einer deutlich positiven Würdigung der diesseitigen Wirklichkeit als solcher einherging.

Zu den bedeutendsten Vertretern dieses theologischen Denkstils gehören D. Bonhoeffer und J. Moltmann. Beide entstammen dem deutschen Kontext und sind geprägt von Erfahrungen der Diktatur und des Krieges. Der eine fiel in den letzten Tagen des Krieges dem Hitlerregime zum Opfer, der andere entschied sich in Kriegsgefangenschaft zum Theologiestudium. Was in anderen Fällen eher eine biographische Randnotiz wäre, ist für beide charakteristisch: Theologie und Biographie lassen sich nicht voneinander trennen. Vielmehr verbinden sich ihre Theologien programmatisch mit einer konkreten Zeitansage, einer theologischen Angabe ihres ›Ortes‹ und ›Datums‹, das ihre Sicht auf die Wirklichkeit prägt. Diese erhöhte Aufmerksamkeit auf die zeitgeschichtlichen und sozialen Bedingungen unterscheidet kontextuelle Theologien von anderen theologischen Denkstilen.

Dadurch wird auch verständlich, warum sie als Reflexion auf die Herausforderungen der Gegenwart stark ethische Züge tragen. Sie sehen Kirche und Christentum zur Verantwortung gerufen, auf die Nöte der Zeit mit Impulsen zu deren Veränderung zu antworten. Ihre Maßstäbe entnimmt eine solche Theologie oft unmittelbar den biblischen Schriften und ihren Verheißungen von Recht, Frieden und Gerechtigkeit in Gottes Reich. Von dort aus entwickelt etwa J. Moltmann seine *Theologie der Hoffnung*, die eine solidarische Praxis jenseits von Ideologie und Utopie fordert. Und auf seine Weise skizziert auch D. Bonhoeffer eine christliche Verantwortungsethik, die im Wissen um die Stellvertretung Christi zum ›Tun des Gerechten‹ anleiten will.

Friederike Barth

Dietrich Bonhoeffer: Ethik

1. Zur Person

Dietrich Bonhoeffer (4. Februar 1906, Breslau – 9. April 1945, Flossenbürg) gehört wohl zu den bekanntesten Theologen des 20. Jh.s. Hinter der allgemeinen Aufmerksamkeit für seine Aktivitäten im kirchlichen und politischen Widerstand tritt allerdings das Interesse an dem *Theologen* Bonhoeffer zumeist deutlich zurück. Dessen Entwicklung soll darum hier kurz vorgestellt werden.

Die wichtigsten Elemente des schon früh angestrebten Theologiestudiums in Tübingen, Rom und Berlin waren eine gründliche Auseinandersetzung mit der neuzeitlichen Philosophie, die Prägung durch die Berliner liberale Theologie sowie die eigene Entdeckung der Dialektischen Theologie K. Barths. Noch vor dem ersten Examen wurde Bonhoeffer dann mit einer Arbeit über den Kirchenbegriff (*Sanctorum Communio*, eingereicht 1927) promoviert, die wohl auch von der Begegnung des preußischen Protestanten mit dem römischen Katholizismus in dessen Zentrum angestoßen wurde. Auf das Examen und das Auslandsvikariat in Barcelona folgte die Habilitationsschrift *Akt und Sein* (1931) – eine Auseinandersetzung mit den zeitgenössischen philosophischen Denkformen des vom Kantianismus beeinflussten Aktualismus und der an Seinsbegriffen interessierten Ontologie und ihrer theologischen Rezeption einschließlich einer eigenen kleinen ›Systematischen Theologie‹. Aus den folgenden Jahren seiner Assistentenzeit in Berlin stammt die 1933 unter dem Titel *Schöpfung und Fall* veröffentlichte systematisch-theologische Vorlesung über Gen 1–3. Der wissenschaftlichen Tätigkeit, unterbrochen von längeren Auslandsaufenthalten, folgte sein Engagement im kirchlichen Widerstand, genauer in der illegalen Ausbildung der Pfarramtskandidaten der

Bekennenden Kirche. In dieser Phase verfasste er das meditative Büchlein *Gemeinsames Leben* (1939) und sein wohl bekanntestes Werk, die *Nachfolge* (1937), eine erbauliche systematische Interpretation der Bergpredigt und des paulinischen Nachfolge-Gedankens.

Die letzten Jahre seines Lebens waren gekennzeichnet von der Teilnahme am politischen Widerstand und der Zeit als politischer Gefangener. Die *Ethik* ist dabei das entscheidende Produkt der letzten Jahre in Freiheit (1940–1943), von dem manche Grundgedanken in den berühmten, postum veröffentlichten Gefangenschaftsbriefen *Widerstand und Ergebung* weitergeführt werden (vgl. Bonhoeffer 1998b, 553.577). Nach Bonhoeffers eigener Einschätzung, aber auch nach Inhalt und Umfang ist die *Ethik* sein theologisches Hauptwerk, in welchem sich seine frühen theologischen Erkenntnisse ebenso wie die praktischen Erfahrungen der späteren Jahre niedergeschlagen haben. Es war ihm darum ein besonderes, aber nicht mehr zu verwirklichendes Anliegen, dieses sein »Lebenswerk« (Bethge 2005, 804) zu vollenden: »[…] manchmal denke ich, ich hätte nun eigentlich mein Leben mehr oder weniger hinter mir und müßte nur noch meine Ethik fertigmachen«, schreibt er Ende 1943 als politischer Gefangener an Bethge (vgl. Bonhoeffer 1998b, 237). Geblieben ist davon ein Fragment, das jedoch die Konzeption und die entscheidenden Elemente der ethischen Konkretionen in Grundzügen erkennen lässt.

2. Zum Werk

2.1 Der Kontext

Die *Ethik* (abgek. E) ist das Produkt einer ungewöhnlichen zeitgeschichtlichen und persönlichen Konstellation. Entstanden in den Jahren 1940 bis 1943 ist sie die Antwort eines im kirchlichen und politisch-militärischen Widerstand engagierten Theologen und Pfarrers auf den geistigen, sittlichen und geistlichen Zusammenbruch des deutschen Bürgertums, der politischen und gesellschaftlichen Eliten und schließlich auch der deutschen Theologie und Kirche. Ihre besondere Stellung in der theologischen Literatur des 20. Jh.s begründet sich auch aus der ungewöhnlichen Verflochtenheit ihres Autors mit der Umsturzbewegung vom 20. Juli 1944. Im Unterschied zu vielen Weggefährten aus der Bekennenden Kirche hat Bonhoeffer sich unter dem Einfluss seines in der militärischen Abwehr als Jurist tätigen Schwagers H. v. Dohnanyi dem Kreis der Verschwörer aus Militär, Adel und Bürgertum angeschlossen. Seinen Beruf als Pfarrer der Bekennenden Kirche nutzte er dabei als Deckmantel für eine Agententätigkeit im Dienst der Abwehr, die wiederum eigentlich im Dienst des innerhalb der Abwehr entstandenen Widerstandszirkels stand. Diese Entscheidung bildet den Hintergrund, auf dem unter schwierigsten äußeren Bedingungen – Bonhoeffer hatte inzwischen Lehr-, Rede- und Veröffentlichungsverbot, dazu faktisch keinen festen Wohnsitz mehr – die theologische Reflexion der zeitgeschichtlichen Situation und ihrer ethischen Herausforderungen durchgeführt wird.

Entscheidend für die Bedeutung der *Ethik* ist darum nicht allein der hohe Anspruch, den dieses fragmentarische Werk transportiert: ein theologisch begründetes Fundament für einen Neuanfang nach der Katastrophe zu schaffen, sondern auch ihre Verwurzelung in einer Existenz des konsequenten Widerstands. Diese existentielle Dimension in der Reflexion der Grundlagen einer künftigen humanen Ordnung und – besonders – der aktuell geforderten Entscheidungen unterscheidet Bonhoeffers *Ethik* grundsätzlich von den wenigen vergleichbaren Äußerungen anderer Theologen in dieser Zeit wie etwa der (zweiten) Ethik E. Brunners (Brunner 1943). Das Vorhaben, eine aktuelle evangelische Ethik zu entwerfen, war in der zeitgenössischen theologischen Literatur zudem nahezu singulär, denn »[d]er Impuls zu neuen ethischen Entwürfen, wie er nach 1945 zur Geltung kam, machte sich noch kaum bemerkbar. Insofern war Bonhoeffers neues Unternehmen unmodern.« (Bethge 2005, 804).

2.2 Der Aufbau

Der Intention nach ist die *Ethik* eine streng systematische Monographie zur Grundlegung und Konkretion einer evangelischen Ethik. Bonhoeffers Verhaftung am 5. April 1943 vom Schreibtisch weg führte aber dazu, dass sie heute nur als postum veröffentlichtes Fragment vorliegt. Rezeption und Interpretation der *Ethik* werden darum auch von den spezifischen Herausforderungen bestimmt, welche die Unabgeschlossenheit dieses Werks mit sich bringt.

2.2.1 Das fehlende Material

Der fragmentarische Charakter der *Ethik* beinhaltet zwei unterschiedliche Aspekte mit je verschiedenen Auswirkungen auf den Interpretationsvorgang. Der eine Aspekt betrifft den fehlenden Inhalt, soweit er von Bonhoeffer nicht mehr erarbeitet werden konnte. So sind einige Manuskripte erkennbar unvollständig, andere wurden lediglich geplant oder in Notizen vorbereitet (vgl. E 16f.455). Dass allerdings Kapitel fehlen, von deren Planung nichts bekannt ist, erscheint aufgrund seiner brieflichen Äußerungen und der erhaltenen umfangreichen Zettelsammlung zur *Ethik* eher unwahrscheinlich.

Versucht man, unter Berücksichtigung des vorhandenen Textes und im Hinblick auf die behandelten Themen die Menge des fehlenden Textes abzuschätzen, so kann man vermuten, dass bis zu einem Drittel des ursprünglich von Bonhoeffer geplanten Ganzen nicht mehr verfasst worden ist. Da aber für die vollständig fehlenden Abschnitte mindestens ihr Thema bekannt ist, teilweise auch Zettelnotizen oder thematisch eng verwandte, in etwa zeitgleich entstandene Arbeiten Bonhoeffers vorliegen (vgl. E 16f), können durchaus begründete Vermutungen über Inhalt, Intention und Funktion der jeweiligen Kapitel angestellt werden. Weiterführend sind z.B. die beiden Gutachten aus den Jahren 1941 und 1942 über *Staat und Kirche* (Bonhoeffer 1996, 506–535) und den *primus usus legis* (vgl. aaO, 600–619), von denen das erste in früheren *Ethik*-Ausgaben sogar als Anhang mit abgedruckt wurde (vgl. E 470). Zudem lässt sich erschließen, dass die fehlenden Abschnitte überwiegend nicht die weitgehend abgeschlossene Grundlegung der *Ethik*, sondern ihre Konkretionen und Folgerungen betreffen.

2.2.2 Die fehlende Systematik

Dieser zweite Aspekt betrifft die Frage nach der Systematik der *Ethik*. Es liegen zwar etliche, zum Teil sehr umfangreiche und großenteils in sich geschlossene Kapitel vor, deren sachlicher Zusammenhang jedoch nicht, wie sonst üblich, bereits durch das Inhaltsverzeichnis oder eine entsprechende Gliederung hergestellt worden ist. Entsprechend hat es mehrere Auflagen der *Ethik* gegeben, die sich in der Anordnung der Kapitel signifikant unterscheiden (vgl. E 470). Inzwischen ist aber die Chronologie des Entstehens der Manuskripte nahezu zweifelsfrei rekonstruiert und zur Grundlage der Anordnung in der Werkausgabe gemacht worden, so dass die vorhandenen Manuskripte nun durch ihren zeitlichen Zusammenhang miteinander verbunden sind (dazu ausführlich E 7–28).

Gleichwohl ist die chronologische Anordnung mehr als eine Verlegenheitslösung, um die fehlende Systematik zu ersetzen. Denn es kann durchaus unterstellt werden, dass Bonhoeffer nach der Beendigung eines Manuskripts auch aus sachlichen Gründen mit der Arbeit an dem chronologisch nächstfolgenden Kapitel begonnen hat. So bestehen bspw. direkte inhaltliche Zusammenhänge zwischen den Kapiteln *Die letzten und die vorletzten Dinge* und *Das natürliche Leben* (E 137–217).

Die Manuskripte lassen sich thematisch gut in fundamentalethische und materialethische Reflexionen differenzieren, was nahelegt, dass die *Ethik* eine klassisch-systematische Form erhalten sollte. Auch Bonhoeffer selbst bestätigt dies in einem Brief an Bethge: »Heute ist mir ein möglicher Titel für mein Buch eingefallen: ›Wegbereitung und Einzug‹ – entsprechend der Zweiteilung des Buches (die vorletzten und die letzten Dinge).« (Bonhoeffer 1996, 79). Die letzten Dinge, d.h. der fundamentalethische Teil, sollten demnach – der dialektischen Beziehung zwischen Letztem und Vorletztem entsprechend (E 137ff) – im ersten Hauptteil behandelt werden, dem Überlegungen zu den vorletzten Dingen, d.h. zu den materialethischen Konkretionen, hätten folgen sollen (ähnlich die Titelversuche auf Ethikzettel Nr. 1: »Grundlagen u.

Aufbau der mit Gott versöhnten [einer künftigen] Welt / Versuch einer christlichen Ethik«).

Folgt man der von den Herausgebern vorgeschlagenen systematischen Anordnung (E 455), so erhält man trotz mancher Unsicherheiten eine überzeugende und durch etliche Indizien gedeckte inhaltliche Gliederung, die zur besseren Anschaulichkeit in tabellarischer Form dargestellt ist:

	Kapitel	Systematisch-ethische Fragestellung	Themen
Einleitung	»Die Liebe Gottes und der Zerfall der Welt«	Die Erkenntnis des Guten	Erkenntnistheorie und Ethik
Fundamentalethische und dogmatische Grundlagen	»Christus, die Wirklichkeit und das Gute. Christus, Kirche und Welt«	Die Wirklichkeit des Guten	Ontologie und Ethik
	»Ethik als Gestaltung«	Das Subjekt des Guten	Christologie und ethisches Subjekt
	»Die Geschichte und das Gute«	Der Vollzug des Guten	Christologie und Verantwortungsethik
	»Erbe und Verfall«	Der Kontext des Guten	Geschichtstheologie und Ethik
	»Kirche und Welt«	Die Gemeinschaft des Guten	Kirche und Ethik
	»Schuld, Rechtfertigung und Erneuerung«	Die Erneuerung des Guten	Rechtfertigung und Ethik I
	»Die letzten und die vorletzten Dinge«	Die Zeit des Guten	Rechtfertigung und Ethik II

Kapitel	Systematisch-ethische Fragestellung	Themen
»Das natürliche Leben«	Der Inhalt des Guten	Rechte des Menschseins
[Kapitel vom »Guten«]	Die Gestalt des Guten	Tugenden / Gutsein
»Das Ethische und das Christliche als Thema«	Die Form des Guten	Christliche und philosophische Ethik
»Das konkrete Gebot und die göttlichen Mandate«	Die Strukturen des Guten	Mandate
[»Das Gesetz«]	Die Grenzen des Guten	Gesetz

(Materialethische Konkretionen)

2.2.3 Der Darstellungsmodus

Der Darstellungsmodus der *Ethik* zeichnet sich durch die Kombination von unterschiedlichen Argumentationstypen aus: Innerhalb des intendierten streng systematischen Aufbaus findet sich zunächst keine ebensolche Darstellungs- bzw. Argumentationsweise, dergestalt, dass aus einem obersten Prinzip heraus alle wesentlichen Konklusionen entfaltet würden. Vielmehr nimmt Bonhoeffer in den unterschiedlichen Kapiteln jeweils unterschiedliche Perspektiven auf die Sache ein, deren Zusammenhang nicht unmittelbar – etwa durch explizite Verschaltungen oder Verweise – hergestellt wird. Insbesondere bezüglich der fundamentalethischen Abschnitte, aber auch im materialethischen Teil, erinnert dieser Darstellungsmodus an die *Loci*-Methode, bei welcher wichtige theologische Topoi je eigenständig behandelt werden, wenngleich weder die klassische Terminologie noch die traditionelle Reihe der *loci* auftauchen. Es handelt sich demnach um ein *rhetorisch-topisches Argumentieren*, das die Aspekte evangelischer Ethik jeweils eigenständig beleuchtet.

Die rhetorisch-topische Argumentation wird nun ergänzt durch eine *systematische Konstruktion,* die alle »Einzelbearbeitungen der Sache« (E 10) mittels eines fundamentalen Prinzips in ein Ganzes integriert. Das verbindende Element besteht dabei in der strikten christologischen Ausrichtung aller Einzelperspektiven; die Beziehung aller Aspekte der Ethik (wie etwa die Frage nach Subjekt, Erkenntnis oder Form einer ethischen Tat) auf Christus aber ist als die Repräsentation des ›Guten‹ zu verstehen. Auch deswegen ist die inzwischen überholte These eines mehrfachen Neuansatzes Bonhoeffers bei der Konzeption der *Ethik* (E 11ff) nicht überzeugend.

Der Darstellungsmodus der *Ethik* zeichnet sich schließlich auch durch eine dominante, sowohl methodisch als auch inhaltlich bedeutsame Argumentationsfigur aus, nämlich die ständige Auseinandersetzung mit anderen ethischen, dogmatischen und philosophischen Konzeptionen. Bonhoeffer führt dadurch konträre oder extreme theoretische Ansätze auf dichotomische Denkformen zurück und konfrontiert sie mit seinem eigenen ganzheitlichen christologischen Welt-, Menschen- und Ethikverständnis (vgl. E 43f.144ff.246ff u.ö.).

2.3 Der Inhalt

2.3.1 Die verschiedenen Dimensionen der Ethik

Eine erste, leicht zugängliche Dimension der Ethik könnte man als *dogmatische Dimension* bezeichnen, welche das Fundament für alle weiteren ethisch-theologischen Ausführungen bildet. Im Fokus des Interesses stehen dabei der Glaubensbegriff resp. die Konstruktion eines Begriffs von Glaubenserkenntnis, der christologische Wirklichkeitsbegriff, die Inkarnationslehre, das lutherische Rechtfertigungsverständnis sowie der Stellvertretungsgedanke. Alle diese *loci* werden von einem offenbarungstheologischen Ansatz her entwickelt, so dass für das in ihnen konstruierte dogmatische Fundament der Ethik die streng christologische Ausrichtung kennzeichnend ist. Das Verhältnis von Dogmatik und Ethik ist jedoch nicht als strikte Aufgabenteilung gedacht, wonach die Dogmatik für die theologischen Prinzipien und die Ethik für konkrete Handlungsanweisungen oder einzelne moralische Folgerungen zuständig wäre. Vielmehr versteht Bonhoeffer das dogmatische Fundament bereits selbst als Teil der Ethik – sofern nämlich Ethik sich von der Dogmatik lediglich darin unterscheidet, dass sie über die intellektuelle Reflexion des Glaubens hinaus seinen existentiellen Anspruch im resp. auf das konkrete Leben des Glaubenden bedenkt: »Das *Problem der christlichen Ethik ist das Wirklichwerden der Offenbarungswirklichkeit Gottes in Christus unter seinen Geschöpfen,* wie das Problem der Dogmatik die Wahrheit der Offenbarungswirklichkeit Gottes in Christus ist.« Es geht also um »die Beziehung von [...] Jesus Christus und Heiligem Geist«, d.h. um die Frage nach der aktuellen »Teilhabe an der in Christus offenbarten Gotteswirklichkeit« (E 34f). Daher reflektiert Bonhoeffer die genannten theologischen *loci* nicht aus einem reinen Erkenntnisinteresse heraus, sondern zugleich immer in Bezug auf ihre die konkrete Existenz und das Handeln des Glaubenden begründende und orientierende Funktion, d.h. in Bezug auf ihre Bedeutung für das Wirklichwerden des Guten (nämlich der Offenbarungswirklichkeit Christi) als der entscheidenden Tiefendimension der Glaubensexistenz. Im Hintergrund stehen dabei K. Barth und – besonders – M. Luther, als dessen Interpret unter den Bedingungen der Moderne sich Bonhoeffer versteht.

Die dogmatische Dimension der *Ethik* ist inhaltlich eng verbunden mit der *Dimension der philosophischen und theologischen Rezeption und Kritik*, welche freilich in den meisten Fällen nicht explizit gemacht wird. Sie ist die voraussetzungsreichste und komplexeste Dimension der *Ethik* und kann daher hier nur andeutend skizziert werden. Der offenbarungstheologische Ansatz der *Ethik*, ihre christologische Ausrichtung, wird von Bonhoeffer durchgeführt unter Rückgriff auf und in Abgrenzung von bestimmten philosophischen und theologischen Denkfiguren. Von besonderer Bedeutung sind der neuzeitliche Idealismus und die von ihm beeinflusste liberale Theologie des ausgehenden 19. und beginnenden 20. Jh.s, die von Kierkegaard begründete Existenzphilosophie, der dialogische Personalismus, der zeitgenössische (Neu-)Thomismus sowie das Denken Nietzsches. Bonhoeffer integriert dabei Elemente der Existenzphilosophie und des Personalismus in seine offenbarungstheologische Konzeption und grenzt sich zugleich vom neuzeitlichen Idealismus ab. Die existentielle Ausrichtung des Glaubenden auf die Person Jesus Christus wird so dem Intellektualismus der neuzeitlichen Philosophie insbesondere Kants und Hegels entgegengesetzt. Für die Ethik folgt daraus, dass sie es nicht mit auf der autonomen Vernunft begründeten Moralsystemen zu tun hat, sondern die sich jeweils aktuell vollziehende personale Beziehung des Einzelnen auf Christus reflektiert, aus der heraus das Tun des Guten je situativ, d.h. aber auch: als nicht verallgemeinerbares existentielles Handeln, entsteht. Begrenzt wird dieser existenzphilosophisch beeinflusste Dezisionismus durch eine mit philosophischen Elementen konstruierte Christologie: Bonhoeffer kombiniert klassische Themen der Christologie (Inkarnation und Stellvertretung) in lutherischer Perspektive mit Aspekten einer kritischen Nietzsche-Rezeption, des thomistischen Naturrechts und der politischen Theorie zu einer Konzeption von ethischem Handeln als christlicher Verantwortung. Darin einbezogen ist eine theologische Würdigung der leiblich-natürlichen Rechte des Menschen und der historisch sich variierenden sozialen und anthropologischen Strukturen des menschlichen Lebens (Mandate) – in kritischer Wendung gegen die Abwertung des Natürlichen in der liberalen Theologie, einer Folge des Logozentrismus resp. Geist-Natur-Dualismus in Idealismus und Kantianismus.

Die dritte Dimension der *Ethik* ist die *Dimension der zeitgeschichtlichen Bezüge*. Dabei handelt es sich um kritische Äußerungen Bonhoeffers zu Elementen der nationalsozialistischen Ideologie, die er nicht offen formulieren konnte und die darum eigens entschlüsselt werden müssen. Dazu gehören etwa die Ausführungen zu den natürlichen Rechten, die sich u.a. mit Fragen zu Euthanasie, Zwangssterilisation und willkürlicher Freiheitsberaubung beschäftigen. Ebenfalls thematisiert Bonhoeffer, dabei klassische naturrechtliche Positionen aufgreifend, die Frage des gerechten Krieges im Unterschied zum »totalen Vernichtungskrieg«, der den Verlust des christlichen Glaubens zur Voraussetzung hat (vgl. E 100, 183f). Auch Hinweise auf seine Reflexionen zum politisch-militärischen Widerstand und über den geplanten Tyrannenmord lassen sich bei genauer Lektüre finden (vgl. E 183). Schließlich formuliert er die für ihn während der Zeit der Verschwörung »erstaunlichste« Erfahrung einer »Bundesgenossenschaft« der Kirche mit dem nur scheinbar säkularen, tatsächlich aber wesenhaft christlichen Humanismus von Bürgertum und Adel im gemeinsamen Kampf gegen den Nationalsozialismus, die eine hoffnungsvolle Perspektive für den Wiederaufbau nach dem Krieg eröffnet (E 342f).

2.3.2 Grundzüge der Konzeption

»Karl [Barth] hat ja nun den Versuch gemacht, aufgrund der streng-reformatorischen These [der alleinigen Gotteserkenntnis aus der Offenbarung, F.B.] dennoch die Relativierung des Geschichtlichen zu vermeiden. Das ist sehr bestechend. Er bezieht (gut biblisch) alle Ordnungen der geschaffenen Welt streng auf Christus und sagt, daß sie nur von ihm her recht zu verstehen seien und an ihm ihre Ausrichtung finden müßten. Das muß man lesen.« (Bonhoeffer 1998a, 298).

Mit diesen brieflichen Bemerkungen hat Bonhoeffer die Intention formuliert, die ihn bei der Konzeption seiner *Ethik* leitete: Er erhebt den Anspruch, eine ethische Theologie zu entwerfen, die weder den ›katholischen‹ Fehler einer Relativierung der Offenbarung Gottes im Wort, noch den ›reformatorisch-evangelischen‹ Fehler einer Relativierung der geschöpflichen und geschichtlichen Wirklichkeit macht (vgl. ebd.).

Dazu entwickelt er ein Weltverständnis, nach dem die Wirklichkeit der Welt, d.h. ihr eigentliches Wesen und ihre eigentliche Bedeutung, in der Versöhnung mit Gott im Christusgeschehen besteht. Welt kann daher nur wahrhaft erfasst werden, wenn zugleich ihre wesentliche Bezogenheit auf Christus erfasst wird:

»Der Ursprung der christlichen Ethik ist nicht die Wirklichkeit des eigenen Ich, nicht die Wirklichkeit der Welt, aber auch nicht die Wirklichkeit der Normen und Werte, sondern die Wirklichkeit Gottes in seiner Offenbarung in Jesus Christus [...] Das Gute ist nicht die Übereinstimmung zwischen einem uns – durch Natur oder Gnade – zur Verfügung gestellten Maßstab und dem von mir als Wirklichkeit bezeichneten Seienden, sondern das Gute ist die Wirklichkeit und zwar die in Gott gesehene, erkannte Wirklichkeit selbst [...] [Die christliche Ethik] meint dabei die Wirklichkeit Gottes als letzte Wirklichkeit außer und in allem Bestehenden, sie meint damit auch die Wirklichkeit der bestehenden Welt, die allein durch die Wirklichkeit Gottes Wirklichkeit hat. Daß die Wirklichkeit Gottes nicht selbst wieder eine Idee ist, entnimmt der christliche Glaube aus der Tatsache, daß diese Wirklichkeit Gottes sich selbst bezeugt und offenbart hat mitten in der wirklichen Welt. *In Jesus Christus ist die Wirklichkeit Gottes in die Wirklichkeit dieser Welt eingegangen.* […] In ihm hat alles seinen Bestand (Kol 1,16). Von nun an kann weder von Gott noch von der Welt recht geredet werden ohne von Jesus Christus zu reden. Alle Wirklichkeitsbegriffe, die von ihm absehen, sind Abstraktionen.« (E 33.37.39).

Die Implikationen dieser theologischen Ontologie entfaltet Bonhoeffer in den folgenden Kapiteln. So folgt zunächst, dass jede wahrhafte Wirklichkeitserkenntnis nichts anderes als Glaubenserkenntnis sein kann, eine existentielle Erkenntnis also, die in der Beziehung des Menschen zu Christus gründet, nicht aber in dem Potential einer allgemeinen Vernunft, wie es etwa der Idealismus postuliert. Erkennt nun der Glaubende, dass die Wirklichkeit der Welt in ihrer wesenhaften Bezogenheit auf Christus besteht, so folgt daraus, dass das Gute – die Gestalt der Welt, wie sie sein soll – nicht in der Übereinstimmung des Handelns mit Vernunftprinzipien, Naturgesetzen oder anderen Handlungsnormen erreicht wird. Vielmehr ist das Gute schon ein Sein, nämlich die wirkliche Ausrichtung der Welt auf Christus. Als verborgene, eschatologische Größe bedarf freilich diese Wirklichkeit des Guten stets des Wirklich*werdens* im Glauben (Erkennen) und Leben (Handeln) des Menschen.

Obwohl Bonhoeffer damit traditionelle Ethiken, die ihr Fundament in einer prinzipiellen Erkenntnis von Gut und Böse haben, abweist, ist seine Konzeption von evangelischer Ethik weder einfach subjektivistisch-situationsethisch zu nennen noch aber als bloße heteronome Zumutung eines jeweils neu zu erfassenden Gotteswillens zu verstehen. Vielmehr ist ethisches Handeln durch vier Aspekte gekennzeichnet: Das personale Verhältnis von Christus und Mensch im Glauben begründet *erstens* die *Freiheit* des zur Tat geforderten Menschen; er ist kein willenloser Befehlsempfänger, sondern selbständiges Handlungssubjekt, das aufgrund seiner intellektuellen, emotionalen und faktischen Möglichkeiten entscheidet. Die Ambivalenz der Welt, deren Wirklichkeit der Versöhnung mit Gott ja eine eschatologische Größe darstellt, und die damit zugleich gefallene und gerichtete *und* versöhnte Welt ist, führt *zweitens*, analog zur Ambivalenz der Existenz des Glaubenden, der zugleich Sünder ist, zu einer nicht vermeidbaren *Schuldverstrickung* im ethischen Handeln. Der Mensch bleibt darum immer angewiesen auf Gnade, kann kein moralisches Urteil über sein eigenes Gutsein und Guthandeln fällen. Gleichwohl ist er im Handeln nicht auf sich allein zurückgeworfen und zu einem verzweifelten Dezisionismus verurteilt. Denn die Voraussetzung ethischen Handelns ist die Gebundenheit an Christus im Glaubensverhältnis. Im Glauben aber ergeht *drittens* das jeweils *konkrete Gebot* an den Menschen – nicht im Sinne eines eindeutigen Befehls, sondern als Inanspruchnahme aller Fähigkeiten des Menschen zu Überlegung und Entscheidung. Das konkrete Gebot enthält dabei immer schon inhaltliche Implikationen, die aus der Erkenntnis der Wirklichkeit, wie sie in Christus begründet ist, folgen. Wenn auch diese Implikationen keine abstrakt-allgemeinen Prinzipien sind, so handelt es sich doch um Orientierungen, welche die jeweils konkret geforderte Entscheidung leiten. Bonhoeffer gelingt es so, zugleich an der existentiellen Freiheit des handelnden Menschen und an der Gültigkeit des göttlichen Gesetzes (i.e. Dekalog, Bergpredigt, apostolische Paränese und das »Lebensgesetz« einschließlich der ›Wesensgesetze‹ der Dinge und Sachverhalte, vgl. E 271ff.282) festzuhalten: Im Akt der Entscheidung werden beide je konkret und aktuell miteinander vermittelt. *Viertens* schließlich ist ethisches Handeln ein Handeln in *Stellvertretung*: So wie Christus der Mensch für andere resp. für alle Menschen ist, indem er stellvertretend für alle Menschen gelebt hat und gestorben ist, so ist auch für das ethische Handeln die soziale Dimension konstitutiv. Der Mensch lebt und handelt immer stellvertretend für den Anderen, den ›konkret Nächsten‹. Das ethische Subjekt ist damit prinzipiell als Subjekt in einem interpersonalen Beziehungsraum zu denken. (Freilich ist zu bedenken, dass Bonhoeffer mit dieser Argumentation soteriologische und ethische resp. soziale Stellvertretung in bedenklicher Weise kurzschließt).

Die mit der Tat dem Versöhnungswort antwortende ethische Haltung des Menschen in Freiheit, Schuldübernahme, Gebundenheit an das wirklichkeitsgemäße Gebot und Stellvertretung bezeichnet Bonhoeffer mit dem für die *Ethik* zentralen Begriff der

Verantwortung. Der Verantwortungsbegriff wird damit von Bonhoeffer erstmals – in bewusster Abgrenzung von den durch ihre Kant-Rezeption bestimmten gesinnungsethischen Entwürfen der Liberalen Theologie – als christlich-ethischer Zentralbegriff eingeführt. Insbesondere die Dimension der Wirklichkeitsgemäßheit des ethischen Handelns im Hören auf das konkrete Gebot ist dabei eine Anverwandlung der von M. Weber proklamierten Folgenverantwortung als des wesentlichen Aspekts ethisch-politischen Handelns. Darüber hinaus gewinnt der Verantwortungsbegriff bei Bonhoeffer freilich eine Mehrdimensionalität und Tiefe, die weit über die bloße Reflexion möglicher Handlungsfolgen hinaus reicht; Verantwortung ist hier zum Leitbegriff des sich handelnd vollziehenden, wirklichen Lebens des neuen, erlösten Menschen geworden.

2.3.3 Konkretionen

Aus der Konzeption der *Ethik* folgt, dass ethisches Handeln nicht begrenzt ist auf einen bestimmten, ›christlichen‹ oder nicht-säkularen Bereich. Vielmehr ist es ein Handeln am gegebenen geschichtlichen Ort und bezogen auf das Ganze der unteilbaren Weltwirklichkeit, so wie sie im Glauben erkannt wird. Das gesamte ›weltliche‹ Leben des Christen ist darum »von Christus her gesehen mein Beruf, von mir her gesehen meine Verantwortung.« (E 291). Gleichwohl ist dieses im qualifizierten Sinne weltliche Leben des Menschen nicht eine christlich überhöhte ideale Wirklichkeit; es ist immer noch Welt und nicht Gottesreich, aber aufgrund der Glaubenserfahrung der Versöhnung neu gedeutete Welt: Sie ist »das Vorletzte […] all das, was dem Letzten – also der Rechtfertigung des Sünders aus Gnaden allein – vorangeht. Es ist zugleich all das, was dem Letzten folgt, um wiederum dem Letzten voranzugehen.« (E 151). Die Welt ist der Raum, in dem sich das Versöhnungsgeschehen und die Antwort des Menschen, die verantwortliche Tat, vollziehen. Deren Sinn liegt darin, dieses Vorletzte zu bewahren und so dem Letzten, dem sich immer wieder neu ereignenden Versöhnungswort Christi, den Weg zu bereiten (E 152f).

Die Wegbereitung als verantwortliches ethisches Handeln vollzieht sich unter Bezug auf die im gehörten resp. geglaubten konkreten Gebot implizierten Orientierungen. Diese sind als bestimmte Dimensionen, Elemente und Strukturen der Wirklichkeit zu verstehen und werden daher von Bonhoeffer konsequent christologisch mittels des Inkarnationsgedankens begründet; denn in der Inkarnation hat Christus Mensch und Welt nicht nur angenommen, sondern zugleich ihre wahre Gestalt (wieder) hergestellt, an welcher der Mensch glaubend teilbekommt.

Die wichtigsten, von Bonhoeffer teilweise noch ausgeführten Orientierungen sind die natürlichen Rechte des Menschseins und die vier Grundstrukturen der Wirklichkeit (Mandate). Die natürlichen Rechte auf Selbsterhaltung, Fortpflanzung und geistige Entfaltung (E 163ff) sind inhaltlich zweifellos vom dreistufigen thomistischen Naturrecht inspiriert. Begründet sind sie demgegenüber aber in der leibhaftigen Annahme der Menschennatur mit all ihren Bedürfnissen in dem »Gott-Menschen Jesus Christus« (E 146, vgl. 71.262). Die vier Grundstrukturen der Wirklichkeit, innerhalb derer und auf die bezogen das konkrete Gebot gehört wird und sich die ethische Entscheidung ereignet, werden mit dem dynamischen Begriff ›Mandate‹ (E 54ff.392ff) bezeichnet, um das Missverständnis, es handele sich um statische, eigengesetzliche und unveränderliche Ordnungen zu umgehen. Die Mandate sind vielmehr – Bonhoeffer verarbeitet hier lutherische Tradition – die Lebens- und Handlungsbereiche der gesamten menschlichen Realität, nämlich die Kirche, die staatliche Ordnung, Ehe und Familie sowie Arbeit und Kultur. Ihre inhaltliche Bedeutung wiederum besteht in der jeweils spezifischen Hinordnung auf Jesus Christus, aus welcher ihre Funktion in der Realisierung des Guten, der Christuswirklichkeit, bestimmt wird und an der sich die menschliche verantwortliche Gestaltung der Mandate orientiert. Dabei existiert der Mensch prinzipiell unter allen vier – sich gegenseitig begrenzenden und damit nicht verabsolutierbaren – Mandaten und ist folglich in allen vier Bereichen zur Verantwortung berufen. »Es gibt also keinen Rückzug aus einem ›weltlichen‹ in einen ›geistlichen‹ ›Raum‹, sondern es gibt nur ein Einüben des christlichen Lebens unter jenen 4 Mandaten Gottes.« (E 55).

Das Mandat der Kirche ist in besonderer Weise auf die übrigen drei Mandate bezogen, denn sie ermöglicht durch die Christuspredigt – ohne theokratische Ansprüche – erst die ›echte weltliche‹ (vgl. E 405) Existenz des Christen in der Bewahrung der Ehe und der Gründung und Fürsorge einer Familie, im politischen Handeln im Dienst des vom Staat zu schützenden und erhaltenden Lebens seiner Bürger und im gestaltenden Tun im Bereich von Arbeit und Kultur. Das verantwortliche Tun ist dabei orientiert an den christologisch begründeten natürlichen Rechten auf Fortpflanzung, Selbsterhaltung (Leben) und geistige Entfaltung, die in den vier Mandaten je spezifisch zur Geltung kommen. Die institutionell sich manifestierenden anthropologischen Strukturen der Mandate und die gleichfalls aus der christologisch begründeten Anthropologie entwickelten überpositiven Rechte (ebenso wie die Tugenden, Haltungen und Verfasstheiten als »Erfüllung des Seinkönnens«, vgl. Bonhoeffer 1993, Nr. 64) sind demnach als einander ergänzende Aspekte der Wirklichkeit zu verstehen, an denen der Glaubende im verantwortlichen Tun teilbekommt.

3. Zur Wirkung

Die Wirkungsgeschichte der *Ethik* entspricht bislang nicht ihrer inhaltlichen Bedeutung. Zu der vergleichsweise geringen Beachtung mögen ihr fragmentarischer Charakter und die verschiedenen Anordnungen in den früheren Auflagen beigetragen haben. Es dürfte aber auch Resultat eines Verdrängungsprozesses gewesen sein, bei welchem die zugänglicheren Werke *Nachfolge* und *Gemeinsames Leben* sowie die besonders eindrücklichen Gefängnisbriefe *Widerstand und Ergebung* (fast) alle Aufmerksamkeit absorbierten.

Nur wenige Arbeiten in monographischer Form thematisieren Bonhoeffers *Ethik* daher überhaupt auf der Basis der Neuanordnung der Kapitel in der Werkausgabe. Hierzu zählen das Arbeitsbuch zur Ethik (Mokrosch 2003) sowie einige neuere katholische Arbeiten (z.B. Hartmann 2005; Prüller-Jagenteufel 2004). Gleichwohl hat die *Ethik* auch auf evangelischer Seite gewirkt, wenn auch eher punktuell und vor allem thematisch: Das betrifft insbesondere den Verantwortungsbegriff sowie – im Rahmen einer Institutionenethik – die nur fragmentarisch vorliegende Mandatenlehre (E. Wolf). Der von Bonhoeffer entwickelte und biographisch beglaubigte Verantwortungsbegriff wurde zur Inspiration für das Programm einer *Öffentlichen Theologie* (H.-E. Tödt, W. Huber, H. Bedford-Strohm). Deren Anliegen ist es, im pluralistischen gesellschaftlichen Diskurs religiöse resp. christliche Orientierungen zu geben und darin einen verantwortlichen Beitrag zu relevanten Fragen des gesellschaftlichen öffentlichen und politischen Lebens zu liefern. Damit geht die Öffentliche Theologie freilich über Bonhoeffers Konzeption von Verantwortung hinaus, indem sie dessen auf das Individuum bezogenen Begriff einer existentiellen Verantwortung als Antwort des Glaubens auf das Versöhnungswort ausweitet auf eine im säkularen öffentlichen Raum stattfindende theologische Reflexion aktueller ethischer Herausforderungen, an deren Ende der im Diskurs mit anderen Disziplinen gewonnene christliche Rat (vgl. E 364) im Prozess öffentlicher ethischer Entscheidungsfindung steht.

Daneben beziehen sich theologische Auseinandersetzungen mit Bonhoeffers *Ethik* zumeist auf Einzelfragen, die zudem häufig quer durch sein Gesamtwerk bearbeitet werden. Hervorzuheben sind hier die kritischen Arbeiten zum Begriff der Stellvertretung, die Bonhoeffers gewagte Analogie von soteriologischer Stellvertretung Christi und ethischer Stellvertretung des handelnden Einzelnen und den damit zusammengehörigen Gedanken der Schuldübernahme (vgl. E 276) behandeln (Jüngel 1990, Slenczka 1999). Bonhoeffers Ausführungen werden so zum Anlass, den Zusammenhang von Soteriologie und Ethik neu zu durchdenken und unter veränderten historischen, sozialen und kirchlichen Bedingungen angemessen zu formulieren.

Neu zu entdecken sind Bonhoeffers Gedanken zu den natürlichen Rechten und hier insbesondere der Abschnitt über Euthanasie, Sterbehilfe und Selbstmord (E 186–199). Wenn auch ihr unmittelbarer Kontext das nationalsozialistische Euthanasieprogramm der Tötung ›unwerten Lebens‹ ist, so enthalten sie doch Einsichten von bleibender Relevanz für den aktuellen medizinethischen Diskurs über den individuellen und sozialen Wert kranken Lebens, das Recht auf Leben und die Frage nach der menschlichen Autonomie.

4. Literaturhinweise

Zitierte Quelle:
D. Bonhoeffer, Ethik (DBW 6), hg. v. I. Tödt u.a., Gütersloh ²1998 (abgek. E).

Zum Einstieg empfohlen:
»Christus, die Wirklichkeit und das Gute. Christus, Kirche und Welt« (E, 31–61).

Weiterführende Literatur:
Bayer 1985; Bethge 2005; Feil 2005; Köster 1990; Slenczka 1999.

5. Verwendete Literatur

O. *Bayer,* Christus als Mitte. Bonhoeffer im Banne der Religionsphilosophie Hegels, in: BThZ 2 (1985), 259–276.

K. *Barth,* Rechtfertigung und Recht (1938). Christengemeinde und Bürgergemeinde. Evangelium und Gesetz, Zürich 1998.

–: Die Kirchliche Dogmatik, Bd. II/2, Zürich 1942 (= KD).

E. *Bethge,* Dietrich Bonhoeffer. Theologe – Christ – Zeitgenosse, Gütersloh ⁹2005.

D. *Bonhoeffer,* Zettelnotizen für eine »Ethik«, DBW 6 Erg., hg. v. I. Tödt, Gütersloh 1993.

–: Konspiration und Haft 1940–1945, DBW 16, hg. v. J. Glenthøj u.a., Gütersloh 1996.

–: Illegale Theologenausbildung: Sammelvikariate 1937–1940, DBW 15, hg. v. D. Schulz, Gütersloh 1998 (= Bonhoeffer 1998a).

–: Widerstand und Ergebung, DBW 8, hg. v. E. Bethge u.a., Gütersloh 1998 (= Bonhoeffer 1998b).

–: Nachfolge (1937), DBW 4, hg. v. M. Kuske und I. Tödt, Gütersloh ³2002.

–: Sanctorum Communio. Eine dogmatische Untersuchung zur Soziologie der Kirche (1930), DBW 1, hg. v. J. von Soosten, Gütersloh ²2005.

–: Schöpfung und Fall. Theologische Auslegung von Gen 1–3 (1933), DBW 3, hg. v. M. Rüter/I. Tödt, Gütersloh ³2007.

–: Akt und Sein. Transzendentalphilosophie und Ontologie in der Systematischen Theologie (1931), DBW 2, hg. v. H.-R. Reuter, Gütersloh ³2008 (= Bonhoeffer 2008a).

–: Gemeinsames Leben. Das Gebetbuch der Bibel (1939), DBW 5, hg. v. G.L. Müller/A. Schönherr, Gütersloh ³2008 (= Bonhoeffer 2008b).

E. Brunner, Gerechtigkeit. Eine Lehre von den Grundgesetzen der Gesellschaftsordnung, Zürich 1943.

F. Feil, Die Theologie Dietrich Bonhoeffers. Hermeneutik – Christologie – Weltverständnis, Münster ⁵2005.

W. Hartmann, Existenzielle Verantwortungsethik. Eine moraltheologische Denkform als Ansatz in den theologisch-ethischen Entwürfen von Karl Rahner und Dietrich Bonhoeffer, Münster 2005.

W. Huber, Protestantismus und Protest. Zum Verhältnis von Ethik und Politik, Hamburg 1987.

E. Jüngel, Das Geheimnis der Stellvertretung, in: Ders., Wertlose Wahrheit. Zur Identität und Relevanz des christlichen Glaubens, München 1990, 243–260.

–: Gott als Geheimnis der Welt. Zur Begründung der Theologie des Gekreuzigten im Streit zwischen Theismus und Atheismus, Tübingen ⁶1992.

P. Köster, Nietzsche als verborgener Antipode in Bonhoeffers »Ethik«, in: Nietzsche Studien 19 (1990), 367–418.

R. Mokrosch u.a., Dietrich Bonhoeffers Ethik. Ein Arbeitsbuch für Schule, Gemeinde und Studium, Gütersloh 2003.

G.M. Prüller-Jagenteufel, Befreit zur Verantwortung. Sünde und Versöhnung in der Ethik Dietrich Bonhoeffers, Münster 2004.

N. Slenczka, Die unvermeidbare Schuld. Der Normenkonflikt in der christlichen Ethik. Deutung einer Passage aus Bonhoeffers Ethik-Fragmenten, in: BThZ 16 (1999), 97–119.

H.-E. Tödt, Theologische Perspektiven nach Dietrich Bonhoeffer, hg. v. E.-A. Scharffenorth, Gütersloh 1993.

E. Wolf, Sozialethik. Theologische Grundfragen, hg. v. Th. Strohm, Göttingen ³1988.

Jonas E. Bauer

Jürgen Moltmann: Theologie der Hoffnung

1. Zur Person

Jürgen Moltmann wurde 1926 in Hamburg geboren. Unter dem Eindruck der Kriegserfahrungen des Zweiten Weltkrieges und seiner dreijährigen Kriegsgefangenschaft in England und Schottland gab er seinen früheren Plan, Mathematik und Physik zu studieren, auf und immatrikulierte sich für Evangelische Theologie an der Göttinger Universität (1948–1952). Moltmanns Lehrer waren dort H.J. Iwand, E. Wolf und vor allem O. Weber, bei dem er seine Dissertation über Moyse Amyraut, einen calvinistischen Theologen aus dem 17. Jh. verfasste. 1953 wurde Moltmann Gemeindepfarrer in Wasserhorst, einem Vorort von Bremen und zugleich Studierendenpfarrer an der Bremer Pädagogischen Hochschule. Nach der Habilitation in Göttingen im Jahr 1957 lehrte er an der Kirchlichen Hochschule in Wuppertal (1958–1964) und dann an der Universität Bonn (1963–1967) als Professor für Systematische Theologie. 1967 wurde er nach Tübingen berufen und arbeitete dort bis zu seiner Emeritierung im Jahre 1994. Jürgen Moltmann lebt in Tübingen und ist verheiratet mit E. Moltmann-Wendel, einer renommierten feministischen Theologin, mit der er vier Töchter hat.

1964 erschien die *Theologie der Hoffnung* (ThdH), die als Frühwerk zugleich Moltmanns international hohes Ansehen begründete. Die Arbeit an einer christlichen Eschatologie führte er fort und veröffentlichte 1995 *Das Kommen Gottes. Christliche Eschatologie* und 2003 *Im Ende – der Anfang: Eine kleine Hoffnungslehre*. Innerhalb seiner zahlreichen weiteren Schriften lag Moltmanns Hauptaugenmerk auf christologischen, trinitarischen und schöpfungstheologischen Beiträgen (vgl. v.a. Moltmann 1972;

1980; 1986; 1997). Seine Christologie ist kreuzestheologisch akzentuiert, was sich in der ThdH ankündigte und in *Der gekreuzigte Gott* (1972) grundlegend für alle seine weiteren Werke ausgearbeitet wurde.

In der ThdH werden die theologischen Topoi durchgehend unter eschatologischer Perspektive bearbeitet, genauer in ihren messianischen Dimensionen der Hoffnung, da Moltmann die Eschatologie programmatisch als »das Medium des christlichen Glaubens« (ThdH, 12) schlechthin bezeichnet. Die ThdH kann somit als Grundlegung und bleibender Orientierungspunkt für Moltmanns Theologie gelten, obgleich er selbst auch Revisionen an dem darin explizierten Verständnis von Eschatologie vorgenommen hat (vgl. Moltmann 1995, 150–167). Die spätere Arbeit an einem jüdisch-christlichen Verständnis der ›Einwohnung Gottes‹ (*Schechina*) als primär *räumlich* orientierter Kategorie kann zudem als Kontrapunkt zu der Zukunftsorientierung der Hoffnung *in der Zeit* gelesen werden (vgl. Moltmann 1999, 274–280).

Moltmanns Werk ist international anerkannt; mehr als zehn Ehrendoktorwürden von Universitäten aus aller Welt zeugen davon. Gastdozenturen hatte er u.a. an der Gregoriana/Rom und an der Emory University/Atlanta inne; 1985 wurde er nach Edinburgh eingeladen, um die Gifford Lectures zu halten. Von 1963 bis 1983 arbeitete er in der *Commission on Faith and Order* des Ökumenischen Rates der Kirchen mit. Diese ökumenische Ausrichtung ist genauso ein Signum für sein Denken wie das Interesse am jüdischen Diskurs, der sich u.a. in einer ausgeprägten Rezeption jüdischer Denker wie M. Buber, G. Scholem, F. Rosenzweig und E. Bloch widerspiegelt (vgl. z.B. Moltmann 2006, 211–227.255–269).

Moltmann versteht seine Theologie nicht als Arbeit an einer enzyklopädisch orientierten Systematik, sondern als engagierten Beitrag zur politischen Gestaltung kirchlichen und gesellschaftlichen Lebens – im Angesicht der Verheißungen Gottes. Diese Ausrichtung ist zugleich Grund und Anlass, Moltmann als ›Befreiungstheologen‹ zu lesen (zur Problematik dieser Kategorie und zum Selbstverständnis vgl. Moltmann 1999, 11–18.166–170), dessen *kontextuelle Theologie* von der je in der Gegenwart wahrgenommenen Weltverantwortung von Christinnen und Christen bewegt wird.

2. Zum Werk

2.1 Zum Kontext des Werkes

Im Wintersemester 1963/64 trug Moltmann Manuskripte zu seiner Theologie der Hoffnung als Vorlesung in Wuppertal und Bonn vor. Grundgedanken dazu hatte er schon 1961 im Herausgeberkreis der Zeitschrift *Evangelische Theologie* referiert (veröffentlicht in Moltmann 1992). Was sich darin zunächst als Schriftlehre verstand, nämlich die Hermeneutik an der ›Zukunft der Schrift‹ statt an der ›Mitte der Schrift‹ zu orientieren (vgl. Moltmann 2006, 86), sollte in der ThdH dann als *eschatologische Hermeneutik* für das gesamte Feld der Theologie zur Geltung gebracht werden. Die theologischen Ansätze der anerkannten Größen dieser Zeit, K. Barth und R. Bultmann, wurden dazu – in aller bestehenden Kontinuität zu ihren theologischen Entwürfen – einer kritischen Revision unterzogen. Vereinfacht gesagt, blieb für Moltmann methodisch ein christozentrisch-biblischer Zugang zur Theologie maßgeblich. Jedoch wurde das theologische Zeitverständnis von einer je auf den gegenwärtigen Augenblick gerichteten Orientierung geöffnet hin zur Zeit der Zukunft, hin zu den noch ausstehenden biblisch wahrgenommenen Verheißungen Gottes für die Welt und den Menschen (vgl. ThdH, 33f; Moltmann 2006, 115). Die ThdH knüpft somit an eine Theologie der Geschichte an, die zuletzt im 19. Jh. vertreten und durch die Dialektische Theologie grundlegend kritisiert worden war. In der prinzipiellen Orientierung an der Kategorie ›Zeit‹ *als* Geschichte ist das Projekt der ThdH verwandt mit der Theologie W. Pannenbergs, deren programmatische Ausrichtung schon 1961 in *Offenbarung als Geschichte* vorlag (vgl. ThdH, 67–74).

Moltmann selbst nennt *vier* Fäden, die sich in der ThdH verknüpfen: Es ist *erstens* die Vorstellung der reformierten Theologie, dass ihr Ziel- und Orientierungspunkt in der »Perseveranz [Ausharren; J.B.] der Glaubenden ›bis ans Ende‹« (Moltmann 2006, 103) besteht und *zweitens* eine Reich-Gottes-Theologie, die sich inspiriert von Ch. Blumhardt und auch D. Bonhoeffer, den ›noch nicht‹ realisierten Gehalten des Gottesreiches verschrieben hatte. *Drittens* zog Moltmann biblische Impulse aus G. v. Rads alttestamentlicher Verheißungstheologie und A. v. Rulers Apostolatstheologie, welche Mission im Vorgriff auf das Reich Gottes versteht. Zudem nahm Moltmann die Interpretation der Apokalyptik von E. Käsemann auf, die sich selbst schon gegen Bultmanns Zeitverständnis gewendet hatte. Schließlich war Moltmann *viertens* dem hegelianisch-marxistisch gewendeten Messianismus E. Blochs verbunden, den dieser unter Rezeption jüdischer Traditionen in seinem Werk *Das Prinzip Hoffnung* (1959) entfaltet hatte (vgl. Moltmann 2006, 103).

Die genuine Verknüpfung dieser Traditionen kann allerdings den unmittelbaren Erfolg und die vielfache internationale Rezeption des Werkes nicht hinreichend erklären. Als die ThdH 1964 erschien, lag das Thema ›Hoffnung‹ »in der Luft« (Moltmann 2006, 105) und die wissenschaftliche Arbeit an einem kritischen Begriff der Geschichte stand über die Fachgrenzen hinweg auf der Tagesordnung. Die Kriegserfahrungen hatten der optimistischen Geschichtsauffassung des 19. Jh.s endgültig den Boden entzogen und doch schien knapp zwei Dekaden nach dem Ende des Zweiten Weltkrieges eine geschichtliche Orientierung nach vorne gesellschaftlich und kirchlich greifbar – gegen die Zustände der Zeit und der jüngsten Vergangenheit. Eine Theologie der Hoffnung verband sich mit diesen ›Zeichen der Zeit‹, die sich durch politische Aufbruchsbewegungen in vielen Ländern in den 1960er Jahren markieren lassen. Der *Spiegel* betitelte 1968 einen Artikel zu Moltmanns bis dahin schon in fünf Sprachen übersetztem und in Deutschland in sechster Auflage erscheinendem Werk mit ›Kinder des Protestes‹. Damit wurde die Sache der ThdH verzerrt und verkürzt, aber dennoch hob der Artikel ab auf den in der ThdH angelegten Übergang zu einer Politischen Theologie. Es ist genau dieser Anschluss an eine politisch engagierte Theologie, der als gewichtiger Grund auszumachen ist für den gesellschaftlichen und kirchlichen, aber auch wissenschaftlichen Erfolg des Werkes.

2.2 Zum Aufbau und Stil

Moltmann leitet die ThdH mit einer *Meditation über die Hoffnung* ein. Diese Vorgehensweise setzt sich bewusst ab von den standardmäßig zu erwartenden Prolegomena zu einer Dogmatik. Moltmann intoniert vielmehr in dieser *Meditation* Dimensionen (christlicher) Hoffnung und kreist die inhaltlich und methodisch relevanten Aspekte ein, durchsetzt mit programmatischen Wendungen:

»Man nannte lange Zeit die Eschatologie die ›Lehre von den letzten Dingen‹ […]. In Wahrheit aber heißt Eschatologie die Lehre von der christlichen Hoffnung, die sowohl das Erhoffte wie das von ihm bewegte Hoffen umfasst. Das Christentum ist ganz und gar und nicht nur im Anhang Eschatologie, ist Hoffnung, Aussicht und Ausrichtung nach vorne, darum auch Aufbruch und Wandlung der Gegenwart. Das Eschatologische ist nicht etwas am Christentum, sondern es ist schlechterdings das Medium des christlichen Glaubens, der Ton, auf den in ihm alles gestimmt ist, die Farbe der Morgenröte eines erwarteten neuen Tages, in die hier alles getaucht ist. Denn der christliche Glaube lebt von der Auferweckung des gekreuzigten Christus und streckt sich aus nach den Verheißungen der universalen Zukunft Christi. Eschatologie ist das Leiden und die Leidenschaft, die am Messias entstehen.« (ThdH, 11f).

Der Sprach- und Denkstil Moltmanns variiert zwischen thetischen Setzungen, metaphernreichen Ausführungen sowie Argumentationen, die die theologische Tradition kritisch analysieren. Die ThdH trägt eine Theorie christlicher Hoffnung vor und versucht im selben Moment auch, eine korrespondierende christliche Praxis der Hoffnung zu inspirieren, ja Hoffnung beim Lesen zu nähren. Maßgeblich für ein Urteil über die ThdH wird jeweils sein, ob Moltmann bei den Lesenden diese Wirkung erzielen kann oder nicht bzw. ob das Werk in diesem Theorie und Praxis umfassenden Sinn verstanden oder nur als theoretischer Beitrag zur Eschatologie rezipiert wird. Es ist ein Fachbuch und richtet sich doch an alle christlich Interessierten. Es unterläuft damit bewusst die Ausdifferenzierung von Wissenschaft und Kirche bzw. von Kirche und säkularer Gesellschaft. Der Stil, der diesem Anliegen entspricht, stellt sich bei Moltmann als ein Ineinander von verkündigenden und lehrenden Elementen dar. Für eine Rezeption des Werkes, die ihm gerecht werden will, wird dieses grundlegende Interesse und der damit verbundene Stil zu berücksichtigen sein.

Mit der inhaltlichen Grundthese, Eschatologie beträfe das Ganze des Christentums und damit der christlichen Theologie, macht Moltmann im Verlauf der ThdH ernst. Im kritischen Durchgang durch alle klassischen Disziplinen der Theologie erhebt er die Möglichkeit, von der ›Hoffnung‹ als einer eschatologischen Kategorie im universalen Sinn zu sprechen. Das Buch enthält fünf Kapitel, die sich im Vorlauf auf das zentrale, neutestamentlich orientierte Kapitel III *Auferstehung und Zukunft Jesu Christi* zunächst als systematisch-theologisches (Kapitel I *Eschatologie und Offenbarung*) und alttestamentliches (II *Verheißung und Geschichte*) lesen lassen. Im Anschluss an das zentrale Kapitel III ist Kapitel IV (kirchen-)historisch orientiert und arbeitet v.a. ein eschatologisches Geschichtsverständnis heraus (*Eschatologie und Geschichte*). Das Abschlusskapitel V legt den Fokus auf die praktischen und ethischen Konsequenzen für die Gemeinde als *Exodusgemeinde*. Hinzu tritt seit der dritten Auflage des Buches ein Anhang, der ein literarisch vorgetragenes *Gespräch mit Ernst Bloch* enthält und sich den Gemeinsamkeiten und Differenzen von Blochs *Prinzip Hoffnung* und der ThdH widmet.

2.3 Methodische Grundentscheidungen und inhaltliche Hauptlinien

Es sind zwei Gedankenfiguren, die sich in der ThdH als methodische Grundentscheidungen lesen lassen und deren Spuren in allen Kapiteln des Buches wieder zu finden sind. Moltmann unterscheidet *erstens* zwischen biblischem und griechischem Denken und markiert *zweitens* den messianischen Horizont und Akzent innerhalb aller Inhalte christlichen Glaubens, indem er dessen Grund in der Geschichte der Verheißungen Gottes sieht und ihn als prinzipiell auf die Zukunft verwiesenen bestimmt. Die inhaltlichen Hauptlinien des Werkes lassen sich durch diese Grundentscheidungen strukturieren und zusammenfassend rekonstruieren. Beide sind in ihrer Bedeutung für die Eschatologie miteinander verbunden, müssen methodisch aber unterschieden werden, da ihre Verbindung keine notwendige ist, sondern gerade den speziellen theologischen Reiz der ThdH ausmacht. Moltmann schreibt beide Gedankenfiguren aufgreifend:

»Erst die theologische Wertschätzung der ›Zeit‹ durch die Erwartung der Ankunft der verheißenden Zukunft Gottes aus dem jüdisch-christlichen Messianismus hat das griechische Denken für das Problem der Geschichte und für die geschichtsphilosophische Idee eines zielgerichteten, unumkehrbaren und unwiederholbaren Geschichtsprozesses geöffnet. […] Durch die Verbindung beider Wahrheitssphären und Denkweisen in den vielfältigen Begegnungen zwischen dem jüdisch-christlichen Messianismus und dem griechischen Denken in der christlichen Gemeinde bekam das griechische Denken jene entscheidende Wende vom Statischen zum Dynamischen, von der Substanz zur Funktion, von der ewigen Gegenwart des Seins zu den offenen Möglichkeiten der Zukunft, von der metaphysischen Verklärung des Kosmos zur sendungsbewußten Umgestaltung der Welt.« (ThdH, 240).

Das Grundmuster der beiden Gedankenfiguren wird hier verdeutlicht, ohne dass der spezifische Sinn in der ThdH damit schon ausgedrückt wäre. Mit ›Geschichte‹, jüdisch-christlich verstandener ›Verheißung‹ und ›Sendungsbewußtsein‹, welche im Gegensatz zur ›ewigen Gegenwart des Seins‹ stehen, sind drei wichtige Parameter der ThdH versammelt. Doch ist geschichtliches Denken entlang von Gottes Verheißungen oder christlich motiviertes Sendungsbewusstsein nach Moltmann den meisten Theologien des 19.Jh.s zu Eigen und könnte auch zur Charakterisierung der kantischen Vision vom ›ewigen Frieden‹ herangezogen werden (vgl. ThdH, 240f). Erst die von J. Weiß und A. Schweitzer an der Wende zum 20. Jh. herausgearbeitete, fundamentale eschatologische Dimension der Botschaft Jesu bildet in diesem Zusammenhang die spezifische Zäsur. In dieser Sichtweise öffnet sich ein solcher Raum nach vorne in die unvollendete Geschichte Jesu, der die im 19. Jh. »selbstverständliche harmonische Synthese von Christentum und Kultur als Lüge erscheinen [lassen musste; J.B.] (F. Overbeck)« (ThdH, 31). Nach Moltmanns Analyse ist jedoch die Entdeckung dieser Art von Eschatologie unwirksam geblieben in der Theologie (vgl. ThdH, 31ff). Seine methodischen Grundentscheidungen stellen demgegenüber die Weichen, Eschatologie in ihrer gesellschafts- und christentumskritischen Pointe zu verstehen. Diese zielt darauf ab, im Namen der Zukunft Gottes die Gegenwart kritisch wahrzunehmen und politisch zu erneuern, ohne allerdings das Ende der Geschichte Gottes mit der Welt vorwegnehmen zu wollen und zu können. Die nächsten zwei Abschnitte sollen die angesprochenen Grundentscheidungen in ihrer spezifischen Form in der ThdH beleuchten und genauer darstellen.

a) Biblisches Denken im Gegensatz zu griechischer Philosophie
Moltmann kontrastiert biblisches mit griechischem Denken und nimmt darin eine Unterscheidung auf, die in variierter Form prominent bei B. Pascal auftaucht. Dieser stellte dem ›Gott Abrahams, Isaaks und Jakobs, dem Vater Jesu Christi‹ den ›Gott der Philosophen‹ gegenüber. Diese Gegenüberstellung findet auch in der liberalen Theologie A. Ritschls und A. v. Harnacks ihr Echo. 1952 hatte Th. Boman – eine Dekade vor der ThdH – ein Buch mit dem Titel *Das hebräische Denken im Vergleich mit dem griechischen* veröffentlicht und zentral auf den Unterschied von dynamischem Denken (in) der Zeit und statischem Denken (jenseits) der Zeit abgezielt. In genau dieser Form und in implizitem Anschluss an Boman wird die Unterscheidung von biblischem und griechischem Denken bei Moltmann virulent. Da für ihn das griechische Denken im Logos die »Epiphanie der ewigen Gegenwart des Seins erfährt und darin die Wahrheit findet« (ThdH, 34), kann es dem biblischen, dynamischen Zeitverständnis nur entgegengesetzt werden. Kern des griechisch-philosophischen Denkens ist demnach eine geschichtslose Metaphysik, die unveränderliche Gültigkeit beansprucht. Sie zeigt sich auch in solchen Theorien, die auf das *geschichtliche* Erscheinen dieser ewigen Wahrheit reflektieren. Vehement wendet sich Moltmann deshalb gegen eine an diese Traditionen anschließende christliche Logos-Theologie und eine ihr entsprechende Eschatologie. Eine solche kann seiner Meinung nach nur die Form einer ›transzendentalen Eschatologie‹ annehmen, wie sie sich bei Kant und Hegel vorfindet, aber auch bei Barth und Bultmann am Werk ist (vgl. ThdH, 39). Dieser Art von *transzendentaler* Eschatologie wirft er vor, dass sie sich allein auf die Bedingungen der Erfahrung und des Wissens der ›letzten Dinge‹

in der jeweiligen Gegenwart bezieht und somit als rein *präsentisch* verstanden im Grunde geschichtslos bleibt. Sie ist keine Eschatologie im radikalen *futurischen* Sinn. Dieser ist erst dort erlangt, wo sie sich der grundsätzlichen Unabgeschlossenheit des kosmischen Prozesses in die Zukunft Gottes hinein öffnet und ihr Gehalt daher vom Menschen weder erfahren noch gewusst, sondern nur erhofft werden kann. Ein solches Verständnis von Zeit und Geschichte, das die Zukunft als offen und theoretisch uneinholbar begreift, sieht Moltmann in weiten Teilen biblischer Tradition ausgedrückt – in den Erfahrungen mit dem Gott des Exodus und der Auferstehung. Moltmanns Versuch, biblische Texte im Zusammenhang einer solchen Zeit- und Geschichtsvorstellung zu lesen, ist inspiriert worden durch E. Blochs Werk *Das Prinzip Hoffnung*.

Bloch sieht den Exodus aus der bürgerlichen Gesellschaft und das ›utopische Prinzip‹ dadurch konterkariert, »dass sowohl die archaisch-mythische wie die urban-rationalistische Geistesart betrachtend-idealistisch ist, folglich als nur passiv-betrachtende eine gewordene Welt, eine abgeschlossene, voraussetzt, einschließlich der hinüberprojizierten Überwelt, in der sich Gewordenes widerspiegelt.« (Bloch 1959, 6). Die Philosophie Blochs strebt ein dazu gegenläufiges Programm an: Ihr

»Licht, in dessen Schein das prozesshaft-unabgeschlossene Totum abgebildet und befördert wird, heißt *docta spes, dialektisch-materialistisch begriffene Hoffnung*. Das Grundthema der Philosophie, die bleibt und ist, indem sie wird, ist die noch ungewordene, noch ungelungene Heimat, wie sie im […] Kampf des Neuen mit dem Alten sich herausbildet« (Bloch 1959, 8; Hervorh. i. O.).

Für dieses marxistisch geprägte Geschichtsverständnis Blochs wird die Kategorie des *Novums* grundlegend, da das Neue der Zukunft für das spezifische Denken und Wissen der Hoffnung orientierend wirkt: »Der Nerv des rechten historischen Begriffs ist und bleibt das Novum« (Bloch 1959, 1627; vgl. ThdH, 240). Bloch wie Moltmann sehen im *Novum* nicht ein Neues, was in keiner Weise anknüpft an Bestehendes (vgl. aber Bloch 1959, 233). Vielmehr ergeben sich in der Praxis Möglichkeiten zur Veränderung von Gegebenem, welche den Boden bereiten für ein sich einstellendes *Novum* (vgl. Bloch 1959, 335f; ThdH, 81f, 238f). Die Zukunft selbst ist

Kriterium für mögliches Neues, nicht das menschliche Subjekt der Praxis. Widersprochen wird damit einer Position, die ein souveränes Subjekt entwirft, welches Handlungswissen appliziert, um Neues herzustellen. Für Moltmann gilt es deshalb – gleichsam als untere Grenze der Bestimmung des *Novums* –, Geschichte im menschlichen Wissen, Denken und Handeln offen zu halten und nicht durch ›immer schon Gewusstes‹ zu vernichten (vgl. ThdH, 239). Prinzipiell bleibt Zukunft in diesem Geschichtsverständnis deshalb nur partiell antizipierbar und dadurch in ihren Möglichkeiten und Chancen für den Menschen zutiefst ambivalent. Ob sich Leid, Tod und Elend als Herren der Zukunft offenbaren werden oder das Gute und das Leben in humanem Antlitz, bleibt als Frage virulent. Das Gute von ›Heute‹ könnte sich als Leid und Tod von ›Morgen‹ entpuppen. Gegen die Art von Zuversicht, die sich in Hölderlins Wahlspruch »Wo Gefahr ist, wächst das Rettende auch« ausdrückt, schließt sich Moltmann Bloch an, der kritisch feststellt: »Wo das [vermeintlich] Rettende wächst, wächst auch die Gefahr« (vgl. ThdH, 242). Eine Hermeneutik des Verdachts gegenüber optimistischen Geschichtsauffassungen und bürgerlichen Kulturidealen vereint *Das Prinzip Hoffnung* und die ThdH. Die Widersprüchlichkeit der Wirklichkeit gilt es nicht aufzulösen, sondern das Leiden daran ernst- und anzunehmen (vgl. ThdH, 76). Doch woher kommt die Kraft dies zu tun?

Eine basale Differenz zwischen Bloch und Moltmann liegt im angenommenen Grund der Hoffnung. Bedingt durch seine materialistische Grundhaltung sieht Bloch die Wurzel der Hoffnung primär in der Unabgeschlossenheit der Prozesse des Lebens und der Dinge selbst (vgl. Bloch 1959, 1627). Die Offenheit hin zur Möglichkeit des noch nicht realisierten, idealen ›Humanums‹ und hin zur kosmischen Weltvollendung ermöglicht die Hoffnung. Damit ist sie – zugespitzt formuliert – selbst ihr eigener Grund (vgl. ThdH, 315f; Bloch 1959, 1515ff). Für Moltmann ist bei Bloch der ›Gott Hoffnung‹ am Werk, den es zu präzisieren gilt als ›Gott der Hoffnung‹. Dies strebt Moltmann mittels einer biblischen Hermeneutik an, die sich an der ›Zukunft der Schrift‹ und damit an Gottes Verheißungen orientiert.

b) Grund der Hoffnung – Messianisch verstandene Verheißungen

Der Hoffnungslosigkeit hat der Mensch im Anblick von Leid, Elend und Tod in der Gegenwart erst einmal nichts entgegen zu setzen. Nach Moltmann ist es erst diejenige Hoffnung, die ihren Grund im jüdischen Verheißungsglauben findet, welche sich der Offenheit der Geschichte stellen kann. In der Rekonstruktion der v.a. von G. v. Rad dargestellten Verheißungstheologie des Alten Testaments findet Moltmann den israelitisch-jüdischen Verheißungsglauben gelungen ausgedrückt. Geschichte wird darin zur Geschichte der Verheißungen Gottes an Israel und gerade nicht zur allgemeinen Weltgeschichte: »Geschichte gab es [...] für Israel nur, sofern und soweit Gott mit ihm gegangen ist; nur diese und keine andere Erstreckung kann so bezeichnet werden.« (v. Rad 1960, zitiert nach Moltmann 1967, 96). Gottes Offenbarung in den erzählenden und prophetischen Traditionen der Thora wird dabei nicht als Epiphanie Gottes, als seine Selbstoffenbarung gelesen, sondern als Offenbarung in seinen Verheißungen. Gott ist nicht Gott durch sein Sein, sondern durch seine Wirkung, die dem Menschen Zukunft ermöglicht. Worte Gottes sind Verheißungsworte insofern, als sie erst den »Sinn für Geschichte« initiieren und zwar in der Art, dass sich ein »Gefälle auf die verheißene und ausstehende Erfüllung hin« (ThdH, 92) öffnet. Gott zeigt seine Treue in Verheißung und Erfüllung, und doch wird gerade ein solches Schema gesprengt: Signifikant ist für Moltmann, dass sich in den Texten nirgends Spuren einer ›Melancholie der Erfüllung‹ zeigen, sondern vielmehr Erfüllungen verstanden werden als *Erweiterungen der Verheißung* (vgl. ThdH, 94): »Grund für den Mehrwert der Verheißung und ihre ständige Überschüssigkeit über die Geschichte liegt in der Unausschöpflichkeit des Verheißungsgottes, der sich in keiner geschichtlichen Wirklichkeit erschöpft, sondern erst ›zur Ruhe‹ kommt in einer Wirklichkeit, die ihm ganz entspricht.« (ThdH, 95).

Damit sind die Verheißungen Gottes und seine geglaubte Treue Grund der Hoffnung, ohne dass sich dieser Grund als ein vollends tragfähiger je in der Zeit einstellt. Eschatologisch in diesem vollen, d.h. auch universalen Sinn werden die Verheißungen innerhalb der prophetischen Tradition, da dort »Israel von seinen Propheten aus dem Heilsbereich der bisherigen Fakten herausgestoßen wurde und

[...] sich sein Heilsgrund mit einemmal in ein kommendes Gottesgeschehen hinaus verlagerte« (v. Rad 1960, zitiert nach ThdH, 115). Eine universale Eschatologie deutet sich in solchen Vorstellungen an, die in Gerichts- und Heilsverheißungen alle Völker und Israel vereint sehen (vgl. ThdH, 117). In diesem Sinne ist Eschatologie auch dort in der prophetischen Tradition expliziert, wo der Tod als Gericht thematisiert wird und Gott als Herr über das Gericht und mögliche Wendungen des Urteils erhofft werden (vgl. ThdH, 119).

Christlich gesehen gewinnen die Verheißungen des Gottes Israels durch das Christusereignis einen universalen Charakter. Durch Christus kann die Verheißungsgeschichte Gottes mit Israel auf alle Völker ausgedehnt werden, so dass die Sendung in die Welt als integraler Bestandteil der Verheißung Gottes verstanden werden muss. Die Auferstehung Christi von den Toten *erfüllt* dabei die Verheißungen *nicht*, sondern öffnet die universale Zukunft aller Verheißungen: »Das Evangelium ist Verheißung und ist als Verheißung Angeld der verheißenen Zukunft.« (ThdH, 133). So ist dieses Evangelium auch nicht als Überbietung oder Beendigung der Verheißungen an Israel zu verstehen, sondern ist im »eschatologischen Sinne dieser Verheißungen mit ihnen sogar identisch.« (ThdH, 133). Näher qualifiziert ist das Christusereignis nach Moltmann darin, dass ein solcher »Geschichtsprozess in Gang gekommen [ist], der auf die Vernichtung des Todes in der Herrschaft des Lebens aus der Auferweckung zielt« (ThdH, 148).

Moltmanns Lesart der Auferstehung ist an diesem Punkt entgegengesetzt zu Pannenbergs Verständnis, für den die Auferstehung Christi das Ende der Geschichte vorwegnimmt und Gott sich so in diesem Geschehen schon endgültig offenbart (Pannenberg 1961). Moltmann sieht stattdessen in der Auferstehung den Grund für eine christliche Eschatologie gelegt, die von ›Christus und seiner Zukunft‹ spricht und ihn als den Messias erhofft und erwartet (vgl. ThdH, 204). Analog zum alttestamentlichen Geschichtsverständnis argumentiert er, dass mit dem Christusereignis allererst universale Geschichte beginnt und mit ihm ›ein-für-alle-Mal‹ der Zukunftshorizont voraus geworfen ist bis zur nun erhoffbaren Wiederkunft Christi als Messias (vgl. ThdH, 275). Messianismus nach Moltmann ist kein politisch-innerweltlicher, den die christliche Gemeinde allein selbstmächtig verwirklichen könne oder müsse. Vielmehr ist die *Zukunft Christi* messianisch zu verstehen, das heißt für Moltmann als Zukunft in dreifacher Hinsicht: Als Zukunft der Gerechtigkeit Gottes, als Zukunft des Lebens über den Tod hinaus sowie als Zukunft des Reiches Gottes und der Freiheit des Menschen (vgl. ThdH, 185ff). Mit diesem ›Hoffnungswissen‹ richtet sich christliche Erwartung auf »niemand anderen als auf den gekommenen Christus«. Doch sie wartet in dieser dreifachen Hinsicht auf etwas »Neues, bisher noch nicht Geschehenes« (ThdH, 208). Moltmanns Eschatologie hebt somit zentral ab auf die Leben und Tod umgreifende Spannung innerhalb des kosmischen Dramas, dessen letzter, messianischer Akt angedeutet und antizipierbar, aber nicht vollendet ist.

Für Christinnen und Christen ist die Zukunft Christi allerdings kein Drama, das sie als Zuschauer von außen betrachten könnten, sondern im Sinne der ›Zukunft der Schrift‹ sind sie Apostolaten, die als *Exodusgemeinde* in die Welt gesendet sind (vgl. ThdH, 260f; Moltmann 1975a). Die Bewegung dieser Sendung ist eine doppelte: einerseits eine kritische und widerständige aus dem Bestehenden hinaus ins Kommende, andererseits eine leidenschaftliche Hingabe in die gegenwärtige Welt hinein.

Christliche Hoffnung wird sich geschichtlich immer wieder neu und anders zu konkretisieren haben, wie auch die Ausbuchstabierung der Kritik an bestehenden kulturellen, kirchlichen und politischen Verhältnissen. Moltmann sucht im finalen Kapitel V die Konkretisierung und entwirft mögliche praktische und ethische Konsequenzen. Von heute aus besehen setzt er sich damit erkennbar dem Risiko aus, allein im zeitlichen Kontext der Entstehung seines Werkes betrachtet zu werden. Doch gerade auf diesen zeitgeschichtlichen Kontext bezogen möchte Moltmann theologische Debatten schüren und ethische Wege aufzeigen. Konkret: Im Wissen um die erhoffte Zukunft Christi gilt es den *Konflikt* mit der gegenwärtigen, modernen Gesellschaft zu suchen. Moltmann nennt drei Formen des ›Kults‹, die jeweils Religion zur Apologie kultureller Verhältnisse missbrauchen und daher zur Kritik herausfordern.

(i) Der ›Kult‹ um individuelle Freiheit und Subjektivität, der sich um das Identisch-Werden mit sich selbst dreht, muss aufgebrochen werden durch die »Freiheit, sich selbst zu entäußern, sich zu objektivieren und sich in den Schmerz des Negativen hineinzugeben, ohne seine damit eingesetzte und hingegeben freie Subjektivität zu beklagen« (ThdH, 301).

(ii) Religion als ›Kult‹ der Mitmenschlichkeit hinterfragt die Parameter der kapitalistischen und wissenschaftlich-technischen Zivilisation nicht, sondern bietet ›echte Gemeinschaft‹ in der bloßen Nähe und Wärme zwischen Menschen. Dies kommt nach Moltmann faktisch der »sozialen Stilllegung der christlichen Nächstenschaft« (ThdH, 296) gleich.

(iii) Der ›Kult‹ um Kirche und andere Institutionen in ihrer gesellschaftlichen Entlastungsfunktion produziert unverbindliche religiöse Haltungen sowie eine Überspezialisierung des theologischen Diskurses. Zudem wird die Institution als vermeintlicher Garant für ›Lebenssicherheiten‹ aufgebaut. Stattdessen gehört die Frage nach dem christlichen Leben als eine beunruhigende in die Mitte der Gesellschaft (vgl. ThdH, 296ff).

Die Bewegung der *Hingabe* an die Welt steht für Moltmann also im Zeichen des Kreuzes und damit im Zeichen des Konflikts mit der Welt. Indem der Glaube das Leiden und Sterben mit Christus annimmt und sich »in den Schmerz der Liebe hineingibt, verkündet er die Zukunft der Auferstehung, des Lebens und der Gerechtigkeit Gottes im Alltag der Welt.« (ThdH, 148). Der Glaube zeichnet sich in dieser Lesart nicht allein durch Trost im individuellen Gewissen aus, sondern sucht gesellschaftliche Relevanz: Moltmann nennt die »Verwirklichung eschatologischer *Rechtshoffnung*, *Humanisierung* des Menschen, *Sozialisierung* der Menschheit, *Frieden* der ganzen Schöpfung.« (ThdH, 303; Hervorh. i. O.) Für diese Ziele, so argumentiert Moltmann, ist der Beruf des Menschen im Sinne christlicher Berufung zu verstehen; im ›Angriff auf die Welt‹ ist das Kriterium sodann für »Berufswahl, Berufswechsel, nebenberufliche Tätigkeiten sowie für die Annahme und Gestaltung des Sozialisierungsvorganges allein die Sendung der christlichen Hoffnung« (ThdH, 308). Damit ist die Arbeit am Reich Gottes als ›schöpferische Nachfolge‹ in der Mitte einer tätigen Gesellschaft bestimmt.

Die menschlichen Handlungsperspektiven, die Moltmann skizziert, werfen zuletzt die Frage nach dem Ganzen seiner *Theologie der Hoffnung* noch einmal auf: Seine Eschatologie kann gelesen werden als Beitrag zur Frage nach dem Handeln Gottes und der Menschen in der Welt. Wie geht das geschichtlich zusammen? Eine knappe Antwort Moltmanns sieht die erhoffte Parusie Christi, seine Zukunft, »nicht von der erfahrbaren und zu lebenden Wirklichkeit totaliter getrennt, sondern sie wirkt als real ausstehende Zukunft durch erweckte Hoffnungen und aufgerichteten Widerstand in die Gegenwart hinein.« (ThdH, 207).

3. Zur Wirkung

In den fünf bisherigen Dekaden einer möglichen Wirkung der ThdH sind einige wenige Stationen zu benennen. Unmittelbar nach Erscheinen entbrannte eine kontroverse Diskussion, die durch den Sammelband *Diskussion über die ›Theologie der Hoffnung‹* (Marsch 1967) in weiten Teilen rekonstruiert werden kann. Die Fortsetzung als *Diskussion zur ›Theologie der Revolution‹* (Feil/Weth 1969) markiert die erste Hochphase einer Politischen Theologie, die sich maßgeblich über die weltweiten politischen Befreiungsbewegungen und deren je vor Ort vorangetriebenen theologischen Reflexionen aufbaut (vgl. z.B. Moltmann 1975b). Die ThdH kann als ein Grundstein der Politischen Theologie und der Theologie der Revolution der späten 1960er, 70er und 80er Jahre gelten. In Deutschland sind neben Moltmann J.B. Metz und D. Sölle zu nennen, die sich in dieser Richtung untereinander beeinflusst, eng zusammen gearbeitet, aber in einzelnen theologischen Fragen auch scharf voneinander abgegrenzt haben. Feministische Theologien und Befreiungstheologien haben sich in dieser Zeit weltweit eigenständig entwickelt, doch bezogen sie v.a. eschatologische Impulse aus der ThdH und späteren Werken Moltmanns. Kritik an Moltmanns Eschatologie wurde in Deutschland in scharfer Form von H. Lübbe geäußert (1982, 127f) und im lateinamerikanischen Kontext von M. Bonino und G. Gutiérrez vorgetragen, die in seiner Politischen Theologie ›westliche Anbiederung‹ und intellektuellen Imperialismus witterten. Produktive Aufnahme fand die ThdH später in der *Pentecostal Theology*, v.a. in Korea (vgl. Moltmann 2006, 355). Weltweit sind 207 Dissertationen über Moltmanns Theologie geschrieben worden (bis 2007) – hauptsächlich zu seiner Eschatologie (vgl. Moltmann 2008, 207ff). Internationale Konferenzen zur Wirkung der ThdH fanden 2004, vierzig Jahre nach deren Erscheinen, in Atlanta und in Bad Boll statt.

In Deutschland hat Moltmann keinen Aufbau einer akademischen Schule vorangetrieben (vgl. Moltmann 2006, 150). Dennoch hat seine Art, Theologie zu verstehen, viele Menschen innerhalb und außerhalb des wissenschaftlichen Kontextes geprägt. Sein Denken ist gekennzeichnet durch eine *Vermittlung und Kontrastierung* biblischen Glaubens mit gesellschaftlicher Kultur. Näher bestimmt verfolgt Moltmann eine ökumenisch orientierte, kontextuelle Theologie in transsubjektiver, d.h. schöpfungstheologischer und eschatologischer Perspektive.

Im Werk Moltmanns selbst hat die eschatologische Dimension der ThdH ihren fundamentalen Charakter behalten, wurde aber im *Kommen Gottes* (1995) perspektivisch erweitert. Moltmann bezieht dort mit G. Scholem und F. Rosenzweig weitere jüdische Denker ein und kommt im Verhältnis von Eschatologie und jüdisch-christlicher Apokalyptik zu einer Neubewertung. In der ThdH stand die messianische Eschatologie als eine *mit dem Ziel der Geschichte* befasste Lehre im Zentrum. Demgegenüber hatte die Apokalyptik als radikale Frage nach Abbruch und *Erlösung aus der Geschichte* eher eine Randexistenz geführt. Im *Kommen Gottes* würdigt Moltmann nun allerdings die Apokalyptik als ebenso bedeutsame Tradition, so dass für ihn zuletzt das Ende der Geschichte eschatologisch-apokalyptisch offen und ambivalent bleibt (vgl. Martin 1996, 3f). Es ist diese Art der Offenheit, die christliches Sendungsbewusstsein wach hält, aber gerade in ihrer Ambivalenz eine (selbst-)kritische Haltung in Resonanz zu Gottes Verheißungen und gegenwärtiger Gesellschaft erfordert: »Christliche Theologie muss die messianische Vermessenheit und die apokalyptische Resignation aus den modernen Einstellungen auf die Zukunft vertreiben und die Frage Kants [Was darf ich hoffen?] mit einer Vergegenwärtigung der

Auferstehung des gekreuzigten Christus Jesus beantworten.«
(Moltmann 1995, 217).

4. Literaturhinweise

Zitierte Quelle:
J. Moltmann, Theologie der Hoffnung. Untersuchungen zur Begründung und zu den Konsequenzen einer christlichen Theologie, München 1964 (abgek. ThdH).

Zum Einstieg empfohlen:
ThdH, 11–30 und 204–209.

Weiterführende Literatur:
Lübbe 1982; Moltmann 1983; Müller-Fahrenholz 2000; Moltmann u.a. 2005.

5. Zitierte Literatur

E. *Bloch*, Das Prinzip Hoffnung. In fünf Teilen, 2 Bde., Frankfurt a.M. 1959.

Th. *Boman*, Das hebräische Denken im Vergleich mit dem griechischen, Göttingen 1952.

E. *Feil/R. Weth* (Hg.), Diskussion zur ›Theologie der Revolution‹, München 1969.

H. *Lübbe*, Die Religion der Bürger. Ein Aspekt politischer Legitimität, in: EK 15 (1982), 125–128.

W.-D. *Marsch* (Hg.), Diskussion über die ›Theologie der Hoffnung‹, München 1967.

G.M. *Martin*, Zum neuen Entwurf einer ›geschichtlichen Eschatologie‹ von Jürgen Moltmann (unveröff. Vortragsmanuskript), 1996.

J. *Moltmann*, Der gekreuzigte Gott. Das Kreuz Christi als Grund und Kritik christlicher Theologie, München 1972.

–: Kirche in der Kraft des Geistes. Ein Beitrag zur messianischen Ekklesiologie, München 1975 (= Moltmann 1975a).

–: Manifeste der Hoffnung, Zeugnisse, Dokumente, Modelle aus 6 Kontinenten, München 1975 (= Moltmann 1975b).

–: Trinität und Reich Gottes. Zur Gotteslehre, München 1980.

–: Das Gespenst einer Zivilreligion, in: EK 16 (1983), 124–127.
–: Gott in der Schöpfung. Ökologische Schöpfungslehre, München 1986.
–: Exegese und Eschatologie der Geschichte, in: EvTh 22 (1992), 31–66.
–: Das Kommen Gottes. Christliche Eschatologie, Gütersloh 1995.
–: Die Quelle des Lebens: Der Heilige Geist und die Theologie des Lebens, Gütersloh 1997.
–: Erfahrungen theologischen Denkens. Wege und Formen christlicher Theologie, Gütersloh 1999.
–: Im Ende – der Anfang: Eine kleine Hoffnungslehre, Gütersloh 2003.
–: Weiter Raum. Eine Lebensgeschichte, Gütersloh 2006.
–: Sein Name ist Gerechtigkeit. Neue Beiträge zur christlichen Gotteslehre, Gütersloh 2008.
J. Moltmann u.a. (Hg.), Hoffnung auf Gott – Zukunft des Lebens. 40 Jahre ›Theologie der Hoffnung‹, Gütersloh 2005.
G. Müller-Fahrenholz, Phantasie für das Reich Gottes: Die Theologie Jürgen Moltmanns. Eine Einführung, Gütersloh 2000.
W. Pannenberg, Offenbarung als Geschichte, Göttingen 1961.
J. Rohls, Protestantische Theologie der Neuzeit II. Das 20. Jahrhundert, Tübingen 1997.

Darstellungen der Theologiegeschichte – Hinweise zum Selbststudium

Dieses Studienbuch mag dazu angeregt haben, sich weiter mit der Theologiegeschichte zu beschäftigen. Um dafür Hinweise zu geben, werden aus der Vielzahl an Darstellungen zur Theologiegeschichte einige wenige genannt und kurz kommentiert. Es bietet sich an, diese nach drei Gesichtspunkten zu ordnen:
(i) *Gesamtdarstellungen* der Theologie- und Dogmengeschichte;
(ii) *Darstellungen* der Theologie- und Dogmengeschichte der Neuzeit;
(iii) *Sammlungen* von Einzelporträts wichtiger Theologen.

Es werden jeweils sowohl klassische als auch neuere Entwürfe vorgestellt. Geordnet sind die Darstellungen chronologisch nach Erscheinungsjahr der wichtigsten Auflage des entsprechenden Werkes.

1. Gesamtdarstellungen der Theologie- und Dogmengeschichte

A. Harnack, Lehrbuch der Dogmengeschichte, 3 Bde., Tübingen ⁴1909/1910.

In diesem über 2000 Seiten umfassenden, aber ebenso gut lesbaren Klassiker der protestantischen Dogmengeschichtsschreibung stellt Harnack die Entwicklung des Dogmas von seinen antiken Ursprüngen bis zur Reformationszeit dar. Die Theologiegeschichte hat laut Harnack danach keine neuen Dogmenbildungen mehr hervorgebracht. Die Schwerpunkte liegen auf der Antike (besonders Augustin) und auf der Reformation.

R. Seeberg, Lehrbuch der Dogmengeschichte, 4 Bde., Darmstadt ⁴1959/1965.

Seeberg rekonstruiert die dogmengeschichtliche Entwicklung von ihren altkirchlichen Anfängen bis zu den gegenreformatorischen Entwicklungen des 16. Jh.s. und in Grundzügen bis zum Vatikanum I. Ein besonderer Akzent seiner Darstellung liegt auf der mittelalterlichen Dogmenentwicklung, die auf 800 Seiten entwickelt wird.

B. Lohse, Epochen der Dogmengeschichte, Stuttgart ³1974.

Lohse bietet auf 275 Seiten einen knappen Überblick über die gesamte Dogmengeschichte, inklusive der katholischen Lehrentwicklung bis zum 2. Vatikanum und der ökumenischen Bewegung. Das entspricht etwa demjenigen Umfang, der zum theologischen Abschlussexamen präsent sein sollte.

C. Andresen (Hg.), Handbuch der Dogmen- und Theologiegeschichte, 3 Bde., Göttingen 1980/1984.

Dieses Buch ist ein Gemeinschaftswerk: Auf insgesamt 2000 Seiten präsentieren Experten jeweils einen Abschnitt der Dogmengeschichte und stellen die Entwicklung von ihren Anfängen bis in die 1960er Jahre dar. Wer fundierte, aktuelle Darstellungen eines Abschnittes der Dogmengeschichte sucht, sei auf dieses Werk verwiesen.

K. Beyschlag, Grundriß der Dogmengeschichte, 2 Bde., Darmstadt ²1988/2000.

Beyschlag präsentiert unter Aufnahme neuester Forschung auf über 900 Seiten die dogmengeschichtliche Entwicklung vom 1. Jh. bis zur Reformation. Das Buch ist als Nachschlagewerk für einzelne Autoren oder Strömungen ebenso geeignet wie zur Lektüre im Ganzen.

2. Darstellungen der Theologie- und Dogmengeschichte der Neuzeit

E. Hirsch, Geschichte der neuern evangelischen Theologie im Zusammenhang mit den allgemeinen Bewegungen des europäischen Denkens, Bd. 1–5, Gütersloh 1949.

Die klassische, sehr ausführliche Darstellung entwickelt vor allem die deutsche Theologiegeschichte aus dem gesamten europäischen Geistesleben und aus den internationalen Strömungen der Philosophie heraus. Sie setzt in der Mitte des 17. Jh.s ein und reicht bis zu Kierkegaard. Dabei werden jeweils große Geistesströmungen dargestellt und – darin eingebettet – eine

Fülle von Denkern porträtiert. Die Darstellung der größten unter ihnen erreicht teils fast monographische Länge (v.a. Schleiermacher).

C. Welch, Protestant Thought in the Nineteenth Century, 2 Bde., New Haven/London 1972/1985.

Je Band werden in diesem englischsprachigen Werk auf gut 300 Seiten die wichtigsten Personen und Probleme der Theologiegeschichte des deutschen und angloamerikanischen Raumes im Zeitraum 1799–1914 präsentiert. Indem pro Person oder Problem je 20 Seiten verwendet werden, eignen die Bände sich sehr gut zur ersten Orientierung.

J. Rohls, Protestantische Theologie der Neuzeit, 2 Bde., Tübingen 1997.

Diese sehr aktuelle Darstellung der evangelischen Theologiegeschichte setzt mit einem kurzen Überblick über die Reformationszeit (16. und 17. Jh.) ein. Für den Zeitraum von 1750 bis in die 1990er Jahre hinein werden pro Band auf 850 Seiten eine Fülle wichtiger, aber auch weniger zentraler Autoren und Schriften aus Theologie und Philosophie präsentiert. Die Bücher eignen sich hervorragend als Nachschlagewerk für einzelne Schriften, Autoren oder geisteswissenschaftliche Strömungen.

W. Pannenberg, Problemgeschichte der neueren evangelischen Theologie in Deutschland. Von Schleiermacher bis zu Barth und Tillich, Göttingen 1997.

Pannenberg präsentiert die neuzeitliche evangelische Theologiegeschichte von Schleiermacher bis Barth und Tillich nicht in chronologischer Reihenfolge, sondern als Problemgeschichte. Auf 360 Seiten werden die wichtigsten fünf Ansätze neuzeitlicher Theologie dargestellt und jeweils aufgezeigt, wie diese Ansätze in der Neuzeit weiter entwickelt wurden. Dieses hochinformative und auch als Ganzes sehr gut lesbare Buch rekonstruiert die entsprechenden Positionen nicht nur, sondern kommentiert sie auch kritisch.

H. Fischer, Protestantische Theologie im 20. Jahrhundert, Stuttgart 2002.

Fischer präsentiert auf 390 Seiten die Entwicklung der protestantischen Theologie seit dem 1. Weltkrieg bis in die 1990er Jahre hinein. Neben ausführlichen Darstellungen der wichtigsten Theologen und Schulen (mit Schwerpunkt auf Karl Barth) findet sich auch eine Reihe von Kurzdarstellungen jüngerer Theologen. Ein sehr gut lesbares Buch, das gerade Studierende auf zuverlässige und interessante Weise in die Theologiegeschichte des 20. Jh.s einführt.

3. Sammlungen von Einzelporträts wichtiger Theologen

K. Barth, Protestantische Theologie im 19. Jahrhundert. Ihre Vorgeschichte und ihre Geschichte, Zürich (1946) ⁶1994.

Eine der klassischen, sehr wirkungsmächtigen Darstellungen der Theologiegeschichte, die selbst schon Teil der Theologiegeschichte ist. Sie stellt nach den einleitenden 150 Seiten die Vorgeschichte des 19. Jh.s von Rousseau bis Hegel dar. Danach folgt die Geschichte in Deutschland von Schleiermacher bis Ritschl. Insgesamt umfasst sie 600 Seiten. Die Einzelporträts sind teils positionell eingefärbt, aber immer erhellend und lesen das 19. Jh. wesentlich als Verfallsgeschichte.

W. Geerlings u.a. (Hg.), Theologen im Porträt, 6 Bde., Darmstadt 2002.

Pro Band wird auf jeweils 20 Seiten das Denken von 12 wichtigen Theologen vorgestellt. Entsprechend sind in den 6 Bänden über 70 Theologen aller großen Konfessionen von der Antike bis in die Gegenwart jeweils von führenden Experten vorgestellt. Die Bände eignen sich hervorragend als Nachschlagewerk für die jeweiligen Theologen.

F.W. Graf (Hg.), Klassiker der Theologie, 2 Bde., München 2005.

Auf insgesamt 600 Seiten präsentieren Experten in oftmals dichten, ca. 15 Seiten umfassenden Beiträgen einen Theologen, indem sie zuerst das Leben, dann das Werk und schließlich die Wirkungsgeschichte rekonstruieren, ehe Hinweise zur Primär- und Sekundärliteratur gegeben werden. Auf diese Weise werden 33 wichtige Theologen von der Antike bis in die Gegenwart vorgestellt. Die beiden Bände eignen sich hervorragend, um einen fundierten ersten Überblick über den jeweiligen Theologen zu bekommen.

D. Ford (Hg.), The Modern Theologians. An Introduction to Modern Theology since 1918, Oxford ³2005.

Auf insgesamt 800 Seiten werden von Fachleuten auf jeweils ca. 20 Seiten die wichtigsten Theologen und theologischen Strömungen seit 1918 bis in die allerjüngste Gegenwart vorgestellt. Das Buch ist darin als Nachschlagewerk einzigartig und unentbehrlich, dass es die wichtigsten Entwicklungen in allen Konfessionen und Denominationen sowie auf allen Kontinenten darstellt. Damit wird ein Einblick in die faszinierende Vielgestaltigkeit der Theologie im 20. Jh. gewährt.

R. Wüstenberg (Hg.), Nimm und lies! Theologische Quereinstiege für Neugierige, Gütersloh 2008.

Dieses Buch ging aus einer Vorlesungsreihe hervor, in der Theologen 14 wichtige Autoren von der Antike (Paulus) bis in die zweite Hälfte des 20. Jh.s hinein (Dorothee Sölle) auf leicht verständliche Weise vorstellen. Der gut lesbare Band eignet sich gerade für studentische Leser hervorragend, um auf 300 Seiten einen ersten Überblick über die wichtigsten Denker des Christentums zu bekommen.

Autorenverzeichnis

Friederike Barth, Dipl.-Theol., *1977, Wissenschaftliche Mitarbeiterin am Institut für Ethik und angrenzende Sozialwissenschaften Münster; Forschungsschwerpunkte: Dietrich Bonhoeffer, Geschichte der Ethik, Philosophische Ethik; wichtigste Veröffentlichung: Dietrich Bonhoeffers Nachfolge in der Nachfolge Kierkegaards, in: Torsten Meireis (Hg.), Lebendige Ethik. Beiträge aus dem Institut für Ethik und angrenzende Sozialwissenschaften. Hans-Richard Reuter zum 60. Geburtstag, Münster 2007, 7–36.

Jonas E. Bauer, Dipl.-Psych. und Dipl. Theol., *1976, Wissenschaftlicher Mitarbeiter an der Martin-Buber-Professur für Jüdische Religionsphilosophie der Universität Frankfurt a.M., arbeitet an einer Dissertation über Performativität und religiöse Kommunikation; Forschungsschwerpunkte: Phänomenologische und psychologische Anthropologie, Theodizee, Religionsphilosophie (Kierkegaard/Blumenberg); wichtigste Veröffentlichung: Absente Klage? Eine Untersuchung zu Leid und Schuld am Ort der Klage, in: E. Harasta (Hg.), Mit Gott klagen. Eine theologische Diskussion, Neukirchen-Vluyn 2008, 35–54.

Matthias A. Deuschle, Dr. theol., *1970, 2005 Promotion in Berlin, Wissenschaftlicher Assistent am Seminar für Kirchengeschichte der Theol. Fakultät Berlin; Forschungsschwerpunkte: Reformationsgeschichte, Kirchen- und Theologiegeschichte des 19. Jh.s; wichtigste Veröffentlichung: Brenz als Kontroverstheologe. Die Apologie der Confessio Virtembergica und die Auseinandersetzung zwischen Johannes Brenz und Pedro de Soto (BHTh 138), Tübingen 2006.

Christof Ellsiepen, Dr. theol., *1970, 2004 Promotion in Halle, Pfarrvikar der Ev. Landeskirche in Baden; Forschungsschwerpunkte: Religionstheorie, insbesondere im Werk Spinozas und Schleiermachers; wichtigste Veröffentlichung: Anschauung des Universums und Scientia Intuitiva. Die spinozistischen Grundlagen von Schleiermachers früher Religionstheorie (TBT 136), Berlin/New York 2006.

Kerstin Greifenstein, M.A., *1975, Assistenzvertretung am Lehrstuhl Systematische Theologie und Ethik der Ev.-Theol. Fakultät München; arbeitet an einer literaturwissenschaftlichen Promotion über G. Benn; Forschungsschwerpunkte: Religion und Theologie in der Moderne, Literatur – Sprache – Religion, Religionsphilosophie.

Petr Gallus, Th.D. (= Dr. theol.), *1979, 2005 Promotion in Prag, Pfarrer der Evangelischen Kirche der Böhmischen Brüder in Sazava (Tschechien); Forschungsschwerpunkte: Semiotik, Fundamentaltheologie, Theologie des 20. Jh.s; wichtigste Veröffentlichung: Der Mensch zwischen Himmel und Erde. Der Glaubensbegriff bei Paul Tillich und Karl Barth, Leipzig 2007.

Eva Harasta, Dr. theol., *1977, 2004 Promotion in Heidelberg, wiss. Assistentin am Lehrstuhl für Systematische Theologie und theologische Gegenwartsfragen an der Universität Bamberg; Forschungsschwerpunkte: Ekklesiologie, Gebet (systematisch-theologisch), Bildertheologie; wichtigste Veröffentlichung: Lob und Bitte. Eine systematisch-theologische Untersuchung über das Gebet, Neukirchen-Vluyn 2005.

Siegfried Karl, *1969, Hochschulpfarrer der katholischen Hochschulgemeinde in Gießen, arbeitet an einer theologischen Promotion mit dem Arbeitstitel *Zum Verhältnis von ratio und affectus bei Anselm von Canterbury. Unter besonderer Berücksichtigung seiner Orationes sive Meditationes;* wichtigste Veröffentlichung: *Ratio* und *affectus*. Die Hinwendung des Menschen in die Gnade bei Anselm von Canterbury in den *Orationes sive Meditationes*, in: C. Viola/J. Kormos (Hg.), Rationality from Saint Augustine to Saint Anselm. Proceedings of the International Anselm Conference. Piliscsaba (Hungary) 20–23 June 2002, Piliscsaba 2005, 243–264.

Rebekka A. Klein, Dr.des. theol., *1980; Studium der Ev. Theologie und Philosophie in Halle/S., Zürich und Marburg; 2009 Promotion mit einer Arbeit über *Sozialität als Conditio Humana*; seit 2008 Assistentin am Lehrstuhl für Systematische Theologie und Ethik der Theol. Fakultät Heidelberg; Forschungsschwerpunkte: Theologische Anthropologie, Politische Theologie, Interdisziplinärer Dialog der Theologie mit Natur- und Sozialwissenschaften; wichtigste Veröffentlichung: Menschliche Sozialität und intentionale Erfahrung. Eine Darstellung und Kritik neuroökonomischer Verhaltensforschung in phänomenologischer und theologischer Perspektive, EvTh 1/2009, 21–35.

Charlotte Köckert, Dr. theol., *1974, 2007 Promotion in Hamburg, wiss. Mitarbeiterin am Lehrstuhl für Historische Theologie (Antike/Mittelalter) der Theol. Fakultät Heidelberg, Forschungsschwerpunkte: Antike Kosmologie und Anthropologie, Auslegungsgeschichte der Bibel, Konversion zum Christentum in Antike und Mittelalter; wichtigste Veröffentlichung: Christliche Kosmologie und kaiserzeitliche Philosophie. Die Auslegung des Schöpfungsberichtes bei Origenes, Basilius und Gregor von Nyssa vor dem Hintergrund kaiserzeitlicher Timaeus-Interpretationen (STAC), Tübingen 2009.

Malte D. Krüger, Dr. theol., *1974, 2007 Promotion in Tübingen, Pfarrer in der ev.-luth. Landeskirche Hannovers und wiss. Mitarbeiter (Assistent) am Seminar für Systematische Theologie der Ev.-Theol. Fakultät der Westfälischen Wilhelms-Universität Münster; Forschungsschwerpunkte: Trinitätstheologie, Religionsphilosophie und Bildtheologie; wichtigste Veröffentlichung: Göttliche Freiheit. Die Trinitätslehre in Schellings Spätphilosophie (RPT 31), Tübingen 2008.

Lukas Lorbeer, *1978, Promotionsstipendiat des Evangelischen Studienwerkes Villigst; Forschungsschwerpunkte: lutherische Frömmigkeitsgeschichte des 17. Jh.s, Verhältnis von Theologie und Literatur, Hymnologie.

Matthias Neugebauer, *1969, PD Dr. theol. habil., 2001 Promotion in Halle/S., 2009 Habilitation zum Thema *Leben – Systematische und ethische Implikationen eines philosophisch-theologischen Schlüsselbegriffs* in Zürich, Pfarrer im Teilzeitamt der ev.-ref. Kirchengemeinde Sursee (CH); Forschungsschwerpunkte: Philosophie und Theologie des 19.Jh.s, Lebensphilosophie, Theologische Ethik, Grundfragen der Bioethik; wichtigste Veröffentlichung: Lotze und Ritschl. Reich-Gottes-Theologie zwischen nachidealistischer Philosophie und neuzeitlichem Positivismus (Beiträge zur rationalen Theologie 11), Frankfurt a.M. u.a. 2002.

Andreas Oelze, *1975, Lehrvikar der badischen Landeskirche; Forschungsschwerpunkte: Bedeutung des Gesetzes in der reformatorischen Theologie, Theologie der Kirchenväter, konfessionskundliche Fragestellungen.

Christian Polke, Dr. theol., *1980, 2008 Promotion in Heidelberg, wissenschaftlicher Mitarbeiter am Institut für Systematische Theologie am Fachbereich Evangelische Theologie der Fakultät für Geisteswissenschaften der Universität Hamburg; Forschungsschwerpunkte: Rechtsethik, theologische Anthropologie und Religionsphilosophie (Personalität Gottes); wichtigste Veröffentlichung: Öffentliche Religion in der Demokratie. Eine Untersuchung zur weltanschaulichen Neutralität des Staates (ÖTh 24), Leipzig 2009.

Miriam Rose, Dr. theol., *1974, 2005 Promotion in München; wiss. Assistentin am Lehrstuhl für Fundamentaltheologie und Ökumene der Ev.-Theol. Fakultät München; Forschungsschwerpunkte: Schleiermacher, Ökumene, Theologie des 19. Jh.s; wichtigste Veröffentlichung: Fides caritate formata. Das Verhältnis von Glaube und Liebe in der Summa Theologiae des Thomas von Aquin, Göttingen 2007.

Martin Wendte, Dr. theol., *1974, 2006 Promotion in Tübingen, Akademischer Rat a. Z. am Institut für Hermeneutik und Dialog der Kulturen an der Ev.-Theol. Fakultät Tübingen, Forschungsschwerpunkte: Luthers Abendmahlslehre in ihrer gegenwärtigen Bedeutung, deutscher Idealismus; wichtigste Veröffentlichung: Gottmenschliche Einheit bei Hegel. Eine logische und theologische Untersuchung (QuStPh 77), Berlin/New York 2007.

Matthias D. Wüthrich, Dr. theol., VDM, *1972, 2006 Promotion in Bern, Beauftragter für Theologie am Institut für Theologie und Ethik des Schweizerischen Evangelischen Kirchenbundes (SEK); Forschungsschwerpunkte: Karl Barth, Ekklesiologie, Raum in theologischer Perspektive (Habilitationsprojekt); wichtigste Veröffentlichung: Gott und das Nichtige. Eine Untersuchung zur Rede vom Nichtigen ausgehend von § 50 der Kirchlichen Dogmatik Karl Barths, Zürich 2006.

Personenregister

Albright, C. R. 279
Alexander d. Große 139
Altizer, Th. J. J. 263
Ammonius Sakkas 13
Amyraut, Moyse 342
Anselm v. Canterbury 45f, 50–69
Apfelbacher, K.-E. 201
Aristoteles 15, 49, 70–76, 78, 154, 158, 308, 313
Arnold, G. 163
Arndt, J. 146, 149, 163
Askani, H.-Ch. 317
Asmussen, H. 229
Augustin 12, 30–48, 54, 57, 62, 74, 80, 101, 105, 111, 115, 133, 273f
Auxerre, W. v. 73

Balthasar, H. U. v. 234, 242
Barnes, M. 32
Barth, K. 4, 8, 28, 46, 61, 123f, 185, 201, 208, 224, 227–244, 248, 265, 286, 289, 294f, 299f, 303–307, 314, 316, 323, 331, 333, 344, 349
Barth, U. 174, 178, 185, 212, 218
Battles, F. L. 112f, 120–122
Baur, F. Ch. 210
Baur, J. 148, 153
Bayer, O. 98, 100, 111, 113, 127, 133f, 145f
Beck, J. T. 213
Beintker, M. 235
Bellarmin, R. 184
Benjamins, H. S. 24
Berkouwer, G. C. 242

Bethge, E. 324, 327f
Beutel, A. 100
Beyschlag, K. 124
Beza, Th. 123
Biehl, G. 84
Birkner, H.-J. 185
Bloch, E. 343, 345, 347, 350f
Boman, Th. 349
Bonaventura 66, 84
Bonhoeffer, D. 311, 321f, 323–341, 345
Bonino, M. 356
Bora, K. v. 13
Bossuet, J. B. 148
Böttger, P. Ch. 119
Bouillard, H. 424
Bousset, W. 188
Brachtendorf, J. 34
Braun, H. 299f, 306
Breit, Th. 229
Brenz, J. 105
Brunner, E. 228, 241, 325
Buber, M. 343
Bucer, M. 110
Bultmann, R. 8, 201, 228, 242, 268, 283, 285–303, 304f, 316, 344f, 349
Burkhardt-Patzina, R. 265
Busch, E. 229

Cajetan 84, 92
Calixt, G. 151, 163
Calov, A. 163
Calvin, J. 46, 89, 109–126, 239

Personenregister

Caracalla (Kaiser) 14
Carnap, R. 266
Chemnitz, M. 148
Christe, W. 55
Clark, M. 33
Claussen, J. H. 189
Clemens v. Alexandrien 15
Cobb, J. B. (Jr.) 280
Cop, N. 110
Cramer, K. 178

Dangelmayr, S. 60
Danz, Ch. 262
Dalferth, I. U. 61, 317
Daub, K. 213
Decius (Kaiser) 14
Demetrius 13f
Descartes, R. 66, 312
Dilthey, W. 185, 290
Dionysius Areopagita 313
Dohnanyi, H. v. 325
Dorival, G. 15, 17
Drecoll, V. 44f
Drescher, H.-G. 189
Duhm, B. 188
Duns Scotus 165, 66
Dvorak, R. 304, 308, 316f

Ebeling, G. 98, 100, 283, 293, 299f, 303f
Eberhard, J. A. 169
Edwards, M. 25
Enders, M. 60f, 63
Erasmus v. Rotterdam 28, 92, 127, 133f, 144
Eusebius 13f

Farel, G. 110
Fatio, O. 123
Feil, E. 365
Feuerbach, L. 98, 312
Fichte, J. P. 312
Fischer, J. 316f

Fraas, H. J. 93, 106
Frank, F. H. R. v. 224
Franz I. 112
Friedrich d. Weise 92
Fuchs, E. 299f, 303f

Gadamer, H.-G. 270, 283
Gaunilo v. Marmoutiers 66
Geerlings, W. 32
Gerhard, J. 128, 145, 147–165, 188
Geyer, H.-G. 167, 279
Gilkey, L. B. 263
Gläßer, A. 280
Glimpel, Ch. 274
Gloege, G. 242f
Godin, A. 28
Gogarten, F. 201, 228, 286
Gollwitzer, H. 242, 306
Görgemanns, H. 15
Gräb, W. 186
Graf, F. W. 189, 202
Gregor v. Nyssa 28, 74
Greiner, S. 280
Grünberg, W. 106
Gunkel, H. 285
Gunton, C. 46
Gutiérrez, G. 256

Hammann, K. 287
Hägglund, B. 149, 151, 159–161
Härle, W. 98
Harl, M. 17, 25
Harnack, A. v. 167, 189, 224, 227, 285, 349
Haugen, J. 279
Hwang Bo, C. M. 58
Hengstenberg, E. W. 209, 213
Hegel, G. W. F. 66, 192, 195, 197–199, 210, 168, 304f, 311–313, 332, 345, 349
Heidegger, M. 247, 262, 283, 286, 290, 295, 298, 300, 303
Hermann, W. 185, 227

Personenregister

Herms, E. 96, 101f, 104, 185
Hieronymus 133
Hirsch, E.
Hollaz, D. 163
Honecker, M. 148, 162
Huber, W. 339
Hunsinger, G. 234

Ilien, A. 82
Irenäus v. Lyon 11
Iwand, H. J. 242, 342

Janowski, Ch. 28
Jaspers, K. 285
Jenson, R. 46f
Johann Casimir (Herzog) 147
Jonas, J. 143
Jülicher, A. 285
Jüngel, E. 227, 231, 237f, 242, 284, 287, 299f, 303–311, 339

Kaftan, J. 224
Kähler, M. 213, 247
Käsemann, E. 299f, 316, 345
Kany, R. 33, 44
Kant, I. 66f, 167, 169, 210f, 220, 313, 323, 332, 336, 348f, 357
Karpp, H. 15
Kasper, W. (Kardinal) 316
Kattenbusch, F. 224
Kendel, A. 280
Kenny, A. 77
Kettler, F. H. 19, 25
Kienzler, K. 52, 57
Kierkegaard, S. 286, 292, 331
Kleffmann, T. 305, 316
Koch, K. 280
Koetschau, P. 17, 19–21, 23, 25f
Köckert, Ch. 13
König, J. F. 151, 163
Kolb, R. 136, 145
Korsch, D. 300
Krämer, K. 78

Kreck, W. 242
Kreuzer, J. 34, 44
Krötke, W. 317
Kühn, U. 79, 81, 85
Küng, H. 242, 316

Lanfranc 51, 53, 65
Lange, D. 172
Lehmann, K. 316
Leibniz, G. W. 66
Leiner, M. 243
Leonhardt, R. 78
Leube, H. 164
Lohse, B. 92f
Lombardus, P. 73, 132
Löscher, V. E. 163
Lotze, H. 211
Lübbe, H. 356
Lüpke, J. v. 308
Luthardt, Ch. E. 224
Luther, M. 3, 8, 28, 45f, 84f, 89, 91–108, 109, 111f, 114, 117, 129–131, 135, 144, 148f, 156, 158, 212, 236, 286, 296f, 304f, 307, 311, 330–332

Magnus, A. 70
Marheinecke, Ph. 214
Markion 22
Markschies, Ch. 15
Marquardt, F. W. 242
Marrou, H.-J. 33
Marsch, W. D. 356
Martin, G. M. 357
Matter, E. A. 42
Maurer, W. 129, 145
McCormack, B. L. 243
McGrath, A. E. 114, 117, 123
Melanchthon, Ph. 6, 105, 113, 118, 127, 129–146, 150, 156, 158, 164, 212
Metz, J.B. 356
Metz, W. 76f, 85

Personenregister

Millet, O. 119
Mokrosch, R. 338
Moltmann, J. 8, 242, 321f, 342–359
Moltmann-Wendel, E. 342
Mopsuestia, Th. V. 285
Müller, J. 213
Müntzer, Th. 92

Neander, A. 213
Neuser, W. H. 109, 112f, 123
Niederbacher, B. 80
Nietzsche, F. 312, 331f
Nipkow, K. E. 186
Nitzsch, C. I. 209

Oberdorfer, B. 45
Ockham, W. v. 84
Opitz, P. 119
Origenes 11f, 13–30, 133
Otto, R. 185
Overbeck, F. 348

Pannenberg, W. 7, 201, 242, 246, 262, 265–282, 307, 317, 344, 353
Pautler, S. 193, 198
Pesch, O. H. 70, 79, 81f, 85
Peters, A. 93, 96, 102, 104
Peters, T. 270
Pfleiderer, G. 201, 242
Pamphilus 18
Piperno, R. v. 71
Platon 25
Polkinghorne, J. 280
Popper, K. 266
Prüller-Jagenteufel, G. M. 338

Quenstedt, J. A. 163

Rad, G. v. 265, 345, 352f
Rahner, K. 262, 280, 316
Ratzinger, J. 316
Rendtorff, R. 268

Rendtorff, T. 193, 198, 201, 242, 268
Richmond, J. 224
Ringleben, J. 272
Ritschl, A. 185, 188, 208, 209–226, 268
Röd, W. 66
Rohls, J. 66, 316
Rollmann, H. 191
Rössler, D. 186
Rosenzweig, F. 343, 357
Rothe, R. 185, 213
Rufin v. Aquileia 14f
Rulers, A. v. 345

Schäfer, R. 224
Scharlemann, R. P. 263
Scheible, H. 129f, 143
Scheliha, A. v. 222
Schelling, F.W.J. 247, 261, 310, 312f
Schindler, A. 37
Schlatter, A. 213
Schlegel. F. 169
Schleiermacher, D. F. 167f, 169–187, 195, 201, 214, 223, 227, 232, 266, 290, 304
Schlink, E. 265
Schmaus, M. 38
Schmidbaur, H. Ch. 72f
Schmitt, F. S. 54
Schockenhoff, E. 80, 82
Schönberger, R. 52, 55
Scholem, G. 343, 357
Scholl, H. 110, 123
Scholten, C. 15
Schrimpf, G. 62
Schröder, R. 153f, 160f, 174
Schwarz, R. 93
Schweitzer, A. 348
Schwöbel, Ch. 145f, 140, 145
Seeberg, R. 223
Selderhuis, H. J. 113, 120
Servet, M. 46, 120

Personenregister

Shakespeare, W. 286
Shults, F. 278f
Slenczka, N. 339
Soden, H. v. 285
Söhngen, G. 242
Sölle, D. 305, 356
Spalatin, G. 143
Sparn, W. 149
Speer, A. 70
Spijker, W. van't 109f, 122
Spinoza, B. de 66, 169
Springhorn, H. 280
Steiger, J. A. 164
Stegmann, A. 163
Stewart, J. 279
Stock, K. 162
Stolle, V. 136
Strohm, Ch. 113, 118, 123

Tempier, S. 84
Tillich, P. 7, 245, 247–264
Tholuck, A. 213
Thomas v. Aquin 45, 50, 66, 70–87, 313
Thurneysen, E. 228, 241
Tödt, H.-E. 339
Torrell, J.-P. 70
Tracy, D. 263
Treiber, H. 189
Troeltsch, E. 8, 163f, 167f, 185, 188–205
Trowitzsch, M. 243

Velde, R. te 77
Vogel, H. 242, 303

Wallmann, J. 154, 157–159, 163
Weber, M. 189, 191f, 336
Weber, O. 242, 342
Weisheipl, J. A. 83
Weiß, H. 224
Weiß, J. 285, 348
Wenz, G. 94–96, 102, 104, 265
Weth, R. 356
Wilckens, U. 268
Wilhelm II. (Kaiser) 227
Williams, R. 14, 34
Wolf, E. 242, 339, 342
Wolf, F. A. 169

Zabarella, G. 151, 159
Zwingli, H. 93, 109, 117

Sachregister

Abendmahl 93–95, 104f, 117, 184, 223
Absolutheit 8, 168, 188–202, 216, 269
Absolute 63, 177f, 195f, 200, 305
Affekt 137–142, 144
Allversöhnung 27
Amt Christi 115, 152, 161, 220, 239f
Analogie 55, 66, 90, 223, 234, 265, 313f, 339
Analogia entis 256, 313
Anthropologie 12, 15, 17, 96–98, 137, 141, 238, 262, 266, 274, 276–278, 338
Apostolikum 112, 114
Atheismus 304f, 309, 312
Artes liberales 72, 91
Auferstehung 15, 153, 277, 308, 313, 347, 350, 353–355, 358
Autorität 18, 50, 52–54, 80, 133, 233

Bekenntnis 31, 33, 44f, 80, 105f, 122, 130, 228f, 258, 267, 277, 296
Bewusstsein 37, 39–46, 62, 106, 175–178, 181f, 214, 309f
Bibel 13f, 16, 18, 28f, 32, 90, 92, 127, 130, 132f, 161, 184, 227, 252

Christentum 11, 17, 29, 54, 71, 132, 135, 147, 167f, 170, 174, 181, 184, 188–202, 209, 213–216, 218f, 277, 287, 321f, 346–348

Christus 3, 11, 19f, 22f, 26f, 32, 35, 39, 42, 45, 76, 83, 95, 101, 103, 115–118, 135, 137, 182–184, 207, 210, 214, 218, 221, 229f, 236f, 239f, 250–254, 256, 260f, 268f, 277, 296f, 306f, 312, 314f, 328, 330–338, 346, 353–355, 358
Christologie 12, 27f, 32f, 82, 117, 135, 154, 161, 182, 207, 238–240, 254, 258, 266, 274–278, 306, 328, 332, 343

Dekalog 92–96, 98f, 101–104, 112, 141, 229, 335
Denkregel, -prinzip 60f, 64, 161
Deutung 34, 39, 45f, 149, 191, 197f, 218, 222, 224, 277, 279
Dialektik 14, 53, 56, 90, 170, 234, 294

Erfahrung 58, 64, 66f, 73, 91, 100, 172f, 185, 207, 252f, 268, 270f, 314
Eschatologie 162, 184, 262, 287, 342f, 346–350, 353f, 356f
Essenz 54, 249, 255–259, 261
Ethik 81, 96, 99, 169f, 173f, 209, 237f, 323–339
Evangelium 76, 99f, 110, 119, 142, 236f, 308f, 314f, 353
Existenz 54f, 57f, 70–67, 249–251, 255–261, 288, 290, 296, 300, 331
Existenzphilosophie 286, 292, 331

378 Sachregister

Freiheit 92, 111, 137–140, 178, 262, 295, 310, 334f, 354f
- Gottes 236, 256, 306

Friede 322, 348, 355

Frömmigkeit 94, 111, 119f, 147, 169, 172–177, 180f, 214, 254

Gebet 44, 56, 62, 65, 94–96, 104, 158, 223

Gefühl 168, 175–180, 182, 220, 230

Geist 20, 58f, 72, 114, 116f, 120f, 132, 139, 142, 156, 158, 160, 192, 216, 218, 240, 252, 258–260
- heiliger 16f, 23, 27, 34–46, 80, 89, 95f, 103f

Gemeinde 114, 210, 216, 218f, 237, 347, 354

Gerechtigkeit/Gottes 22, 25, 32, 36, 79f, 92, 176, 222, 305, 308, 322, 354f

Geschichte 32, 116, 190, 192–196, 230, 245–280, 290–292, 344f, 348–353, 357

Geschichtsphilosophie 182, 192f, 196, 348,

Gesetz 79, 85, 95f, 99–101, 112, 115f, 134f, 141f, 144, 210, 237, 304, 335

Glaube 3f, 18, 42, 50, 54–58, 62, 76, 80f, 97, 102, 104, 116, 118f, 158, 169–186, 212–215, 218f, 260, 268, 272, 288, 292, 297–299, 312f, 330, 334, 352, 355

Gnade 32, 76, 79, 83, 134, 141f, 175, 220, 236, 260, 335

Gott 4, 7f, 12, 16, 23f, 32f, 35f, 54f, 66f, 77, 135, 273f, 280, 310, 313, 315

Gottebenbildlichkeit 32, 34, 41–46, 278

Gottesbeweise 77, 98, 169, 235, 255

Gotteserkenntnis 26, 50, 57–66, 118f, 216, 230

Gut, höchstes 210, 218

Handeln
- Gottes 32, 82, 103, 235, 268, 272, 295, 298, 356
- Menschen 80, 210, 331–337, 351

Heil 11f, 23, 32, 75f, 82f, 89, 92, 95, 99f, 103, 116f, 128, 135, 141, 149, 159–162, 237, 273, 299, 352f

Heiligung 101, 104, 116, 122, 240, 258

Heilsgeschichte 11f, 32, 150, 228, 261

Hermeneutik 17, 190, 267–271, 283–319, 344

Herz 54, 97f, 118f, 140, 142

Inkarnation 82, 135, 239, 273, 276, 330, 332, 337

Intellekt 63f

Jesus Christus 11, 26, 103, 208, 218, 229–231, 236f, 239f, 254, 272, 296f, 306f, 312, 314, 332–334, 337

Katechismus 8, 89–125, 215

Kerygma 295, 298

Kirche 32, 45, 52, 104, 110, 114, 117, 142, 155, 161f, 170–173, 176, 182–185, 219, 228f, 233, 254, 260f, 315, 323, 328

Kräfte des Menschen 43, 79, 136f

Kreuz 254, 307f, 311, 113f, 355

Kultur 168, 190f, 230, 260, 290, 337f, 348, 257

Locus 127, 151

Loci-Methode 127f, 150f, 132, 144f, 329

Logik 56, 110, 199, 270, 279

Logos 250, 252, 257f, 349

Messias 277, 346, 353

Sachregister

Messianismus 345, 348, 353
Metaphysik 149, 151, 154, 162, 169, 224f, 305-311, 349
Metapher 43, 161, 306
Moderne 168, 190-192, 196f, 201f, 279, 289f
Mythos 289f, 294

Natur 58f, 76, 79, 82f, 178-180, 218, 230, 279, 296, 333
Naturen, zwei 135, 236, 239f, 258
Naturgesetz 101, 141, 334
Naturrecht 332, 337
Negation 62, 311
Neuzeit 150, 207, 288f, 310-312
Normen 141, 192-195, 252, 333f

Offenbarung 23, 35, 53, 72-78, 116, 164, 184, 198, 207f, 216-218, 229-236, 249-254, 257-261, 265, 267-296, 272f, 275, 288, 297f, 300, 306-308, 312f, 316, 331, 352
Opfer 221, 254
Ontologie 323, 328, 334

Pädagogik 25, 186, 262
Person 33-37, 43-46, 78, 82, 101, 239, 258
Philosophie 14, 21f, 49, 72f, 75f, 173, 192f, 201, 250, 268, 286, 290, 292, 295, 310-312, 331f, 349f
Pneumatologie 240, 259, 274f
Prädestinationslehre 116f, 120

Rechenschaft 72, 285, 240
Rechtfertigung 7, 79, 84f, 104, 116, 136, 153f, 209, 220, 240, 258, 260, 295, 299, 308, 328, 330, 336
– Lehre 161, 230, 306, 308, 316
Reformation 3, 91f, 122, 129-131, 156

Reformatorisch 92, 99, 118, 131-134, 144, 149f, 156, 159-161, 288, 299, 333
Reich Gottes 92, 104, 207-222, 251, 260f, 345, 355
Relation 33, 36f, 44-46, 58, 82, 101, 274f
Religion 157, 167-176, 180-182, 185f, 195-202, 207, 214-218, 288, 295, 300, 355
Religionsphilosophie 173, 193, 195, 201, 316
Rhetorik 6, 110, 119, 127, 133, 150

Sakrament 83, 92, 104f, 117, 155, 162, 209, 233
Schöpfung 23, 28, 33f, 41, 46, 102, 154, 162, 178f, 237f, 256f, 274, 279, 323
Schöpfungslehre 59, 115, 179, 238, 242, 256
Schöpfungstheologie 274, 342, 357
Schrift 8, 12, 18, 20, 32, 89f, 100, 111-115, 120-122, 140, 152-154, 159-161, 233-235, 284, 292, 344, 351, 354
Schriftprinzip 132, 134f, 142, 144, 160, 163, 233
Seele 20f, 26, 29, 72, 79, 158, 308
Sein 26, 45f, 58f, 63f, 78, 154, 162, 179, 235f, 239f, 249-253, 255-259, 261, 300, 311, 315, 323, 352
Selbst 79, 217f, 221, 249, 251f, 255f, 259
– erkenntnis 40, 115, 288
Sinn 17, 81, 259-261, 267f, 270f, 292
Sittlichkeit 209, 212, 214, 224
Sohn 16f, 23, 34-37, 40, 45f, 103, 114, 135, 216, 275, 315
Soteriologie 135, 240, 259, 339
Stände Christi 239
Subjektivität 172, 177, 180, 262, 354f

Substanz 33, 36f, 44, 46, 58
Sünde 34, 42, 62, 79, 81, 83, 96f, 104f, 134–136, 141f, 154, 175f, 220–222, 240, 256f, 292–299, 335f
Sündenlehre 79, 115, 141, 242
Supranaturalismus 180, 190, 199, 209
Staat 207, 228f, 321, 326, 337f
Symbol 253f, 256, 258, 260–263

Taufe 93–95, 100, 104f, 184, 223, 241
Testament
- Altes 22, 34f, 136, 141, 188, 216, 219, 221, 229, 345, 352f
- Neues 22, 92, 127, 136, 216f, 229, 286f, 289, 293, 298
Theismus 304f, 309
Theologie 3f, 99f, 118, 154, 156–159
- Natürliche 41, 230, 295, 297, 307
- Liberale 185, 227, 286, 323, 331f, 336, 349
- Dialektische 193, 201, 224, 228, 288, 293, 300, 344
Tod 104, 153, 255, 259, 352–354
- Gottes 305, 311f
Trinität 31–47, 59, 115, 152, 176, 216, 236, 306, 309
- immanente ökonomische 273–275
Tugend 78, 80–82, 222f, 329

Unglaube 81, 97, 115, 185
Universität 49, 53, 72f, 130

Vater 11, 16f, 23, 27, 32, 34–37, 43–45, 103, 114, 220, 236, 275, 315

Verantwortung 53, 288, 292, 321f, 332, 336, 339, 344
Verheißung 90, 98, 104, 322, 343–348, 350–353, 357
Vernunft 22f, 26, 50, 53–56, 59–67, 98, 164, 230, 252–254, 313, 332–334
- praktische
- natürliche 54, 62, 76
- theoretische 98
Verstehen 57, 63, 89, 154, 267–271, 183f, 285–301
Versöhnung 52, 83, 102, 169, 198, 209f, 217, 129f, 232, 237–241, 258, 333–339
Voraussetzung 60, 63, 140, 217, 219, 313, 331
- -slosigkeit 54f, 57

Wahrheit 18–20, 26, 32, 38f, 53f, 66f, 71, 75, 80, 112, 160f, 190, 200f, 245–280, 349
Welt 16–18, 21f, 72, 101f, 162, 177–182, 184, 208, 217–222, 230, 235, 272f, 275f, 292, 303–315, 333f, 336, 353–356
Wesen 11, 16, 23–27, 32–37, 40, 45, 58f, 78, 167, 172, 174
Widerspruch 63f, 351
Wille
- Gottes 23, 42, 100, 121, 137, 154, 237, 334
- des Menschen 26–28, 40–46, 78–81, 93, 98, 137–141, 220
Wort Gottes 8, 156, 160, 229–234, 268, 294f, 313, 315

Zeit 23, 93, 162, 257, 261, 273f, 276, 344–352
Zukunft 255, 261, 269, 273, 276, 279, 286, 343f, 347–357

Ingolf U. Dalferth
Malum
Theologische Hermeneutik des Bösen

Der Einbruch von Bösem und Übeln in das Leben provoziert Menschen seit alters, sich an Göttliches, Götter oder Gott zu wenden, um sich im Leben neu zu orientieren. Wie vielschichtig das geschieht, untersucht Ingolf U. Dalferth in drei Gedankengängen, die sich mit den zentralen Strängen im christlichen Verständnis des *malum* als Mangel an Gutem, als Übeltat und als Unglaube auseinandersetzen. Dabei kommen das Theodizeeprojekt, das Freiheitsprojekt und das Gottesprojekt ausführlich zur Sprache, wobei der Autor insbesondere den Spuren der Entdeckung der Güte, der Gerechtigkeit und der Liebe Gottes im Zusammenhang der *malum*-Erfahrungen in der antiken Mythologie und den biblischen Traditionen nachgeht.

2008. XV, 593 Seiten.
ISBN 978-3-16-149447-5
Leinen

Mohr Siebeck
Tübingen
info@mohr.de
www.mohr.de

www.utb.de

Fit fürs Studium

Vom Basiswissen bis zum Prüfungstraining.

UTB bietet kompakte, aktuelle Lehrbücher und ein vielseitiges Programm.

Seit 40 Jahren.

UTB